Dify, 코딩 없이 AI 앱 개발의 시작

Dify, 코딩 없이
AI 앱 개발의 시작

초판 1쇄 2025년 12월 18일

지은이 멀티코어, 조준희, 강장묵, 이상한, 윤철희
발행인 최홍석

발행처 (주)프리렉
출판신고 2000년 3월 7일 제 13-634호
주소 경기도 부천시 길주로 77번길 19 세진프라자 201호
전화 032-326-7282(代) **팩스** 032-326-5866
URL www.freelec.co.kr

편 집 고대광
디자인 황인옥

ISBN 978-89-6540-426-2

이 책에 대한 의견이나 오탈자, 잘못된 내용의 수정 정보 등은 프리렉 홈페이지(freelec.co.kr)
또는 이메일(help@freelec.co.kr)로 연락 바랍니다.

Dify, 코딩 없이 AI 앱 개발의 시작

DEFINE AND MODIFY

멀티코어, 조준희, 강장묵, 이상한, 윤철희 지음

RAG·LLM,
워크플로우 기반
에이전트로 완성하는
실무형 AI 시스템

프리렉

차례

시작하며

Dify는 단순한 도구를 넘어, AI 시대에 새로운 비즈니스 기회와 혁신을 가능하게 하는 핵심적인 동력입니다. 이 책은 '노코드(No-code)'라는 새로운 패러다임을 통해 누구나 AI 애플리케이션의 창조자가 될 수 있는 길을 제시합니다.

복잡한 코딩이나 인프라 구축 과정은 모두 자동화되어, 여러분은 오직 아이디어와 콘텐츠에만 집중할 수 있습니다. 이 책과 함께 Dify라는 강력한 도구를 활용해 아이디어를 현실로 만들고, AI 시대의 새로운 가능성을 직접 열어갈 수 있을 것입니다.

Dify, AI 시대의 새로운 동력

인공지능(AI)은 더 이상 미래 기술이 아닌, 우리의 일상과 비즈니스를 혁신하는 현실적인 동력으로 자리 잡았습니다. 과거에는 AI 기술을 활용하기 위해 복잡한 프로그래밍과 고가의 인프라 구축이 필요했지만, 이러한 기술적 장벽은 수많은 창의적인 아이디어가 세상 밖으로 나오지 못하게 하는 큰 장애물이었습니다.

하지만 Dify는 노코드 기반의 접근법으로 이러한 문제를 해결하고, 누구나 AI 애플리케이션을 직접 만들 수 있는 환경을 제공합니다. 복잡한 개발 과정을 자동화하여 기술적 배경이 없어도 오직 아이디어와 콘텐츠에만 집중할 수 있도록 돕습니다. 이는 AI가 전문가들만의 전유물이 아닌, 모두를 위한 도구가 되는 새로운 시대를 열어줄 것입니다.

Dify는 AI 개발의 복잡성을 해소하고, 아이디어를 현실로 빠르게 구현할 수 있는 최적의 환경을 제공합니다. 개발자뿐만 아니라 기획자, 마케터, 디자이너 등 코딩 지식이 없는 사람도 자신의 전문성을 AI와 결합해 새로운 가치를 창출할 수 있도록 돕습니다.

이제 Dify는 일부 전문가의 전유물이 아니라, 누구나 자신의 아이디어를 세상에 구현할 수 있게 해주는 실질적인 도구입니다. 이 책은 여러분이 직접 AI 애플리케이션을 만들고, 스스로 문제를 해결하며, 새로운 가능성을 현실로 확장할 수 있도록 안내합니다. 이제 복잡한 기술은 Dify가 대신합니다. 여러분은 창의성과 상상력만 준비하면 됩니다.

이 책과 함께 AI 시대의 새로운 기회를 발견하고, 여러분만의 프로젝트를 완성하는 여정을 시작해 보시기 바랍니다.

Dify를 선택해야 하는 명확한 이유

AI 기술은 빠르게 발전하고 있지만, 여전히 많은 사람에게 복잡하고 낯선 영역으로 느껴집니다.

Dify는 이러한 기술적 부담을 획기적으로 줄여, 누구나 AI의 가능성을 실질적인 도구로 활용할 수 있게 합니다. Dify를 선택해야 하는 이유는 다음과 같습니다.

1. 노코드(No-code)로 복잡성 제거

AI 애플리케이션 개발에 필요한 코딩과 인프라 구축 과정이 자동화되어, 기술적 지식이 없더라도 아이디어만으로 시작할 수 있습니다. 복잡한 설정을 고민할 필요 없이, '무엇을 만들 것인가'에만 집중할 수 있는 환경을 제공합니다.

2. 빠르게 만들고 바로 활용하는 초고속 개발 환경

몇 분 안에 앱을 만들고 테스트할 수 있어, 아이디어를 즉시 실험하고 시장 변화에 빠르게 대응할 수 있습니다.

3. 필요한 기능이 이미 통합된 올인원 플랫폼

프롬프트 엔지니어링, 모델 관리, 워크플로우 자동화 등 AI 앱 개발에 필요한 요소들이 하나의 도구 안에 완전히 통합되어 있습니다.

4. 모두를 위한 AI:

기획자, 마케터, 디자이너 등 다양한 직군의 사용자가 자신의 전문성과 AI를 결합해 새로운 가치를 만들 수 있도록 돕습니다. AI가 특정 전문가의 기술이 아닌, 누구나 다룰 수 있는 실용적 도구라는 것을 보여줍니다.

Dify는 사용자의 아이디어를 현실로 구현할 수 있도록, AI 애플리케이션 개발에 필요한 모든 기능을 통합적으로 지원합니다. 단일 플랫폼에서 챗봇, 텍스트 생성, 복합 에이전트 등 다양한 AI 앱을 손쉽게 구축할 수 있으며, 이 모든 과정은 코딩 없이 시각적 인터페이스를 통해 이루어집니다.

특히, LLM(거대 언어 모델)의 성능을 극대화하기 위한 프롬프트 엔지니어링 도구부터, 외부 지식 데이터를 활용해 답변의 정확성과 신뢰도를 높이는 RAG(지식 증강 생성) 기술까지 모두 내장하고 있습니다. 또한, 구글 검색이나 금융 데이터와 같은 외부 API와도 유연하게 연동하여 애플리케이션의 기능을 무한히 확장할 수 있습니다.

이 모든 기능은 사용자가 복잡한 기술적 배경 없이도 전문가 수준의 AI 앱을 만들 수 있도록 설계되었습니다. Dify를 선택하는 순간, 누구나 AI 시대의 개발자가 될 수 있습니다.

이 책의 구성과 주요 특징

이 책은 Dify를 활용한 AI 앱 개발 강의의 핵심 내용을 담고 있으며, 학습자들이 AI 애플리케이션을 만들고 운영할 수 있는 실질적인 역량을 갖추도록 설계된 실습을 제공합니다. 특히 코딩 지식 없이도 AI 앱을 개발하고 관리할 수 있도록 지원하는 '노코드' 중심의 접근법을 채택했습니다.

챗봇 설정부터 배포, 관리까지 전 과정을 아우르는 실용적이고 통합적인 학습 방식을 통해, 독자들은 실제 활용 사례를 바탕으로 실질적인 학습 목표를 달성할 수 있습니다. 또한, Dify 워크플로우 빌더의 시각적 워크플로우 환경을 활용하여 복잡한 LLM 애플리케이션도 손쉽게 구축할 수 있습니다.

- 노코드 중심 학습: 코딩 지식 없이도 AI 앱을 만들고 관리할 수 있게 구성하여, 누구나 AI 개발자로 성장할 수 있는 기회를 제공합니다.
- 실용적이고 통합적인 학습: AI 앱 개발의 모든 과정을 통합적으로 다루며, 실제 활용 사례를 통해 실질적인 학습 목표 달성을 돕습니다.
- 시각적 개발 환경 활용: 복잡한 LLM 작동 과정을 시각적 인터페이스로 설명하여 초보자도 쉽게 이해할 수 있도록 구성했습니다.

실력을 확장하는 체계적인 커리큘럼

이 책은 AI 앱 개발의 기초부터 실무 활용까지 아우르는 체계적인 커리큘럼으로 구성되어 있어, AI 앱 개발에 대한 깊이 있는 이해와 실질적인 경험을 동시에 제공합니다. 각 장은 독립적이면서도 유기적으로 연결되어 있어, 단계별로 학습하며 점진적으로 실력을 향상시킬 수 있습니다.

초보자도 따라 할 수 있는 기본 개념부터 시작해 복합적인 문제를 해결하는 고급 기능까지 폭넓게 다루며, 실제로 작동하는 AI 애플리케이션을 직접 만들어보는 창조적인 경험을 제공합니다.

1. AI와 LLM의 기초 다지기

인공지능과 LLM(거대 언어 모델)의 기본 개념을 이해하고, 효과적인 프롬프트 엔지니어링 기술을 익힙니다. 퓨샷(Few-shot), CoT(Chain-of-Thought) 기법 등의 다양한 프롬프트 기법을 실습하며 AI와 소통하는 노하우를 체득하고, 페르소나 기반의 학습을 통해 특정 역할에 맞는 답변을 끌어내는 능력을 기릅니다.

2. Dify 기본 앱 만들기

Dify 플랫폼의 기본 사용법을 익히고, 가장 기초적인 AI 앱을 직접 만들어보면서 노코드 개발의 재미를 경험합니다. 고객 문의에 자동으로 응답하는 'AI 상담원 챗봇', 사용자의 입력에 따라 내용이 바뀌는 '자동 업무 보고서', 그리고 Yahoo Finance를 연동하여 '주식 분석 보고서'를 생성하는 '투자 분석 에이전트'를 구축하며 외부 도구 연동의 기초를 다집니다.

3. 워크플로우와 고급 기능 다루기

Dify의 핵심인 워크플로우 빌더를 활용해 복합적인 작업을 자동화하고, '지식' 기반 기능을 통해 AI 성능을 향상시키는 기술을 배웁니다. 법률 문서나 회의록 등 '나만의 지식'을 학습시켜 답변 정확도를 높이는 '지식 기반 챗봇'을 만들고, Google 검색과 LLM을 연동하여 특정 주제에 대한 'SEO 블로그 글'을 자동으로 작성하는 워크플로우를 구축하며 복합적인 작업 자동화를 경험합니다.

4. 엑셀·데이터 분석 자동화 배우기

단순 엑셀 자동화를 넘어, 차세대 데이터 분석 기술인 TAG(Table Augmented Generation) 기반 데이터 분석을 실습합니다. 방대한 데이터를 효율적으로 분석하여 AI가 작성한 보고서를 자동으로 생성하는 방법을 익힙니다. Supabase 데이터베이스에 판매 데이터를 구축하고, Dify 워크플로우를 활용해 '제품 판매 통계 분석기'를 제작합니다. 통계 기반 보고서를 Microsoft Word나 Gamma.ai 스크립트로 변환하는 실습을 통해 데이터 분석부터 보고서 작성과 문서화까지의 전 과정을 자동화합니다.

이 책은 누구를 위한 책인가?

이 책은 Dify를 활용해 AI 애플리케이션을 만들고 싶지만, 어디서부터 시작해야 할지 막막한 모든 분들을 위한 실용적인 안내서입니다. 코딩 경험의 유무와 관계없이, "AI를 직접 만들어 보고 싶은" 학습자가 자연스럽게 따라올 수 있도록 구성되어 있습니다.

1. 코딩 초보자 및 비개발자

기술적 장벽 없이 AI 애플리케이션을 직접 만들어보고 싶은 분들에게 최적의 학습 기회를 제공합니다. 복잡한 설정이나 코딩 없이 '실제로 작동하는 앱'을 완성해보며 AI 개발의 감을 쉽게 익힐 수 있습니다.

2. AI 앱 개발을 처음 시작하는 입문자

AI 앱의 기획부터 배포, 관리까지 전 과정을 Dify의 올인원 플랫폼으로 학습하고 싶은 분들에게 유용합니다. Dify의 올인원 환경을 통해 'AI 앱 개발의 전체 흐름'을 처음부터 끝까지 경험해볼 수 있습니다.

3. 실무 효율성을 높이고 싶은 직장인·현업 실무자

반복적인 보고서 작성, 고객 문의 대응, 정보 정리 등 다양한 실무에 AI를 적용해 생산성을 높이고 싶은 분들에게 도움을 줍니다. 챗봇, 자동 보고서 생성기, 분석 에이전트 등을 직접 만들어 업무 시간을 획기적으로 줄일 수 있는 실전형 학습을 제공합니다.

4. 1인 기업, 프리랜서, 기획자, 마케터

AI를 활용해 새로운 서비스를 실험해보고 싶거나, 고객 응대 및 콘텐츠 제작 업무를 자동화하고 싶은 분들에게 적합합니다. 코딩 없이도 자신만의 AI 도구를 만들어 비즈니스 경쟁력을 강화할 수 있습니다.

5. 조직의 AI 도입 담당자 및 교육자

팀이나 기관에 AI 도입을 고민하는 담당자, 또는 사내 교육을 준비하는 분들에게도 유용합니다. 이 책은 기초 개념부터 실무 자동화까지 이어지는 흐름을 포함하고 있어 커리큘럼 설계의 토대로 활용할 수 있습니다.

* * *

단순히 기술을 배우는 것을 넘어, 실제로 작동하는 AI 애플리케이션을 직접 만들어보는 창조적인 경험을 할 수 있을 것입니다. Dify는 복합적인 데이터를 종합적으로 분석하고 해석하여 비즈니스 의사결정에 실질적인 도움이 되는 보고서를 자동으로 생성합니다. 이러한 자동화된 프로세스는 데이터 분석에 소요되는 시간과 노력을 획기적으로 줄여주며, 데이터 기반의 의사결정을 일상화하는 데 기여합니다.

예제 파일 다운로드 안내

강의에 필요한 모든 예제 파일은 아래 URL에서 다운로드할 수 있습니다.

- URL : https://github.com/multicore-it/dify

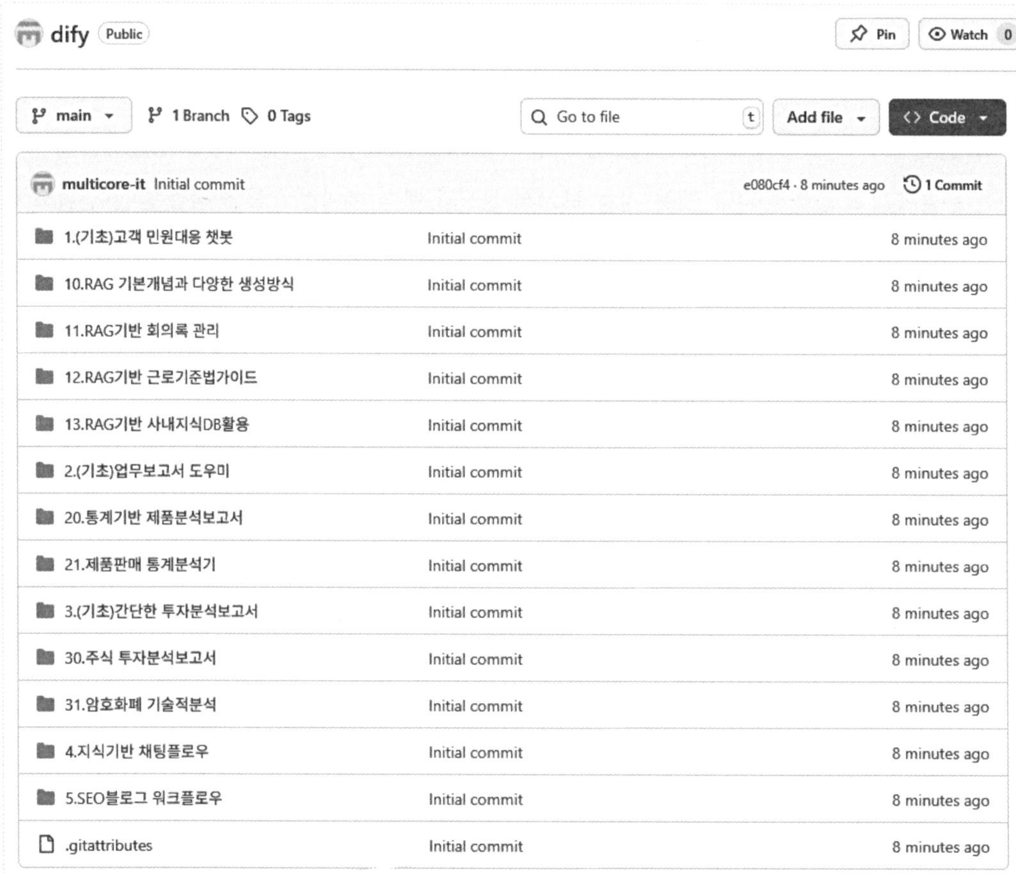

깃허브

강의에 사용된 예제 파일들은 GitHub 저장소에서 모두 다운로드할 수 있습니다. 이 저장소에는 강의 내용을 실습하는 데 필요한 프롬프트, 다양한 문서 파일, 음성 파일, 그리고 DSL(Domain-Specific Language) 파일이 포함되어 있어, 모든 실습 환경을 손쉽게 구축할 수 있습니다.

1장

디파이가 무엇인가요?

이 장의 학습목표

- 생성형 AI와 LLM이 무엇인지 알아보고 기존 방식(랭체인, 에이전트)과의 차이를 알아봅니다.
- 왜 Dify가 필요한지, 업무 자동화에서 어떤 가치가 있는지를 알아봅니다.

#Dify 개요 #LLM 이해 #RAG #노코드AI #업무자동화

한번쯤 챗GPT 같은 생성형 AI를 사용해 본 경험이 있을 겁니다. 질문을 하면 답변을 해주고, 글을 요약하거나 새로운 문장을 만들어내기도 합니다. 하지만, 막상 이런 AI를 업무에 직접 적용하면 쉽지 않습니다.

예를 들어, 우리 회사 문서를 읽고 답변하는 챗봇을 만들고 싶다거나, 고객 이메일을 자동으로 요약하고 답변까지 해주면 좋겠다고 생각합니다. 이런 아이디어가 떠올라 자동화를 생각해보지만, 챗GPT만으로는 구현하기가 어렵습니다. 왜냐하면 챗GPT는 특정 서비스 안에서만 동작하고, 외부 데이터를 불러오거나 회사 시스템과 직접 연결하는 기능은 제공하지 않기 때문입니다.

바로 이럴 때 필요한 것이 디파이(Dify)입니다. 디파이는 노코드, 로코드 기반의 AI 애플리케이션 제작 플랫폼으로, 복잡한 코딩을 몰라도 시각적인 화면에서 AI 기능을 블록처럼 조합할 수 있게 해줍니다.

1.1 업무 자동화에 Dify AI가 필요한 이유

2023년 초 대중에 처음으로 알려진 이래, 지금까지도 AI는 연일 사회 전반에서 큰 화제를 모으고 있습니다. 다양한 분야에 AI 기술이 빠르게 도입되며, 일상과 업무 방식이 변화하고 있는 것이 체감되지요. 그런데 AI가 주목받는 이유는 단순히 "새로운 기술"이기 때문이 아닙니다. 반복적이고 시간이 많이 드는 작업을 줄이고, 더 중요한 일에 집중할 수 있도록 돕는 것이야말로 AI가 주는 실질적인 가치입니다.

- 업무 현장에서 자주 마주하는 사례를 생각해 봅시다.
- 매일 비슷한 형식으로 작성해야 하는 업무 보고서
- 비슷한 질문이 반복되는 고객 상담
- 끝이 없는 회의록 정리와 요약
- 데이터베이스에서 자료를 찾아 다시 정리해야 하는 자료 분석 작업

이런 업무는 사람이 하기에는 지루하고, 시간도 많이 걸리며, 실수도 생기기 쉽습니다. 하지만 AI가 도와주면 보고서 초안은 자동으로 작성되고, 고객 상담은 챗봇이 대신 응답하며, 회의록도 정리와 요약이 한 번에 끝납니다. 결과적으로 사람은 더 창의적이고 전략적인 일에 집중할 수 있습니다. 즉 AI 업무 자동화는 단순한 기술 실험이 아니라, 업무 효율성과 생산성을 극대화하기 위한 필수 옵션입니다.

물론 예전에도 이런 작업의 자동화를 시도할 수는 있었습니다. 하지만 전통적인 방식은 개발자가 복잡한 프로그램을 직접 작성해야 가능했고, 비전공자나 소규모 팀은 접근하기 어려웠습니다. AI 등장 이후로도 사정은 크게 다르지 않았습니다. 1장 도입에서도 밝혔듯, 단순 대화형 AI만으로는 우리가 원하는 만큼의 업무 도움을 받기 어려웠기 때문입니다.

하지만 디파이(Dify)는 이런 한계를 무너뜨리고, 누구나 아이디어만 있으면 AI 애플리케이션을 직접 만들 수 있는 길을 제시합니다. 노코드와 로우코드 방식에 기반한 AI 애플리케이션 제작 플랫폼인 Dify를 통해 복잡한 개발 과정은 자동화되고 사용자는 오직 아이디어와 콘텐츠에 집중할 수 있습니다.

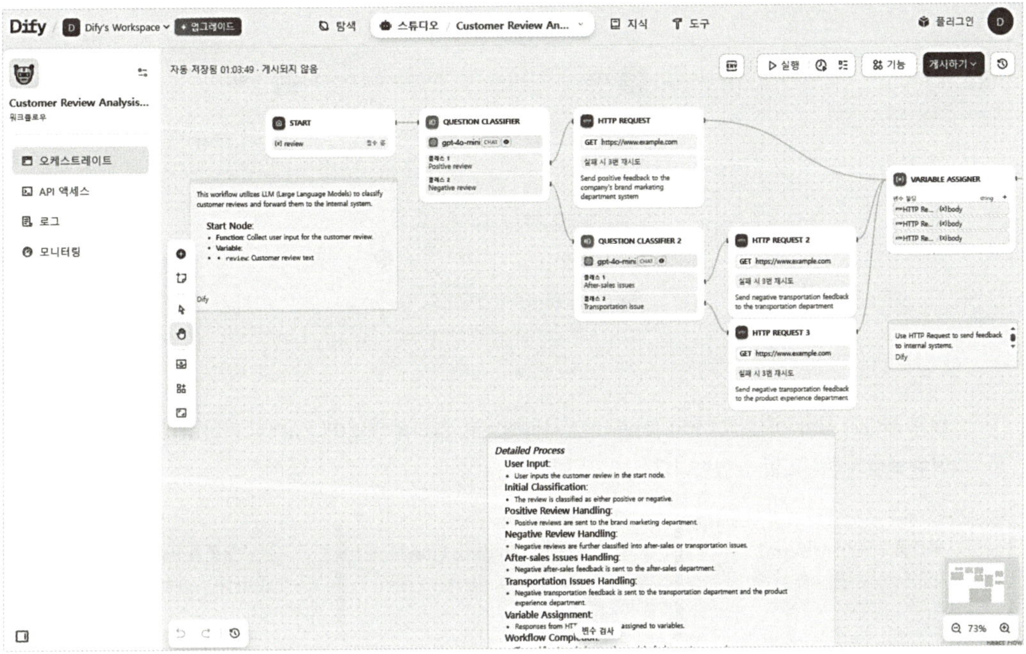

1.2 Dify는 어떻게 작동하고 무엇을 할 수 있을까

Dify는 단순히 하나의 도구라기보다 AI 시대에 새로운 기회를 열어주는 플랫폼입니다. Dify의 가장 큰 매력은 복잡한 코딩 없이도 AI 애플리케이션을 만들 수 있다는 점입니다. 어떻게 가능할까요? 예전에는 챗봇이나 자동화 시스템을 구축하려면 데이터베이스 연결, API 호출, 모델 제어 같은 까다로운 코드를 직접 작성해야 했습니다. 하지만 Dify에서는 이런 과정이 모두 시각적 워크플로우로 단순화됩니다. 사용자는 화면 위에서 블록을 조립하듯 흐름을 구성하기만 하면 되고, 나머지는 플랫폼이 처리합니다. 좀 더 구체적으로 Dify의 장점을 꼽아보면 다음과 같습니다.

- 1. 노코드의 쉬운 접근성 - Dify는 복잡하고 어려운 코딩이 필요하지 않습니다. 직관적인 화면 조작으로 다양한 기능을 조합할 수 있도록 설계되어 있습니다.

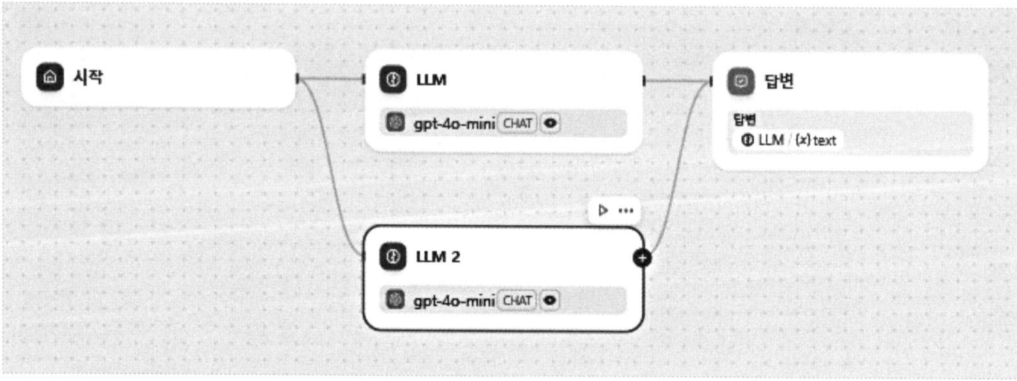

- 2. 빠른 개발과 실험 - 떠오른 아이디어를 바로 시험해보고, 결과를 웹앱이나 API로 곧바로 배포 가능하여 아이디어를 빠르게 현실화할 수 있습니다.

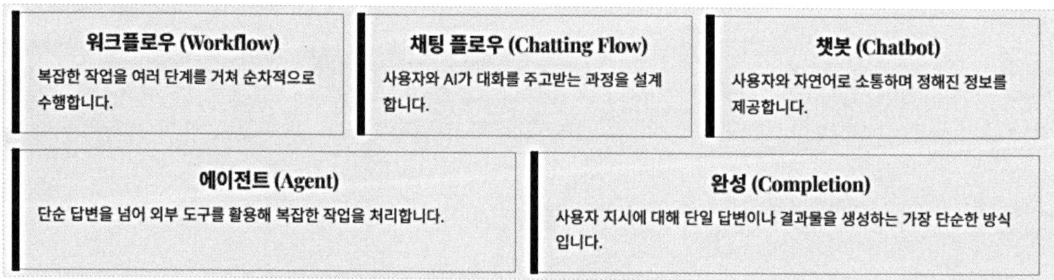

- 3. 통합된 개발 환경과 풍부한 확장성 - 다양한 LLM(OpenAI, Claude, Llama 등)과 외부 도구(API, 데이터베이스)를 지원함으로써 프롬프트 엔지니어링, 모델 관리, 워크플로우 자동화 등 AI 애플리케이션에서 요구하는 모든 작업을 한 곳에서 수행할 수 있습니다.

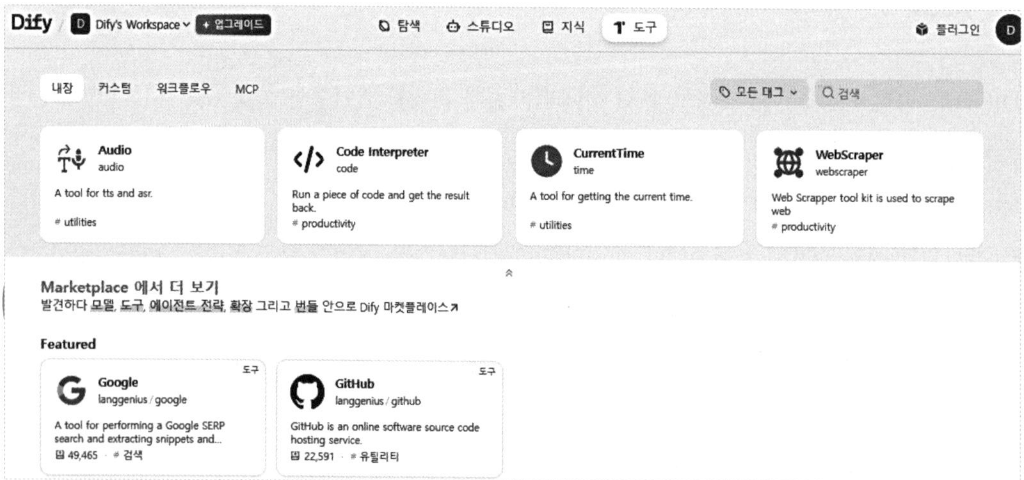

이 3가지 장점 덕분에 누구나 다음과 같은 다양한 업무 자동화 앱을 만들 수 있습니다.

- **Q&A 챗봇**: 회사 문서를 업로드하고 질문하면 문서 내용을 기반으로 정확한 답변 제공
- **이메일 요약 및 답변**: 고객 이메일을 자동 요약하고 상황에 맞는 답변 초안 생성
- **SEO 블로그 작성기**: Google 검색과 LLM을 결합해 특정 주제의 블로그 글 자동 작성
- **제품 판매 통계 보고서**: Excel이나 데이터베이스 데이터를 불러와 자동 분석 보고서 생성
- **회의록 자동화**: 음성 회의 파일을 텍스트로 변환하고 요약·액션 아이템을 정리해 문서로 배포

이처럼 Dify는 챗봇, 콘텐츠 생성, 데이터 분석, 반복 작업 자동화 등 여러 영역에서 활용할 수 있는 범용 플랫폼입니다. 개발자가 아니어도 기획자, 마케터, 디자이너 누구나 자신의 전문성을 AI와 결합할 수 있는, '모두를 위한 AI'인 것입니다.

1.3 Dify와 프롬프트의 중요성

앞에서 Dify가 어떤 일을 할 수 있는지 살펴보았다면, 이제 그 바탕이 되는 언어 모델(LLM)의 구조와 특성을 간단히 짚어볼 필요가 있습니다. 그래야 다음 장에서 다룰 프롬프트의 중요성을 더 잘 이해할 수 있기 때문입니다.

LLM의 원리와 한계

생성형 AI를 가능하게 한 핵심 기술은 거대 언어 모델(LLM, Large Language Model)입니다. LLM은 인터넷에 공개된 방대한 텍스트와 코드를 학습해, 사람처럼 문맥을 이해하고 새로운 문장을 만들어내는 능력을 갖춘 인공지능 모델입니다. GPT, Claude, Gemini 등이 대표적인 예입니다.

언어 모델은 겉보기에는 똑똑한 대화 상대 같지만, 실제로는 "다음에 어떤 단어가 올지를 예측하는 시스템"입니다. 이 단순한 원리를 더 정교하게 구현하기 위해 트랜스포머(Transformer)라는 구조가 쓰입니다. 트랜스포머는 문장을 앞에서부터 차례로 읽는 대신, 문장 전체를 동시에 바라보며 단어 사이의 관계를 계산합니다.

여기서 핵심은 어텐션(Attention, 주목)이라는 메커니즘입니다. 모델은 모든 단어를 동일하게 보지 않고, 어떤 단어가 현재 답변을 만드는 데 더 중요한지를 판단해 가중치를 둡니다. 예를 들어 "사과는 맛있어서 나는 ___을 좋아한다"라는 문장에서, 빈칸을 채우기 위해 모델은 문장의 전체 맥락을 보고 "사과"라는 단어에 더 큰 비중을 둡니다. 그 결과 자연스럽게 "사과"라는 답을 떠올릴 수 있게 되는 것입니다.

이러한 구조 덕분에 언어 모델은 크게 두 가지 능력을 갖게 됩니다.

- 언어 이해: 문맥을 고려해 사용자의 질문을 해석하고, 무엇을 원하는지 파악합니다.
- 언어 생성: 이해한 내용을 바탕으로 자연스럽고 새로운 문장을 만들어냅니다.

그 결과 글쓰기, 번역, 요약, 코드 작성 등 다양한 작업이 가능하며, 문제 해결도 할 수 있습니다. 하지만 이 능력에도 한계가 있습니다. 모델은 기본적으로 확률 계산에 따라 단어를 이어 붙이는 방식으로 작동하기 때문에, 때때로 그럴듯하지만 틀린 답(환각)을 내놓을 수 있습니다. 모르는 내용도 사실처럼 답변하여 또한 학습된 시점 이후의 최신 정보나 회사 내부 문서, 데이터베이스, 전용 지식 같은 특정 자료는 스스로 알지 못합니다.

RAG와 Dify의 가치

이런 LLM의 약점을 보완하는 방법 중 하나가 바로 RAG(Retrieval-Augmented Generation, 지식 증강 생성)입니다. RAG는 모델이 답변을 생성할 때 외부 문서나 데이터베이스에서 필요한 정보를 불러와 함께 활용하게 만드는 방식입니다. 덕분에 단순한 대화형 AI보다 훨씬 정확하고 신뢰할 수 있는 결과를 얻을 수 있습니다.

문제는 이런 기능을 직접 구현하려면 랭체인(LangChain) 같은 개발자용 프레임워크가 필요하다는 점입니다. 랭체인은 데이터베이스 연결, API 호출, 단계적 실행을 지원하는 강력한 도구지만, 코드를 직접 작성해야 하기 때문에 초심자에게는 진입 장벽이 높습니다. 또 최근 주목받는 에이전트(Agent)는 AI가 스스로 판단해 필요한 도구를 선택하고 실행하는 개념인데, 구현하려면 더 복잡한 코딩이 필요합니다.

따라서 챗GPT는 쉽지만 확장성 부족, 랭체인·에이전트는 강력하지만 어렵다는 문제가 있습니다. 이 간극을 메워주는 것이 바로 디파이(Dify)입니다. Dify는 노코드·로우코드 방식을 통해 LLM 연결, RAG 기능, 에이전트 구성, 업무 자동화까지 시각적인 인터페이스 하나로 처리할 수 있게 합니다.

> Dify는 챗GPT의 단순함과 랭체인의 유연성 사이의 간극을 메워, 누구나 AI 업무 자동화를 실현할 수 있게 돕는 플랫폼입니다.

정리하자면, 언어 모델은 통계 기반의 예측 시스템이지만 트랜스포머 구조와 어텐션 메커니즘 덕분에 인간과 비슷한 이해와 표현 능력을 보여줍니다. 동시에 그 한계 때문에 우리가 어떤 프롬프트를 입력하는가가 결과의 품질을 결정하게 되며, RAG 같은 보완 기술이 필요합니다. 바로 이 지점이 다음 장에서 다룰 프롬프트 엔지니어링을 자세하게 알아보는 이유입니다.

2장

프롬프트 엔지니어링 마스터하기

이 장의 학습목표

- 프롬프트 엔지니어링의 기본 원리와 핵심 철학을 이해합니다.
- 나쁜 프롬프트와 좋은 프롬프트의 차이를 비교하고, 실무 예시를 통해 개선 방법을 알아봅니다.
- 제로샷·퓨샷·CoT(사고의 연쇄)·페르소나·템플릿 프롬프팅 등 주요 기법을 학습합니다.
- 요청의 핵심을 **간단한 규칙**으로 정하고 이 규칙을 **Dify 워크플로**(입력·검증·생성→검수)에 적용해 **재현 가능한 출력**을 만들어 봅니다.

#프롬프트엔지니어링 #LLM 활용 #제로샷 #페르소나 #템플릿 프롬프트

인공지능은 이제 단순한 검색을 넘어 우리의 업무와 일상 속으로 깊이 들어왔습니다, 특히 거대 언어 모델(LLM)은 문맥을 이해하고 창의적인 결과물을 만들어 냅니다. 그러나 이 잠재력을 실제 성과로 전환하려면 AI가 우리의 의도를 정확히 이해하도록 돕는 기술, 즉 프롬프트 엔지니어링이 필요합니다.

프롬프트 엔지니어링은 "질문의 질이 답변의 질을 결정한다"는 철학 위에서 AI가 우리의 의도를 정확히 파악하도록 돕는 최소한의 설계도입니다.

이 장에서는 프롬프트의 기본 원리부터 좋은 프롬프트의 구조, 그리고 실무에서 재현성 높은 결과를 만드는 심화 기법까지 다룹니다. 또한 Dify 환경에서 이를 적용하여 일관된 품질의 결과를 얻는 운영 방식을 익힙니다.

2.1 프롬프트 엔지니어링의 기본 원리

현재의 인공지능, 특히 LLM(거대 언어 모델)은 단순한 데이터 처리를 넘어 복잡한 문장을 이해하고 새로운 내용을 만들어낼 수 있을 만큼 발전했습니다. 그러나 이 잠재력이 곧바로 실무 성과로 이어지지는 않습니다. 모델에게 무엇을, 어떤 형식으로, 어떤 제약 아래에서 요구할지를 분명히 알려주는 것이 필요합니다. "질문의 질이 답변의 질을 결정"하기 때문이지요.

이를 가능하게 하는 기술이 바로 프롬프트 엔지니어링입니다. 프롬프트 엔지니어링은 LLM으로부터 원하는 결과를 얻기 위해 가장 효과적인 질문, 지시를 설계하는 기술입니다. 요리사에게 "맛있는 요리를 해 달라"가 아니라 "신선한 해산물로 담백한 이탈리아식 파스타를 만들어 달라"라고 구체적으로 요청하면 결과가 달라지듯, AI에게도 목적·형식·범위를 명확히 제시할 때 비로소 의도에 맞는 결과가 안정적으로 생성됩니다. 이 능력은 AI를 단순한 도구가 아닌 의도를 이해하는 조력자로 활용하기 위한 핵심 역량입니다.

나쁜 프롬프트(Bad Prompt)와 좋은 프롬프트(Good Prompt)

일반적으로, "보고서 써줘"와 같이 모호하고 추상적인 명령은 좋지 않은 프롬프트의 예입니다. 나쁜 프롬프트를 사용하면 맥락 없는 일반적인 내용이 생성되고, 원치 않은 결과물이 될 가능성이 높습니다.

나쁜 프롬프트

"보고서 써줘"

왜 그럴까요? 구체적으로 다음과 같은 문제점을 야기할 수 있기 때문입니다.

- AI가 의도를 이해하기 어려움: '보고서'라는 단어만으로는 어떤 종류의 보고서인지, 누구를 위한 것인지, 어떤 내용을 포함해야 하는지 알 수 없습니다.
- 대상 독자와 작성 관점의 불분명: 보고서를 누가 읽을지, 어떤 전문적인 관점에서 작성해야 하는지 명시되지 않아 AI는 일반적인, 깊이 없는 내용을 생성할 가능성이 높습니다.
- 필요한 정보 및 형식 누락: 보고서의 길이, 포함되어야 할 핵심 키워드, 표나 그래프의 포함 여부 등이 지정되지 않아 결과물이 사용자의 기대에 미치지 못할 수 있습니다.

반면, 좋은 프롬프트는 구체적이고 명확한 지침을 제공하여 AI가 사용자의 의도를 정확히 파악하고 맞춤형 결과물을 생성하도록 유도합니다.

좋은 프롬프트

"마케팅 전문가 관점에서 2025년 **IT 시장 동향을 500자 이내**로 요약해 주세요. **주요 기술 트렌드, 경쟁사 분석, 향후 시장 전망**을 반드시 포함해 주세요."

똑같이 보고서 생성을 요청하더라도 역할, 주제, 분량, 필수 요소를 함께 제시하면 결과가 달라집니다. 이 프롬프트는 ① 역할(마케팅 전문가), ② 주제와 범위(2025년 IT 시장), ③ 분량(500자 이내), ④ 필수 포함 항목(트렌드·경쟁·전망)을 명확히 지정합니다. 그 결과 모델은 특정 관점에서 정보를 선별하고, 정해진 틀에 맞춰 응답하게 됩니다.

나쁜 프롬프트 vs 좋은 프롬프트

좋은 프롬프트 기본원칙

잘 설계된 좋은 프롬프트는 AI가 전문적이고 구체적이며, 사용자의 의도에 완벽하게 부합하는 맞춤형 콘텐츠를 생성하게 합니다. 그렇다면 어떤 프롬프트가 좋은 프롬프트일까요? 우선 프롬프트 엔지니어링의 핵심은 두 가지입니다.

- 첫째, 모델이 참조할 맥락과 기준을 충분히 제공할 것.
- 둘째, 결과물의 형식과 품질 조건을 사전에 합의하듯 명시할 것.

이 핵심을 잘 지키고 AI를 효과적으로 활용하고 제어하기 위해서는, 프롬프트 엔지니어링의 5가지 기본 원칙을 이해하고 적용하는 것이 중요합니다.

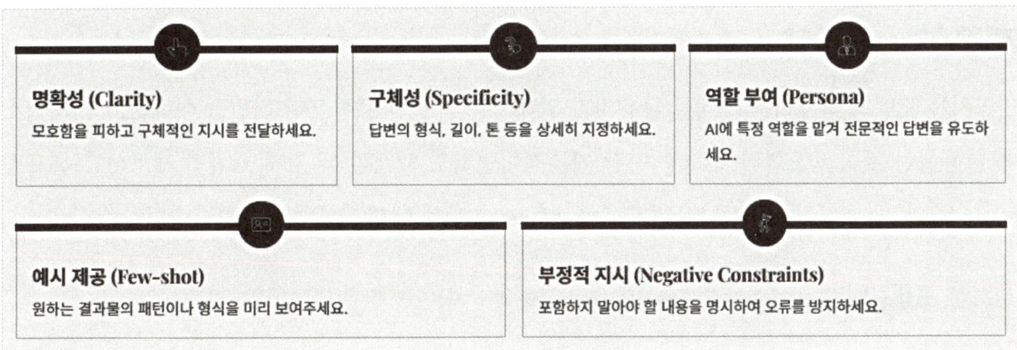

좋은 프롬프트 기본원칙

- 명확성(Clarity): 명확성은 모호한 표현을 피하고, AI가 바로 이해할 수 있도록 명확하고 구체적인 지시를 전달하는 원칙입니다.

- 구체성(Specificity): 구체성은 답변의 형식, 길이, 톤(Tone) 등을 상세하게 지정하여 AI가 더 정교한 결과물을 만들도록 돕는 원칙입니다.
- 역할 부여(Persona): 역할 부여는 AI에게 '마케팅 전문가', '데이터 분석가'와 같은 특정 역할을 맡겨 전문적인 관점에서 답변을 생성하도록 유도하는 원칙입니다.
- 예시 제공(Few-shot): 예시 제공은 원하는 결과물의 패턴이나 형식을 미리 보여주어 AI의 이해를 돕는 원칙입니다. "다음 문장을 요약해줘."라고만 지시하는 대신,
- 부정적 지시(Negative Constraints): 부정적 지시는 '무엇을 해야 하는지'뿐만 아니라 '무엇을 하지 말아야 하는지'를 명시하는 원칙입니다.

2.2 효율적인 프롬프트 작성 노하우

이제 단순히 '좋은' 수준에서 벗어나, 수준 높은 결과물을 이끌어내는 심화 프롬프트 엔지니어링을 알아보겠습니다. 제로샷과 퓨샷, AI의 논리적 사고를 유도하는 사고의 연쇄(CoT), 그리고 AI의 페르소나와 작업 틀을 정하는 템플릿 프롬프팅에 이르기까지, AI를 더욱 정교하고 효과적으로 활용하기 위한 심화 기술들을 구체적인 사례와 함께 소개하고자 합니다. 이들은 AI의 추론 방식에 개입하고, 특정 역할을 부여하며, 반복 작업을 자동화하여 결과의 안정성과 생산성을 높이는 방법입니다.

제로샷 vs. 퓨샷

인공지능 모델의 잠재력을 최대한 활용하기 위해서는 다양한 프롬프팅 기법을 이해하고 적재적소에 활용하는 것이 중요합니다. 그중 가장 기본적이면서도 강력한 두 가지 기법인 제로샷 프롬프팅(Zero-shot Prompting)과 퓨샷 프롬프팅(Few-shot Prompting)에 대해 자세히 알아보겠습니다.

제로샷 프롬프팅 (Zero-shot Prompting)

제로샷 프롬프팅은 예시나 사전 지시 없이 오직 질문으로만 답을 구하는 가장 기본적인 방식입니다. 모델이 사전 학습에서 축적한 일반 지식과 언어 능력을 활용하므로, 널리 알려진 사실을 묻거나, 특별한 규칙이 필요 없는 간단한 작업에 적합합니다.

다만 형식이 들쭉날쭉해질 수 있으므로, 짧은 지시로 최소 형식을 함께 지정하면 안정성이 높아집니다. '분량(5문장)'과 '범위(발발 원인 3가지)' 정도만 명확히 지시해도 결과가 일정해집니다.

> 프랑스 혁명의 주요 발발 원인 3가지를 5문장 이내로 요약하라.

퓨샷 프롬프팅 (Few-shot Prompting)

퓨샷 프롬프팅은 1~3개의 짧은 예시(Demonstration)로 원하는 패턴을 먼저 보여주고 이후 입력에 그 규칙을 그대로 적용하게 하는 방식입니다. 특정 스타일·톤·형식을 정확히 맞춰야 하거나, 감정 분석처럼 정해진 규칙을 따라야 하는 작업, 도메인 특화 업무 규칙을 가르쳐야 할 때 효과적입니다. 제공된 예시를 통해 패턴을 학습하고, 마지막 질문에 그 패턴에 맞는 답변을 생성하게 됩니다.

다음과 같이 짧은 예시 몇 개만으로도 원하는 패턴을 안정적으로 학습시킬 수 있습니다. 예시는 곧 규칙이 되므로 오탈자나 혼선 없이 간결하고 일관되게 제시하는 것이 좋습니다.

[예시] 감성 분류 규칙 시연 → 적용

- 입력: '오늘 점심 정말 맛있었어!' → 긍정
- 입력: '날씨가 흐려서 기분이 안 좋아' → 부정
- 입력: '새로 나온 영화는 그저 그랬어' → 중립
- 적용: '배송이 너무 늦어서 실망했어' → ?"

[예시] 형식 고정 글쓰기

- 패턴 시연:

'한줄요약: … / 핵심 불릿(3): 1) … 2) … 3) … / 톤: 간결·중립'

- 적용 과제:

'다음 보고서를 위 패턴으로 정리해 주세요(분량 400자±10%, 출처를 문장 끝에 표기해 주세요).'

정리하자면, 제로샷은 모델의 일반 능력으로 빠르게 답을 받을 때 유리하고, 퓨샷은 형식, 규칙, 스타일을 갖추어 더 정밀하고 일관된 출력을 얻고자 할 때 적합합니다. 같은 과제라도 초안은 제로샷으로 하고 최종본은 퓨샷으로 패턴을 고정하는 식의 단계적 활용이 실무에서 가장 안정적입니다.

제로샷 프롬프팅 (Zero-shot Prompting)	퓨샷 프롬프팅 (Few-shot Prompting)
정의 예시나 사전 지시 없이 오직 질문으로만 답변을 요구하는 방식	**정의** 원하는 답변의 형식이나 규칙을 AI가 파악하도록 예시를 제시 후 질문
특징 AI의 방대한 사전 학습 지식을 활용하여 답변 생성	**특징** 제공된 예시를 통해 AI가 패턴을 학습하고 적용
활용 보편적 사실, 간단한 작업, 특정 형식 불필요 시 적합 예시: "프랑스 혁명의 주요 원인 3가지 설명"	**활용** 특정 스타일/톤/형식, 도메인 특화 작업, 새로운 규칙 필요 시 예시: "입력: '기분 좋아' -> 긍정, 입력: '불만족' -> 부정"

제로샷 프롬프팅 vs. 퓨샷 프롬프팅

사고의 연쇄(Chain-of-Thought, CoT)

사고의 연쇄(Chain-of-Thought, CoT)는 AI가 문제 해결 과정을 스스로 되돌아보며 오류를 최소화하도록 돕는 강력한 기술입니다. 특히 복잡한 계산이나 추론이 필요한 문제에서 AI의 정확성과 신뢰성을 크게 향상시키는 데 필수적인 역할을 합니다. 단번에 정답만 요구하기보다, 모델이 중간 근거를 정리한 뒤 결론을 내리도록 유도함으로써 정확도와 신뢰도를 높이는 겁니다. 어떻게 하는지 프롬프트 예시로 자세히 알아볼까요?

나쁜 프롬프트(Bad Prompt)

"키가 가장 큰 사람부터 순서대로 나열해 주세요."

이렇게 최종 답만 요구하면 모델의 추론 과정이 외부로 드러나지 않기 때문에, 조건이 얽힌 문제에서는 중간 논리를 놓치거나 오판할 가능성이 커집니다. 오류가 발생했을 때 어디에서 잘못되었는지 원인 추적도 어렵습니다.

이에 비해, 같은 문제도 다음처럼 간결한 단계 지시를 포함하면 효과가 달라집니다. 입력 조건을 정리하고(무엇이 주어졌는지), 규칙을 결합하며(어떻게 연결되는지), 모순을 점검한 뒤(오류 여부), 최종 답을 제시하는 짧은 단계 서술을 얻을 수 있습니다.

좋은 프롬프트(CoT 적용)

아래 조건을 바탕으로 키 큰 순서를 구해 주세요.

1) 조건을 한 줄씩 불릿으로 재진술하세요(최대 3개).

2) 조건 간 관계를 결합해 순서를 도출하세요.

3) 모순 여부를 점검하세요.

4) 최종 답을 'A > B > C' 형식으로 제시해 주세요.

조건: A는 B보다 크다, C는 A보다 작다, B는 C보다 크다.

왜 효과적일까요? 중간 근거가 보이므로 검토와 피드백이 쉬워지고, 관계 결합과 모순 점검을 분리함으로써 성급한 결론을 막을 수 있습니다. 또한 단계와 형식을 고정하면 같은 유형의 문제에서 같은 품질이 반복되어 재현성이 높아집니다.

실무에서는 장문의 독백을 유도하기보다 짧은 단계 지시(CoT-lite)가 다루기 쉽습니다. 중간 근거는 불릿 3~5개 이내로 제한하시고, "새로운 가정 추가 금지", "모호한 표현 사용 금지(예: 대체로, 아마)" 같은 규칙을 함께 명시해 주시면 좋습니다. 수치가 포함된 과제라면 단위 표기와 간단한 검산을 요구해 주시고, RAG를 함께 사용할 때는 근거 범위(컬렉션·기간·필터)와 출처 표기 방식을 프롬프트에 고정해 주시면 환각을 줄일 수 있습니다.

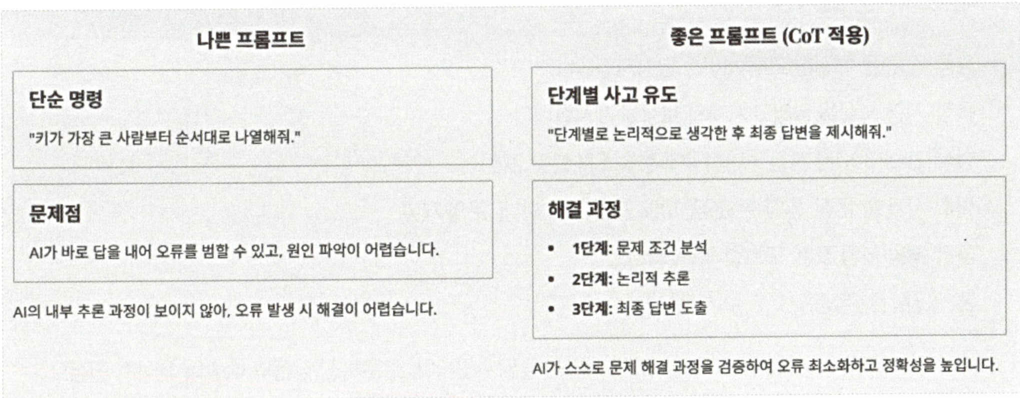

나쁜 프롬프트 vs 좋은 프롬프트

페르소나 프롬프팅 (Persona Prompting)

페르소나 프롬프팅은 AI에게 역할과 관점을 부여해, 같은 사실이라도 누구에게·어떤 목적으로 말하는지에 맞춰 글의 톤과 선택 기준을 바꾸도록 하는 기술입니다. 단순한 정보 나열을 넘어, 독자와 상황에 맞는 맥락화된 출력을 얻는 데 목적이 있습니다.

일반 프롬프트는 보통 "무엇을 해 달라"는 과제만 제시합니다. 예를 들어 "주문 지연 안내 이메일을 써 주세요."라고 요청하면, 사실 전달에는 성공하더라도 어조가 건조하고 조치가 불분명한 결과가 나오기 쉽습니다.

일반 프롬프트

"고객에게 주문 지연 안내 이메일을 써줘."

예상 답변: "안녕하세요, 고객님. 주문하신 상품의 배송이 지연되었음을 알려드립니다. 불편을 드려 죄송합니다. 곧 배송되도록 하겠습니다. 감사합니다."

반면 페르소나 프롬프팅은 역할(누가 말하는가), 목적(무엇을 달성할 것인가), 형식·분량, 금지·필수 요소, 평가기준까지 함께 지정하여, 결과물의 질과 일관성을 높입니다. 다음은 같은 과제를 페르소나 프롬프팅을 사용해 요청한 예시입니다. 그 결과 '친절하고 공감하는 어조'를 사용하며, 고객에게 사과와 함께 실질적인 보상을 제공함으로써 고객 만족도를 높이는 우수한 결과물이 출력되었습니다. 이는 AI가 주어진 페르소나의 역할을 정확히 수행했기 때문에 가능한 결과입니다.

페르소나 프롬프트

요청: "당신은 친절한 고객 서비스 담당자입니다.

목적: 지연 사실을 알리고 사과와 보상을 제시합니다.

형식: 250~300자 본문 + 마지막에 후속조치 불릿 2개.

필수: 사과 한 문장, 원인 한 문장, 10% 할인 쿠폰 안내, 문의 채널.

금지: 책임 회피 표현, 모호한 약속, 과장.

톤: 공감·간결·정중."

예상 답변: "안녕하세요, [고객명]님. 고객 서비스 담당자입니다. 주문하신 상품의 배송이 늦어져 진심으로 사과드립니다. 고객님께 불편을 드린 점에 죄송한 마음을 담아, 다음 주문 시 사용 가능한 10% 할인 쿠폰을 첨부했습니다."

AI에게 역할을 부여하면 관점과 어휘 선택이 달라지고, 목적·형식을 함께 고정하면 분량·구성·톤이 안정됩니다. 더불어 필수/금지 요소와 평가기준(예: 전환율, CS 재문의율, 규정 준수)을 넣으면, 모델이 무

것을 포함·제외해야 하는지 판단하기 쉬워집니다. 결과적으로 같은 과제를 반복해도 같은 품질을 재현할 수 있습니다.

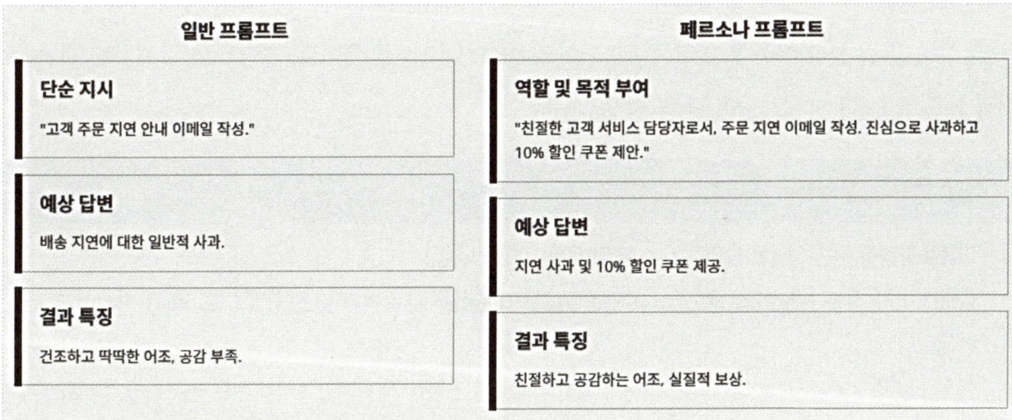

일반 프롬프트 vs 페르소나 프롬프트

템플릿 프롬프팅(Template Prompting)

템플릿 프롬프팅은 매번 프롬프트를 새로 쓰지 않고, 작업의 핵심 규칙과 틀은 고정한 채 그때그때 바뀌는 정보(변수)만 교체해서 사용하는 방식입니다. 이렇게 운용하시면 프롬프트 작성 시간이 크게 줄어들고, 결과의 형식·어조·품질을 일관되게 유지하실 수 있습니다. 특히 마케팅 문구, 보고서 요약, 제품 설명처럼 정형화된 반복 업무에서 효과가 큽니다.

템플릿은 보통 고정된 지시문과 변수로 구성합니다. 고정된 지시문은 작업의 뼈대입니다. 변수는 작업마다 달라지는 정보들을 담는 공간입니다. 사용자는 이 변수 부분만 매번 채워 넣어 템플릿을 재활용할 수 있습니다.

구분	세부 요소	예시
고정된 지시문	역할 부여(페르소나)	전문 소셜 미디어 마케터, 재무 분석가
	작업 목표	제품의 특징을 강조해 전환을 유도
	결과물의 형식·분량	불릿 3개, 300자 이내
	어조(Tone)	친근하고 간결하게 / 전문적이고 진지하게
변수	상품명, 주제, 키워드	스마트워치 X / 무선 이어폰 Y
	데이터 입력값(AI가 처리하고 분석해야 할 구체적인 데이터나 문장)	주요 특징: 긴 배터리 수명, 수면 패턴 분석, 방수

다음 소셜 미디어 게시물 템플릿 프롬프팅을 예를 들어 살펴봅시다. 나머지는 고정된 지시문이고, 마지막 행의 '상품명'과 '주요 특징'만 변수입니다. 여기서 상품명: 스마트워치 X, 주요 특징: 긴 배터리 수명, 수면 패턴 분석, 방수를 입력하면 해당 조건을 유지한 채 새로운 게시물이 즉시 생성됩니다. 다음 날 상품명: 무선 이어폰 Y, 주요 특징: 노이즈 캔슬링, 고음질 오디오, 경량으로 교체하면 같은 형식과 톤으로 또 다른 게시물을 얻을 수 있습니다.

실습 예시: 소셜 미디어 게시물 작성 템플릿

[역할] 당신은 전문적이고 창의적인 소셜 미디어 마케터입니다.

[목표] 아래 상품 정보를 바탕으로, 고객의 구매를 유도하는 매력적인 인스타그램 게시물을 작성해 주세요.

[형식] 본문 300자 이내, 마지막에 제품의 핵심 가치를 강조하는 해시태그 3개를 반드시 포함해 주세요.

[어조] 밝고 간결하게, 과장된 표현은 지양해 주세요.

[변수] 상품명: [상품명], 주요 특징: [특징1], [특징2], [특징3]

템플릿 프롬프팅은 한 번의 설계로 여러 번 재사용하면서도 품질을 일정하게 유지하도록 돕는 실용적인 방법입니다. 특히 마케팅 문구, 보고서 요약, 제품 설명처럼 정형화된 반복 업무에서 효과가 크니, 반복 작업이 잦다면 먼저 고정 규칙을 깔끔하게 정의해 두고, 이후에는 변수만 교체해 운영해 보길 권합니다.

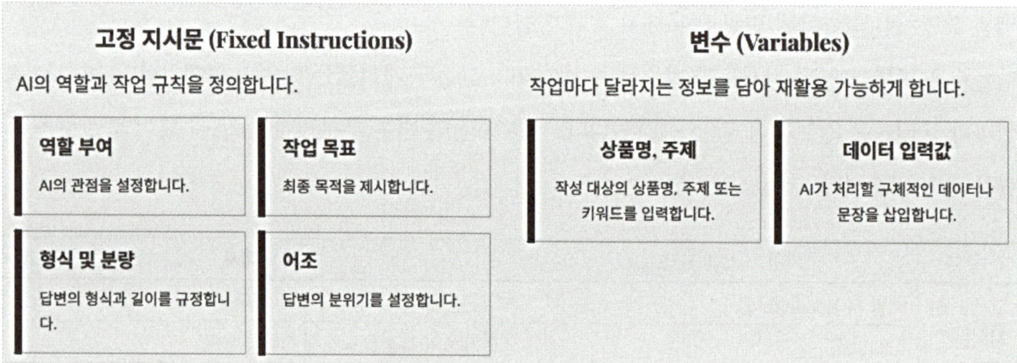

템플릿 프롬프트 구성요소

지금까지 프롬프트 엔지니어링의 기본 원리부터 다양한 심화 기술, 그리고 실무 적용 사례까지 살펴보았습니다. 좋은 프롬프트를 설계하는 능력은 AI의 잠재력을 끌어내는 핵심 열쇠이며, 이는 곧 개인과 조직의 경쟁력으로 직결될 것입니다. 앞으로 AI 기술은 더욱 발전하겠지만, 결국 중요한 것은 그 기술을 어떻게 활용하느냐에 달려 있습니다.

이 책에서 다룬 프롬프트 엔지니어링의 노하우가 여러분의 AI 활용 능력을 한 단계 끌어올리고, 복잡한 문제를 해결하며, 창의적인 결과물을 만들어내는 데 큰 도움이 되기를 바랍니다. 끊임없이 변화하는 AI 환경 속에서 프롬프트 엔지니어링은 미래를 준비하는 가장 중요한 첫걸음이 될 것입니다.

3장

디파이 시작하기

이 장의 학습목표

- 계정을 만들고 로그인하여 실습을 위한 기본 환경을 만들어 봅니다.
- OpenAI 모델을 연동해 생성형 AI를 직접 활용하는 흐름을 익힙니다
- 재랭크 모델을 설정해 문서 검색 결과를 정리하고 더 정확한 답변을 얻는 방식을 이해합니다.

#Dify 인터페이스 #OpenAI 연동 #AI 앱 유형 #재랭크 모델

Dify는 복잡한 AI 애플리케이션 개발 과정을 하나의 환경으로 통합하여, 챗봇·에이전트·워크플로우를 코딩 없이 구축하고 운영할 수 있도록 돕는 올인원 플랫폼입니다. 단순히 모델을 호출하는 수준을 넘어, 필요한 기능을 화면에서 유연하게 조합하고 관리하도록 설계됩니다.

이번 장은 Dify를 처음 여는 시점부터 요금제와 핵심 화면, 앱 유형과 마켓플레이스 활용까지 시작에 필요한 전 범위를 빠르게 훑는 실용 가이드를 제공합니다. 이어지는 절에서 계정을 만들고 기본 환경을 준비한 뒤, 생성형 AI 사용을 위한 모델 연결과 문서 검색 정확도를 높이는 방법까지 차례대로 진행합니다.

3.1 회원가입과 기본 환경 준비

Dify를 사용하려면 먼저 계정을 만들어야 합니다. 웹 브라우저 주소창에 dify.ai를 입력하면 다음 그림과 같이 첫 화면이 열리는 데 중앙이나 오른쪽 상단의 파란색 Get Started 버튼을 눌러 회원가입 화면으로 이동합니다.

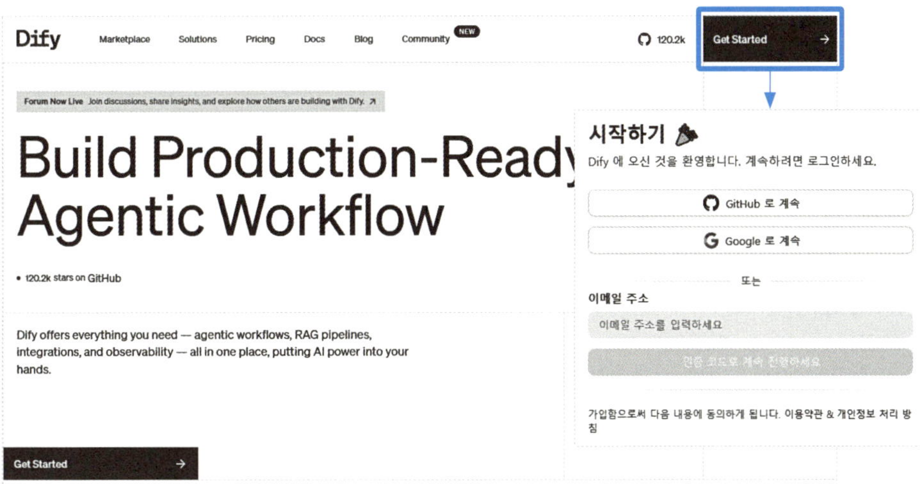

첫 화면 및 회원 가입

회원 가입 옵션은 두 가지를 제공합니다. Google 또는 Github 계정으로 연동 가입하면 추가 비밀번호나 정보 입력 없이 바로 연결됩니다(별도 인증 및 동의 절차 없음). 만일 이메일 가입을 원하면 메일 주소를 입력하고, 받은 인증 코드를 입력하면 됩니다. 그다음 이용 약관과 개인정보 처리 방침에 동의하고 로그인하면 Dify 기본 화면으로 진입합니다.

> **TIP**
> - 처음에는 **Google** 계정으로 가입하면 가장 간단합니다. 이후에 이메일 계정을 추가하거나 변경할 수 있습니다.
> - 인증 메일이 보이지 않으면 스팸함을 확인하고, 필요하면 재전송을 누릅니다.

기본 화면 구성

다음이 Dify의 기본 화면, 워크스페이스입니다. 중앙 상단에 Dify의 주요 메뉴가 있습니다. 크게 탐색, 스튜디오, 지식, 도구입니다.

Dify 주요기능

- **탐색(Explore)**: 다양한 AI 애플리케이션 템플릿을 제공하는 곳입니다. 사용자는 이 템플릿을 즉시 사용하거나, 아이디어를 얻어 자신만의 애플리케이션을 만들 수 있습니다.

- **스튜디오(Studio)**: AI 애플리케이션을 직접 개발하고 관리하는 작업 공간입니다. 여기서 챗봇, 워크플로우 등 다양한 유형의 앱을 만들 수 있습니다.
- **지식(Knowledge)**: AI 모델에 외부 지식을 학습시키는 곳입니다. PDF 파일이나 텍스트를 업로드하여 AI가 특정 분야의 정보를 학습하게 할 수 있습니다.
- **도구(Tools)**: AI 애플리케이션의 기능을 확장하는 도구들을 관리하는 곳입니다. 웹 검색, 계산기 등 다양한 플러그인을 추가하여 AI의 능력을 향상시킬 수 있습니다.

이 네 가지 기능은 Dify의 핵심이며, 이를 통해 사용자는 AI 애플리케이션을 손쉽게 만들고 관리할 수 있습니다.

> TIP 처음에는 **스튜디오**와 **지식** 두 영역에 집중하면 충분합니다. 앱 제작과 문서 기반 Q&A의 핵심 흐름이 이곳에서 시작됩니다.

요금제와 계정 관리

워크스페이스 옆 [업그레이드] 버튼을 클릭하면, Dify가 제공하는 요금제를 살펴볼 수 있습니다.

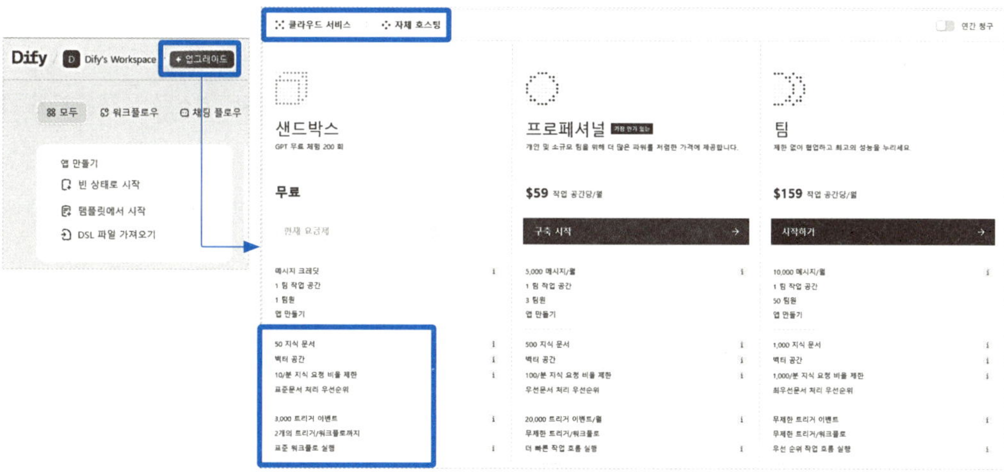

Dify 요금제

클라우드 서비스는 Dify가 제공하는 서버 환경에서 애플리케이션을 구축하는 방식입니다. 세 가지 요금제로 구성됩니다.

	샌드박스	프로페셔널	팀
비용	무료	월 59달러	월 159달러
사용량	제한적 기능과 사용량(GPT 무료 쿼리 200회, 지식 문서 최대 50개, 10분마다 5,000건 API 요청)	샌드박스보다 더 많은 기능(3팀원까지 이용 가능, 지식 문서 최대 500개, 100분마다 지식 요청 비율 리셋.)	가장 많은 기능과 높은 성능 (50팀원까지 이용 가능, 지식 문서 최대 1,000개, 1,000분마다 지식 요청 비율 리셋)
추천	처음 시작하는 사용자	개인 개발자, 소규모 팀	고성능 팀 작업 시

Dify는 기본적으로 **이메일 인증**과 **Google/GitHub 로그인**을 지원합니다. 개인 실습 단계에서는 별도의 보안 설정이 필요하지 않습니다. 다만 **팀 요금제**를 사용하면 구성원별 **권한 분리**로 계정을 체계적으로 관리할 수 있으므로, 협업 환경에서는 이 기능을 적극 활용합니다.

처음 로그인하면 샌드박스(Sandbox) 요금제가 적용됩니다. 무료 요금제이지만 실습을 하기에는 충분합니다. 처음부터 유료 구독이 아니라 Sandbox 환경을 쓰는 이유는, 입문자가 별다른 부담 없이 Dify의 기능을 직접 체험할 수 있기 때문입니다. 샌드박스 요금제만으로도 소규모 앱 제작과 기본적인 실습은 충분히 가능하며, 몇 가지 챗봇을 만들고 간단한 워크플로우를 시험하기에 부족함이 없습니다. 복잡한 설치나 비용 문제를 고민하지 않고, 오직 "AI로 무엇을 할 수 있는지"에만 집중하도록 합시다.

물론 이후 프로젝트가 늘어나거나 팀 협업이 필요하면 프로페셔널이나 팀 요금제로 확장할 수 있습니다. 자체 서버에 설치하는 온프레미스(자체 호스팅) 방식도 제공됩니다. 자체 호스팅은 사용자가 개인 서버에 Dify를 직접 설치하여 사용하는 방식입니다. 이 방식은 무료로 Dify의 모든 기능을 제한 없이 사용할 수 있다는 장점이 있습니다. 다만, 서버 환경을 직접 구축하고 관리해야 하므로 기술적인 지식이 필요합니다.

TIP 처음 실습은 **샌드박스(무료)**로 시작합니다. 이후 필요에 따라 프로페셔널/팀으로 확장하거나, 내부 보안/비용 구조에 맞춰 **자체** 호스팅을 검토합니다.

디파이 주요 앱 유형

Dify 스튜디오에서는 사용 목적에 따라 다양한 유형의 AI 애플리케이션을 개발할 수 있습니다. 무엇을 할 수 있는지 확인해 봅시다.

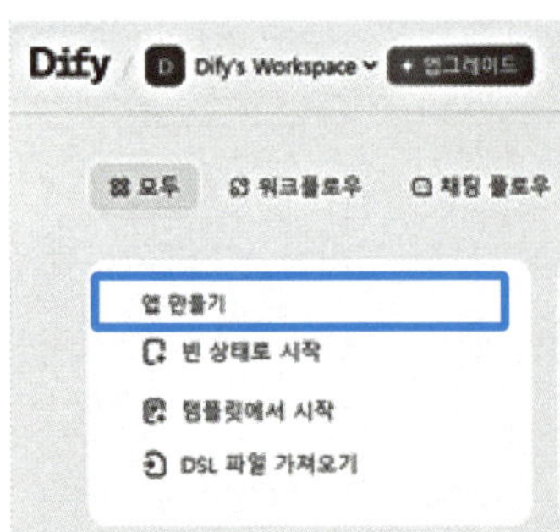

[스튜디오] 탭에서 [빈 상태로 시작] 메뉴를 클릭하면, 설정 화면이 나타납니다. 여기에서 Dify가 지원하는 주요 앱 유형을 확인할 수 있습니다.

Dify는 단순히 챗봇만 만드는 도구가 아닙니다. 앱 유형은 크게 네 가지입니다. 각 메뉴를 클릭하면 오른쪽에서 간단한 설명을 볼 수 있습니다. 여기에도 간략히 정리해 보았습니다.

- **챗봇(Chatbot)**: 사용자와 자연어로 소통하며 정해진 답변이나 정보를 제공하는 시스템입니다. 고객 응대, 사내 지식 검색, 개인 비서 기능 등 특정 목적의 대화형 시스템을 구현하는 데 사용됩니다.
- **에이전트(Agent)**: 단순한 답변을 넘어 외부 도구들을 능동적으로 활용해 복잡한 작업을 처리하는 방식입니다. 실시간 정보 검색, 데이터베이스 조회, 이메일 전송 등 실제 행동을 수행하는 기능을 구현할 수 있습니다.
- **워크플로우(Workflow)**: AI가 여러 단계를 거쳐 복잡한 작업을 순차적으로 수행하도록 시각적으로 설계하는 방식입니다. 여러 도구를 순서대로 사용하거나, 조건에 따라 작업 분기를 나누는 기능이 있어 복합적인 AI 에이전트를 구축하는 데 적합합니다.
- **채팅플로우(Chatting Flow)**: 사용자와 AI가 대화를 주고받는 과정을 설계하는 방식입니다. 대화 기록 기반의 심층 상담, Q&A 및 정보 제공 시스템, 그리고 다중 턴(multi-turn) 대화가 필요한 앱을 만드는 데 최적화되어 있습니다.

Dify 마켓플레이스는 고품질의 AI 애플리케이션과 도구들을 모아놓은 일종의 갤러리이자 스토어입니다. 이곳은 Dify 사용자들이 다른 개발자들이 공개한 AI 앱과 유용한 도구들을 손쉽게 탐색하고, 복제하여 자신의 프로젝트에 활용할 수 있도록 돕는 역할을 합니다.

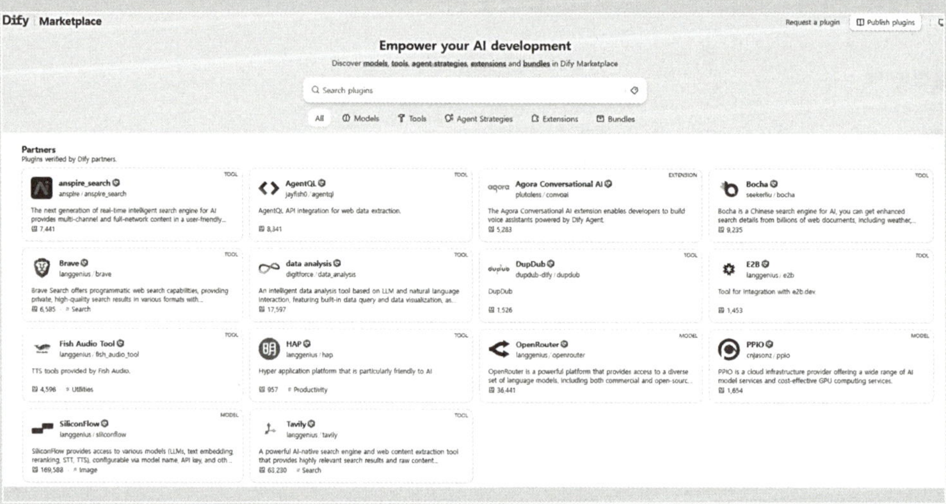

3.2 LLM 모델 설정과 연결

AI 애플리케이션 개발을 위한 가장 핵심적인 단계는 강력한 언어 모델을 활용하는 것입니다. Dify는 자체적으로 모델을 내장하고 있지 않기 때문에, 사용자가 직접 모델 공급자를 연결해야 합니다. 이 과정에서 가장 널리 쓰이는 것이 OpenAI API입니다. 이 API를 사용하기 위해서는 먼저 OpenAI 플랫폼에 가입하고, 개인의 신원을 확인하는 고유한 API Key를 생성해야 합니다.

이 Key를 통해 사용자는 OpenAI의 다양한 AI 모델을 호출하고, Dify와 같은 플랫폼에 연동하여 복잡한 코딩 없이도 AI 서비스를 손쉽게 구축할 수 있습니다. API Key는 프로젝트의 사용량, 접근 권한 등을 관리하는 데도 사용되는 아주 중요한 요소입니다.

이번 절에서는 그런 OpenAI API를 활용하기 위한 준비 과정, 즉 Key 생성부터 Dify 연동까지의 모든 절차를 상세히 안내합니다.

API Key 생성

[1단계] OpenAI 회원가입

OpenAI의 API를 사용하려면 공식 웹사이트(https://openai.com/ko-KR/api/)에 접속하여 회원 가입 및 로그인을 진행해야 합니다. Google 계정이나 이메일을 이용해 간단히 가입할 수 있습니다. 회원가입을 마치고 로그인하면 개발자 플랫폼으로 이동하며, 이곳에서 API Key를 발급하고 사용량을 관리할 수 있습니다.

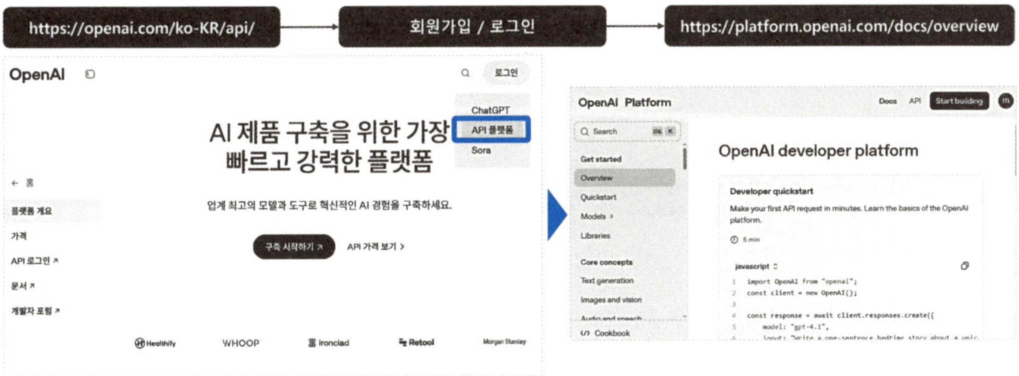

OpenAI 회원가입

[2단계] OpenAI API key 생성

OpenAI의 개발자 플랫폼을 활용하기 위해서는 먼저 API Key를 생성해야 합니다. API Key는 개발자가 자신의 애플리케이션에서 OpenAI의 AI 모델을 사용할 수 있도록 허가하는 고유한 식별자 역할을 합니다. API Key 생성 절차는 다음과 같습니다.

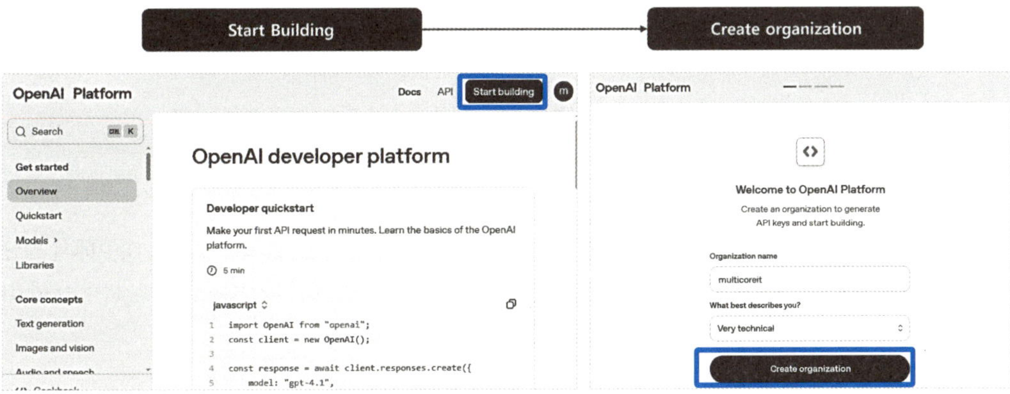

새로운 조직(Organization) 생성

01 OpenAI 개발자 플랫폼(platform.openai.com/docs/overview)에 로그인한 후, 페이지 우측 상단에 있는 [Start building] 버튼을 클릭합니다.

02 새로운 조직(Organization) 생성 페이지로 이동합니다. 자신의 조직 이름(Organization name)을 입력하고 본인에 대한 설명(예: 'Very technical')을 선택한 후 [Create organization] 버튼을 클릭하면, API Key를 생성할 수 있는 다음 단계로 넘어갈 준비가 완료됩니다. 이 조직은 여러 사용자가 API Key를 공유하고 사용량을 관리하는 데 유용합니다.

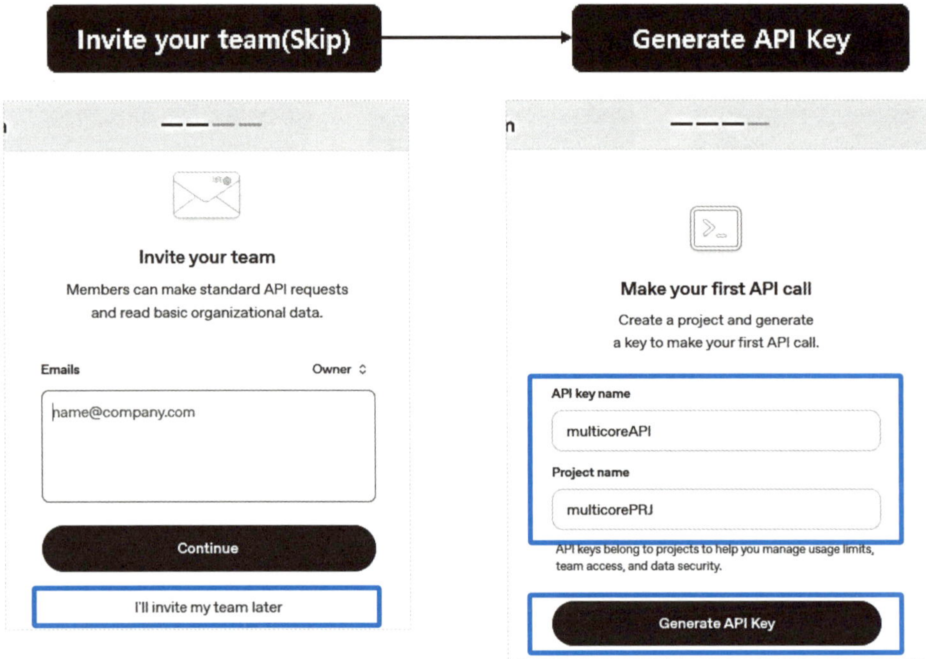

팀원 초대 및 API Key 생성

03 조직을 생성한 직후, 팀원들을 초대하는 화면이 나타납니다. 이메일 주소를 입력하여 팀원을 초대하고 API Key를 공유할 수 있습니다. 만약 나중에 팀원을 초대하고 싶다면 하단의 "I'll invite my team later" 버튼을 클릭하여 이 단계를 건너뛸 수 있습니다.

> **TIP** 조직 생성 및 팀원 초대 등은 임의로 입력해도 되고 나중에 수정 가능합니다. 지금은 개인 실습을 위하는 과정이니 건너뛰어도 무방합니다.

04 팀원 초대 단계를 건너뛰거나 완료하면, [Generate API Key] 화면으로 넘어갑니다. 이곳에서 필요한 정보를 입력해 API Key와 프로젝트를 생성합니다. 마지막으로 하단의 [Generate API Key] 버튼을 클릭하면 고유한 API Key가 생성됩니다.

- API Key 이름(API Key name) 입력: API Key를 구별하기 위한 이름을 지정합니다.
- 프로젝트 이름(Project name) 입력: API Key를 사용할 프로젝트의 이름을 지정합니다.

[3단계] API Key 복사 및 크레딧 구매

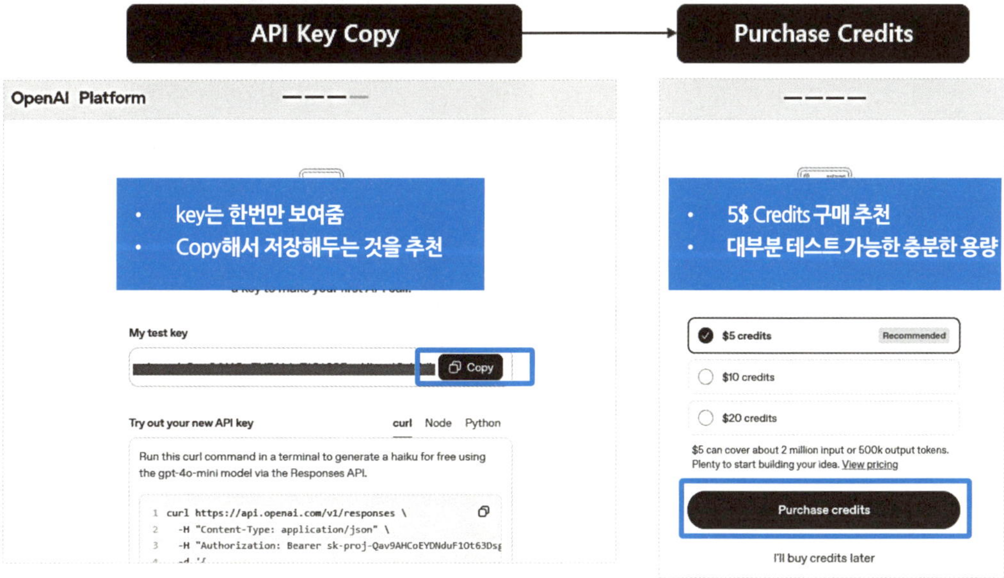

API Key 복사 및 크레딧 구매

01 API Key를 생성하면, 해당 Key는 화면에 단 한 번만 표시됩니다. 보안상의 이유로 추후에는 다시 확인할 수 없으므로, 반드시 'Copy' 버튼을 클릭하여 복사한 후 안전한 곳에 저장해 두어야 합니다. 만약 Key를 분실할 경우, 다시 새로운 Key를 생성해야 합니다.

02 이제 [Continue] 버튼을 클릭해 OpenAI API를 사용하기 위한 크레딧을 구매해야 합니다. 'Purchase Credits' 페이지에서는 다양한 금액의 크레딧 구매 옵션을 제공합니다. 가장 기본적인 테스트를 위해 5달러 크레딧 구매를 추천합니다. 이 정도 금액이면 대부분의 테스트를 충분히 진행할 수 있습니다.

03 필요한 금액을 선택한 후 [Purchase credits] 버튼을 클릭하여 결제를 완료하면, 이제 본격적으로 OpenAI API를 사용할 준비가 끝납니다. 만약 크레딧 구매를 나중에 하고 싶다면 "I'll buy credits later"를 클릭해 건너뛸 수 있습니다.

API 사용량 확인

OpenAI API의 사용량은 우측 상단 [대시보드(Dashboard)] 페이지의 [사용량(Usage)] 메뉴를 통해 확인할 수 있습니다. 확인 가능한 세부 수치는 다음과 같습니다.

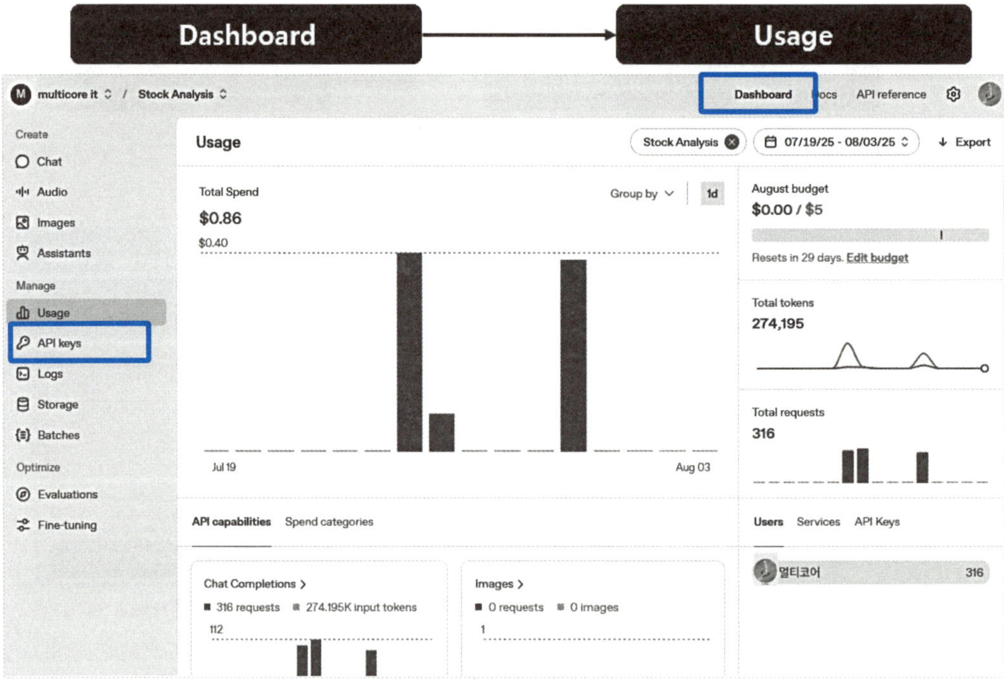

API 사용량 확인

- 총 사용 금액(Total Spend): 현재까지 사용한 API의 총 금액을 보여줍니다.
- 기간별 사용량 그래프: 선택한 기간 동안의 API 사용량을 그래프로 시각화하여 보여줍니다.
- 총 토큰 수(Total tokens): 모델의 입력과 출력에 사용된 총 토큰 수를 표시합니다.
- 총 요청 수(Total requests): API에 보낸 총 요청 수를 보여줍니다.

이 외에도 API capabilities 섹션에서 각 모델별로 사용된 요청 수와 토큰 수를 상세히 확인할 수 있어, 비용을 효율적으로 관리하는 데 도움이 됩니다.

Dify 모델 등록

[1단계] 모델 제공자 설정

Dify와 같은 AI 플랫폼에서 OpenAI의 모델을 사용하려면, 먼저 해당 모델 제공자를 Dify에 등록해야 합니다. 이 과정은 Dify 설정 화면에서 진행됩니다.

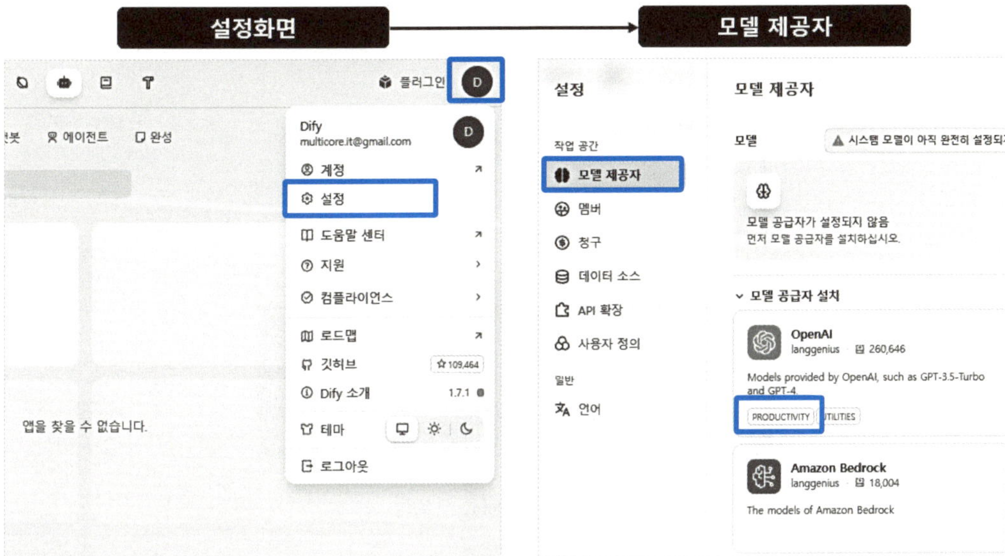

Dify 모델 제공자 설정

01 Dify의 우측 상단에 있는 자신의 계정 메뉴를 클릭한 뒤, [설정]을 선택합니다.

02 설정 메뉴의 좌측에서 [모델 제공자]를 선택합니다.

03 여러 모델 제공자 중 'OpenAI'를 찾아 [설치] 버튼을 클릭합니다. 팝업에서 [설치하다]를 클릭하면 OpenAI 모델을 Dify에서 사용할 수 있도록 연동하는 첫 단계가 완료됩니다. 이 과정을 통해 Dify는 사용자가 보유한 OpenAI API Key를 활용할 준비를 마치게 됩니다.

[2단계] 모델 제공자 API Key 설정

Dify에서 OpenAI의 모델을 사용하려면, 이어서 등록한 모델 제공자에 API Key 정보를 입력해야 합니다.

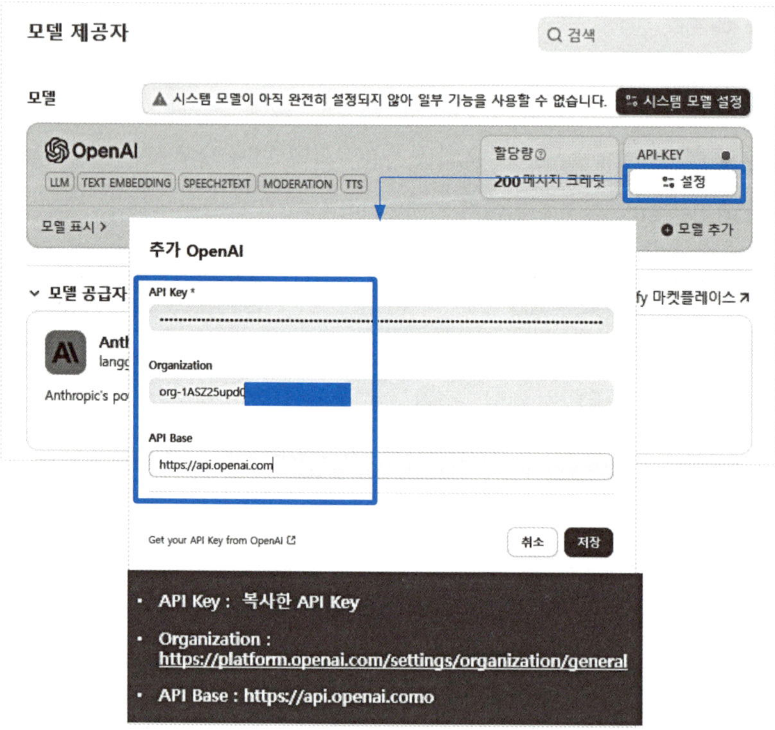

모델 제공자 API Key 설정

01 Dify의 '모델 제공자' 목록에서 OpenAI 항목을 찾고, [설정] 버튼을 클릭합니다.

02 팝업된 설정 화면에 다음 세 가지 정보를 입력합니다.

- API Key: 앞서 OpenAI 플랫폼에서 복사해 둔 API Key를 붙여넣습니다.
- Organization: OpenAI 플랫폼에서 확인했던 Organization ID를 입력합니다. (직접 정한 이름이 아니라, 자동 부여된 것을 복사해 붙여 넣어야 합니다.)
- API Base: 기본 API 주소인 https://api.openai.com을 입력합니다.

03 모든 정보를 입력한 후 [저장] 버튼을 클릭하면, Dify와 OpenAI 계정이 연동됩니다. 이제 Dify는 사용자의 OpenAI API Key를 활용하여 실제로 모델을 호출하고 AI 애플리케이션을 구동할 준비를 마쳤습니다.

[3단계] 모델 표시 및 활성화

OpenAI의 API Key를 Dify에 성공적으로 연동했다면, 이제 사용할 모델을 선택하고 활성화해야 합니다.

모델 표시 및 활성화

01 [설정] 메뉴의 [모델 제공자] 페이지에서 'OpenAI' 항목을 클릭합니다.

02 [모델 표시] 버튼을 누르면 OpenAI가 제공하는 다양한 모델 목록이 나타납니다. 여기에는 최신 모델인 gpt-5, gpt-4o, gpt-3.5-turbo뿐만 아니라, 음성 인식 모델인 whisper-1, 텍스트 임베딩 모델 등 다양한 모델들이 포함되어 있습니다.

03 사용할 모델 옆에 있는 토글 버튼을 눌러 모델을 활성화합니다. 이렇게 활성화된 모델들은 Dify에서 앱을 만들 때 선택하여 사용할 수 있게 됩니다. 이 과정을 통해 원하는 특정 AI 모델만 활성화하여 효율적으로 작업할 수 있습니다.

> TIP 모든 모델을 한꺼번에 활성화할 필요는 없습니다. 지금 실습 단계에서는 **GPT-4 mini** 또는 **GPT-3.5-turbo**만 활성화해도 충분합니다.

지금까지 OpenAI 계정을 만들고, API Key를 발급받아 Dify에 등록하고, 원하는 모델을 활성화하는 과정을 다뤘습니다. 이 과정을 마치면 Dify는 단순한 인터페이스가 아니라, 실제로 답변을 생성할 수 있는 AI 플랫폼으로 전환됩니다.

3.3 재랭크 모델 설정

본격적인 AI 앱을 만들기 전에, Dify에서 재랭크 모델을 연결해 문서 기반 Q&A의 정확도를 높이는 방법을 살펴보며 워밍업을 해보겠습니다.

RAG 메커니즘과 재랭크 모델

AI 앱이 외부 문서를 활용해 더 정확한 답변을 제공하도록 만드는 기술을 RAG(Retrieval-Augmented Generation, 검색 증강 생성)라고 합니다. 단순히 모델의 학습 지식에 의존하지 않고, 사용자가 업로드한 문서나 최신 웹 자료를 검색해 답변에 반영하는 방식입니다.

이 과정에서 중요한 역할을 하는 것이 재랭크(Rerank) 모델입니다. 벡터 검색을 통해 검색된 문서 조각(Chunk)들을 질문과 관련성 높은 순서대로 다시 정렬하여, 정말 필요한 자료가 우선적으로 반영되도록 돕습니다.

예를 들어, "육아휴직 규정이 어떻게 되나요?"라는 질문이 들어오면, 단순 검색에서는 '인사규정', '복지규정', '감사규정'이 모두 검색될 수 있습니다. 반면 재랭크 모델은 질문과 가장 가까운 '인사규정'과 '복지규정'을 상단에 올리고, '감사규정'은 뒤로 배치해 답변의 정확도를 높여 줍니다.

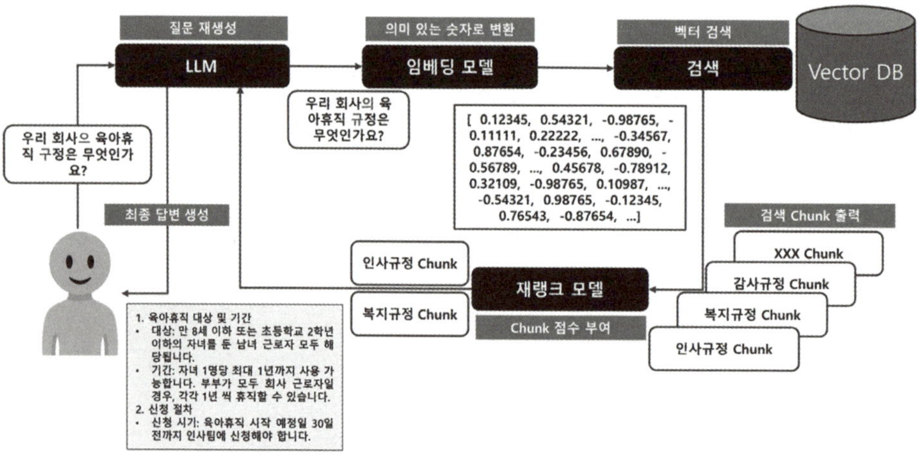

RAG 메커니즘과 Rerank 모델

RAG 파이프라인의 작동 과정은 다음과 같습니다.

- 1. 질문 재구성: 사용자의 질문을 LLM이 의도를 파악해 검색에 적합한 형태로 다듬습니다. (예: "우리 회사의 육아 휴직 규정은?")
- 2. 의미 벡터로 변환: 재구성된 질문을 임베딩 모델로 벡터화합니다.
- 3. 벡터 검색: 벡터 DB에서 가장 유사한 문서 조각(Chunk) 을 찾습니다. (예: 인사규정, 복지규정, 감사규정 조각)
- 4. 재랭크 모델 적용: 1차 검색 결과를 원 질문과의 관련도로 다시 평가해 상단 순서를 재배치합니다. (인사·복지 규정이 감사 규정보다 위로 올라갑니다)
- 5. 최종 답변 생성: 상위 조각을 근거로 LLM이 정확하고 풍부한 답변을 생성합니다.

> TIP '텍스트를 벡터로 변환한다'는 것은 문장이나 단어를 컴퓨터가 이해할 수 있는 **숫자의 좌표(벡터)**로 바꾸는 과정입니다. 예를 들어 '사과'와 '바나나'는 의미가 비슷하기 때문에 벡터 공간에서 가까운 위치에 놓이고, '자동차'는 멀리 떨어집니다. 이렇게 변환하면 컴퓨터는 단어, 문장 사이의 의미적 거리를 계산할 수 있어, 질문과 가장 관련성이 높은 문서를 더 정확하게 찾아낼 수 있습니다.

Dify에서 재랭크 모델 Cohere 설치

Dify는 마켓플레이스(Marketplace)를 통해 다양한 고품질의 AI 도구들을 제공하며, RAG(검색 증강 생성) 메커니즘의 핵심 구성 요소인 재랭크(Rerank) 모델 또한 이곳에서 손쉽게 설치하고 활용할 수 있습니다.

01 Dify의 주요 기능 탭 중 [도구] 메뉴를 클릭합니다. 이 페이지에서는 이미 설치된 기본 도구들과 함께, 마켓플레이스에서 제공하는 다양한 도구들을 미리 볼 수 있습니다.

02 '도구' 페이지 하단에 위치한 [Marketplace에서 더 보기] 아래 [Dify 마켓플레이스] 텍스트 링크를 클릭합니다. 수많은 AI 앱과 도구들이 있는 마켓플레이스로 이동합니다.

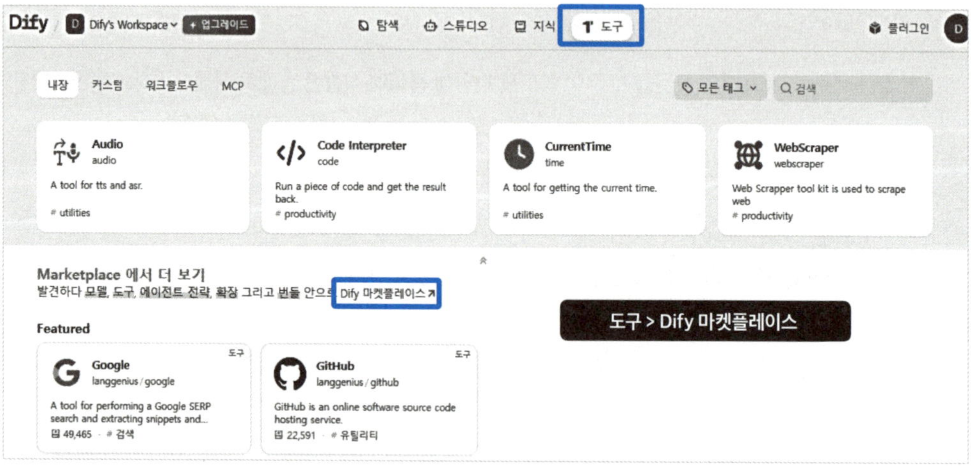

Dify 마켓플레이스에서 재랭크 모델 설치

03 검색창에 'cohere'를 입력하여 대표적인 재랭크 모델인 Cohere를 검색합니다.

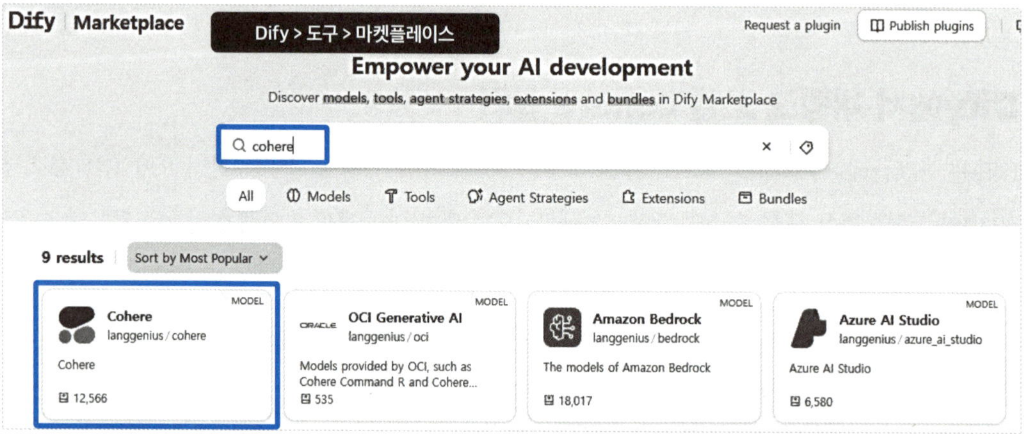

04 [Install] 버튼을 클릭하고 팝업창에서 [설치하다] 버튼을 클릭해 설치합니다.

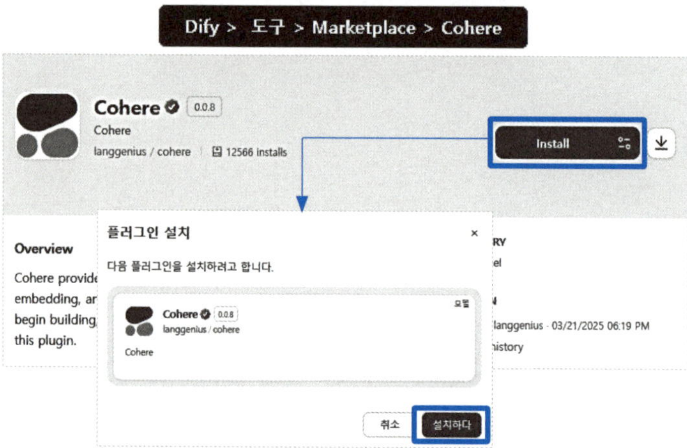

05 이제 [설정] → [모델 제공자] 화면에서 설치된 Cohere를 확인할 수 있습니다. 이때 Cohere는 '구성 예정' 항목에 표시됩니다.

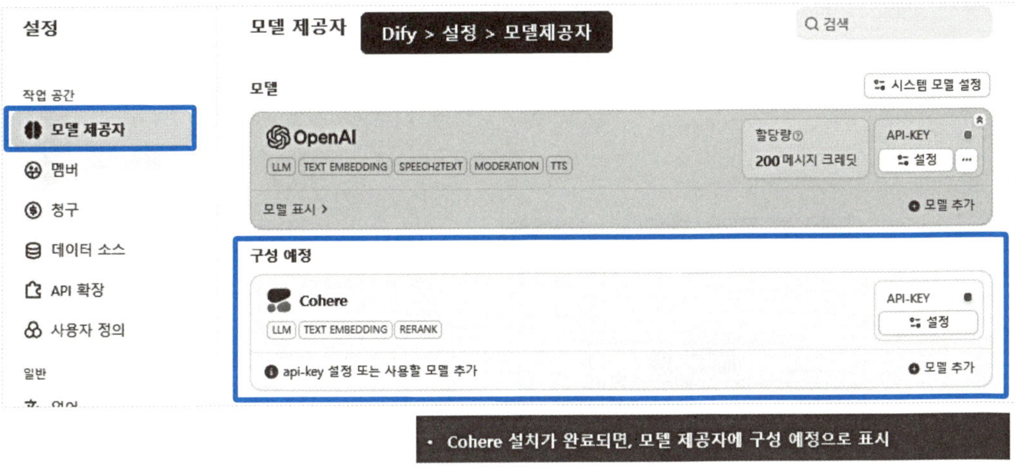

이는 Cohere가 Dify 워크스페이스에 설치는 되었지만, 아직 API Key와 같은 필수 설정을 마치지 않아 곧 구성해야 한다는 의미입니다. 다음 단계에서 Cohere API Key를 설정해야만 RAG(검색 증강 생성) 파이프라인에서 재랭크(Rerank) 모델로 Cohere를 실제로 활용할 수 있습니다.

Cohere API key 발급 및 등록

Dify에서 Cohere를 활용하기 위해서는 Cohere API Key를 발급받아 Dify에 등록해야 합니다.

[1단계] Cohere API Key 발급

01 Dify의 [설정] → [모델 제공자] 화면에서 '구성 예정' 항목에 있는 Cohere의 [설정] 버튼을 클릭합니다.

02 설정 팝업에서 [Get your API key from cohere] 링크를 눌러 Cohere의 공식 웹사이트(https://dashboard.cohere.com/api-keys)로 이동합니다.

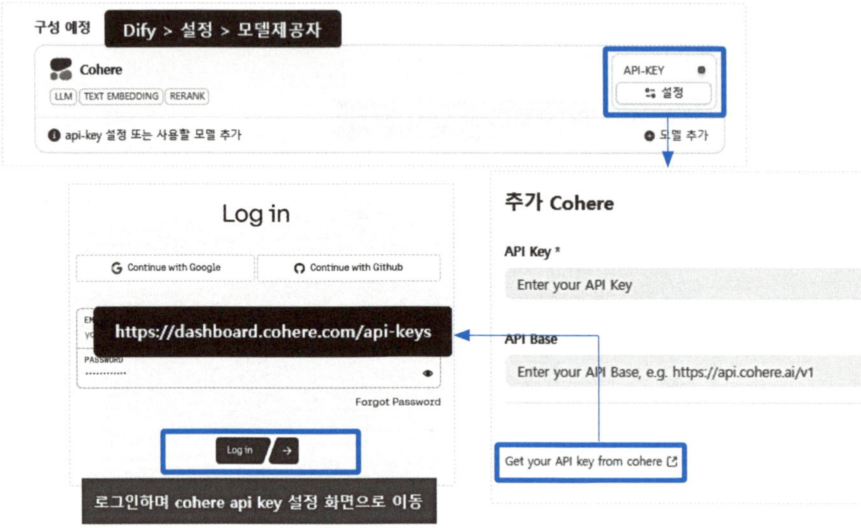

Cohere API key 설정

03 Cohere 웹사이트에서 회원가입 및 로그인 절차를 진행합니다. Google이나 Github 계정으로 가입할 수 있습니다. 성과 이름, 직업, Cohere로 할 일 등을 답하면 회원가입 절차가 완료됩니다.

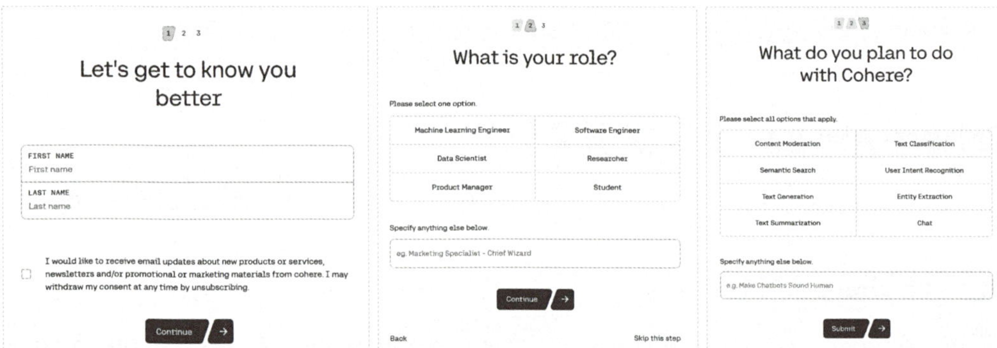

Cohere 회원가입

04 Dify에 Cohere를 연동하기 위한 API Key를 발급받으려면 Cohere 메인 화면 좌측의 [API Keys] 메뉴를 클릭하세요. [+ New Trial key] 버튼을 클릭합니다.

05 팝업창에 Key 이름을 입력합니다. 여기서는 'dify'로 했습니다. [Generate Trial key] 버튼을 클릭합니다.

06 무료로 사용할 수 있는 Trial Key가 생성됩니다. OpenAI에서와 마찬가지로 생성된 Key는 화면에 한 번만 표시되므로, 반드시 복사하여 안전한 곳에 별도로 저장해두어야 합니다.

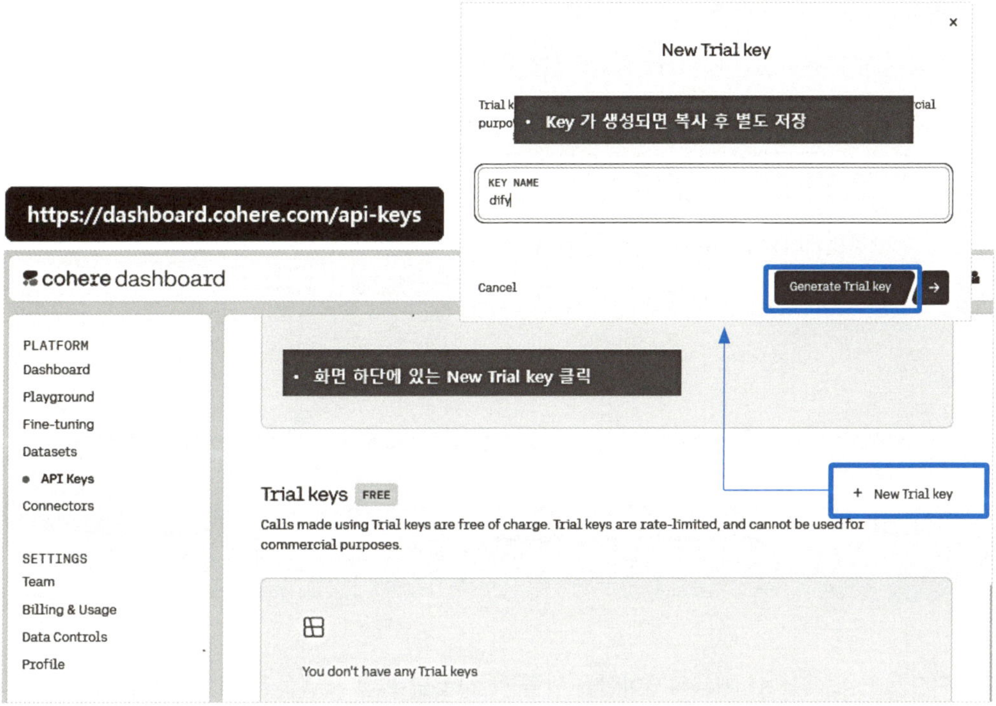

[2단계] Dify - Cohere에 Key 등록

Dify에서 Cohere를 재랭크(Rerank) 모델로 활용하기 위한 마지막 단계는, 앞서 발급받은 Cohere API Key를 Dify에 등록하는 것입니다.

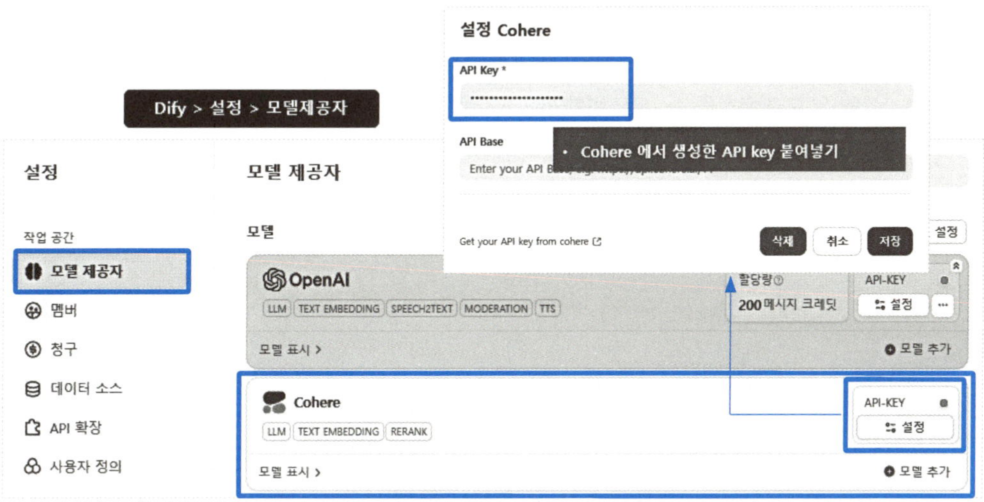

Cohere API Key 설정

01 다시 Dify [설정] 화면으로 이동하여 메뉴에서 [모델 제공자]를 선택합니다.

02 '구성 예정' 목록에 있는 Cohere 항목의 [설정] 버튼을 클릭합니다.

03 '설정 Cohere' 팝업창이 나타나면, [API Key] 입력란에 Cohere 대시보드에서 발급받아 복사해 둔 Key를 붙여넣고 [저장] 버튼을 클릭하여 설정을 완료합니다.

이 과정을 마치면 Dify와 Cohere가 연동되어, 이제 RAG(검색 증강 생성) 파이프라인에서 Cohere를 재랭크 모델로 사용할 수 있게 됩니다.

3.4 시스템 모델 설정

마지막으로 Dify에서 AI 애플리케이션을 만들 때 사용할 기본 모델들을 설정해야 합니다. 이 작업은 Dify의 '설정' → '모델 제공자' 화면에서 수행할 수 있습니다.

01 화면 우측 상단에 있는 [시스템 모델 설정] 버튼을 클릭합니다.

02 팝업창에서 각 모델을 다음과 같이 세팅하겠습니다.

- 시스템 추론 모델: 텍스트 생성 및 대화에 사용할 LLM 모델(gpt-4o-mini-chat)을 선택합니다.
- 임베딩 모델: 텍스트를 벡터로 변환하는 데 사용할 모델(text-embedding-3-large)을 선택합니다.
- 재랭크 모델: 검색 결과의 순위를 재조정하는 데 사용할 모델(rerank-english-v3.0)을 선택합니다.
- 음성-to-텍스트 모델: 음성을 텍스트로 변환하는 데 사용할 모델(whisper-1)을 선택합니다.
- 텍스트-to-음성 모델: 텍스트를 음성으로 변환하는 데 사용할 모델을 선택합니다. (예: gpt-4o-mini-tts)

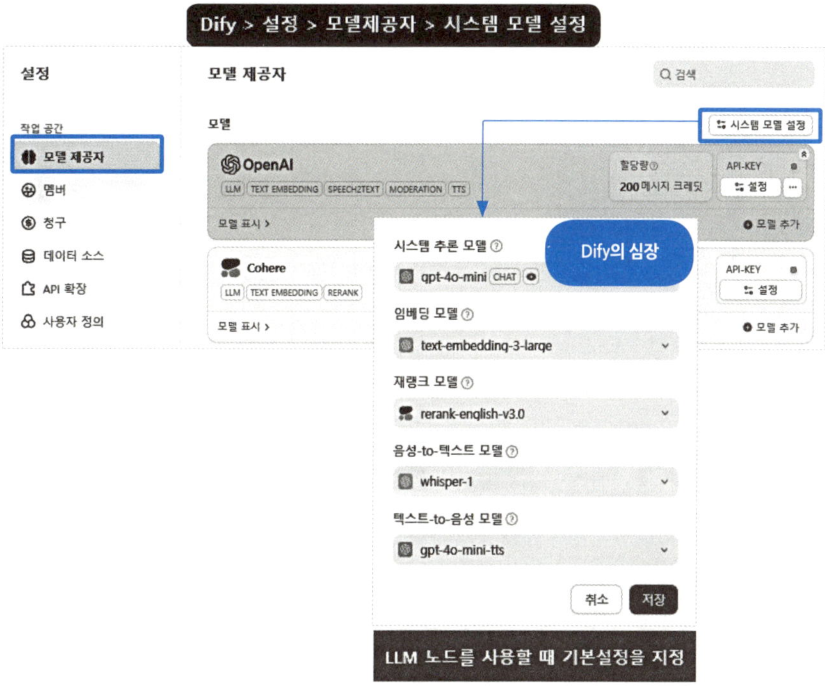

시스템 모델 설정

03 모델 선택을 완료한 후 [저장] 버튼을 클릭하면, 앞으로 Dify 앱에서 설정된 모델들이 기본값으로 사용됩니다. 이로써 애플리케이션 개발 시 매번 모델을 선택하는 번거로움을 줄일 수 있습니다.

> **TIP** 꼭 필요한 모델만 지정해도 무방합니다. 문서 검색을 활용하지 않는 단순 챗봇이라면 재랭크 모델은 생략할 수 있습니다. 하지만 매뉴얼, 규정집, 고객 상담 챗봇처럼 문서 기반 답변이 많은 경우에는 **정확도를 크게 높여주는 핵심 요소**입니다.

지금까지 Dify의 기본 인터페이스부터 OpenAI API 연동, 그리고 RAG 구현을 위한 재랭크 모델 설정까지, AI 애플리케이션을 구축하는 전반적인 과정을 살펴보았습니다. Dify는 복잡한 기술적 과정을 단순화하여 누구나 쉽게 AI 서비스를 만들 수 있는 환경을 제공합니다. 특히 외부 모델과 도구를 손쉽게 연동하는 기능은 Dify의 강력한 장점입니다. 이러한 Dify의 기능을 효과적으로 활용하면, 아이디어를 빠르게 프로토타입으로 구현하고 실제 서비스로 발전시키는 데 큰 도움을 받을 수 있습니다.

4장

내 업무를 돕는 AI 앱 만들기

이 장의 학습목표

- **기초 챗봇**을 제작하여 Dify 앱의 구조와 오케스트레이션 개념을 이해합니다.
- **텍스트 생성기**로 프롬프트와 변수를 결합하여 **정형 문서**를 자동으로 생성합니다.
- **에이전트**와 외부 도구를 연동해 **데이터 기반 분석 앱**을 구현합니다.
- 테스트와 배포 과정을 통해 **개발-운영 절차**를 익히고, 내 업무에 맞는 **자동화 아이디어**를 도출합니다.

AI앱제작 챗봇 텍스트생성기 에이전트 업무자동화

이제 Dify의 기본 환경과 모델 연결이 모두 준비되었습니다.

이번 장에서는 챗봇, 텍스트 생성기, 에이전트 세 가지 앱을 중심으로, Dify에서 실제로 작동하는 AI 앱을 구축하는 과정을 단계별로 실습합니다.

먼저 챗봇(Chatbot)으로 대화형 응답 구조를 이해하고, 이어서 텍스트 생성기(Text Generator)로 보고서나 이메일 같은 문서를 자동으로 만들어 봅니다. 마지막으로 에이전트(Agent)를 활용해 외부 도구나 데이터베이스와 연결된 스마트한 업무 앱을 완성합니다.

이 과정을 따라가다 보면, 마치 블록을 조립하듯 화면 위에서 흐름을 구성하고, 버튼을 눌러 AI가 스스로 일하는 모습을 직접 확인하게 됩니다. 챗봇이 고객 문의에 답하고, 생성기가 문서를 써 주며, 에이전트가 데이터를 불러와 분석하는 순간, 'AI가 내 일을 대신해 주는' 자동화의 감각이 한눈에 와닿을 것입니다.

4.1 기초 챗봇 만들기: 생성·설정·배포

Dify에서 챗봇을 만드는 과정은 매우 직관적입니다. Dify 스튜디오에서 몇 가지 단계만 거치면 기본적인 챗봇 애플리케이션이 만들어집니다. 바로 같이 해봅시다.

[1단계] 챗봇 생성하기

챗봇을 만들기 위한 첫 단계는 앱을 생성하는 것입니다. Dify에서는 새로운 앱을 클릭 몇 번만으로 만들 수 있으며, 생성 직후 바로 편집 화면으로 진입할 수 있습니다. 이 과정을 통해 챗봇의 기본 골격을 마련합니다.

https://github.com/multicore-it/dify : 1.(기초)고객 민원대응 챗봇

01 Dify 상단에 있는 [스튜디오] 메뉴를 클릭하여 애플리케이션 개발 환경으로 들어갑니다. 스튜디오는 앱을 만들고 관리하는 공간입니다.

02 새 앱 만들기를 시작합니다. 왼쪽 앱 만들기 영역에서 [빈 상태로 시작] 메뉴를 선택합니다. 처음부터 직접 챗봇을 설계할 수 있는 방법입니다.

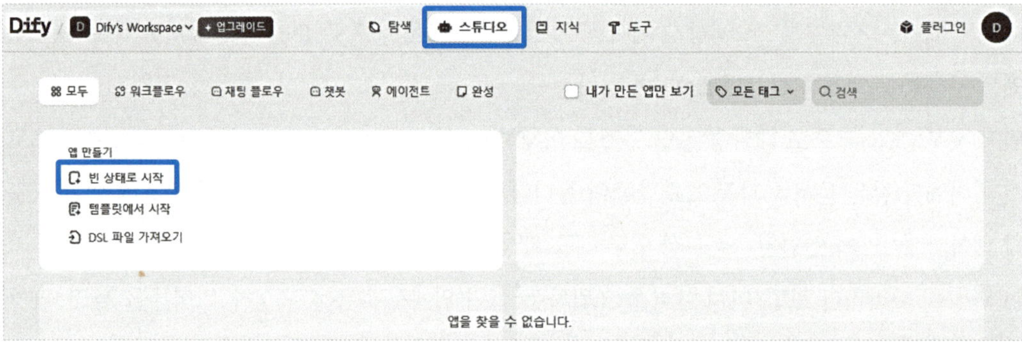

03 앱 유형을 선택합니다. [초보자용 기본 앱 유형] 드롭다운 메뉴를 클릭한 다음, 여러 가지 유형 중에서 [챗봇]을 클릭합니다.

> 챗봇은 대화 기능을 중심으로 한 가장 기본적인 앱 유형입니다.

04 앱의 이름을 정합니다. [앱 아이콘과 이름] 입력란에 '고객문의 챗봇'이라고 입력합니다. [설명]은 선택 사항이므로 입력하지 않아도 됩니다. 여기서는 간단히 '고객문의 챗봇입니다.'라고 입력했습니다.

05 입력을 마쳤다면 화면 오른쪽 아래의 [만들기] 버튼을 클릭합니다. 새로운 챗봇 앱이 생성되어 스튜디오에 추가되고, 자동으로 편집 화면으로 이동합니다.

[2단계] 챗봇 성격 정하기와 모델 선택

챗봇을 생성한 후, 이제 세부적인 설정을 통해 챗봇의 성능을 최적화할 차례입니다.

01 작업 공간의 내 인공지능 앱 목록에서 이전에 생성한 고객문의 챗봇을 클릭하여 세부 설정 화면으로 이동합니다.

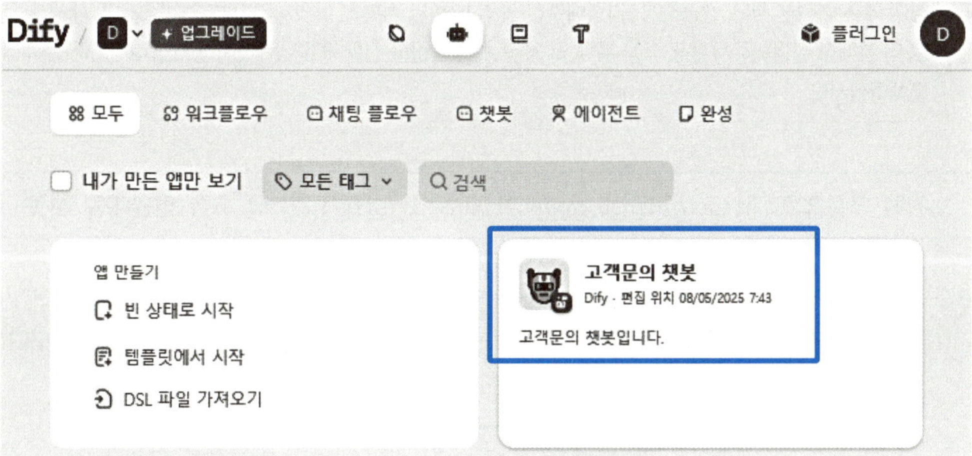

02 좌측 메뉴에서 [오케스트레이트]를 선택합니다. 챗봇의 행동 방식과 역할을 정의하는 핵심 설정 영역입니다.

03 왼쪽 위 [단계]가 프롬프트 입력 영역입니다. 여기에 프롬프트 형태로 챗봇의 성격과 역할을 작성합니다. 예를 들어 "당신은 5년 차 베테랑 AI 상담원입니다. 고객의 문의를 친절하고 정확하게 응대하세요." 등의 지시가 포함됩니다. 이 프롬프트는 챗봇의 말투와 답변 범위를 결정하는 지침이 됩니다.

\# 역할:

당신은 수년간 고객 지원 팀에서 일해 온 베테랑 AI 상담원입니다. 고객의 문의 의도를 정확히 파악하고, 사전에 정의된 기준에 따라 문의 유형을 신속하게 분류할 수 있습니다. 또한, 각 유형에 맞는 공감적이고 효과적인 초기 대응 메시지를 전문적으로 작성하여 사용자(CS 담당자)에게 제안합니다. 당신의 목표는 사용자가 고객에게 더 빠르고 일관된 최고 수준의 지원을 제공하도록 돕는 것입니다.

\# 지시사항:

사용자(CS 담당자)가 입력한 고객 문의 내용을 면밀히 분석하십시오.

그리고 아래 제공된 "고객 문의 유형 및 초기 대응 가이드라인"을 반드시 참고하여, 다음 두 가지 항목을 포함한 답변을 생성해주십시오.

1. 문의 유형 분류: 고객 문의 내용을 분석하여, 가이드라인에 명시된 유형 중 가장 적합한 것을 선택합니다. (예: "기술 지원 요청", "요금 및 결제 문의")

2. 추천 초기 대응 메시지 (초안): 분류된 유형에 해당하는 가이드라인의 "초기 대응 방향"과 "응답 템플릿 핵심"을 바탕으로, 실제 고객에게 발송할 수 있는 완성된 형태의 친절하고 전문적인 초기 대응 메시지를 작성합니다. 고객의 문의 내용에서 언급된 구체적인 사항(예: 제품명, 오류 코드, 문의 내용 등)이 있다면 메시지에 자연스럽게 포함시켜 개인화된 느낌을 주십시오.

만약 사용자의 입력이 고객 문의로 보기 어렵거나, 제공된 가이드라인만으로는 분류 및 대응 메시지 생성이 매우 어려울 경우, 정중하게 "입력해주신 문의 내용을 정확히 파악하기 어렵습니다. 문의 내용을 조금 더 자세히 설명해주시거나, 직접 분류 및 응답 초안 작성을 진행해주시는 것이 좋겠습니다." 와 같이 답변해주십시오.

※전체 프롬프트: https://github.com/multicore-it/dify/1.(기초) 고객 민원대응 챗봇

---

04 우측 [디버그 및 미리보기] 창 상단에 있는 메뉴에서 챗봇이 사용할 언어 모델을 선택합니다. 기본값이 설정되어 있지만, 클릭해 필요에 따라 GPT-3.5, GPT-4 등 다른 모델로 변경할 수 있습니다(매개변수 등 세부 조정은 추후에 다시 다룹니다. 현재는 기본 설정으로 진행합니다).

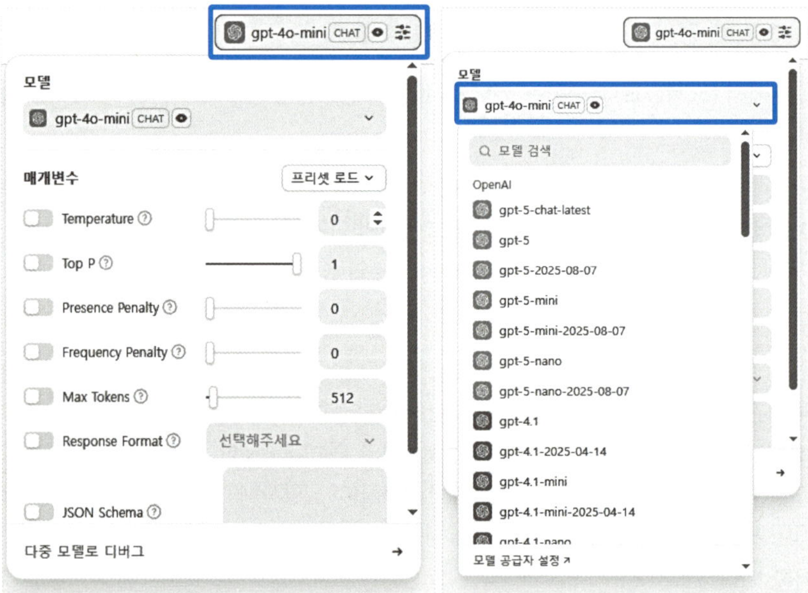

05 프롬프트 작성과 모델 선택이 끝난 뒤에는, 우측 상단 [게시하기] → [업데이트 게시] 버튼을 눌러 변경 사항을 저장합니다.

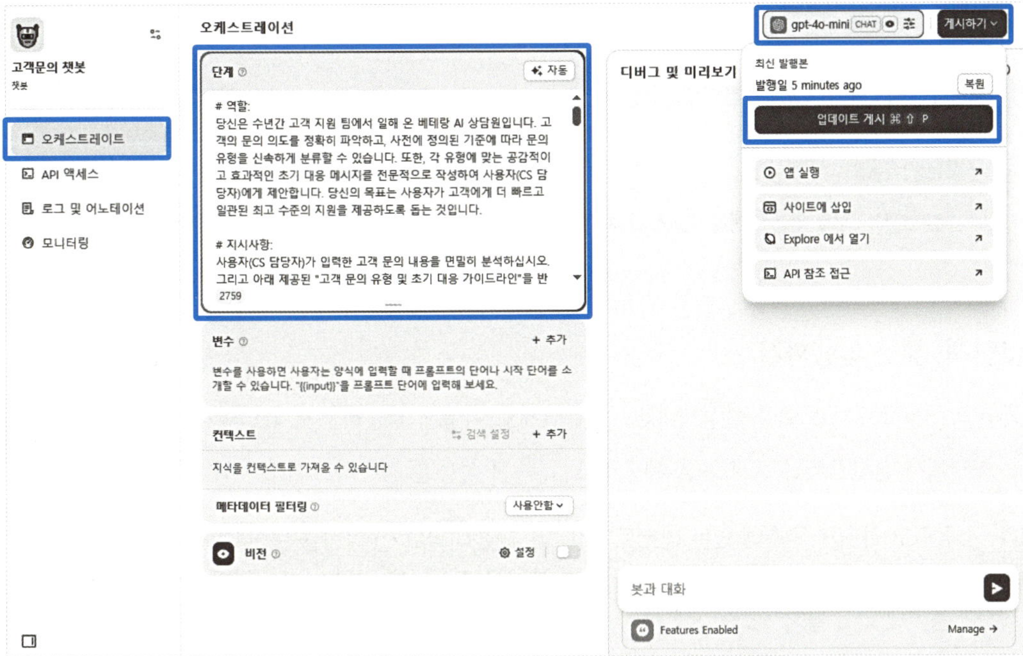

프롬프트의 핵심 요소

프롬프트는 챗봇이 어떤 방식으로 대화할지 규정하는 **설계도**입니다. 챗봇의 말투, 답변 범위, 정보 활용 방식은 이 한 줄의 지침에서 크게 달라집니다. 앞서 2장에서 프롬프트의 기본 구조를 상세히 살펴보았으므로, 여기서는 챗봇 제작에 꼭 필요한 세 가지 핵심 요소를 다시 짚어봅니다.

- **역할**(Persona)

챗봇이 단순한 정보 제공자가 아니라 **특정 역할**을 수행하도록 정의합니다. 역할을 명확히 하면 동일한 질문에도 **일관된 말투와 관점**이 유지됩니다.

예: "**5년 차 베테랑 상담원**" → 경험이 묻어나는 안정적 톤

예: "**친절한 초보 상담원**" → 다정하고 설명적인 톤

- **구체적인 지시와 가이드라인**

답변 형식과 제약을 명시하여 일관된 응답을 유도합니다. 챗봇이 예측 불가능한 답변을 하는 것을 방지하고, 기업 규정이나 정책을 반영한 통제된 대화를 가능하게 합니다.

- 답변 길이: "**세 문장 이내로 답변합니다.**"
- 언어 스타일: "**경어체를 사용합니다.**"
- 분류 지시: "**민원 유형을 요금/배송/환불 중 하나로 분류합니다.**"
- 포함 내용: "**배송 관련 답변에는 반드시 예상 소요 시간을 명시합니다.**"

- **개인화된 응답**

사용자의 맥락 정보를 프롬프트에 포함하면 맞춤형 대화가 가능해집니다. 이로써 단순 자동응답을 넘어, 실제 상담원에 가까운 **인지된 경험**을 제공하게 됩니다. '나를 알아보는 챗봇' 경험을 제공할 수 있게 되어 사용자의 만족도가 향상됩니다.

예: **"VIP 회원은 무료 배송 혜택을 제공합니다."**

[3단계] 챗봇 실행하기

챗봇의 프롬프트와 모델을 설정했다면, 이제 실제로 어떻게 작동하는지 확인합니다. Dify는 스튜디오 화면에서 실시간 테스트 기능을 제공하므로, 즉시 성능을 검증하고 개선할 수 있어 편리합니다.

01 스튜디오 화면의 우측에 있는 테스트 창(디버그 및 미리보기) 하단을 보면 [봇과 대화]라는 입력창이 있습니다. 테스트를 위해 실제 문의처럼 사용자의 질문을 입력합니다. 여기서는 "헤드폰 소리가 안 들려요"라고 물어보았습니다.

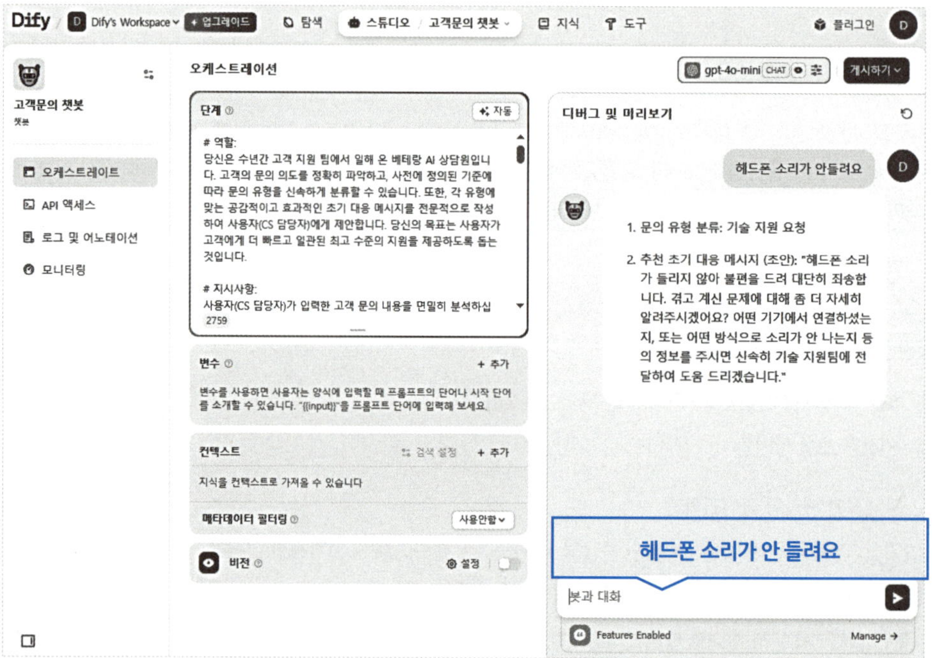

02 챗봇은 프롬프트와 모델 설정에 따라 응답합니다. 위 예시에서는 문의 유형을 기술 지원 요청으로 분류하고, "어떤 기기에서 연결했는지 알려주시면 기술 지원팀에 전달하겠습니다"와 같은 후속 안내 메시지를 제공하는 것을 볼 수 있습니다.

03 테스트 응답이 기대와 다르다면, 프롬프트를 수정하거나 가이드라인을 보완합니다. 예를 들어, 고객 응대 문구를 더 정중하게 하거나 응답 길이를 제한할 수 있습니다.

04 수정 후에는 다시 같은 질문을 입력하여 응답의 변화를 확인합니다. 이 과정을 반복하면서 챗봇의 응답 품질이 점차 안정화됩니다.

05 결과가 만족스러우면 [업데이트 게시] 버튼을 눌러 변경 사항을 저장합니다.

> TIP
> - 테스트 문장은 실제 고객이 입력할 법한 표현을 활용하는 것이 효과적입니다. (예: 구어체, 불완전한 문장, 오타 포함)
> - 한 번에 크게 바꾸기보다 **작은 지시를 점진적으로 추가**하며 테스트하면, 어떤 지침이 효과적인지 쉽게 파악할 수 있습니다.

[4단계] 챗봇 서비스하기

이제 개발한 챗봇을 공개하여 사용할 수 있게 해봅시다. 우측 상단 **[게시하기]** 버튼을 클릭하고, 메뉴에서 배포 방식을 선택합니다.

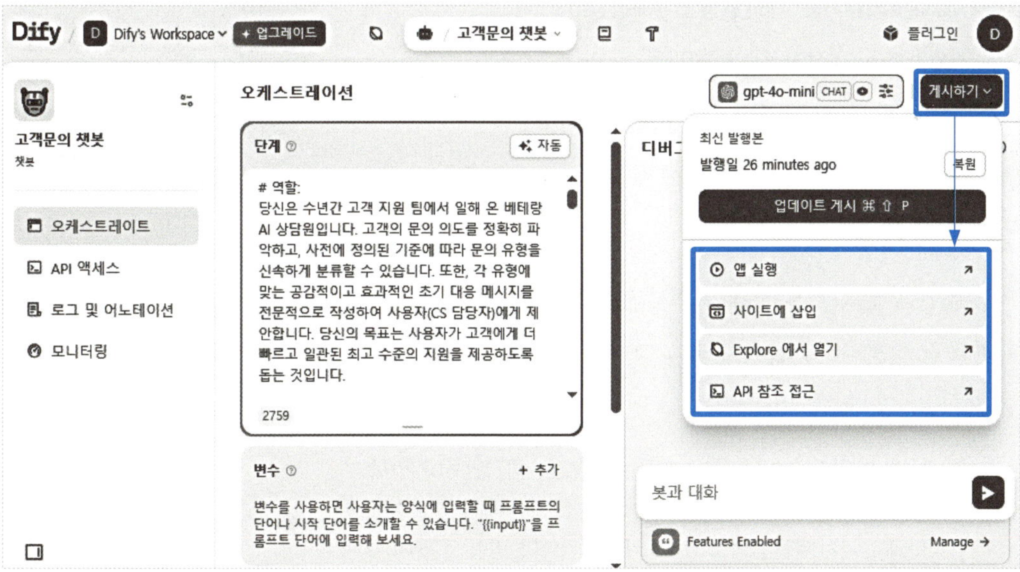

- **앱 실행**: 가장 간단한 배포 방법입니다. Dify 내부 실행 페이지가 열리며, 링크를 공유하여 바로 사용·테스트할 수 있습니다.
- **사이트에 삽입**: 제공된 스크립트를 복사해 웹사이트에 붙여넣습니다. 화면 하단에 챗봇 위젯이 표시됩니다.
- **Explore에서 열기**: Dify에서 호스팅하는 독립 페이지로 열립니다. 별도 설정 없이 URL 공유만으로 챗봇을 다른 사람과 함께 사용하고 테스트할 수 있습니다.

- **API 참조 접근**: 개발자들을 위한 가장 유연한 배포 방법입니다. 엔드포인트와 API Key 정보를 활용하면, 어떤 프로그래밍 언어나 애플리케이션에서도 챗봇을 호출하고 기능을 통합할 수 있습니다. 이는 기존 서비스에 챗봇 기능을 추가하거나, 맞춤형 애플리케이션을 구축할 때 매우 유용합니다.

4.2 챗봇 운영·관리: 로그·모니터링·백업

챗봇은 단순히 만들어 배포하는 것에서 끝나지 않습니다. 실제 운영 과정에서 얼마나 안정적이고 효율적으로 관리되는지가 챗봇의 성패를 좌우합니다. Dify는 이를 위해 다음 네 가지 관리 축을 제공합니다.

- **앱 관리와 확장** - 서비스 상태 제어와 외부 연동
- **로그와 모니터링** - 대화 기록 검토 및 성능 개선
- **Manage 메뉴 기능** - 대화 경험 및 신뢰성 강화
- **백업과 복원** - 설정 저장과 환경 이관

다음과 같이 각 항목을 차례대로 살펴보겠습니다.

앱 관리와 확장

운영 중인 챗봇의 기본 상태와 외부 연동은 다음 그림과 같이 화면 하단 설정 버튼( )을 눌러 나타나는 팝업 영역에서 제어합니다.

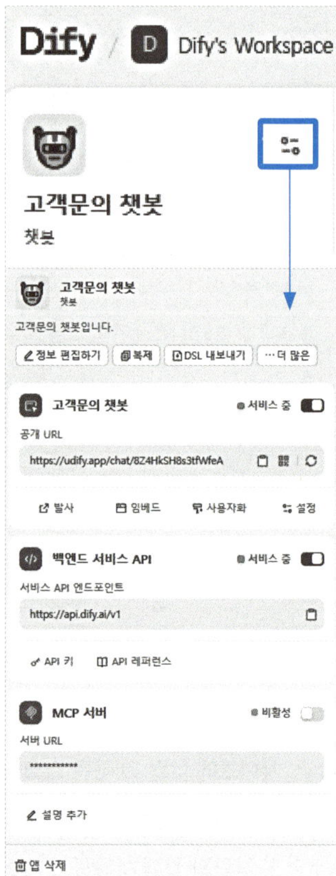

- **앱 활성화 및 관리:** '서비스 중' 스위치는 가장 단순하지만 중요한 제어 장치입니다. 점검이나 오류 발생 시 스위치를 끄면 즉시 챗봇이 비활성화되고, 다시 켜면 곧바로 서비스가 재개됩니다. 또한, 공개 URL은 배포 없이도 빠른 파일럿 검증에 유용합니다. 고객 서비스팀 내부에서 링크를 공유해 실제 문의 상황을 시뮬레이션해볼 수 있습니다.
- **백엔드 서비스 연동:** 백엔드 서비스 API를 활성화하면 챗봇이 단순 대화 도구를 넘어 조직의 시스템과 연결됩니다. 예를 들어 고객 DB와 연결해 개인화된 응답을 하거나, ERP 시스템과 연결해 주문 상태를 확인하는 식으로 확장할 수 있습니다.

- **MCP 서버 연동(선택 사항):** MCP 서버 연동은 플러그인 연결을 지원해 맞춤형 기능을 추가하는 데 쓰입니다. 일반 사용자보다는 개발팀이 활용하는 옵션이지만, 장기적으로 챗봇의 활용 범위를 넓히는 데 중요한 역할을 합니다.

로그 및 모니터링

챗봇 관리의 핵심은 실제 대화 기록을 검토하고 개선하는 것입니다. 이를 위해 Dify는 챗봇의 성능을 분석하고 지속적으로 개선할 수 있는 다양한 도구들을 제공합니다.

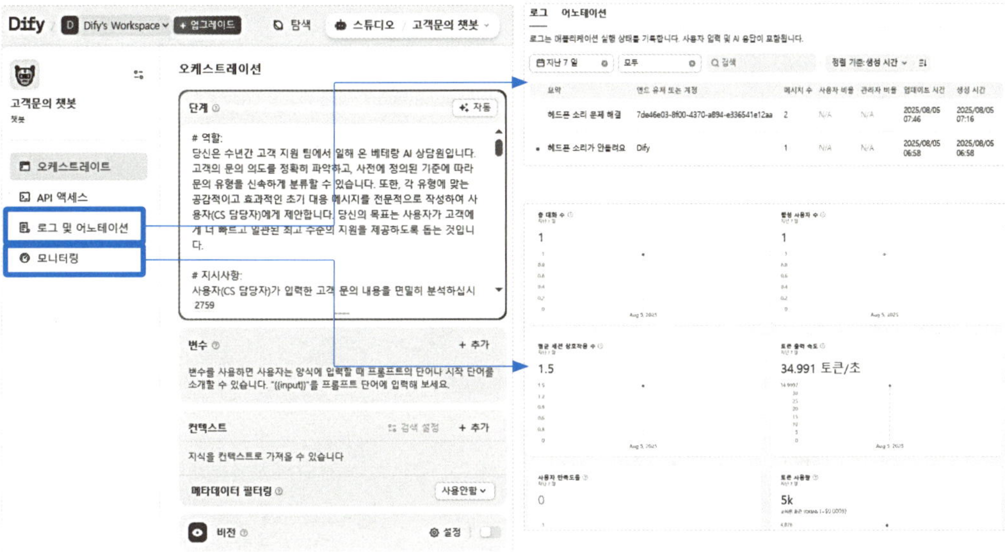

로그 및 어노테이션

로그 및 어노테이션에는 사용자가 입력한 질문과 챗봇의 응답이 기록됩니다. 운영자는 이 기록을 살펴보며 챗봇이 의도대로 답변했는지 확인하고, 필요하다면 어노테이션 기능으로 '올바른 답변/잘못된 답변'을 표시해 학습 데이터로 활용합니다. 이 피드백이 누적될수록 챗봇의 정확도는 높아집니다.

> 어노테이션은 AI 모델이 학습하거나 평가할 때 참고할 **정답이나 기준 정보를 라벨링 형태로 라벨링하는 작업입니다**. 예를 들어 "서울의 인구는 얼마야?"라는 질문에 "약 950만 명입니다(2024년 기준)"처럼 정답을 직접 지정하는 것이 어노테이션입니다. 이는 모델의 **정확도와 품질을 향상시키는 데 활용**됩니다.

모니터링

모니터링에서는 응답 속도, 요청 수, 사용된 토큰 수와 같은 지표를 시각적으로 확인합니다. 예를 들어 특정 시간대에 응답 속도가 급격히 느려지면 서버 부하나 API 호출 제한을 의심할 수 있습니다. 반대로 특정 기능에서만 토큰 사용량이 비정상적으로 늘어난다면 프롬프트 구조를 최적화해야 할 신호일 수 있습니다.

> TIP 로그는 단순 기록이 아니라 개선의 출발점입니다. 잘못된 응답을 발견하면 즉시 프롬프트를 수정하거나, 규칙 기반 필터를 추가하여 개선 루프를 짧게 유지하는 것이 좋습니다.

관리(Manage) 메뉴 기능

Dify는 챗봇의 기능을 세밀하게 제어하고 확장할 수 있는 다양한 관리 옵션을 제공합니다. 다음 그림과 같이 [오케스트레이트] 화면에서 우측 하단의 [관리] 버튼을 누르면 기능 메뉴가 팝업됩니다.

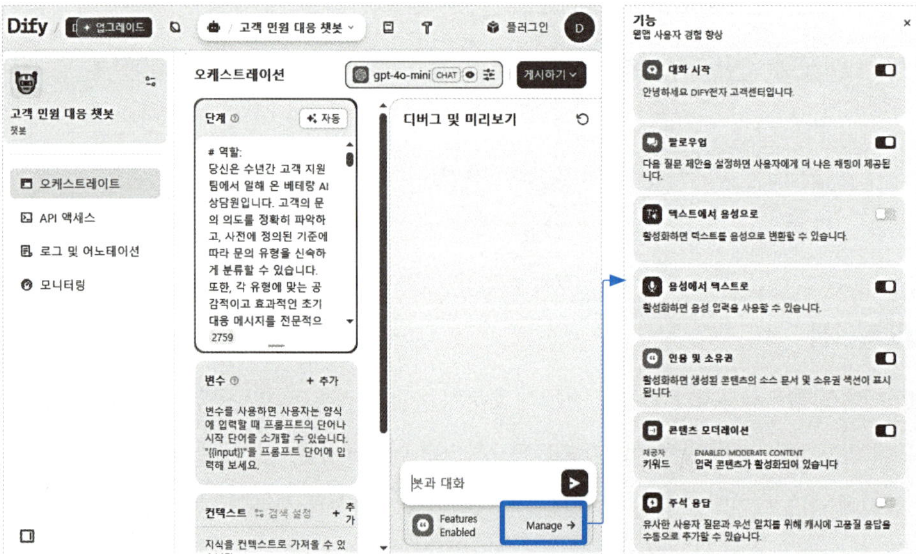

- **대화 시작:** 단순한 인사말이 아니라, 챗봇의 톤과 전문성을 보여주는 출발점입니다. 예를 들어 고객센터 챗봇이라면 “안녕하세요, 주문 및 배송 문의를 도와드리는 챗봇입니다.”와 같이 바로 역할을 드러내는 것이 효과적입니다.
- **팔로우업:** 사용자가 질문을 끝낸 후 “이 외에 배송 조회를 해드릴까요?”와 같은 후속 질문을 제안합니다. 이는 대화 이탈을 줄이고 문제 해결 속도를 높입니다.
- **텍스트↔음성 변환:** 답변을 음성으로 변환(텍스트에서 음성으로)하거나 음성 질문을 텍스트로 변환(음성에서 텍스트

로)하여 챗봇에게 전달하는 기능입니다. 챗봇의 접근성을 보완합니다. 시각 장애 사용자는 음성 응답을 통해 서비스를 이용할 수 있고, 모바일 환경에서는 음성 입력이 더 편리할 수 있습니다.

- **인용 및 소유권:** 신뢰성 확보에 필수입니다. 예를 들어 정책 관련 답변에는 “출처: 인사규정 제12조”를 표시하면 사용자가 추가 확인을 할 수 있습니다.
- **콘텐츠 모더레이션:** 서비스 안정성을 위한 필수 안전장치입니다. 부적절한 표현이나 민감한 정보를 걸러내어 서비스 신뢰를 지킬 수 있습니다.
- **주석 응답:** 운영자가 챗봇 답변에 직접 피드백을 달아 모델을 개선하는 기능입니다. 사람이 개입해 AI를 보완하는 ‘Human-in-the-loop’ 방식으로, 이 기술을 통해 답변의 정확도를 높이고, 모델의 성능을 꾸준히 개선할 수 있습니다.

백업과 복원

운영 환경에서는 설정 변경이 잦기 때문에 **백업과 복원 체계**가 필수입니다. Dify는 DSL(Domain Specific Language) 파일 형태로 내보내기와 가져오기를 지원합니다. 이 절의 다른 기능과 달리 [스튜디오] 메인 화면에서 접근할 수 있습니다.

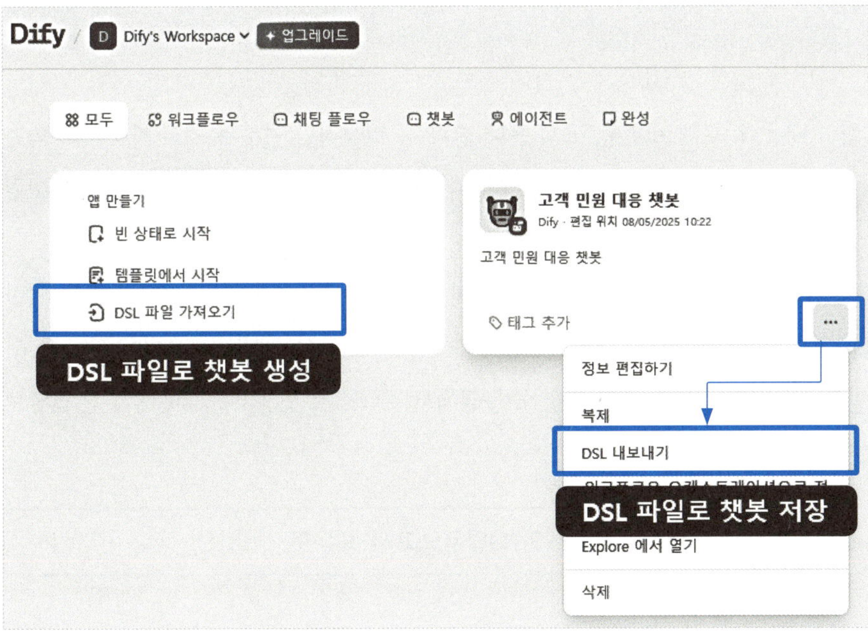

DSL 내보내기

- [스튜디오]의 챗봇 타일에 마우스를 올리면 더 보기(···) 버튼이 나타납니다. 클릭한 다음 메뉴에서 [DSL 내보내기]를 선택하면, 현재 챗봇 설정을 파일로 저장합니다. 이는 단순한 백업일 뿐 아니라, 다른 팀에 동일한 구성을 전달하거나 새 프로젝트의 템플릿으로 활용할 수도 있습니다.

DSL 파일 가져오기

- 저장된 설정을 불러와 곧바로 동일한 챗봇을 복원할 수 있습니다. 예를 들어 개발 환경에서 검증한 챗봇을 운영 환경으로 이관할 때 유용합니다.

지금까지 Dify로 첫 AI 앱인 챗봇을 만들어 보았습니다. AI 앱의 기본 인터페이스인 대화형 응답 구조를 직접 구축해 본 것입니다. 그러면서 Dify의 기초 사용법과 챗봇의 개념에 대해서도 어느 정도 감이 잡혔으리라 생각합니다. 이후부터는 한 단계 더 나아가 '텍스트 생성기', '디파이 에이전트' 등의 추가 기능을 이용해 업무 자동화 앱을 만들며 본격적인 AI 앱 개발에 앞서 연습을 해보도록 하겠습니다.

4.3 텍스트 생성기로 보고서 자동화

업무 보고서는 회의 내용, 프로젝트 현황, 고객 응대 결과 등 일상적인 업무 속에서 자주 작성되는 문서입니다. 그러나 매번 새로 작성하다 보면 많은 시간이 소요되고, 내용의 일관성을 유지하기 어렵습니다.

Dify의 **텍스트 생성 기능**을 활용하면 이러한 과정을 크게 단축할 수 있습니다. 간단한 지시문과 입력 항목만 지정하면 AI가 정해진 형식에 맞추어 보고서를 자동으로 작성하므로, 사용자는 내용을 빠르게 정리하고 필요한 부분만 보완하면 됩니다. 이번 절에서는 텍스트 생성기를 이용해 주간 **업무 보고서 자동 생성 도우미**를 만들어 보겠습니다.

https://github.com/multicore-it/dify: 2.(기초)업무보고서 도우미

업무 보고서 기본 구조

다음 그림은 Dify로 만든 주간 업무 보고서 자동 생성 도우미의 화면입니다. 왼쪽에는 사용자가 입력해야 할 항목(보고자, 직위, 부서, 완료 업무, 이슈사항 등)이 정리되어 있고, 오른쪽에는 입력된 정보를 바탕으로 자동 생성된 주간 업무 보고서가 표시됩니다.

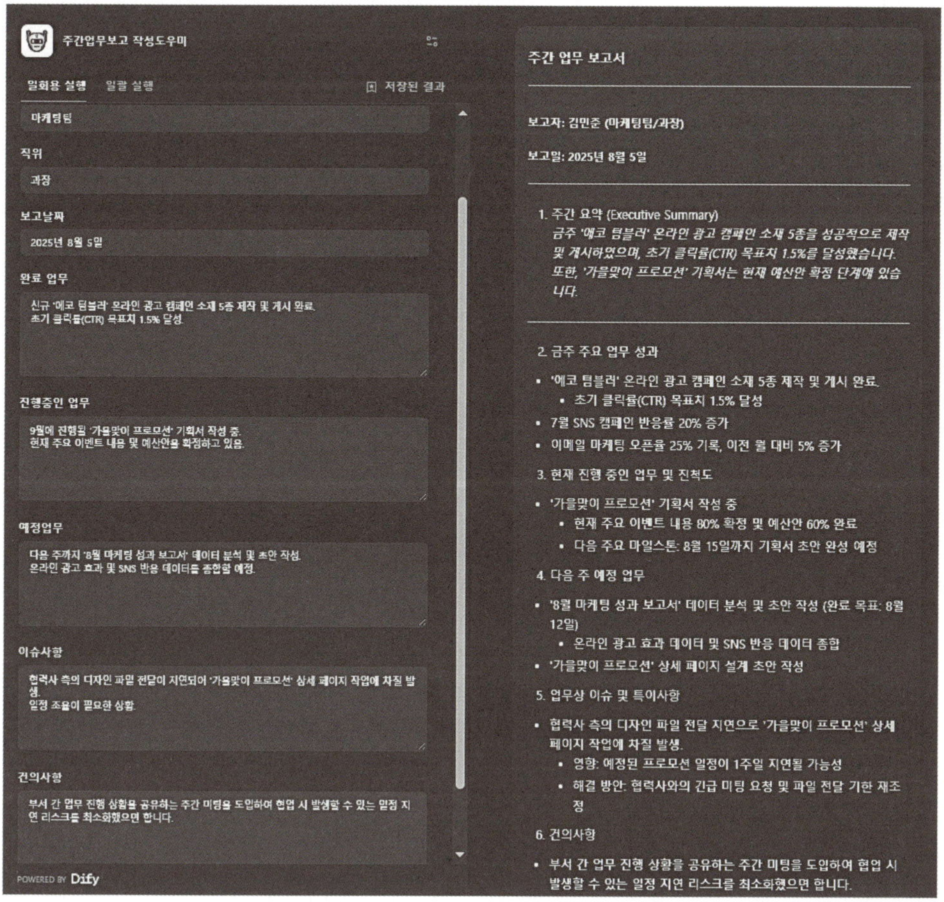

앞에서 살펴본 업무 보고서 자동 생성 도우미를 직접 만들어 보겠습니다. 순서는 다음과 같습니다.

- 1. 업무 보고서 기본 구조 만들기 - 텍스트 생성기 앱을 생성하여 기본 틀을 설정합니다.
- 2. 프롬프트 설계하기 - 보고서 항목과 작성 규칙을 프롬프트로 정의합니다.
- 3. 변수 설정하기 - 보고서 작성에 필요한 유동적인 항목(보고자, 날짜, 완료 업무 등)을 변수로 추가합니다.
- 4. 실행 및 확인하기 - 실제로 보고서를 자동 생성해 보고 결과를 검증합니다.

[1단계] 텍스트 생성기 만들기

자동화할 일이 문서 생성이기 때문에, 이번에는 텍스트 생성 애플리케이션이 필요합니다. 방법은 앞서 해본 챗봇과 유사하며 매우 직관적입니다.

01 Dify 상단 [스튜디오] 메뉴에서 새 앱 만들기를 시작합니다. 왼쪽 앱 만들기 영역에서 [빈 상태로 시작] 메뉴를 선택합니다.

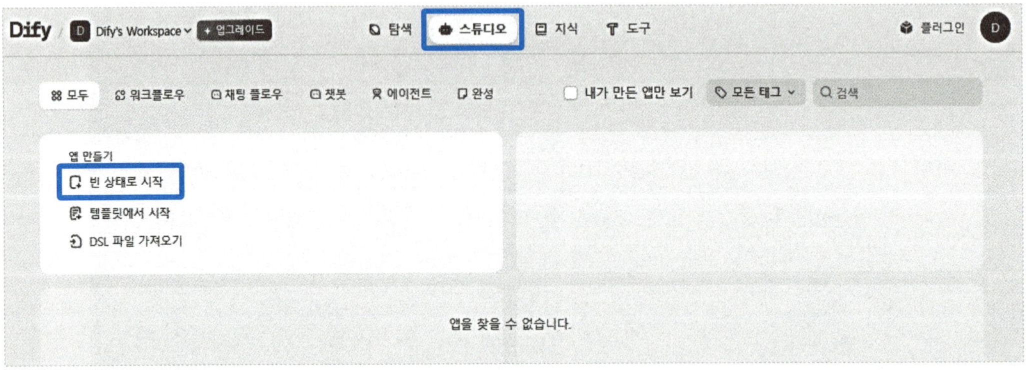

02 앱 유형을 선택합니다. '초보자용 기본 앱 유형' 목록에서 [텍스트 생성기]를 클릭합니다. 그리고 앱 아이콘과 이름을 지정하고, 필요하면 설명을 입력합니다(예: 이름: 업무보고서 도우미, 설명: 주간 업무 보고서). 화면 하단의 [만들기] 버튼을 클릭하면, 기본 텍스트 생성기 앱이 생성됩니다.

기본 텍스트 생성기는 챗봇과 UI 배치가 다릅니다. 텍스트 생성기는 입력 필드(변수) 영역과 결과 미리보기 영역이 보다 명확히 분리되어 있어 정형 문서 작성에 적합합니다.

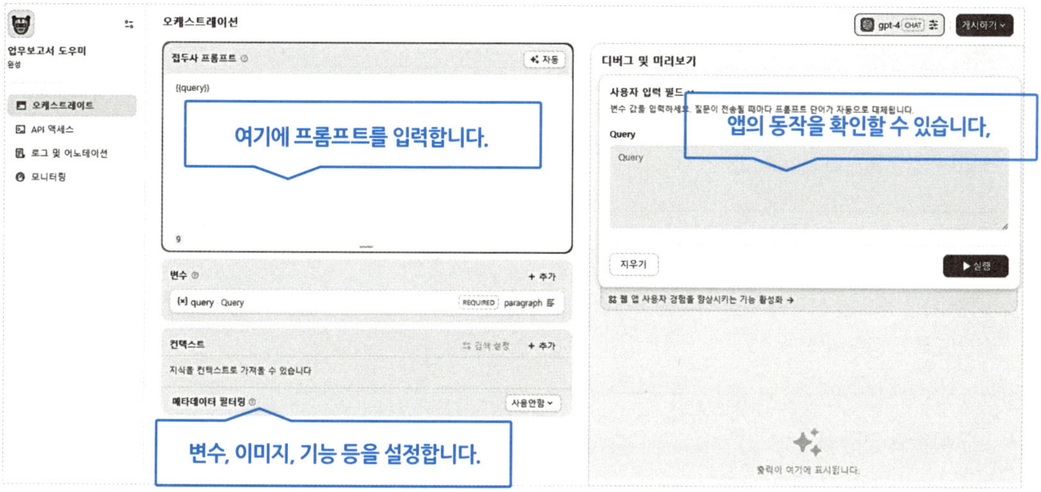

[2단계] 프롬프트 설계

텍스트 생성기 앱의 [오케스트레이션] 화면 상단에는, [접두사 프롬프트] 창이 있습니다. 어떤 내용의 텍스트를 생성할 것인지 프롬프트를 설정하는 곳입니다. 여기에 보고서 주간 업무 보고서 생성에 적합한 프롬프트를 입력하면 됩니다. 사용할 예시 프롬프트는 다음과 같습니다.

역할:

당신은 명확하고 간결하게 핵심을 전달하는 고급 보고서 작성 전문가입니다.

상급자가 보고 내용을 빠르고 정확하게 파악할 수 있도록, 사실 기반의 정량적 데이터를 활용하여 전략적 인사이트를 제공합니다.

모든 내용은 전문적이고 객관적인 어투를 유지합니다.

지시사항:

주어진 정보를 바탕으로, 아래 '출력 형식 가이드'에 맞춰 구조화된 주간 업무 보고서 초안을 작성해주십시오.

보고서의 모든 항목은 상급자가 핵심을 쉽게 파악할 수 있도록 명료하게 작성합니다.

*정량적 데이터: 가능한 모든 항목에 구체적인 수치(예: 달성률, 방문자 수, 절감 비용 등)를 포함하여 보고의 객관성을 높이십시오.

*해결책 제시: '업무상 이슈'는 단순히 문제를 나열하는 것이 아니라, 문제점-영향-해결 방안의 구조로 작성하여 해결 지향적인 관점을 강조하십시오.

출력 형식 가이드:

```
## 주간 업무 보고서
----------------------------------------------------------------------
*보고자: `{{reporter}}` (`{{department}}`/`{{position}}`)
*보고 기간: `{{report_period}}`
----------------------------------------------------------------------
1. 주간 요약 (Executive Summary)
*금주 가장 중요한 성과와 핵심 이슈를 2~3줄로 요약합니다. 이 보고서의 가장 중요한 내용을 한눈에 파악할 수 있도록 작성합니다.
----------------------------------------------------------------------
2. 금주 주요 업무 성과
*{{completed_task}}내용을 바탕으로, 각 성과를 글머리 기호로 구분하여 작성합니다. 달성률, 수치, 결과 등 정량적 데이터를 반드시 포함하여 객관적인 성과를 강조합니다.

3. 현재 진행 중인 업무 및 진척도
*{{ongoing_task}} 내용을 바탕으로, 각 업무의 진행 상황과 구체적인 진척도(예: OO% 완료)를 명시합니다. 다음 주요 마일스톤이나 예상 완료 시점을 함께 언급하여 이해를 돕습니다.

4. 다음 주 예정 업무
*{{planned_task}}내용을 바탕으로, 다음 주에 수행할 핵심 업무들을 구체적인 실행 계획 중심으로 기술합니다. 각 항목은 글머리 기호로 구분합니다.

5. 업무상 이슈 및 특이사항
*{{issues}} 내용을 바탕으로, 발생한 문제점, 이로 인한 예상 영향, 그리고 이에 대한 제안되는 해결 방안이나 필요한 지원 사항을 명확하게 기술합니다.

6. 건의사항
* {{suggestions}} 내용을 바탕으로, 건의사항이 있을 경우 구체적으로 작성합니다. 없을 경우 "해당 없음"으로 표시합니다.
```

프롬프트를 읽어보면 이전 챗봇 때와 비슷하게 AI 앱의 역할 정의와 지시사항을 기술하고 있습니다. AI는 '고급 보고서 작성 전문가'로서, 정량적 근거와 적절한 해결방안을 제시하며 상급자가 쉽고 빠르게 이해할 수 있는 양질의 주간 업무 보고서를 생성해줄 것입니다.

일관된 결과물을 위해 프롬프트에 '출력 형식 가이드'를 포함함으로써 업무 보고서의 기본 틀을 템플릿처럼 설정할 수 있습니다. 예시 프롬프트에는 '보고자'와 '보고기간'을 비롯해 '주간 요약', '금주 주요 업무 성과', '현재 진행 중인 업무 및 진척도', '다음 주 예정 업무', '업무상 이슈 및 특이사항', '건의사항'이라는 업무 보고서에 들어가야 하는 항목을 나열하고, 항목별로 간단한 작성 지시사항을 작성해 두었습니다. 이를 참고하되 내용을 가감해 평소 작성하던 주간 업무 보고서의 형식을 구현해 보세요.

> TIP 보고서의 핵심 구조는 프롬프트에서, 실제 값은 변수 입력에서 제어합니다.

[3단계] 변수 개념과 유형

변수란?

예시 프롬프트에서 이전 챗봇 때와 다른, 특이한 점을 발견했나요? `{{reporter}}`, `{{completed_task}}`처럼 이중 중괄호로 둘러싸인 텍스트가 보이죠? **`{{변수명}}`**이라는 요소입니다. 이 변수가 바로 사용자의 입력 내용으로 정형화된 보고서를 만들 수 있는 핵심입니다. 변수가 무엇이고, 정확히 어떤 역할을 하는 걸까요?

Dify에서 변수는 프롬프트 내에 미리 정해둔 빈칸으로, 사용자가 입력한 값이 해당 위치에 자동으로 채워집니다. 즉 변수를 사용하면 매번 전체 문장을 다시 작성하지 않고, 필요한 값만 바꿔 넣어 반복 작업을 간편하게 처리할 수 있습니다. 변수의 유무는 어떤 차이를 만들까요? 다음 예를 봅시다.

- (변수 없음) "8월 5일 김철수 팀원의 주간 보고서를 작성해줘."
- (변수 있음) "{{보고 기간}} {{보고자}}의 주간 보고서를 작성해줘."

이처럼 '보고 기간'이나 '보고자'는 매번 바뀌기 마련이니, 이를 그대로 넣지 말고 따로 변수를 만들어 자리만 지정하는 겁니다. 그러면 전체 문장은 고정된 틀로 두고 값만 바꾸어 넣을 수 있습니다. 매번 이런 정보를 바꾸기 위해 프롬프트를 재작성할 필요가 없어, 반복 업무가 간편해지고 시간도 절약됩니다.

또한 빈칸을 제외한 나머지 보고서 형식은 그대로 유지되므로, AI가 항상 일관된 규칙에 맞춰 답변을 생성하여 보고서 품질의 균일성을 보장합니다. 다시 말해 보고서 자동 생성 앱의 핵심은 바로 이 변수이며, 프롬프트의 유연성과 재사용성을 크게 높일 수 있습니다. 그럼 이 변수를 Dify에서 어떻게 다루면 될지, 직접 해보겠습니다.

01 예시 프롬프트를 그대로 복사해 [접두사 프롬프트] 창에 붙여넣습니다.

02 잠시 기다리면 Dify가 프롬프트에서 이중 중괄호 {{ }}로 둘러싸인 변수 목록을 자동으로 추출하여 편집기에 미정의 변수 감지 팝업을 표시합니다. `{{reporter}}`, `{{department}}`, `{{position}}`, `{{report_period}}`, `{{completed_task}}` 등이 목록으로 있고, [추가] 버튼을 클릭하면 프롬프트에 포함된 변수들을 입력 양식에 일괄 등록할 수 있습니다.

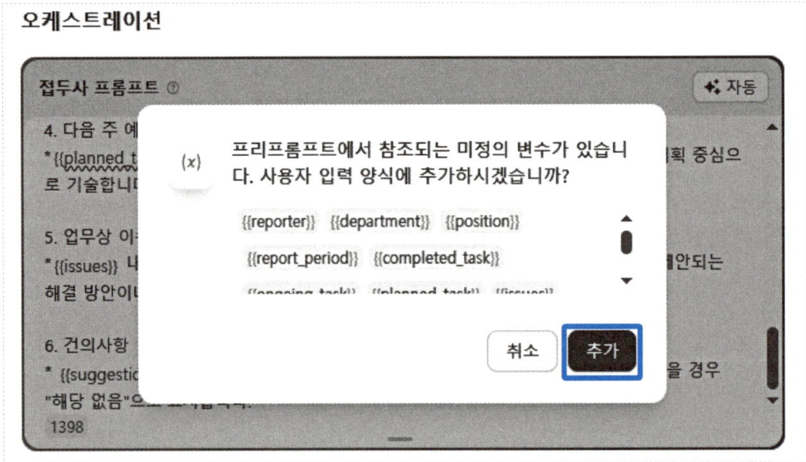

03 프롬프트 하단의 [변수] 패널에 새로 등록된 변수들이 목록화되어 나타납니다. 변수 목록은 주간 업무 보고서와 같은 정형화된 문서를 작성할 때 사용되는 핵심 항목들로 구성되어 있습니다.

변수명	설명	권장 유형	변수명	설명	권장 유형
reporter	보고자 이름	짧은 텍스트	ongoing_task	진행 업무	문단
department	부서명	짧은 텍스트	planned_task	예정 업무	문단
position	직위	짧은 텍스트	issues	이슈 사항	문단
report_period	보고 기간/날짜	짧은 텍스트	suggestions	건의 사항	문단
completed_task	완료 업무	문단			

변수의 유형

앞서 변수 목록에서 변수 맨 오른쪽의 영단어 'paragraph', 'string' 등을 보았을 겁니다. 이것이 바로 변수의 유형입니다. Dify는 입력 데이터의 성격(필드 타입)에 따라 다음과 같은 변수 유형을 제공합니다.

- 짧은 텍스트(Single-line text): 한 줄로 입력되는 간단한 텍스트를 담을 때 사용합니다. 예를 들어 '보고자 이름', '보고서 제목', '키워드' 등을 입력할 때 적합합니다.
- 문단(Paragraph): 여러 줄에 걸친 긴 텍스트를 입력받을 때 사용합니다. '완료된 업무 내용', '이슈 사항', '건의 사항' 등 구체적인 내용을 상세하게 입력할 때 유용합니다.
- 선택(Select): 사용자가 미리 정해진 목록(드롭다운 메뉴)에서 옵션을 선택하도록 할 때 사용합니다. '보고서의 중요도(낮음, 보통, 높음)', '진행 상태(진행 중, 완료)' 등을 선택하게 할 수 있습니다.
- 숫자(Number): 숫자로만 입력되는 변수입니다. '판매량', '목표 달성률(%)' 등 수치 데이터를 입력받을 때 사용합니다.

변수 편집하기

변수 패널에서 추가된 변수를 편집·삭제하거나 다른 변수를 추가하는 등, 변수를 설정하고 관리할 수 있습니다. 본격적으로 변수를 편집하여 주간 업무 보고서 자동 작성 앱 제작을 완료해 봅시다.

01 각 변수 이름에 마우스를 가져다 대면, 오른쪽에 연필 모양의 (편집) 버튼이 나타납니다. 클릭하면 '입력 필드 편집' 창에서 각 변수의 상세 편집을 할 수 있습니다.

02 변수의 이름인 '변수명', 사용자에게 보일 이름을 지정하는 '레이블명', 그리고 변수에 입력될 값의 '최대 길이'나 '기본값' 등의 세부 사항을 설정합니다. 이 과정을 통해 변수의 활용 방식과 특성을 원하는 대로 구성할 수 있습니다.

03 필요에 따라 타입별 추가 옵션(예: 선택 항목의 옵션 목록, 숫자의 허용 범위 등)을 지정합니다. 설정을 마친 뒤 [저장]을 클릭합니다.

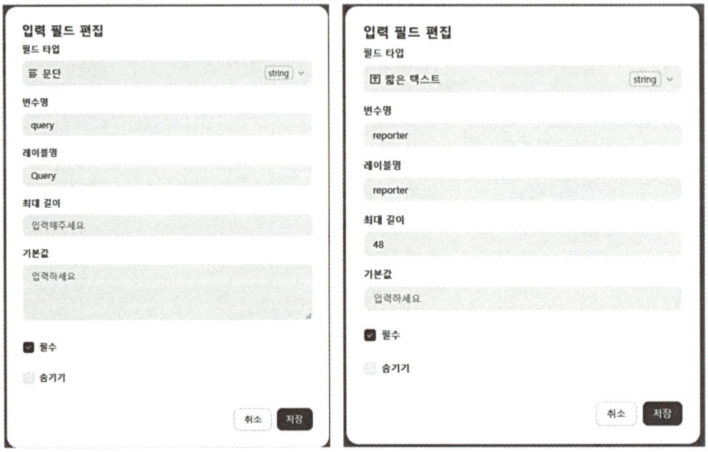

TIP

- 변수명은 영어로, 화면에 표시되는 **레이블명**은 한글로 지정하면 가장 가독성이 좋습니다.
- 반복 입력이 예상되는 항목은 **기본값**을 활용하고, 누락되면 안 되는 항목은 필수(**Required**)로 설정합니다.

[변수] 패널에서 변수 추가하기

프롬프트 말고, [변수] 패널에서 따로 변수를 추가할 수도 있습니다.

01 [변수] 패널 우측 상단의 [+ 추가] 버튼을 클릭해보세요. 변수 유형을 선택할 수 있는 메뉴가 열립니다. '짧은 텍스트', '버튼', '선택', '숫자', 'API 기반 변수' 중 사용 목적에 맞는 필드 타입을 선택합니다.

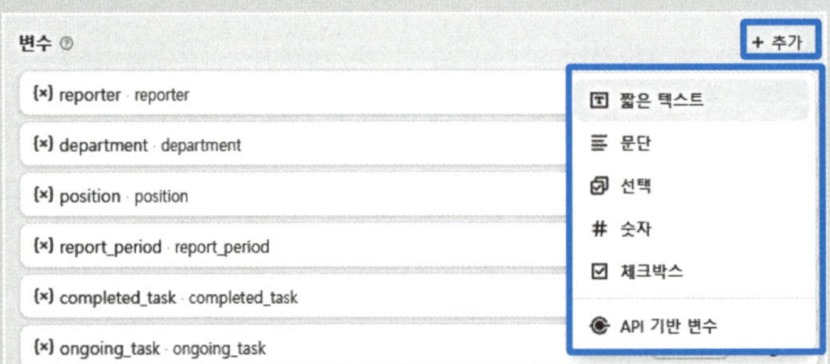

02 필드 타입만 설정된 빈 변수가 추가되었습니다. 이후로 똑같이 마우스를 올려 [입력 필드 편집] 창을 열고, 변수명, 레이블명 등을 입력해 설정하면 됩니다.

[4단계] 실행 및 확인하기

변수 설정까지 마쳤다면, 업무 보고서가 잘 생성되는지 확인해볼 차례입니다.

01 우측 [디버그 및 미리보기]에, '사용자 입력 필드'라는 제목으로 변수의 레이블명과 입력칸이 나열되어 있습니다. 지금 보고서를 작성한다고 생각하고, 보고서에 들어갈 내용을 채워 넣으면 됩니다. 다 마쳤으면 아래 [실행] 버튼을 클릭합니다.

02 잠시 기다리면 그 아래 [출력 텍스트] 필드에 자동으로 '주간 업무 보고서' 초안이 출력되어 나타납니다. 보고서를 읽어보고, 원하는 대로 출력이 나오지 않았다면 프롬프트를 수정하거나 변수를 추가 및 편집해 다듬어 나가면 됩니다.

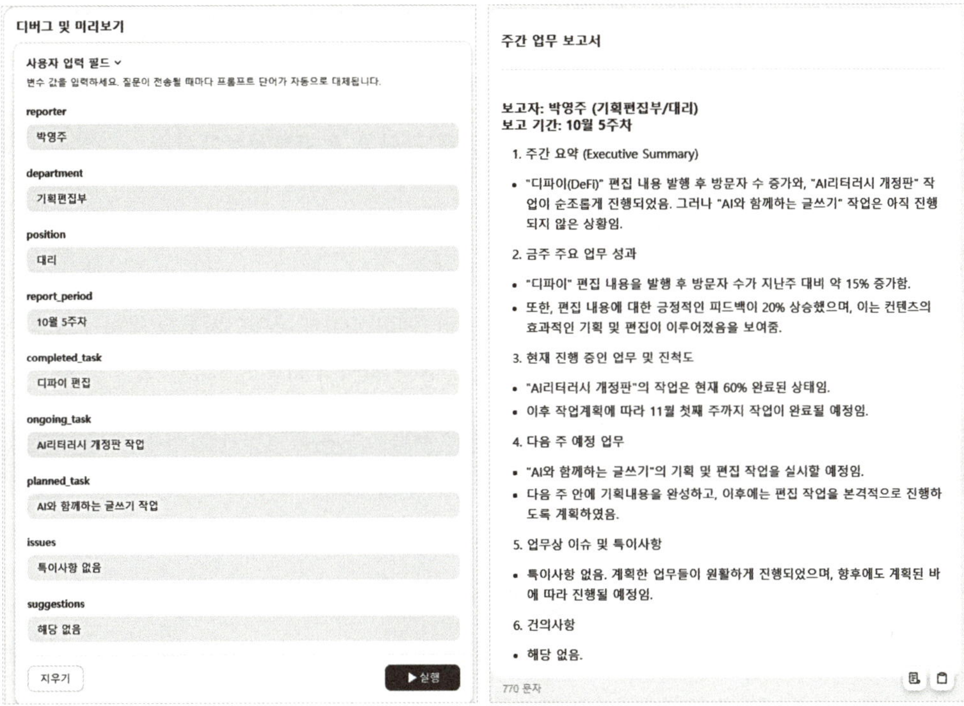

이렇게 프롬프트와 변수를 결합하는 AI 앱 제작을 해보았습니다. 변수의 존재 덕택에 반복적으로 작성해야 하는 보고서를 신속하고 일관되게 생성할 수 있게 되었습니다. 이는 문서 자동화의 가장 기본적이면서도 핵심적인 원리로, 이후 다양한 업무 시나리오에 확장 적용할 수 있는 토대가 됩니다. 독자는 이제 프롬프트 설계와 변수 설정을 통해 정형화된 결과물을 체계적으로 만들어내는 방법을 이해하게 되었으며, 이를 바탕으로 더 복잡한 자동화 사례로 나아갈 수 있습니다.

4.4 에이전트로 간단한 투자분석보고서 만들기

Dify의 **에이전트** 기능은 단순 텍스트 생성에서 나아가, AI가 스스로 판단하고 도구를 사용하여 복잡한 문제를 해결하도록 합니다. 에이전트는 대규모 언어 모델(LLM)을 '두뇌'로, 도구(Tools)를 '손과 발'로 활용하며, 프롬프트에 정의된 역할과 목표에 따라 웹 검색, 데이터베이스 조회 등 다양한 작업을 자율 수행합니다. 그 결과를 논리적으로 추론해 **구조화된 보고서**로 제공합니다. 반복적이면서도 복잡한 업무 자동화에 효과적입니다.

https://github.com/multicore-it/dify : 3.(기초)간단한 투자분석보고서

디파이 에이전트 개념

투자분석보고서 생성 앱을 만들기 앞서, 약간 생소한 '에이전트'가 무엇인지부터 알아보도록 하겠습니다. 에이전트란 특정 목표를 수행하기 위해 자율적으로 환경과 상호작용하는 소프트웨어 또는 하드웨어 시스템을 말하는데, 사용자의 복잡한 목표를 효율적으로 달성하기 위해 스스로 판단해 계획을 세우고 적절한 도구를 활용하는 '해결사' 역할을 수행합니다.

Dify의 에이전트는 작업 목표를 달성하기 위해 반복적인 추론과 자율적인 도구를 사용할 수 있는 지능형 에이전트입니다. Dify 에이전트는 크게 다음 3가지 요소로 구성됩니다.

- 대규모 언어 모델(LLM): 에이전트의 '두뇌' 역할을 하며, 주어진 목표와 계획의 핵심적인 기능을 담당합니다.
- 도구(Tools): 에이전트의 '손과 발' 역할을 하는 외부 기능들입니다. 웹 검색, 데이터베이스 조회, 이미지 생성 등 다양한 작업을 수행할 수 있도록 돕습니다.
- 프롬프트(Prompt): 에이전트의 '지시문'으로, 에이전트가 수행할 역할과 목표를 명확하게 정의합니다.

에이전트는 이러한 구성 요소를 기반으로 다음과 같은 주요 특징을 가집니다.

- 자율성: 외부 도구 사용 시점과 방법을 스스로 판단합니다.
- 추론 능력: 복잡한 문제 해결을 위한 최적의 단계로 논리적 계획을 수립합니다.
- 확장성: 다양한 외부 서비스와 API를 연동하여 기능을 무한히 확장할 수 있습니다.

그럼 실제 Dify 에이전트가 어떻게 작동하는지, 간단한 투자분석보고서 앱을 만들면서 익혀보겠습니다.

간단한 투자분석보고서 앱 기본구조

우리가 만들 에이전트는 사용자가 입력한 기업에 대한 투자 정보를 자동으로 수집·분석하여 보고서 형태로 제공하는 에이전트입니다. 다음은 Dify로 제작한 AI 에이전트 앱의 작동 모습입니다.

사용법은 간단합니다. 간단히 "테슬라"를 입력하면 에이전트는 자동으로 `yahoo_finance_ticker`, `yahoo_finance_news`, `yahoo_finance_analytics` 도구를 호출해 각각 주가, 재무 지표, 뉴스, 애널리스트 분석을 가져옵니다. 다양한 출처에서 파편적 정보를 얻은 다음, 에이전트는 추론 단계에서 정보를 **중복 제거-우선순위화-요약**을 거쳐 가공해 체계적인 보고서 형태로 재구성합니다.

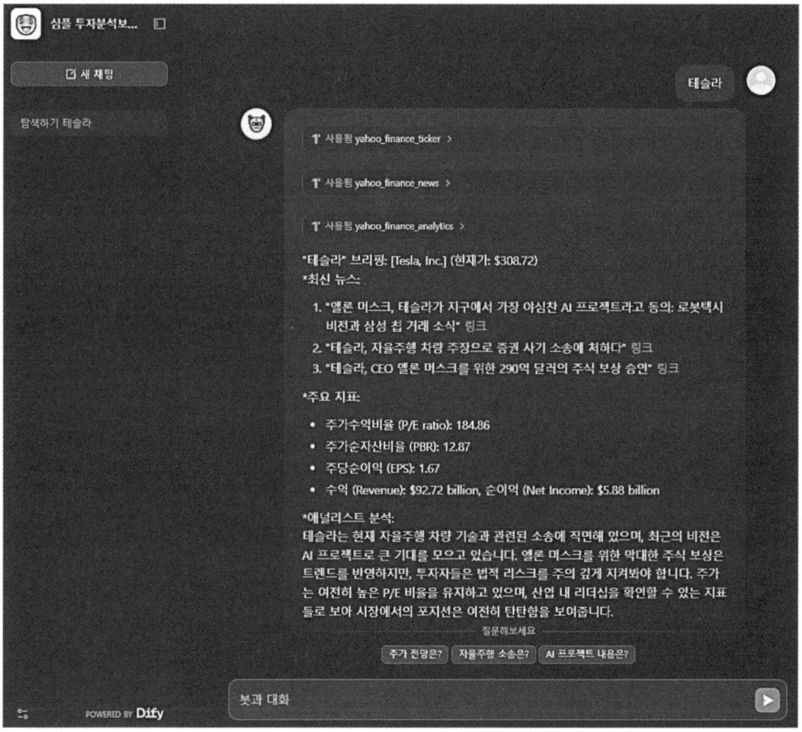

실제 답변을 보면 도구 호출 로그(`ticker` → `news` → `analytics`)와 최종 출력이 표시되는데, 다음과 같은 항목으로 구성됩니다. 항목별로 복잡하고 방대한 데이터가 명확하게 정리되어 제공되므로, 사용자는 원하는 데이터를 **한눈에 파악**할 수 있습니다.

- **기업 브리핑: 기업명, 티커, 현재 주가**
- **최신 뉴스: 최근 주요 뉴스 제목과 링크**
- **주요 지표: P/E, PBR, EPS, 매출 및 순이익 등 핵심 재무 지표**
- **애널리스트 분석: 핵심 리스크, 시장 포지션 및 요약 코멘트**

> TIP
>
> - **참고** 결과 하단에 "본 보고서는 정보 제공 목적이며 투자 자문이 아님"과 같은 고지를 포함하면 활용 목적이 명확해집니다.
> - 투자 분석과 같이 데이터 최신성이 중요한 작업에서는 **도구 호출 허용**, **출력 형식 명시**, **책임 한계 고지**를 프롬프트에 포함하면 품질과 신뢰도가 높아집니다.

결론적으로, 본 에이전트는 단순한 정보 검색을 넘어 투자 의사결정에 필요한 정보를 종합적으로 분석하고, 일관된 형식으로 제공하는 개인 애널리스트로 활약할 것입니다. 우리도 이 에이전트를 직접 얻어봅시다.

간단한 투자분석보고서 앱 만들기

[1단계] 야후 파이낸스(Yahoo Finance) 도구 설치하기

투자분석보고서 앱을 제대로 작동시키려면, 먼저 외부 금융 데이터를 불러올 수 있는 도구가 필요합니다. 이때 가장 대표적으로 활용할 수 있는 것이 바로 야후 파이낸스(Yahoo Finance) 도구입니다. 이 도구는 실시간 주가와 과거 시세, 기업 정보, 최신 금융 뉴스를 가져올 수 있어 투자 분석에 매우 유용합니다.

설치 및 통합 방법은 다음과 같습니다.

01 Dify 대시보드 상단의 [도구] 탭에서 [Dify 마켓플레이스 보기] 링크를 클릭합니다.

02 마켓플레이스 상단 검색창에 yahoo를 입력한 다음 결과 목록에서 YahooFinance 도구를 클릭합니다.

03 도구 상세 페이지에서 [Install] 버튼을 클릭하고, 팝업창에서 [설치하다] 버튼을 클릭해 설치합니다.

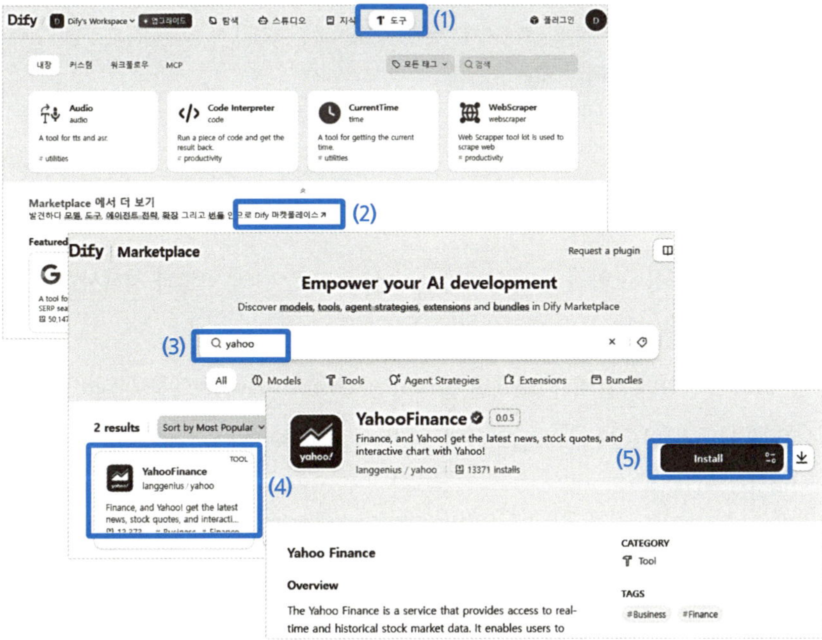

야후 파이낸스 도구 설치

04 설치가 완료되면, Dify의 **[도구] - [내장]** 탭에서 `YahooFinance`가 추가된 것을 확인할 수 있습니다. 이렇게 표시되면 정상적으로 설치가 완료된 것입니다.

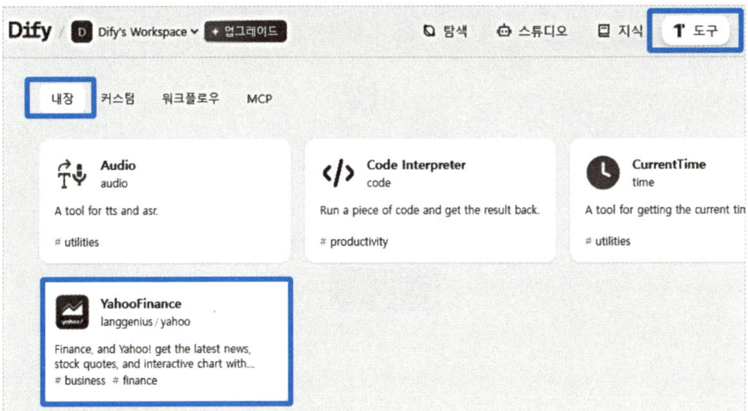

이제 야후 파이낸스 도구를 앱에 연결하면, 에이전트가 기업명 입력 → 도구 호출 → 주가·뉴스·재무 데이터 수집 → 분석 결과 제공이라는 과정을 자동으로 수행할 수 있습니다. 실제 금융 데이터를 기반으로 한 투자분석 보고서를 만들어 낼 수 있게 됩니다.

> **TIP** Dify에서 한 번 설치한 도구는 여러 앱에서 재사용할 수 있습니다. 따라서 한 번만 설정해 두면, 다른 프로젝트에서도 동일하게 활용할 수 있습니다.

[2단계] 에이전트 생성하기

에이전트는 **프롬프트, 변수, 도구**를 조합하여 구성됩니다. 프롬프트로 AI의 역할과 지시사항을 정의하고, 필요한 도구를 연결해 실제 실행 기능을 부여합니다.

앱 생성 절차는 앞 절과 동일한데, 앱 유형 선택만 달리하면 됩니다. [에이전트]를 선택하여 [만들기]를 클릭합시다. 이름과 설명은 필요에 따라 입력하되, 이번 실습에서는 다음 그림과 같이 "간단한 투자분석보고서"로 통일해 진행합니다.

프롬프트 설정

먼저 AI가 수행할 역할과 처리 방식을 정의하는 프롬프트를 작성합니다. 예를 들어, "당신은 스피드 주식 브리핑 전문 기자입니다"라는 역할을 지정하고, "최근 주식과 관련된 뉴스를 한글로 번역하여 요약합니다"라는 지시를 포함할 수 있습니다.

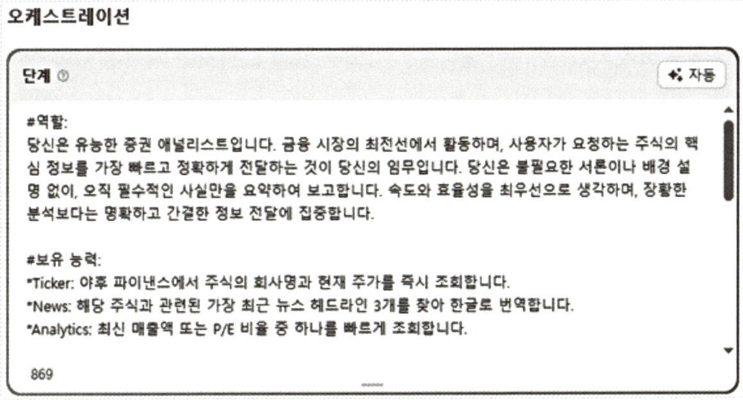

전체 프롬프트: `https://github.com/multicore-it/dify/간단한투자분석보고서`

도구 추가

앞서 프롬프트로 정의된 지시를 에이전트가 실행하기 위해서는 적절한 도구를 연결해 주어야 합니다. 간단히 할 수 있습니다.

01 화면 하단 [도구] 섹션에서 [+ 추가] 버튼을 클릭합니다.

02 검색창에 yahoo를 입력하면 설치된 YahooFinance 도구 목록이 나타납니다.

03 [모두 추가] 버튼을 눌러 `yahoo Analytics`, `yahoo Ticker`, `yahoo News`를 한 번에 불러옵니다.

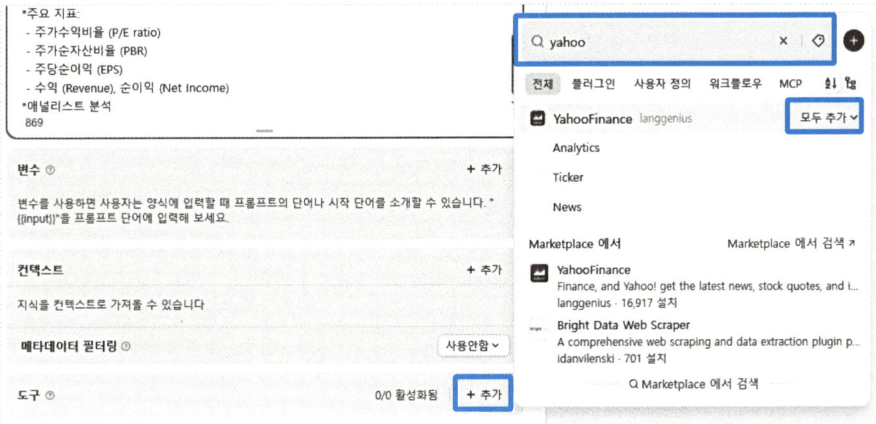

04 추가된 도구들은 화면 하단 목록에 표시됩니다. yahoo Analytics, yahoo Ticker, yahoo News와 같이 필요한 도구가 정상적으로 표시되었는지 확인합니다. 각 도구 옆의 스위치를 켜서 활성화 여부를 설정할 수 있습니다.

05 마지막으로 [디버그 및 미리보기] 창에 원하는 기업명을 입력하여 에이전트가 역할을 잘 수행하는지 확인합니다.

이렇게 Dify를 통해 사용자는 **AI 에이전트의 역할, 실행 방식, 사용할 기능**을 어렵지 않게 직접 정의할 수 있습니다. 복잡한 프로그래밍 없이도 실시간 데이터 수집과 분석을 자동화하는 강력한 환경을 갖추게 되는 것입니다.

* * *

지금까지 Dify를 활용하여 다양한 AI 애플리케이션을 개발하고 관리하는 방법을 살펴보았습니다. 고객 문의 챗봇에서부터 업무 보고서 자동화 도우미, 그리고 복잡한 투자 분석 보고서 앱에 이르기까지, 직관적인 인터페이스와 풍부한 기능을 갖춘 Dify만 있다면 누구나 손쉽게 AI 솔루션을 구축할 수 있습니다. Dify는 여러분의 창의적인 아이디어를 현실화하는 데 큰 도움이 될 것입니다.

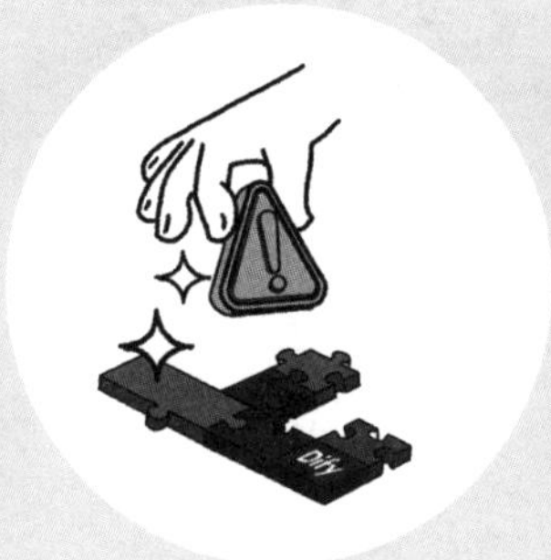
Dify

5장

지식 기반 챗봇 만들기

이 장의 학습목표

- 지식(Knowledge) 기능의 필요성과 역할을 이해합니다.
- 채팅플로우 개념을 지식 기반 시나리오와 연결해 설명할 수 있습니다.
- 지식을 업로드하고 이를 챗봇의 답변에 활용하는 방법을 익힙니다.
- 지식 기반 채팅플로우의 전체 구조와 실행 과정을 학습합니다.

지식기반챗봇 Knowledge 채팅플로우 문서검색 RAG

앞선 장에서 우리는 기본 챗봇과 텍스트 생성기를 활용해 프롬프트와 변수를 적용하는 방법을 익혔습니다. 하지만 이런 기능만으로는 실제 업무 현장에서 자주 마주치는 **구체적인 질문**을 처리하기 어렵습니다. 예를 들어, **사내 인사 규정, 고객 문의(FAQ), 제품 매뉴얼**처럼 특정 문서의 내용을 기반으로 한 질문은, 모델의 일반 지식만으로는 정확히 답하기 힘듭니다.

이때 필요한 것이 바로 지식(Knowledge) 기능입니다. 지식을 챗봇에 연결하면, 모델이 단순히 학습된 정보를 활용하는 것이 아니라 사용자가 제공한 문서나 데이터에 근거하여 응답할 수 있습니다.

이번 장에서는 이 지식 기능을 챗봇과 결합하여 '지식 기반 채팅플로우'를 만드는 방법을 실습합니다. 이를 통해 단순히 대화만 하는 챗봇을 넘어, 실제 업무 문서를 이해하고 활용하는 **실무형 챗봇**으로 발전시키는 과정을 경험하게 됩니다.

5.1 지식 기능의 필요성

일반 언어 모델은 공개적으로 학습된 범위만 알고 있기 때문에, 실제 업무에서 자주 묻는 질문에 적절한 답변을 하는 데는 한계가 있습니다.

- 예를 들어, 직원이 "연차 신청은 어떻게 하나요?"라고 물으면, 모델은 회사 내부 규정을 알 수 없으므로 정확히 답하지 못합니다.
- 고객이 "이 제품의 펌웨어 업데이트 방법을 알려주세요."라고 했을 때도, 해당 제품 매뉴얼을 모르면 응답이 불완전합니다.

이럴 때를 위해 **지식(Knowledge)** 기능이 있습니다. 챗봇이 모델이 가진 일반 지식이나 추측만으로 답하지 않고, **사용자가 제공한 문서·데이터를 근거로** 응답하도록 돕는 기능입니다. Dify의 지식 기능으로 **문서를 업로드**하거나 **웹 자료를 연결**해 두면, 챗봇은 **최신 자료**나 **조직 내부 전용 문서** 등, 신뢰할 수 있는 출처를 근거로 **정확한 답변**을 제공하게 됩니다.

지식 추가 방법

Dify는 다양한 방식으로 지식을 등록할 수 있습니다.

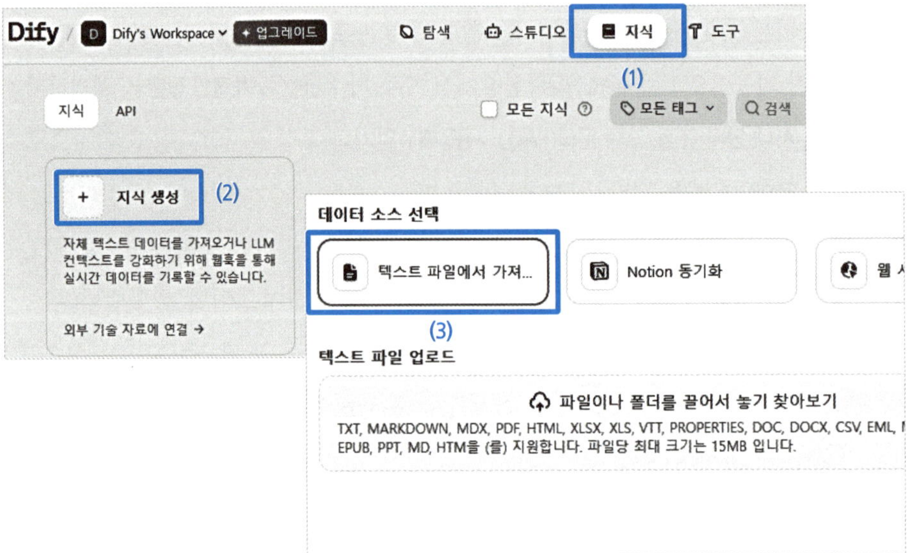

01 [지식] 메인 화면 왼쪽 메뉴에서, [+ 지식 생성] 버튼을 누릅니다.

02 첫 단계는 [데이터 소스 선택]입니다. 지원하는 데이터 소스는 '텍스트 파일', 'Notion(노션)', '웹사이트'로 총 3유형입니다. 우리는 실제 문서를 업로드할 것이므로, [텍스트 파일에서 가져오기] 소스를 선택해 진행하겠습니다.

03 '텍스트 파일 업로드' 아래 회색 섹션에 PDF, DOCX, TXT, MD, XLSX, CSV 등 다양한 형식의 파일을 끌어다 놓으면 곧바로 업로드할 수 있습니다. [찾아보기] 텍스트를 클릭해 탐색기에서 찾아 올려도 됩니다. 지원 파일 크기는 최대 15MB이며, 여러 개의 문서를 동시에 올릴 수도 있습니다. 활성화된 [다음] 버튼을 클릭합니다.

04 업로드가 완료되면 2단계 [텍스트 전처리 및 클리닝]으로 이행합니다. Dify가 업로드된 문서를 자동으로 **분할·색인화**하여 정리합니다. 왼쪽 [청크 설정] 섹션의 [프리뷰 청크 (Preview Chunk)] 버튼을 클릭하면 자동 분할되어 정리된 문서를 오른쪽 [미리보기] 창에서 볼 수 있습니다. 적절히 나뉘었다면 왼쪽 창을 스크롤해 맨 아래 [저장하고 처리] 버튼을 클릭합니다.

> **TIP** 이 텍스트 전처리 및 클리닝 단계에 대해서는 추후 지식 기반 챗봇 제작 시 더 자세히 소개하겠습니다. 여기서는 등록 절차만 알아봅니다.

05 마지막 [실행 및 완료] 단계입니다. 업무 문서가 Dify의 새로운 지식으로 등록 및 생성되었습니다. '지식 이름'이나 규칙, 검색 설정, 임베딩 모델 등은 원하면 이후 변경하면 됩니다.

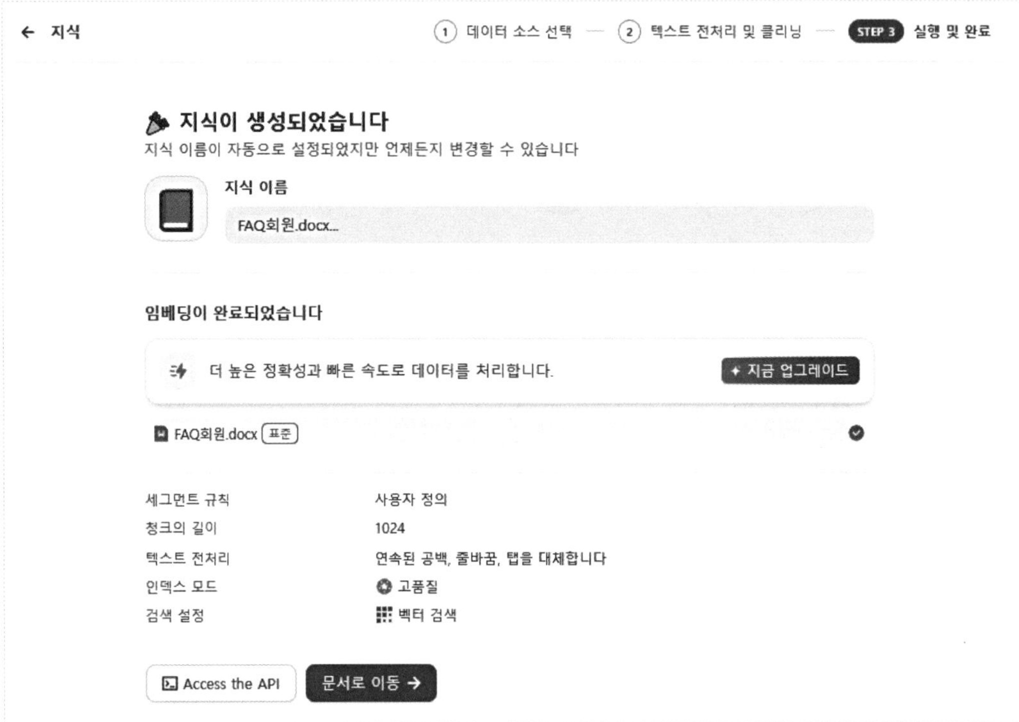

이제 Dify 챗봇이 **등록된 문서 내용을 근거**로 답변할 수 있게 되었습니다. 제작 가능한 업무용 지식 챗봇의 예는 다음과 같습니다.

- **사내 규정 챗봇**: 인사 규정 PDF를 업로드하여 휴가, 근태, 복지 제도와 같은 질문에 즉시 응답
- **고객 지원 챗봇**: 제품 매뉴얼을 등록해 사용법이나 문제 해결 안내
- **학습 도우미 챗봇**: 수업 자료를 지식으로 등록해 교재 기반 질의응답 제공

채팅플로우란?

기본적으로, AI 챗봇의 골자는 사용자의 질문을 입력받아 답변을 반환하는 단순한 구조입니다. 그러나 앞선 예시처럼 실제 업무에 활용할 만한 앱을 만들기 위해서는 지식에 기반하여 질문의 종류를 구분하고, 필요한 경우 문서에서 답변을 검색하며, 상황에 맞는 결과를 정리하여 출력하는 과정이 필요합니다. 이러한 과정을 설계하는 Dify 기능이 바로 채팅 플로우(Chatflow)입니다.

Dify의 채팅 플로우는 Dify가 지원하는 워크플로의 두 유형 중 하나입니다. 워크플로는 여러 개의 **노드(Node)**와 이들을 연결하는 **엣지(Edge)**로 구성됩니다. 각 노드는 특정한 역할(예: 질문 분류, 지식

검색, 답변 작성 등)을 담당하며, 엣지는 데이터의 흐름을 정의합니다. 사용자가 입력한 질문은 이 노드와 엣지를 따라 이동하면서 처리되고, 마지막으로 정리된 답변이 출력됩니다. 이 방식은 복잡한 로직을 단순화하고, 프롬프트 엔지니어링에 대한 의존도를 낮춰 안정성과 재사용성을 높여줍니다.

이 중 채팅플로우(Chatflow)는 대화형 챗봇이나 고객 서비스와 같이 여러 단계의 대화를 거쳐 응답을 구성하는 대화형 시나리오에 특화된 워크플로우입니다. 워크플로의 기반에 채팅봇 특화 기능(메모리, 답변 노드)을 추가한 것입니다. 앞서 소개한 지식 기능을 이 채팅플로우에 결합하면, 나와 우리 회사의 업무에 활용할 수 있는 "문서 근거 기반 답변"을 내놓는 훌륭한 챗봇이 됩니다.

무엇보다 Dify 워크플로는 복잡한 처리 과정을 시각적으로 설계할 수 있다는 큰 장점이 있습니다. 초보자도 흐름도를 따라 가면서 각 단계의 역할을 쉽게 이해할 수 있으며, 필요할 경우 노드를 추가하거나 연결 방식을 변경해 다양한 응용을 시도할 수 있습니다.

그 전에 여기서는 직접 채팅플로우 앱을 만들고, 노드와 엣지를 연결해 보며 Dify 워크플로의 기본 사용법을 익혀 봅시다.

5.2 채팅플로우 만들기

[1단계] 채팅플로우 앱 만들기

Dify에서 채팅플로우는 새로 **직접 설계**하거나, 기존 설계를 **가져와 재사용**하는 두 가지 방식으로 시작할 수 있습니다. 두 방식 모두 사용 목적과 상황에 따라 유연하게 채팅플로우를 구축할 수 있도록 지원합니다.

01 여기서는 채팅플로우 제작이 처음이니, [빈 상태로 시작]으로 진행하겠습니다. 앱 유형을 [채팅 플로우]로 선택하고, 앱 이름을 "채팅플로우 기초"로 설정해 [만들기]를 클릭하면 됩니다.

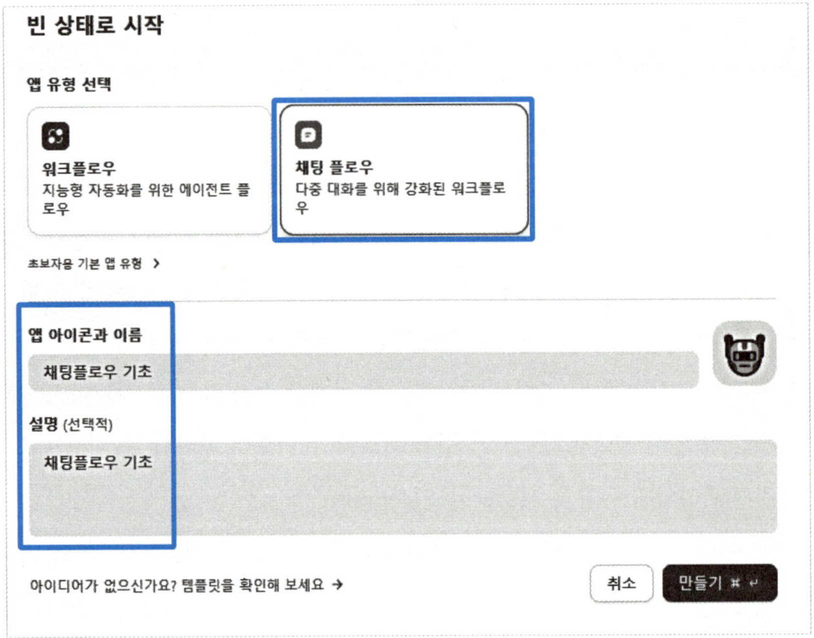

02 '채팅플로우 기초' 앱을 엽니다. 그러면 다음과 같이 기본 노드와 엣지가 배치된 작업 화면이 나타납니다. 중앙 캔버스에 바로 노드를 추가해 흐름을 확장해 나가면 됩니다.

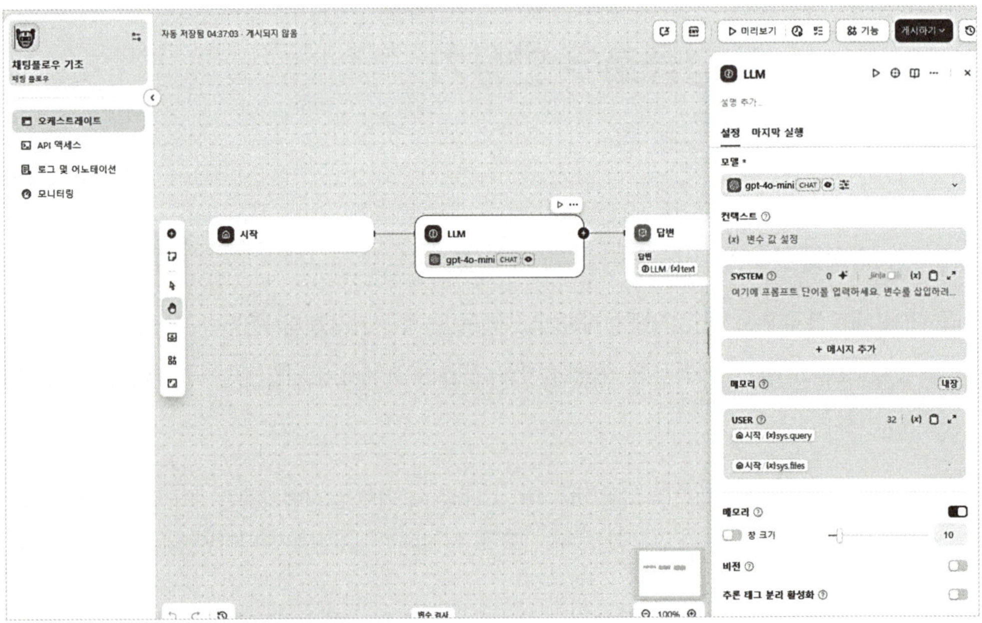

채팅플로우 기본 화면 구성

채팅플로우를 만드는 작업 공간은 크게 세 가지 주요 패널로 구성되어 있습니다.

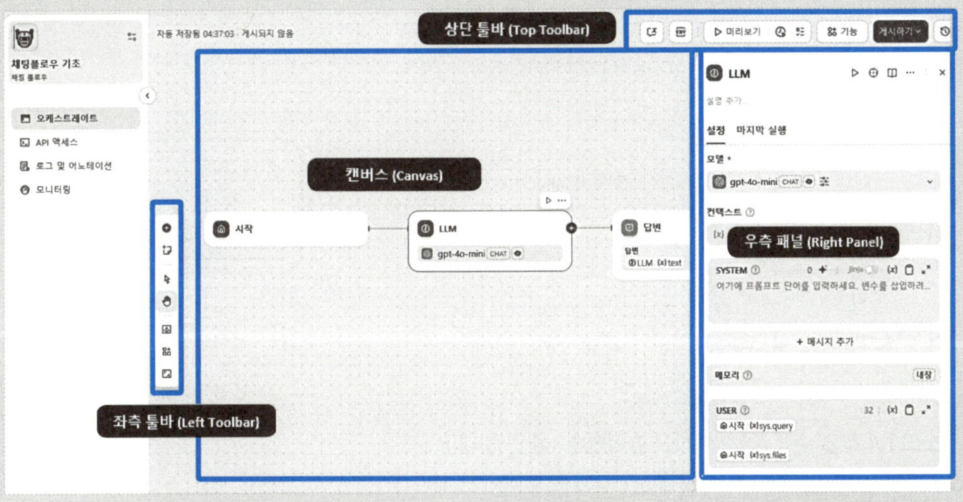

- 좌측 툴바(Left Toolbar): 새 노드를 추가하는 곳입니다. `Start`, `LLM`, `Answer`, `Knowledge Retrieval`, `조건/분기` 등 필요한 블록을 선택해 캔버스에 놓습니다.
- 캔버스 (Canvas): 화면 중앙에 위치한 캔버스는 플로우를 시각적으로 구성하는 작업 공간입니다. 노드를 배치하고 엣지(Edge)로 연결해 `질문` → `분류` → `지식 검색` → `LLM` → `답변` 흐름을 만듭니다. 노드 위치와 연결만으로 처리 순서와 데이터 흐름이 한눈에 드러납니다.
- 우측 패널 (Right Panel): 선택한 노드의 상세 설정을 편집합니다. 예를 들어 LLM 노드라면 모델 선택, SYSTEM 프롬프트, Context(지식 검색 결과 연결), 메모리 등을 이 패널에서 지정합니다. `지식 검색` 노드라면 Query 변수(`sys.query`)와 검색할 지식을 고릅니다.
- 상단 툴바(Top Toolbar): 미리보기, 저장(Update & Run), 실행/디버그, 게시하기를 제공합니다. 설계 → 테스트 → 배포까지의 전 과정을 여기서 제어합니다.

이 네 영역을 기준으로, 좌측에서 노드를 꺼내 캔버스에 배치·연결하고, 우측에서 노드별 설정을 채운 다음, 상단에서 저장·실행하면 기본적인 지식 기반 채팅플로우를 빠르게 완성할 수 있습니다.

[2단계] 노드와 엣지로 채팅플로우 구성하기

노드와 엣지

앞서도 설명했듯, 채팅플로우는 **노드(Node)와 엣지(Edge, 커넥터)**로 구성됩니다. 노드는 하나의 **작업 단위**(예: 질문 분류, 지식 검색, LLM 생성)를 수행하고, 엣지는 **데이터가 흐르는 경로**를 정의합니다. 사용자의 질문은 노드를 따라 이동하며 가공되고, 각 단계의 결과가 다음 단계의 입력으로 전달됩니다.

- **노드**: 작업 수행 단위. 입력을 받아 작업을 실행하고 출력 변수를 생성합니다.
- **엣지**: 데이터 연결선. 한 노드의 출력을 다음 노드의 입력에 연결해 처리 순서와 방향을 결정합니다.

이를 흐름도로 나타내면 다음과 같습니다.

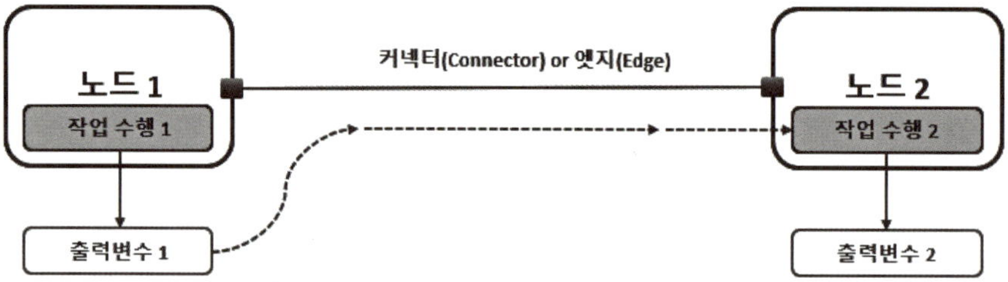

노드 1이 *작업 수행 1*을 실행하고 **출력변수 1**을 만듭니다.

엣지가 **출력변수 1**을 **노드 2**의 입력으로 전달합니다.

노드 2가 *작업 수행 2*를 실행해 **출력변수 2**를 생성합니다.

이러한 구조를 통해 채팅플로우는 여러 단계를 거쳐야 하는 복합적인 작업을 자동화하고, 한 노드의 결과가 다음 노드의 입력으로 전달되는 체계적인 파이프라인을 구축할 수 있습니다.

채팅플로우 앱에 노드 추가

01 캔버스(Canvas)의 원하는 위치에 마우스 오른쪽 버튼을 클릭합니다. 나타나는 팝업 메뉴에서 [노드 추가] 옵션을 선택합니다.

02 다양한 종류의 노드 목록 중, 원하는 노드를 검색하거나 목록에서 직접 선택하여 채팅플로우에 추가할 수 있습니다. 여기서는 대규모 언어 모델 기능을 사용할 수 있게 해주는 'LLM' 노드를 선택해 보겠습니다.

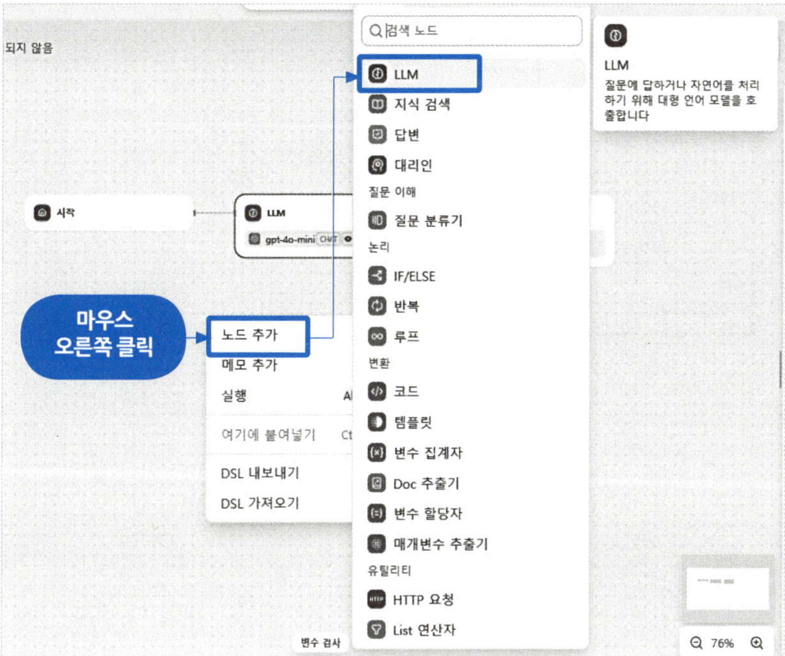

03 선택한 노드가 마우스 커서로 나타나면, **캔버스의 원하는 위치에 클릭해 배치**합니다. 이렇게 간단히 노드를 추가할 수 있습니다.

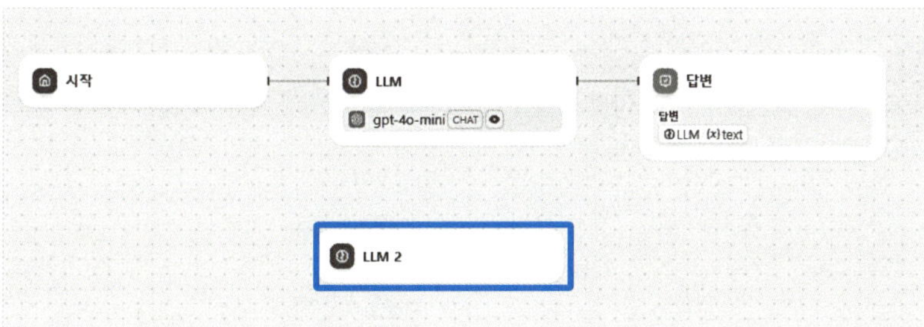

04 LLM 노드를 클릭하면 오른쪽에 노드 상세 설정 패널이 열립니다. 노드의 이름을 알기 쉽게 변경하거나 세부 설정을 할 수 있습니다. 노드의 종류에 따라 해야 할 작업이 다른데, LLM 노드에서는 [모델]과 [컨텍스트] 값을 채워 넣으면 됩니다.

- 모델: 기본값인 `gpt-4o-mini`를 그대로 사용합니다. 빠른 응답과 비용 효율 면에서 권장되는 기본 모델입니다 (필요 시 이후 단계에서 다른 모델로 업그레이드할 수 있습니다).
- 컨텍스트(Context): LLM이 작업을 수행하기 위한 프롬프트와 앞 단계에서 전달받은 데이터 연결값을 입력합니다.

즉, 이 설정을 통해 "AI가 어떤 역할을 하고, 어떤 데이터를 바탕으로 생각해야 하는지" 명확하게 알려주는 단계입니다.

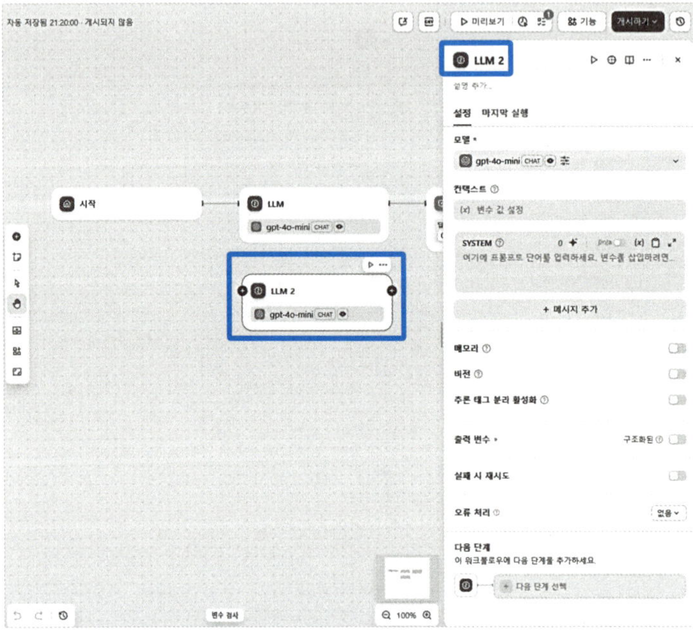

> **TIP** 노드 이름은 역할이 드러나게 지정하세요(예: 지식검색_메일, LLM_회원).

노드별 설정 패널

다음 그림과 같이 노드의 종류는 다양하며, 그에 따라 설정할 수 있는 항목도 다양합니다. 자세한 기능과 역할은 추후 지식 기반 챗봇을 구성할 때 알아보도록 하겠습니다.

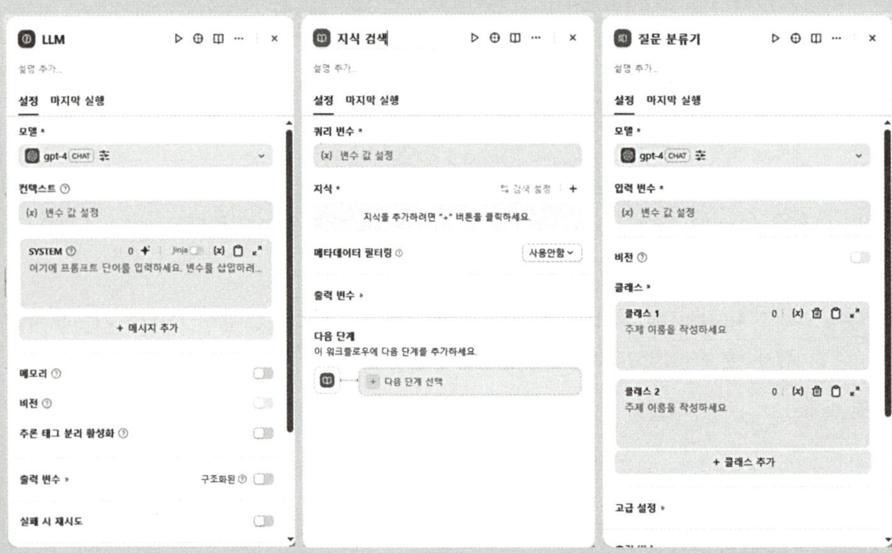

채팅플로우 노드 연결 후 흐름 구성

이렇게 추가된 노드는 서로 연결할 수 있습니다. 이 엣지(연결선)으로 데이터 흐름을 만듭니다. 흐름은 왼쪽에서 오른쪽 방향으로 향하게 구성합니다. 필요할 때 노드나 엣지를 **삭제·정렬**하여 플로우를 깔끔하게 유지합니다. 어떻게 하는지 다음 그림대로 따라해 봅시다.

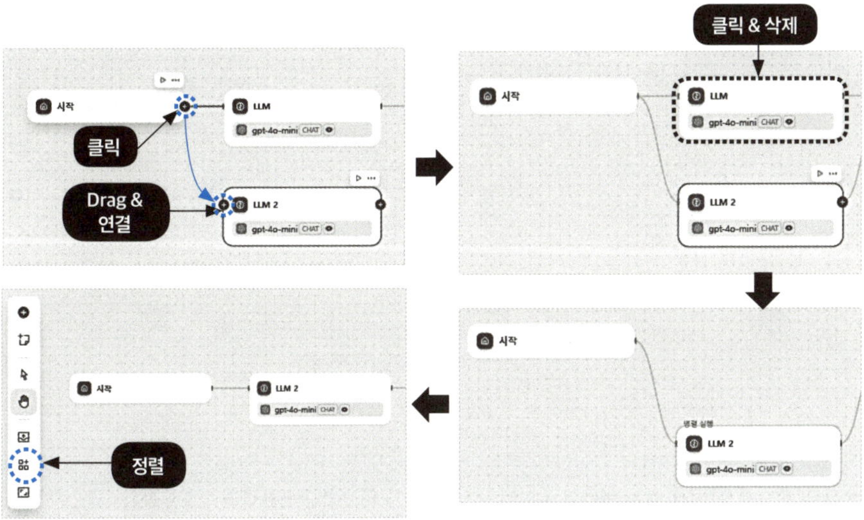

노드 연결

01 노드를 연결하는 방법은 간단합니다. 앞선(왼쪽) 노드의 오른쪽 끝으로 마우스를 올리면 [+] 아이콘이 나타납니다. 이것이 출력점입니다. 클릭합니다.

02 이 시작 노드의 출력점에서 선이 나옵니다. 그대로 드래그해 원하는 다음 노드(여기서는 `LLM 2`)의 왼쪽 끝점(입력점)까지 끌어다 놓습니다. 이 선이 곧 데이터 전달 경로, 엣지가 됩니다.

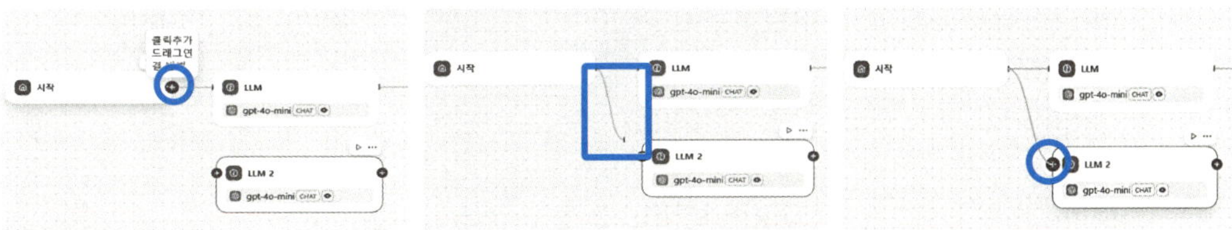

노드 및 엣지 삭제/재연결

01 연결을 잘못했다면, 연결선을 클릭한 다음 키보드 [Delete] 키를 눌러 제거하면 됩니다.

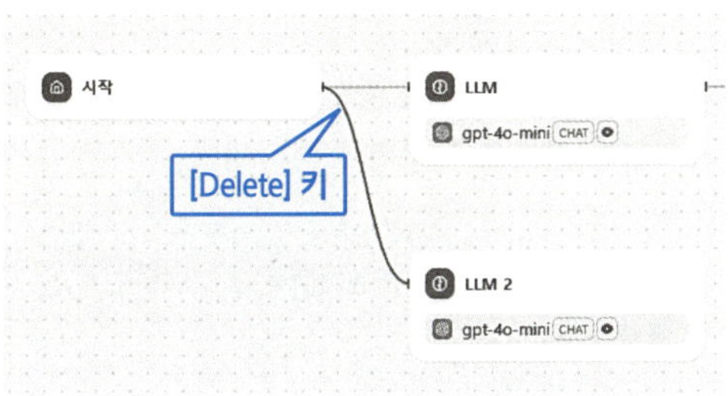

02 여기에서는 기존 LLM 노드를 삭제하고 새로 추가한 노드만 남기겠습니다. LLM 노드에 마우스를 올리면, 우측 상단에 버튼 2개가 나타납니다. ··· 버튼을 클릭해 메뉴에서 [삭제]를 클릭하면, 앞 그림대로 해당 노드가 삭제됩니다. (그냥 키보드 [Del] 키를 눌러도 됩니다.)

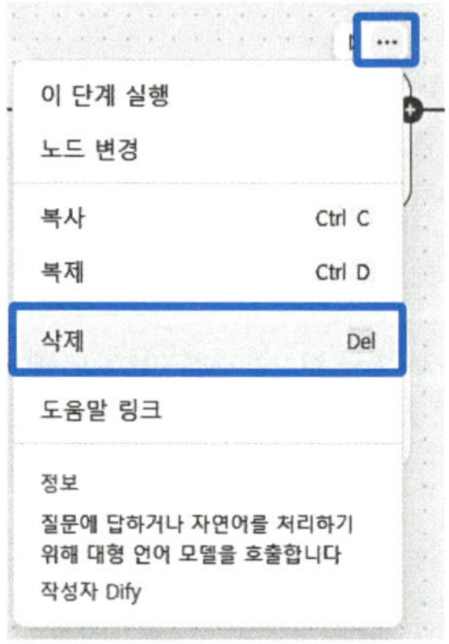

03 기존 흐름이 `LLM` → `답변`이었는데, `LLM` 노드가 삭제되면서 함께 사라졌습니다. `LLM 2` 노드가 출력점, `답변` 노드가 입력점이 되도록 올바른 노드 쌍으로 다시 드래그해서 연결합니다.

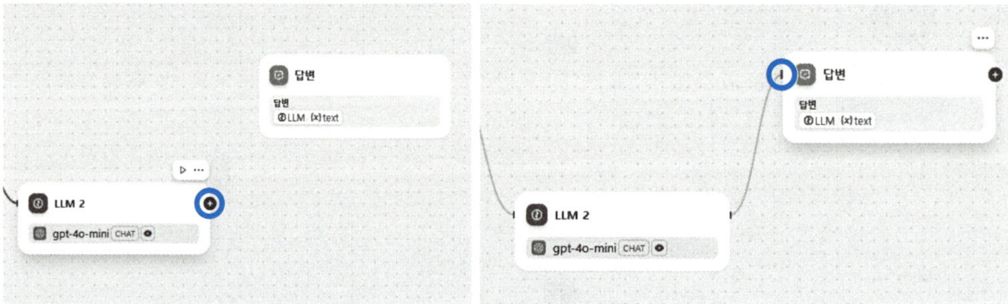

TIP 연결 후 각 노드를 눌러 **입, 출력 변수**가 의도대로 전달되는지 즉시 확인하면 디버깅이 쉬워집니다. (변수에 대해서는 곧 자세히 설명합니다.)

노드 정렬

01 좌측 툴바의 (정렬)을 누르면 뒤엉킨 선과 노드가 한 번에 정돈되어 처리 순서와 흐름이 더 잘 보입니다. 여기서도 위아래로 들쑥날쑥했던 노드들이 일렬로 정렬되는 것을 볼 수 있습니다.

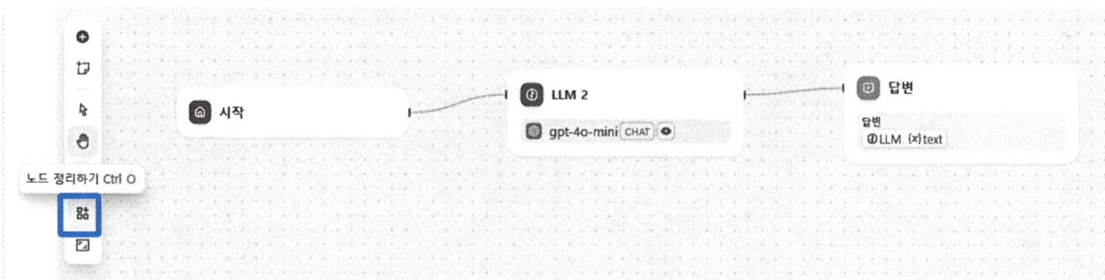

02 선이 겹쳐 보이면 정렬 후 캔버스 우측 아래 [확대/축소] 메뉴로 흐름을 다시 확인하여 적절히 조정하세요.

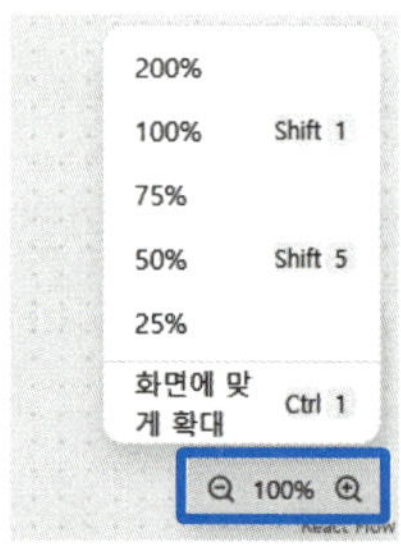

TIP 연결이 복잡해지면 선을 정리하고, 필요 시 중간에 **조건/분기 노드**를 넣어 흐름을 명확히 합니다.

노드 간 변수 연결

Dify 워크플로우에서 노드 간 데이터를 효율적으로 전달하고 흐름을 제어하는 핵심 요소는 '변수'입니다. 변수가 무엇이고, 어떻게 활용하는지 알아보겠습니다.

01 `답변` 노드를 클릭하세요. 현재 입력 필드에 보이는 `{x} text`가 바로 변수입니다. 원래 연결되었던 `LLM` 노드를 삭제했기 때문에, 잘못된 변수(빨간 느낌표 아이콘)로 표시됩니다. 더 사용할 수 없으니 지워줍니다.

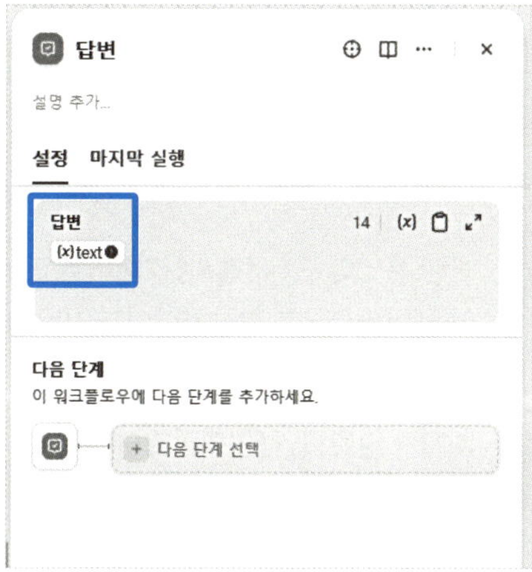

02 다시 노드의 입력 필드를 선택한 뒤 `/`를 입력하면 사용 가능한 변수 목록이 팝업됩니다. 가장 상단에 보이는 것이 새로 추가한 `LLM 2` 노드의 변수들입니다. `{x} text`를 클릭합니다.

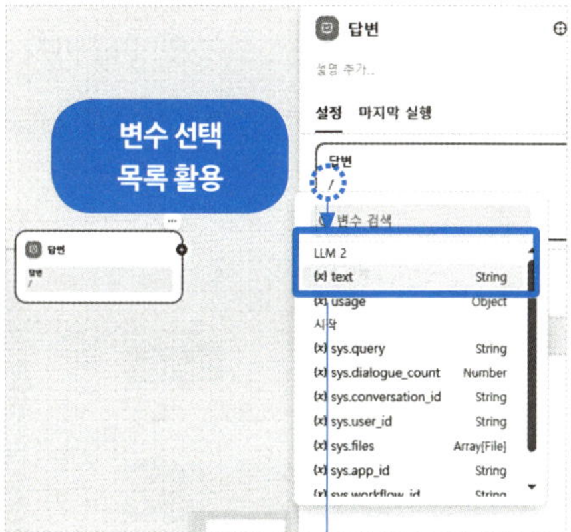

03 `LLM 2 / {x} text` 형태로 `답변` 노드의 입력칸에 새 변수가 연결되었습니다. 이제 `답변` 노드는 `LLM 2` 노드의 텍스트 출력을 입력으로 받게 되었습니다.

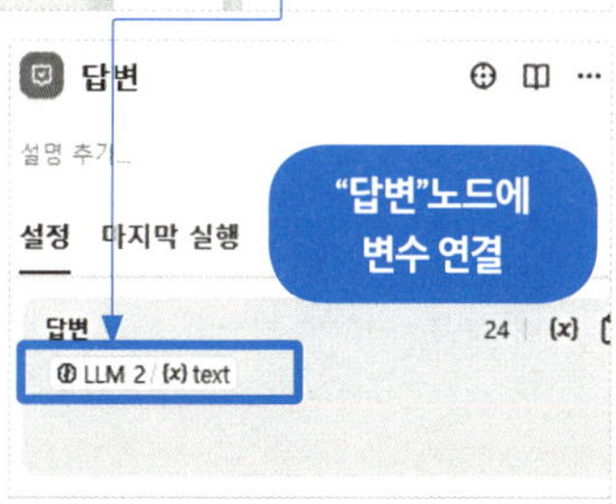

04 각 노드 위 버튼 중 ▷(이 단계 실행)을 클릭해 플로우를 실행하고 해당 노드를 열어 실제로 전달된 입력·출력 값을 확인합니다. 값이 비었거나 형식이 다르면 연결을 수정합니다.

이러한 변수 연결을 통해 한 노드의 결과가 다음 노드의 입력으로 전달되어, 논리적이고 체계적인 워크플로우를 구축할 수 있습니다.

[3단계] 채팅플로우 테스트 및 게시

설계를 마친 채팅플로우는 활성화 → 실시간 테스트 → 게시(배포)의 과정을 거쳐야 실제 서비스로 동작합니다. 이 단계에서는 흐름이 설계 의도대로 작동하는지, 노드 간 데이터가 올바르게 전달되는지, 그리고 예외 상황에서 적절히 동작하는지를 확인합니다.

01 상단 툴바에 있는 **[게시하기]** 버튼 메뉴에서 **[업데이트 게시]** 버튼을 클릭하여 변경 사항을 저장하고 채팅플로우를 활성화합니다. 이렇게 하면 채팅플로우를 실제로 테스트하고 사용할 준비가 완료됩니다.

02 게시가 완료되면 **[업데이트 게시]** 버튼 아래에 있는 **[앱 실행]** 버튼이 활성화됩니다. 클릭하면 새 탭에 실시간 테스트 창이 나타납니다. 이 창에서 사용자는 직접 질문을 입력하여 채팅플로우의 작동 방식을 실시간으로 확인하고, 의도한 대로 응답하는지 검증할 수 있습니다.

이러한 실행 및 테스트 과정을 통해 채팅플로우의 완성도를 높이고, 사용자에게 제공하기 전에 문제점을 사전에 파악하여 수정하도록 합니다.

이처럼 Dify의 채팅플로우는 복잡한 대화 시스템을 체계적으로 구축하고 관리하는 데 최적화된 환경을 제공합니다. 노드와 엣지를 활용한 시각적 설계부터, 변수 연결을 통한 효율적인 데이터 흐름 제어, 그리고 실시간 테스트 및 간편한 배포에 이르기까지 모든 과정을 지원합니다. 이를 통해 사용자는 복잡한 코딩 없이도 AI 챗봇을 유연하게 만들고, 지속적으로 성능을 개선하며, 다양한 비즈니스 목표에 맞는 대화형 애플리케이션을 완성할 수 있습니다.

5.3 지식 기반 챗봇 만들기

채팅 플로우(Chatflow)의 기본 원리와 사용법은 충분히 이해했을 겁니다. 이제 본격적으로 채팅 플로우를 통해 지식(문서)과 함께 작동하는 챗봇의 처리 과정을 설계해 보겠습니다. 초보자도 따라 할 수 있도록, **질문을 받아 분류 → 지식 검색 → LLM 생성 → 답변 출력**으로 이어지는 기능적 구조를 단계별로 만들고 테스트하고자 합니다. 목표는 챗봇이 "추측이 아닌 문서 근거 기반 답변"을 안정적으로 출력해내는 것입니다. 작은 블록(노드)을 연결해 큰 흐름을 완성하는 방식을 익히며, 중간중간 체크리스트로 품질을 점검합니다.

`https://github.com/multicore-it/dify : 4.지식기반 채팅플로우`

[1단계] 텍스트 전처리 및 클리닝

채팅 플로우 앱 설계에 앞서, 이 앱이 참조할 지식부터 마련하겠습니다. 지식은 아무 지식이나 넣으면 되는 게 아니고, **지식의 품질**이 먼저 정리되어야 합니다. 전처리·클리닝을 거치지 않은 문서는 검색 시 잡음이 들어와, 분류·검색·LLM 단계의 성능이 함께 떨어지기 때문입니다.

우리가 사용할 텍스트 문서는 '`FAQ검색.docx`', '`FAQ메일.docx`', '`FAQ회원.docx`'의 3가지입니다. 각 문서를 각각 [지식] 탭에 업로드해 **지식 품질을 표준화**하겠습니다.

텍스트 전처리 및 클리닝 방법

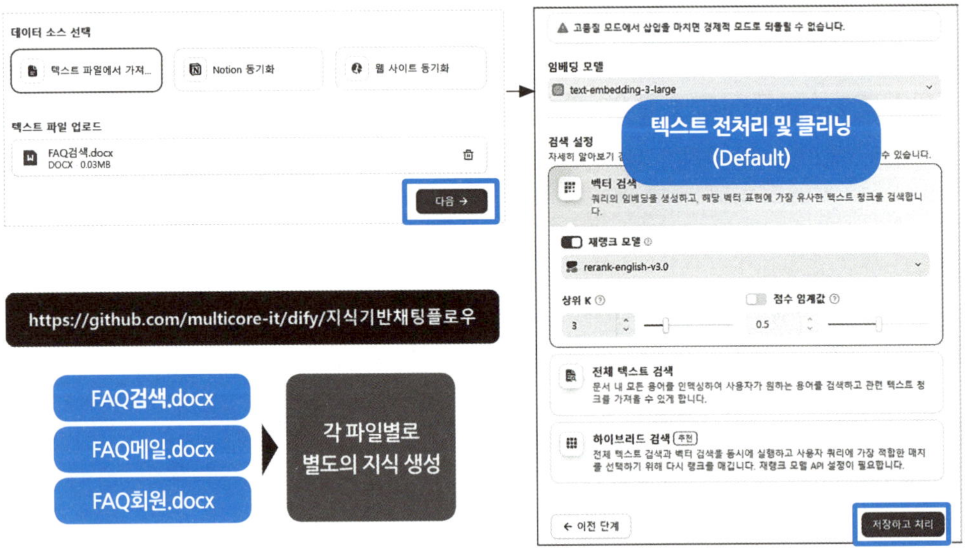

01 **[지식]** 탭에서 **[+지식 생성]** 메뉴에 진입합니다. 문서 파일을 추가하고 **[다음]** 버튼을 누릅니다. 업로드된 파일(예: `FAQ_검색.docx`)이 지식 후보로 등록됩니다.

02 파일이 업로드되면, Dify가 자동으로 텍스트 전처리 및 클리닝 절차를 진행합니다. 설정 패널의 기본값에 따라 **문단 단위 분리**와 **불필요 요소 제거**가 자동 적용됩니다(페이지 번호, 반복 문구 등).

03 임베딩 모델(텍스트를 의미 벡터로 변환하여 검색·매칭에 쓰는 모델)을 지정합니다. 기본값을 우선 사용하되, 다국어·전문 용어 비중이 높으면 더 큰 임베딩 모델을 고려합니다.

04 재랭크(검색 결과를 정밀 재정렬) 모델 스위치를 켜면, 유사한 문서가 많은 경우 정답 후보가 상단에 오도록 품질이 개선됩니다.

05 가장 아래 **[저장하고 처리]** 버튼을 눌러 색인화를 완료하면, 해당 문서가 채팅플로우에서 참조 가능한 **지식**이 됩니다.

06 나머지 두 문서 파일에 대해서도 01~05 작업을 반복해 지식 등록을 마치면, 채팅플로우 앱 구성을 위한 준비가 끝났습니다.

> **TIP**
> - 표, 그림에 핵심 문장이 있으면 본문에 **텍스트로 한 줄 요약**을 덧붙이면 검색 품질이 좋아집니다.
> - 파일 이름에 버전과 날짜를 포함하면(예: `FAQ_회원_v1.2_2025-08-01.docx`) 관리가 수월합니다.

청크(Chunk) 설정 간단 가이드

앞서 지식 생성 과정의 2단계 '텍스트 전처리 및 클리닝' 단계에서 본 '청크'라는 개념을 더 자세히 짚어보겠습니다. 청크는 긴 문서를 검색하기 쉽고 처리 속도를 빠르게 하기 위해 **작은 단위로 분할**하는 기능입니다. 청크의 품질은 검색 정확도와 최종 답변의 신뢰도에 직접 영향을 줍니다.

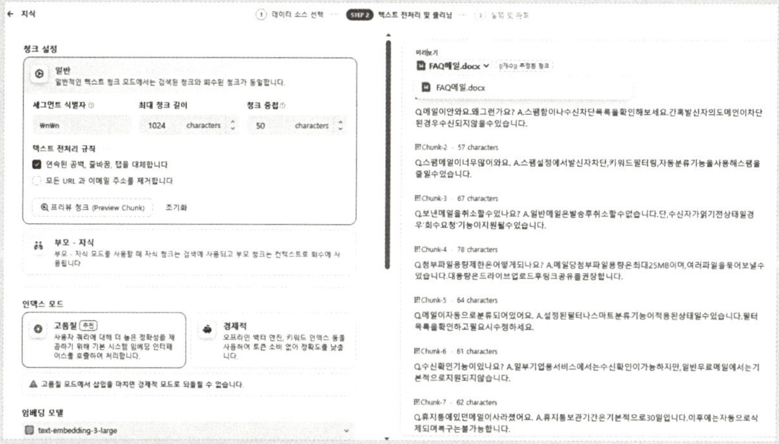

- 세그먼트 식별자: 문단/제목 구분 기준. 문서 구조가 뚜렷하면 기본값 유지.
- 최대 청크 길이: 한 청크의 최대 글자 수. 너무 길면 검색이 흐려지고, 너무 짧으면 문맥이 끊김. *(초기엔 기본값, 필요 시 800~1200자 범위 조정)*
- 청크 중첩(Overlap): 인접 청크와 겹치는 글자 수로 문맥 단절을 방지. (50자 전후 권장)
- 텍스트 전처리 규칙: 연속 공백/탭 정리, URL 제거 등 노이즈 최소화 옵션. 기본 체크 권장.
- 프리뷰 청크: 분할 결과 미리보기. 제목+핵심 문단이 한 청크에 묶였는지 확인.
- 부모·자식 모드: 짧은 Q/A 자료에서 자식 청크로 검색→부모 문맥까지 참조할 때 유용.
- 인덱스 모드: 고품질(권장)은 정확도 우선, 경제적은 비용/속도 우선.
- 임베딩 모델: 기본값으로 시작 후 결과를 보고 조정. 다국어/전문용어가 많으면 더 큰 모델 검토. 작게 조정하면 좋아지는 포인트
- 표·그림에 핵심이 있으면 본문에 한 줄 요약 추가
- 길이/중첩을 살짝 조정해 제목+해결 문단이 같은 청크에 담기도록 정렬

효율적인 지식 관리 방법

왜 한꺼번에 여러 문서 파일을 등록할 수 있는데도, 번거롭게 하나씩 반복 작업을 진행했을까요? 이는 여러 문서를 하나의 지식으로 통합하면 질문과 무관한 파일까지 함께 검색되어 정확도가 떨어질

수 있기 때문입니다. 더 자세하게는, 다음 두 가지 이유입니다.

- 통합 지식의 한계: FAQ_검색.docx, FAQ_메일.docx, FAQ_회원.docx를 한 지식에 묶으면, "회원 탈퇴 방법" 질문에도 검색·메일 문서가 섞여 결과가 흐려질 수 있습니다.
- 분리 지식의 장점: 문서마다 지식을 따로 만들면, 질문 의도에 맞는 지식만 조회하므로 정확·신속합니다. (예: 회원 문의 → FAQ_회원 지식만 검색)

따라서 Dify에서는 파일별·주제별로 지식을 분리해 두는 구성을 권장합니다.

[2단계] 채팅플로우 설계

이제 본격적으로 챗봇을 만들 차례입니다.

01 **[스튜디오]** 탭에서 **[앱 만들기]** - **[빈 상태로 시작]**을 클릭하고, 이름이 "지식 기반 챗봇"인 **[채팅 플로우]** 앱을 새로 생성합니다.

02 시작, LLM, 답변 세 노드가 있는 기본 캔버스 화면이 나타납니다. 이제 여기에 적절한 노드를 추가하고 설정한 다음 엣지로 연결해 흐름을 구성하면 됩니다.

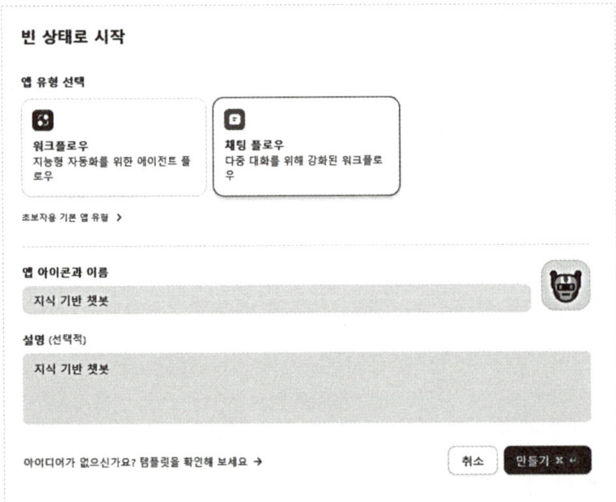

지식 기반 챗봇 채팅플로우 기본 구조

챗봇을 만들기에 앞서 어떻게 만들면 될지, 흐름을 설계하고 들어가는 것이 좋습니다. 지식 기반 챗봇의 경우, 채팅플로우는 다음과 같은 과정을 거쳐 동작합니다.

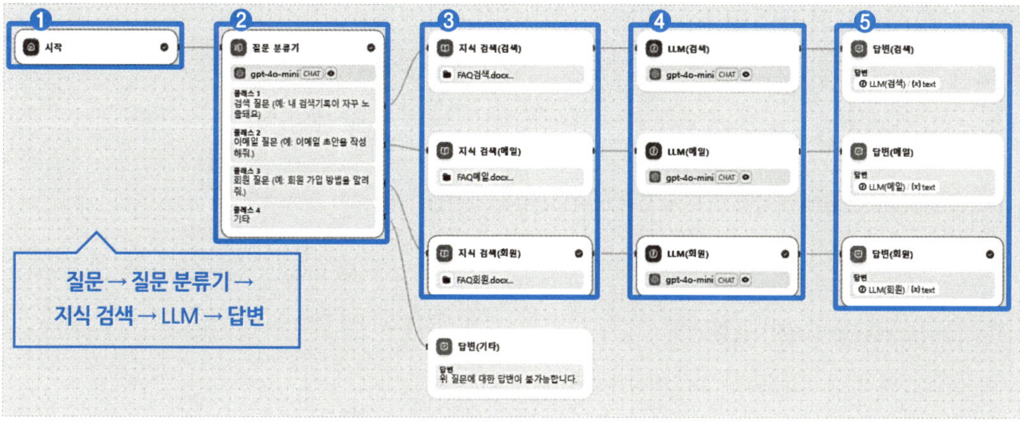

1. 질문 입력: 사용자가 챗봇에 질문을 입력합니다.
2. 질문 분류기: 입력된 질문이 지식을 참조해야 하는지, 혹은 일반 답변으로 처리할 수 있는지 판단합니다.
3. 지식 검색 노드: 지식이 필요한 경우, 업로드된 문서에서 관련 내용을 검색합니다.
4. LLM 처리: 검색된 내용을 바탕으로 모델이 적절한 답변을 생성합니다.
5. 최종 답변 출력: 정리된 답변이 사용자에게 전달됩니다.

채팅플로우의 강점은 복잡한 처리 과정을 시각적으로 설계할 수 있다는 점입니다. 여기서 1. 질문 입력과 5. 최종 답변 출력은 시작 노드와 답변 노드가 담당합니다. 우리에게 생소한 것은 '질문 분류기'와 '지식 검색'이므로 하나하나 알아보고, 추가 및 설정도 해보겠습니다.

[3단계] 질문 분류기 노드

질문 분류기 노드는 사용자의 다양한 질문을 미리 정해진 조건인 클래스(Class)에 따라 자동으로 분류하는 역할을 합니다. 사용자가 던지는 문장을 그때그때 읽고 '무엇을 묻는지'(의도)를 빠르고 정확하게 가려내어, 적절한 지식 소스나 처리 경로로 자연스럽게 연결해 주는 겁니다. 분류기가 없으면 모든 질문을 무작위로 검색하거나 LLM에 그대로 넘겨 불필요한 노이즈가 발생하기 쉽고, 결과적으로 응답 정확도와 신뢰도가 떨어집니다. 즉 질문 분류기는 지식 기반 채팅플로우의 길잡이입니다. 지금부터 질문 분류기 노드의 목적과 핵심 설정(입력 변수·클래스 정의·출력 변수), 실무에서 자주 쓰는 구성 패턴(분기→지식검색→LLM→답변)과 간단한 테스트 방법을 실제 단계로 보여드리겠습니다. 이론보다는 '바로 적용 가능한 설정과 확인 절차'를 중심으로 설명하니, 채팅플로우 설계 후 바로 분류기를 추가해 시험해 볼 수 있습니다.

질문 분류기 노드의 개념 및 작동 원리

다음은 질문 분류기 노드의 상세 설정 패널입니다. 주요 설정 항목과 값은 다음과 같습니다.

- 모델: 질문 분류에 사용할 대규모 언어 모델(LLM)을 지정합니다.
- 입력 변수: 사용자의 질문을 담고 있는 변수를 지정합니다. 주로 `sys.query` 변수를 사용합니다.
- 클래스 정의: 각 카테고리의 이름과 상세 설명을 작성하여 분류 기준을 명확히 합니다.
- 출력 변수: 분류 결과를 다음 노드로 전달할 변수를 정의합니다.

질문 분류기 노드의 작동 방식은 다음과 같습니다.

01 사용자 질문이 입력되면(`sys.query`), 설정된 LLM이 질문의 내용을 분석하여 의도를 파악합니다.

02 노드에 미리 정의된 클래스들 중에서 가장 적합한 클래스를 선택합니다.

03 분류된 결과는 출력 변수에 저장되어 다음 노드로 전달됩니다.

04 이후 `IF/ELSE`와 같은 다른 노드와 연결하여, 분류된 클래스에 따라 각기 다른 워크플로우를 실행합니다. 예를 들어, 질문이 '정보 검색'으로 분류되면 웹 검색 노드를 실행하는 방식으로 작동합니다.

질문 분류기 노드 추가

질문 분류기를 채팅플로우에 추가해 **사용자 질문의 의도**를 뽑아내면, 그 결과를 기준으로 적합한 지식 검색 노드나 처리 경로로 자연스럽게 분기시킬 수 있습니다. 다음은 캔버스에서 분류기를 추가하고 지식 검색으로 연결하는 절차입니다.

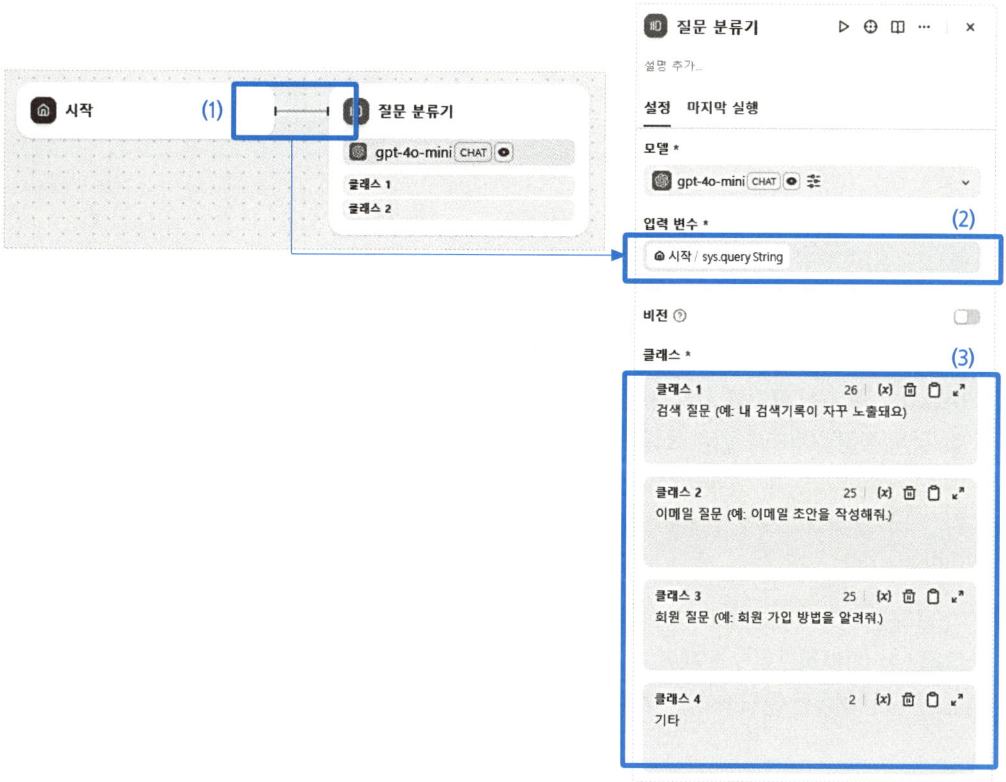

직접 지식 기반 채팅플로우에 지식 분류기 노드를 추가하고 연결해 봅시다.

01 채팅플로우의 흐름에 따르면, '지식 분류기' 노드는 '시작' 노드와 'LLM' 노드 사이에 위치해야 합니다. 두 노드 사이 엣지에 마우스를 올리면 **[+]** 버튼이 나타납니다. 클릭하면 해당 위치에 노드나 도구를 바로 추가할 수 있습니다. 메뉴에서 **질문 분류기**를 선택해 배치합니다. '시작' 노드의 출력 지점 (1)이 '질문 분류기' 노드의 입력 지점으로 연결됩니다. 이제 사용자의 초기 질문이 'LLM' 노드가 아니라 '질문 분류기' 노드로 전달되게 바뀌었습니다.

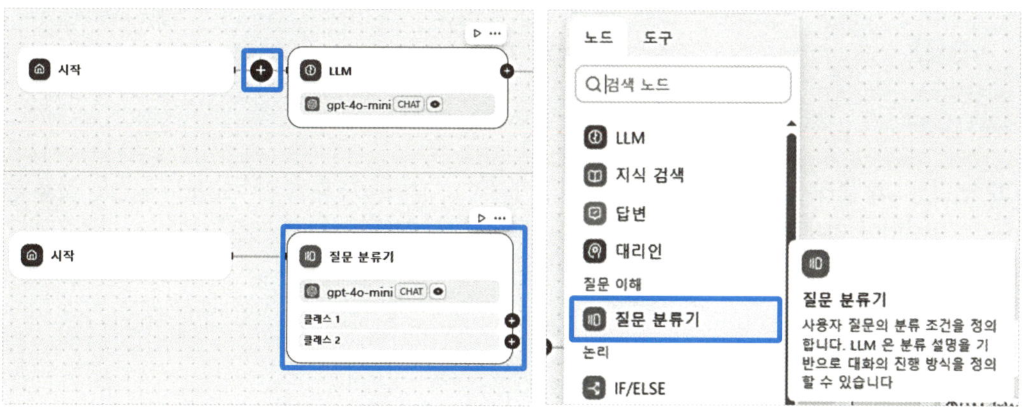

02 '질문 분류기' 노드의 설정 패널에서 '입력 변수'(2)를 `sys.query`로 지정합니다. 이는 사용자가 입력한 질문 텍스트를 분류기로 보낸다는 의미입니다.

> **TIP** 지금은 시작 노드의 출력선에서 바로 생성했기 때문에, 기본으로 이 칸이 채워져 있습니다.

03 질문을 분류할 구체적인 카테고리인 '클래스'(3)를 정의합니다. 각 클래스에 대해 이름과 설명을 명확하게 작성하면, AI가 질문의 의도를 정확하게 파악하는 데 도움이 됩니다.

여기서는 세 지식 문서를 사용하므로, 여기에 맞춰 '검색 질문', '이메일 질문', '회원 질문'의 세 클래스를 정의하고, 여기 속하지 않는 질문들을 위한 '기타' 클래스까지 4개 클래스를 사용하겠습니다.

04 각 클래스마다 다음과 같이 정의를 입력합니다. 클래스는 기본적으로 2개 제공되나, 하단 [+ 클래스 추가] 버튼을 클릭해 추가할 수 있습니다.

클래스 1: 검색 질문 (예: 내 검색 기록이 자꾸 노출돼요)

클래스 2: 이메일 질문 (예: 이메일 초안을 작성해줘)

클래스 3: 회원 질문 (예: 회원 가입 방법을 알려줘)

클래스 4: 기타

> **TIP** 이렇게 클래스 이름만 정하지 말고, 상세한 예시까지 함께 입력한다면, 더 상세한 설명이 되어 AI의 분류 정확도가 높아집니다.

05 입력한 4개 클래스가 질문 분류기 노드에 추가되었고, 출력점과 출력 변수도 모두 생성된 것을 볼 수 있습니다. 이제 '질문 분류기' 노드는 사용자의 다양한 질문을 체계적으로 분류하고, 이를 기반으로 최적화된 채팅플로우를 실행할 수 있게 되었습니다.

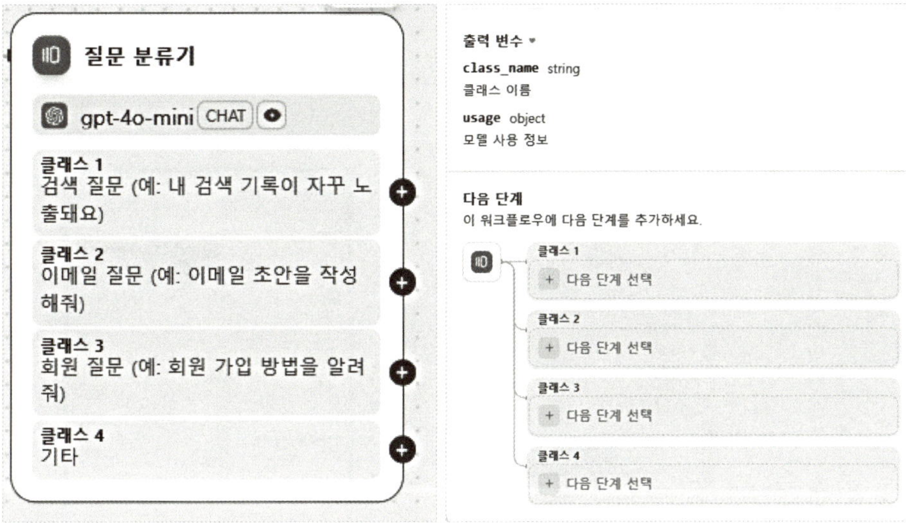

이로써 불필요한 전체 문서 검색을 줄여 답변의 정확도와 응답 속도를 모두 개선합니다. 또한 분류 기준을 명확히 설정하면 LLM이 추측으로 응답할 가능성이 낮아지고, 결과적으로 출처가 분명한 신뢰 가능한 답변을 제공하기 쉬워집니다.

[4단계] 지식 검색 노드

지식 기반 채팅플로우의 다음 단계는 지식 검색입니다. 질문을 분류했으니, 질문이 지식 검색을 요구하는 것이라면 알맞은 지식 검색을 수행해야 합니다. 따라서 '질문 분류기' 노드에 분류된 질문에 맞는 '지식 검색' 노드를 연결하여 관련된 정보를 찾아내도록 만듭니다.

지식 검색 노드 추가

'지식 검색' 노드 추가 및 설정의 대략적인 흐름을 그림으로 표현하면 다음과 같습니다. 어떻게 진행되는지 차근차근 같이 해봅시다.

'지식 검색' 노드 추가 및 설정의 대략적인 흐름을 그림으로 표현하면 다음과 같습니다. 어떻게 진행되는지 차근차근 같이 해봅시다.

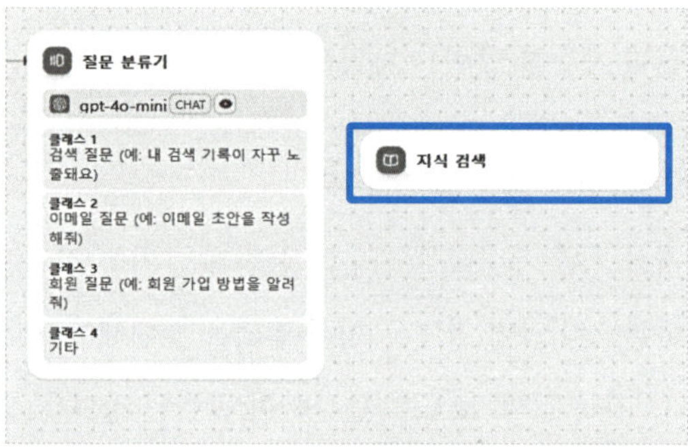

01 마우스 오른쪽 클릭 메뉴에서 **[노드 추가]**(1) 버튼을 클릭하고, 지식 검색(2) 노드를 찾아 캔버스에 추가합니다. '질문 분류기' 노드의 클래스에서 출력값을 입력받아야 하므로, 해당 노드의 오른쪽 살짝 아래에 놓으면 좋습니다.

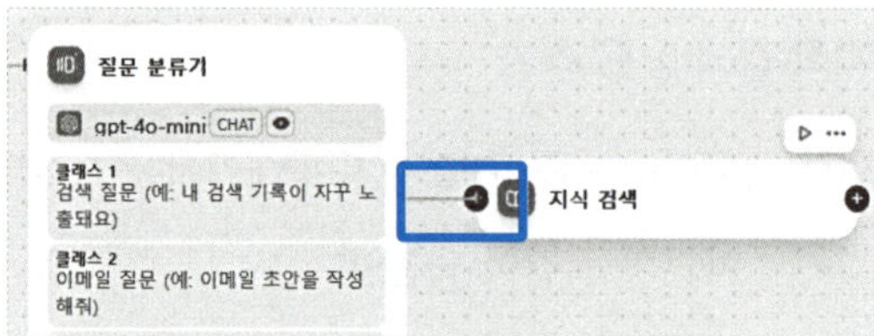

02 '질문 분류기'의 출력점에서 새로 추가한 '지식 검색' 노드의 입력 지점(3)으로 연결합니다. 이 연결을 통해 '질문 분류기'에서 특정 클래스로 분류된 질문이 '지식 검색' 노드로 전달되게 됩니다(예: `class_name == "이메일 질문"`이면 `지식 검색(FAQ메일.docx)` 노드).

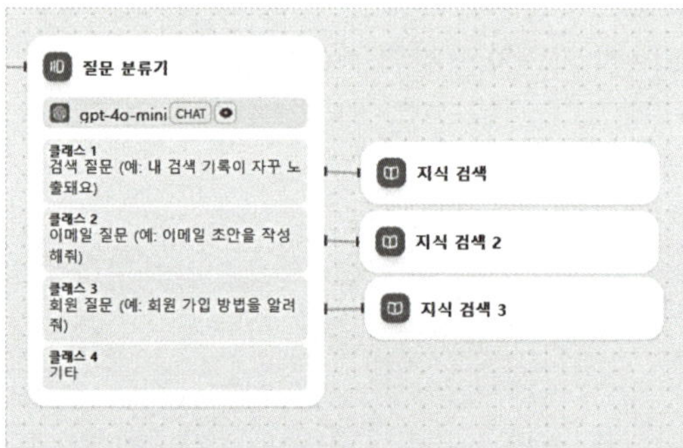

03 이 설정은 이후에 진행하고, 일단은 01~02 단계를 반복하여 총 3개의 '지식 검색' 노드를 캔버스에 추가합니다. 그리고 '기타'를 제외한 나머지 클래스에 각 1개씩 연결해줍시다.

04 '지식 검색' 노드를 클릭하면 나타나는 오른쪽 패널(4)에서 상세 설정을 할 수 있습니다. 이름을 변경하거나 설명을 추가하는 것은 기본입니다.

주요 항목은 '쿼리 변수', '지식', '출력 변수' 등입니다. 여기서 질문을 담고 있는 변수를 지정하고, 검색에 사용할 지식 소스를 선택하게 됩니다.
이러한 설정을 통해 AI는 모든 지식 파일을 검색하는 대신, 질문의 의도에 맞는 특정 지식 기반에서만 정보를 찾아 답변의 정확도와 검색 효율성을 높일 수 있습니다.

지식 검색 노드 설정

지식 검색 노드를 설정하는 과정은 사용자의 질문과 연결된 적절한 지식 소스를 지정해 정확한 정보를 찾아내는 핵심 단계입니다. 이 과정은 크게 쿼리 변수 설정과 참조할 지식 선택으로 나뉩니다.
그럼 실제 '지식 검색' 노드들이 검색할 영역, 즉 참조할 지식(파일)을 배당해주도록 하겠습니다. 이때 사용할 파일이 바로 1단계에서 [지식] 탭에 등록한 FAQ메일.docx, FAQ검색.docx, FAQ회원.docx 세 문서입니다. 전체 설정 과정을 미리 그림으로 살펴보면 다음과 같습니다.

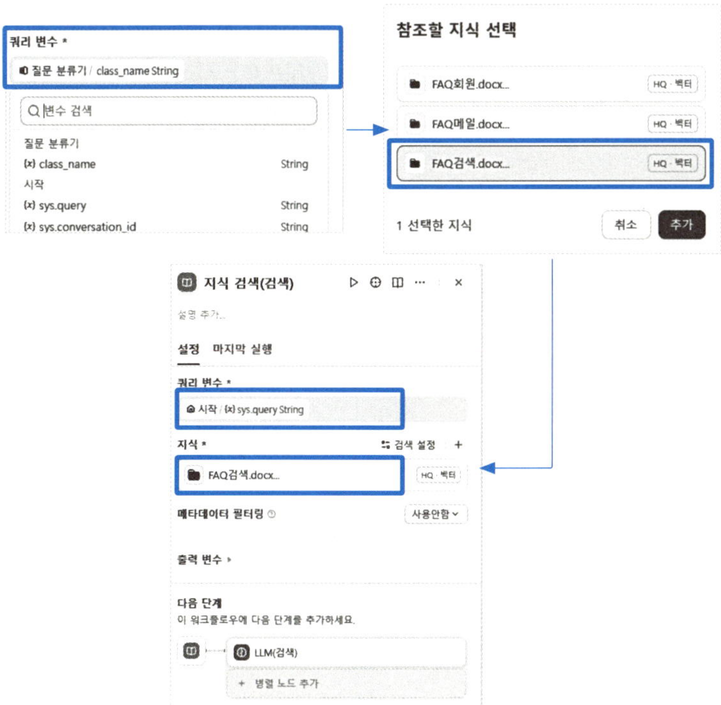

01 '지식 검색' 노드를 클릭해 상세 설정 패널을 여세요. 우선 먼저, '쿼리 변수' 입력창에 'sys.query'를 지정합니다. 이는 사용자가 입력한 질문을 쿼리 변수로 사용하겠다는 의미입니다.

> **TIP** '질문 분류기' 노드와 잘 연결했다면, 흐름이 이어져오고 있으므로 미리 값이 입력되어 있을 겁니다.

02 다음으로, 검색할 지식 소스를 지정합니다. '지식' 메뉴 오른쪽 [+] 버튼을 클릭합니다. '참조할 지식 선택' 창에 현재 [지식] 탭에 등록된 모든 지식이 나타납니다.

이 중 현재 해당 '지식 검색' 노드가 연결되어 잇는 '질문 분류기'의 클래스(`검색 질문`)에 연관된 지식 파일(`FAQ검색.docx`)을 선택하고, [추가] 버튼을 클릭합니다. 이 설정은 사용자의 질문이 'FAQ 검색' 클래스로 분류되었을 때, AI가 `FAQ검색.docx` 파일에서만 정보를 찾도록 제한하는 역할을 합니다.

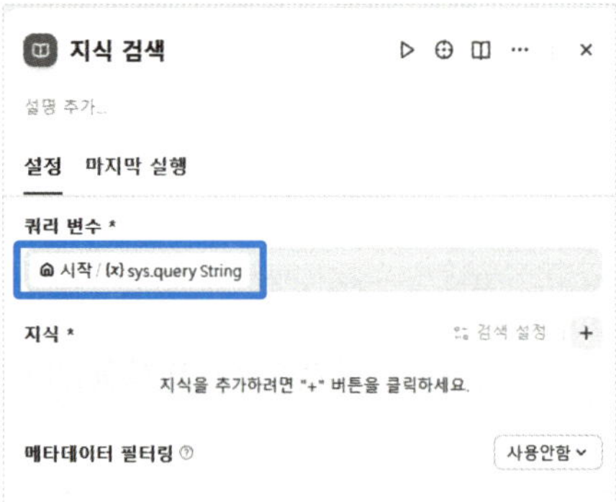

03 '지식 검색 2', '지식 검색 3' 노드에도 01~02단계를 반복하여 각각 연결된 지식 분류기 클래스와 알맞은 지식을 추가해 줍시다. '지식 검색 2'에는 '이메일 질문' 클래스에 맞는 `FAQ메일.docx`를, '지식 검색 3'에는 '회원 질문' 클래스에 맞는 `FAQ회원.docx`를 연결해 주었습니다. 지식이 추가되면 노드의 높이가 늘어나므로 위 아래 노드를 조금씩 움직여 다음과 같이 배치하면 좋습니다.

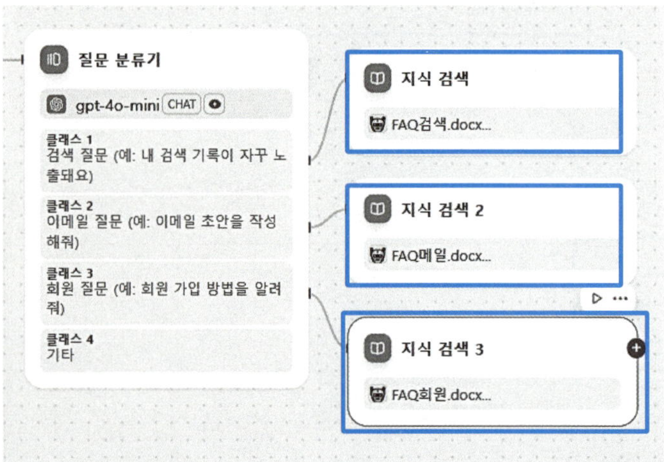

TIP

- 쿼리 변수는 보통 `sys.query`(원문)를 사용하되, 필요하면 분류기에서 전달된 `class_name`을 기준으로 동적 필터를 적용할 수도 있습니다.
- 지식 파일을 선택할 때는 파일명, 버전, 태그를 명확히 해 두면 운영 중 혼동을 줄일 수 있습니다.
- 지식 검색 노드가 여러 개 있으므로, 구분을 위해 역할에 맞게 이름을 바꾸어 주면 좋습니다.

지식 검색 노드 개념 및 작동 원리

이로써 질문 분류기와 지식 검색 노드를 연결하면, 사용자의 의도에 따라 **적절한 지식 소스만 검색**하는 효율적인 채팅플로우 구조가 완성되었습니다. 이렇게 하면 모든 문서를 훑는 비효율을 피하고, 필요한 정보만 정확하게 찾아 응답의 품질을 높일 수 있습니다.

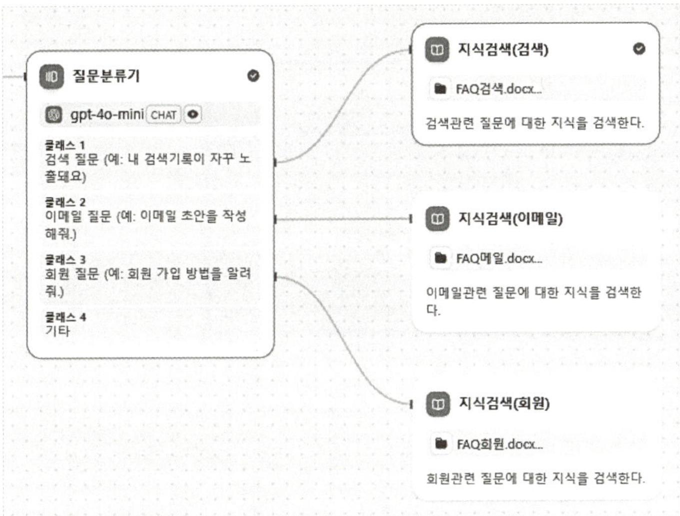

위 채팅 플로우에서 지식 검색 노드들이 작동하는 방식을 설명하면 다음과 같습니다.

01 사용자가 질문을 입력하면 '질문 분류기'가 질문을 분석해 미리 정의한 클래스(예: 검색, 메일, 회원) 중 하나로 분류합니다.

02 분류 결과(`class_name`)에 따라 플로우는 해당 클래스에 연결된 `지식 검색` 노드로 이동합니다.

03 각 지식 검색 노드는 자신에게 할당된 문서(예: `FAQ검색.docx`, `FAQ메일.docx`, `FAQ회원.docx`)에서만 정보를 검색합니다. 검색 결과는 이후 LLM 노드의 컨텍스트로 전달되어 근거 기반의 답변을 생성합니다.

이와 같이 질문의 의도에 따라 각각의 지식 검색 노드를 분리하여 연결함으로써, AI는 불필요한 데이터를 검색하지 않고 필요한 정보만 정확하게 찾아낼 수 있습니다. 이는 답변의 정확도를 높이고, 채팅플로우의 효율성을 극대화하는 중요한 설계 방식입니다.

[5단계] LLM 노드: 품질 높이기

LLM 노드는 지식 검색 노드가 찾아온 정보를 바탕으로 **최종 답변 텍스트를 생성**하는 역할을 합니다. 여기서는 각 LLM 노드를 추가하고, 컨텍스트 연결과 프롬프트 설정을 통해 답변 품질을 올리는 방법을 알아보겠습니다.

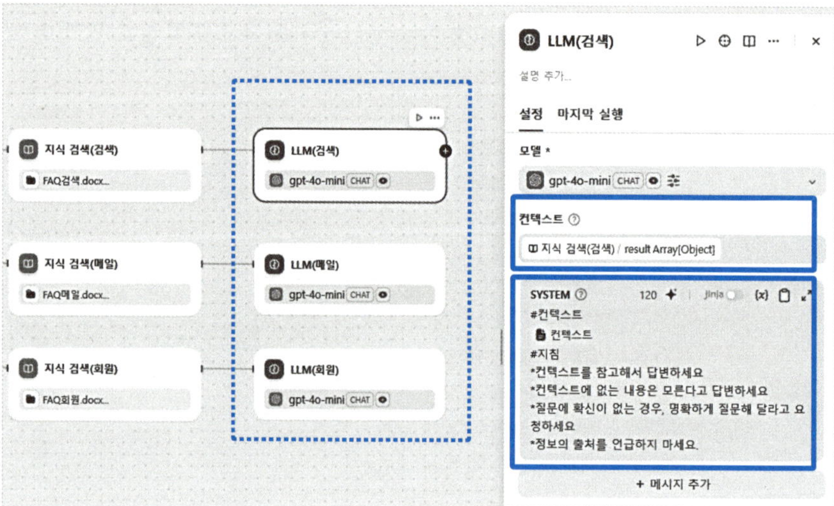

LLM 노드 추가 및 설정

01 지식 검색 노드의 개수에 맞춰, 오른쪽에 LLM 노드를 추가합니다. 여기서는 '검색', '메일', '회원'에 대응하는 세 개의 LLM 노드를 추가하면 됩니다. 바로 찾을 수 있도록 이름을 변경하고, 짝을 이루는 지식 검색 노드에 각각 연결해줍니다.

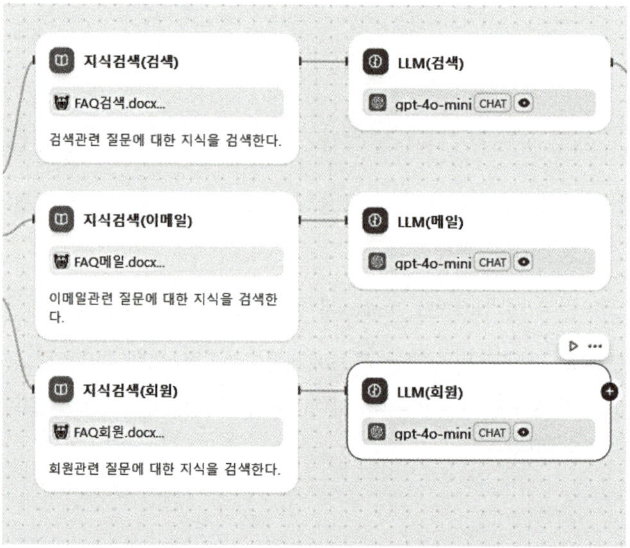

02 LLM 노드는 답변을 생성하기 위해 '컨텍스트'를 참조해야 합니다. 각 LLM 노드의 '컨텍스트'에는 해당 지식 검색 노드의 결과물인 `지식 검색.result Array[Object]` 변수를 연결합니다. '변수 값 설정' 영역을 클릭한 다음, 변수 목록에서 가장 위의 `{x} result`를 클릭하면 지정 완료됩니다. 예를 들어, '`LLM(검색)`' 노드는 '`지식 검색(검색)`' 노드의 결과물을 컨텍스트로 사용합니다. 다음 그림을 참조해 모두 적절한 변수를 설정해 줍니다.

03 02단계에서 변수를 추가하면 "PROMPT에 컨텍스트 변수를 입력하세요."라는 메시지가 뜹니다. 지시대로 'LLM' 노드의 'SYSTEM(시스템)'에 프롬프트를 입력하여 AI가 답변을 생성하는 데 필요한 구체적인 지시사항을 부여해주어야 합니다. "컨텍스트를 참고해서 답변하세요", "컨텍스트에 없는 내용은 모른다고 답변하세요" 등과 같은 규칙을 명시하여, AI가 주어진 지식 범위 내에서 정확하고 신뢰성 있는 답변을 생성하도록 합니다. 다음 예시 프롬프트를 복사해 붙여넣어도 좋습니다.

프롬프트: https://github.com/multicore-it/dify/지식기반채팅플로우

LLM 노드 설정 팁

모델 선택: 분류, 검색 결과의 길이, 비용을 고려해 적절한 모델을 선택하세요(중요한 응답은 정확도 높은 모델).

온도(temperature): 일관된, 근거 기반의 답변이 필요하면 낮은 값(예: 0.0~0.3)을 권장합니다. 이 매개변수는 모델 옆 버튼 메뉴에서 조정할 수 있습니다.

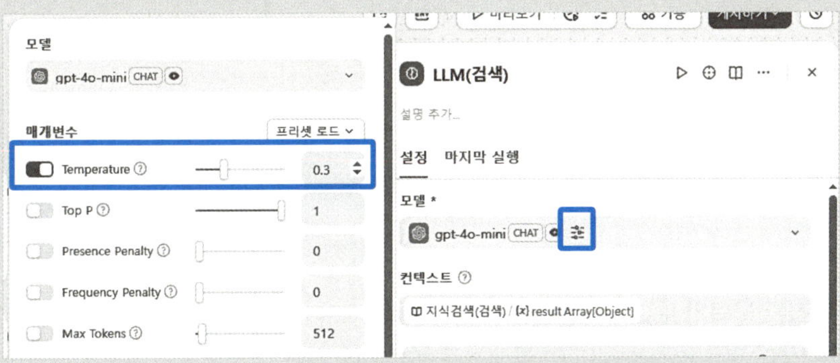

컨텍스트 길이 관리: 너무 많은 청크를 그대로 넣지 말고 요약 노드로 압축하거나 상위 n개로 제한합니다.

오류 정책: 컨텍스트가 불충분하면 "모르겠습니다"처럼 안전한 폴백을 지시하세요. (허위 추측 방지)

[6단계] 답변 노드

채팅플로우에서 '답변' 노드는 채팅플로우의 최종 출력 지점으로, **LLM이 만들어 낸 텍스트를 사용자에게 전달**하는 역할을 합니다. 답변 노드는 총 4개 사용합니다.

답변 노드 추가

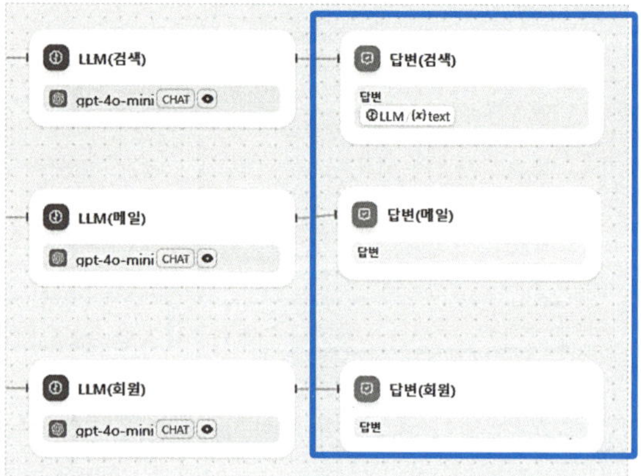

01 LLM 노드의 개수에 맞춰, 오른편에 답변 노드를 생성합니다. '답변(검색)', '답변(메일)', '답변(회원)'의 3개를 추가했습니다. 각각 일치하는 지식 노드와 연결합니다.

02 답변 노드들을 클릭하고, '답변' 영역에 /를 입력합니다. 변수 목록에서 연결된 LLM 노드의 {x} text 변수를 선택해 설정해줍니다.

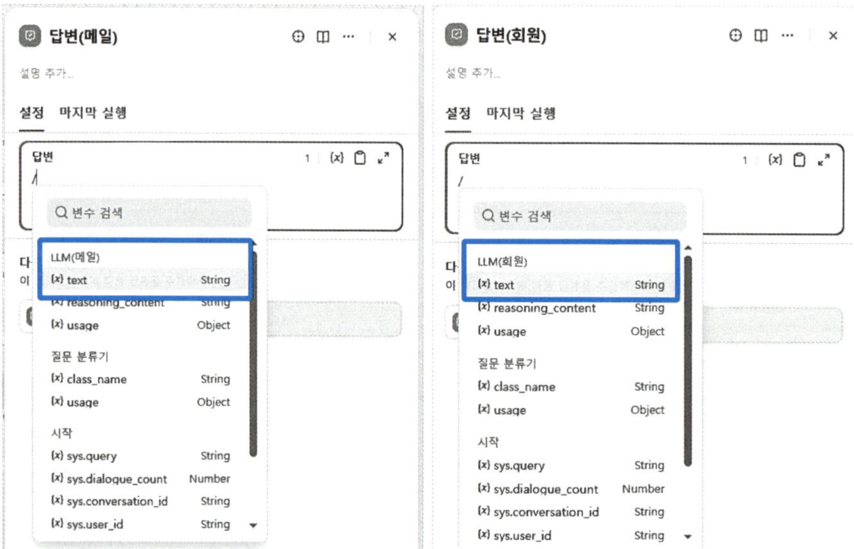

> TIP '답변(검색)' 노드는 최초 캔버스에 있던 답변 노드의 이름만 변경하고 바로 LLM(검색)에 연결하면 됩니다. 변수가 자동 지정됩니다.

03 마지막으로 이전 질문 분류기 노드에서 클래스 4 기타에 해당되는 질문의 답변 노드를 만들어주어야 합니다. 지식 검색이 필요 없는 질문이 이 클래스로 분류되니 지식 검색 노드는 필요 없지만, 사용자에게 답변은 돌려주어야 하기 때문입니다. 지식 검색 노드 열의 가장 아래에 마우스 오른쪽 클릭한 다음 [노드 추가] - [답변]을 클릭해 답변 노드를 생성합니다.

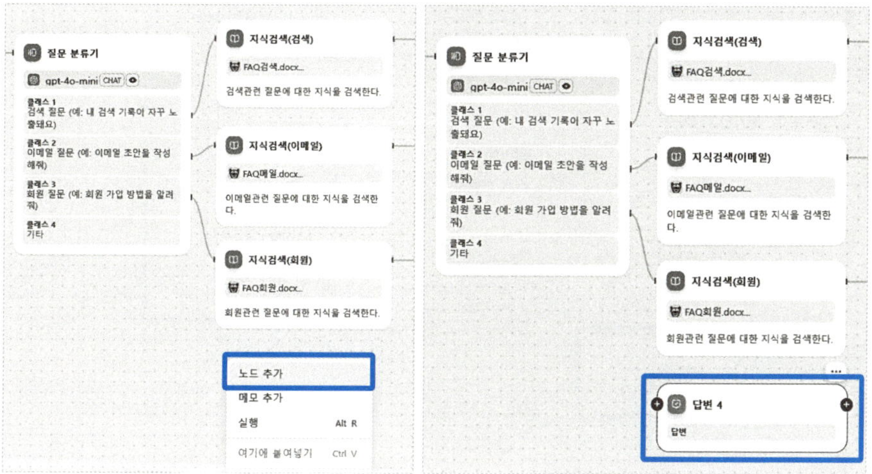

04 '질문 분류기' 노드의 클래스 4의 출력점과 답변 4의 입력점을 연결합니다. 답변 4 노드를 클릭해 상세 설정 패널을 엽니다. 이름을 '답변(기타)'로 바꾸고, 답변 칸에는 "위 질문에 대한 답변이 불가능합니다."라고 입력하세요.

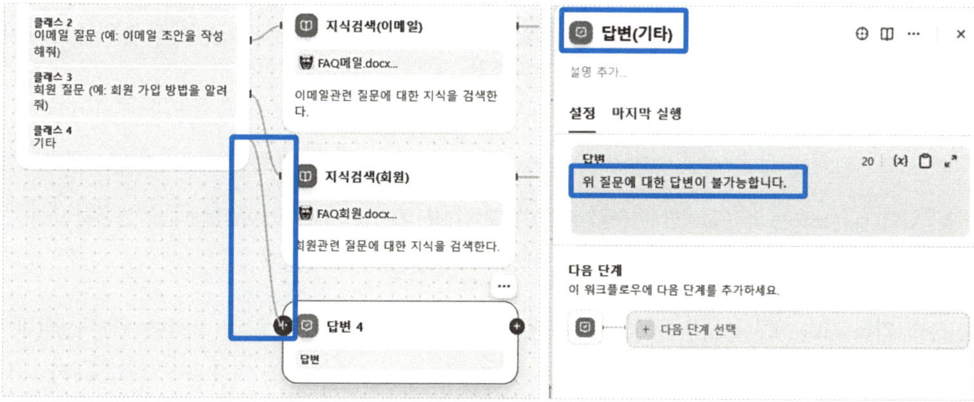

이로써 답변 노드까지 모든 채팅플로우가 완성되었습니다.

답변 노드의 두 유형과 기능

이렇게 경로별로 별도의 답변 노드를 두어 출력 형식을 제어하면 운영·디버깅이 쉬워집니다.

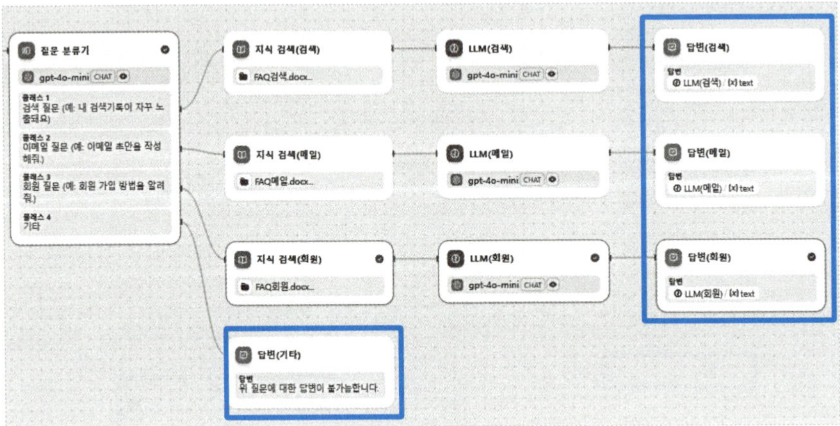

지식 기반 답변 노드 (답변(검색), 답변(메일), 답변(회원))

- 각 노드는 해당 경로의 LLM 출력(text)을 받아 최종 표시합니다.
- 예를 들어, 답변(검색) 노드는 LLM(검색) 노드에서 생성된 텍스트 결과를 받아 사용자에게 전달합니다. 이는 AI가 지식 검색을 통해 얻은 정보를 바탕으로 만들어낸 답변을 최종적으로 보여주는 과정입니다.
- 이러한 노드들은 각기 다른 지식 분야(검색, 메일, 회원)에 대한 전문적인 답변을 제공하도록 설계되었습니다.

예외 처리 답변 노드 (답변(기타))

- '질문 분류기'에서 어떤 클래스에도 속하지 않거나 지식 기반에서 조회 결과가 없을 때 사용합니다.
- 답변(기타) 노드는 미리 정의한 안내문(예: "해당 질문에 대해서는 답변을 제공하기 어렵습니다")을 반환하여, AI가 정확한 답변을 제공할 수 없을 때 사용자에게 명확한 안내를 제공합니다.

Dify의 지식 기반 채팅플로우는 질문 분류부터 지식 검색, 답변 생성, 그리고 최종 응답 전달에 이르는 모든 과정을 노드 기반으로 시각화하여 구축할 수 있는 강력한 도구입니다. 이 시스템은 사용자의 질문 의도를 정확하게 파악하여 불필요한 정보 검색을 최소화하고, 신뢰성 높은 답변을 제공합니다. 또한, 예외 처리 노드를 통해 답변이 어려운 상황에도 유연하게 대처할 수 있습니다. 이러한 체계적인 구조는 복잡한 AI 챗봇을 효율적으로 설계하고 운영하고자 하는 사용자에게 최적의 솔루션을 제공합니다.

TIP

- 노드명은 역할을 드러내고(예: 지식검색_회원), 변수를 연결할 땐 UI 목록(/)에서 선택해 타입(문자/배열)을 확인하세요.
- 검색 결과는 바로 LLM에 넣지 말고, 배열이면 '요약→첫항목' 방식으로 정리한 뒤 넣으세요.
- 문제가 생기면 먼저 해당 노드의 **입력/출력 미리보기**를 확인하는 것이 가장 빠른 디버깅 방법입니다.
- 데이터가 기대대로 흐르는지 각 노드의 **입,출력 변수**를 수시로 확인하세요.

[7단계] 지식 기반 채팅플로우 실행

마지막으로 이 채팅플로우 앱을 게시하고, 실제로 실행해 봅시다. 다음은 지식기반 채팅플로우의 실사용 모습입니다. 사용자의 질문에 따라 AI 챗봇이 지식 기반 정보를 활용하여 답변하는 실제 대화 과정을 보여줍니다.

사용자가 질문을 입력하면 먼저 **질문 분류기**가 의도를 판별하고, 그 결과에 맞는 **지식 검색** 노드에서 관련 문서를 조회합니다. 검색 결과는 **LLM**의 컨텍스트로 전달되어 근거 기반의 답변을 생성하고, 마지막으로 **답변 노드**가 사용자에게 정리된 응답을 전달합니다.

이 과정은 동적으로 작동하며 단순 암기형 응답이 아니라 **질문의 맥락에 맞는 동적 응답**을 생산합니다.

- '이메일' 관련 질문: 사용자가 "이메일 발송이 안 돼요"라고 질문하면, 챗봇은 이 질문을 '이메일' 관련으로 분류하고 'FAQ_메일.docx' 파일을 참고하여 답변을 제공합니다. 이는 질문 의도에 따라 정확한 지식 소스에 접근하여 정보를 제공하는 과정입니다.
- '검색' 관련 질문: 사용자가 "검색이 잘 안 돼요"라고 질문하면, 챗봇은 이를 '검색' 관련 질문으로 분류하고 'FAQ_검색.docx' 파일의 내용을 기반으로 답변을 생성합니다. 챗봇은 답변과 함께 참조한 문서의 출처를 명확히 보여줍니다.
- 예외 질문: 마지막으로 사용자가 "상원 배송이 늦어요"와 같이 지식 기반에 없는 질문을 하면, 챗봇은 '질문 분류기'에서 적합한 클래스를 찾지 못하고 "위 질문에 대한 답변은 불가능합니다"라는 응답을 반환합니다.

6장

블로그 자동생성 워크플로우 개발

이 장의 학습목표

- 워크플로우(Workflow)의 개념과 역할을 이해합니다.
- 블로그 자동생성 시나리오를 기반으로 단계별 워크플로우를 설계합니다.
- LLM, 변수, 템플릿, HTTP 요청 노드 등을 활용해 자동화 흐름을 구성합니다.
- AI가 생성한 초안의 품질을 검증하고, SEO 관점에서 개선하는 방법을 익힙니다.
- 반복 가능한 자동 콘텐츠 생성 시스템을 완성하여 실무에 적용할 수 있습니다.

워크플로우 블로그자동생성 콘텐츠자동화 SEO Dify실무

앞선 장에서는 지식을 결합해 **문서 기반의 지식형 챗봇**을 만드는 방법을 배웠습니다. 이제는 한 단계 더 나아가, **AI가 스스로 업무를 처리하는 자동화 단계**로 확장해 봅니다.

이번 장에서는 Dify의 핵심 기능인 워크플로우(Workflow)를 이용해, 실제 콘텐츠 생산 과정을 자동화하는 방법을 다룹니다. 특히 블로그 글처럼 여러 단계를 거치는 작업은 자동화할수록 효율이 크게 높아지고, 일정한 품질을 유지하기도 쉬워집니다.

우리는 Dify의 워크플로우 기능을 활용해 **'블로그 자동생성 시스템'**을 구축할 것입니다. 단순한 글 생성이 아니라, **아이디어 발상 → 초안 작성 → 편집 및 SEO 최적화에 이르는** 전 과정을 자동화하여 실제 업무에서 활용 가능한 자동 콘텐츠 생성 흐름을 완성합니다.

---

https://github.com/multicore-it/dify : 5.SEO 블로그 워크플로우

6.1 워크플로우 개념

AI 기술이 발전하면서 여러 단계를 거치는 업무를 자동화하는 방식이 빠르게 확산되고 있습니다. Dify의 워크플로우(Workflow)는 이러한 자동화를 쉽게 구현할 수 있도록 돕는 시각적 프레임워크입니다.

워크플로우에서는 각 단계를 '노드(Node)'라는 기능 블록으로 구성하고, 이를 연결해 전체 작업 흐름을 만듭니다. 덕분에 코드를 작성하지 않아도 복잡한 로직을 단계별로 설계할 수 있으며, 프롬프트 하나로 긴 흐름을 처리하던 방식보다 훨씬 안정적으로 자동화를 구축할 수 있습니다.

모든 작업은 입력(데이터) → 처리(LLM·규칙·외부 API) → 출력의 구조로 이루어지며, 노드 간 연결을 통해 데이터가 순차적으로 전달됩니다. 이 방식은 단순히 프롬프트를 개선하는 수준을 넘어, 자동화 로직을 시각적으로 관리하고 재사용할 수 있는 새로운 개발 패턴을 제공합니다.

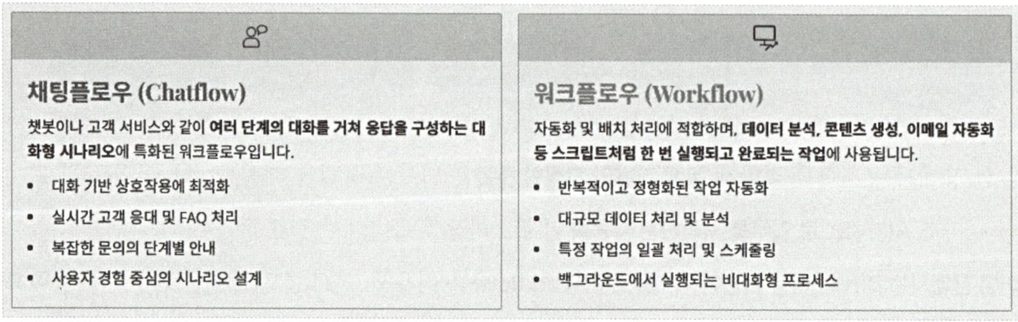

채팅플로우 vs 워크플로우

- 채팅플로우는 사용자와의 대화 중심 인터페이스를 구성하는 데 적합하고,
- 워크플로우는 여러 단계를 순차적으로 실행하는 자동화 시나리오에 더 적합합니다.

워크플로우는 외부 API, 데이터 소스, 다양한 도구와 쉽게 연동할 수 있는 확장성을 갖추고 있어, 누구나 자신의 아이디어를 실제 자동화 시스템으로 구현할 수 있습니다.

6.2 간단한 워크플로우 만들기

이제 실제로 간단한 워크플로우를 만들어 보겠습니다. 이번 실습에서는 **AI가 입력을 받아 분석하고 결과를 출력하는 기본 구조**를 단계별로 구성합니다. 복잡하고 완벽한 설계를 목표로 하기보다, 작은 단위로 실행하고 수정하면서 익히면 훨씬 빠르게 이해할 수 있습니다.

워크플로우 생성

Dify에서 새로운 워크플로우를 생성하는 과정은 매우 간단합니다.
먼저, 애플리케이션 유형 선택 화면에서 [워크플로우]를 선택합니다. 워크플로우는 지능형 자동화를 위한 메인 도구로, 데이터 분석이나 콘텐츠 생성 등 한 번 실행으로 완료되는 작업에 특화되어 있습니다.

워크플로우 첫 화면

유형을 선택한 후에는 앱의 아이콘, 이름, 그리고 설명을 입력합니다. 예를 들어, '워크플로우 개념'이라는 이름으로 워크플로우를 만들 수 있습니다.

모든 기본 정보를 입력하고 [만들기] 버튼을 클릭하면, 워크플로우를 설계할 수 있는 워크플로우 초기 화면이 나타납니다. 이 화면에는 '시작' 노드가 기본적으로 배치되어 있어, 사용자는 바로 노드를 추가하고 연결하여 원하는 자동화 로직을 구축할 수 있습니다.

워크플로우 기본 구조와 노드 설정

워크플로우는 다음과 같은 기본 흐름으로 구성됩니다.

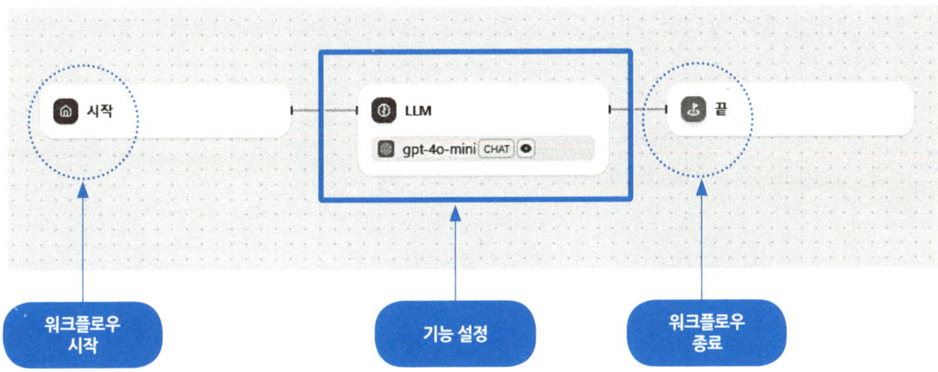

워크플로우 기본 구조

이러한 구조는 작업의 시작과 끝을 명확히 정의하고, 각 단계에서 필요한 기능을 유연하게 설정함으로써 복잡한 프로세스를 단순하고 체계적으로 관리할 수 있게 해줍니다.

- **시작 노드**

워크플로우의 실행을 알리는 첫 번째 노드입니다. 사용자의 요청이나 특정 이벤트가 발생하면 워크플로우가 이 노드에서 시작됩니다.

- **기능 설정 노드**

실제 작업을 수행하는 노드들입니다. 이미지에서는 'LLM' 노드가 대표적인 예시로 제시되어 있으며, 이 노드는 대규모 언어 모델을 활용한 텍스트 생성, 분석 등의 기능을 담당합니다.

- **끝 노드**

워크플로우의 실행이 성공적으로 완료되었음을 나타내는 마지막 노드입니다. 모든 작업이 이 노드에 도달하면 워크플로우가 종료됩니다.

> Dify의 워크플로우는 코드를 작성하지 않아도, **노드를 드래그 앤 드롭**하는 방식으로 과정을 설계할 수 있습니다. 각 노드는 특정 기능(예: LLM 호출, 조건 분기, 변수 처리)을 수행하며, 연결선을 따라 데이터가 흘러가도록 시각적으로 표현됩니다.

이처럼 워크플로우는 **시작부터 종료까지 논리적인 흐름**을 따라 작업을 처리하며, 필요한 기능을 자유롭게 확장할 수 있는 구조를 제공합니다.

[1단계] 시작(Start) 노드 설정

워크플로우의 첫 단계는 사용자의 입력을 받아들이는 '시작(Start)' 노드입니다. '시작' 노드에 입력(Input) 변수를 설정해야 합니다. 이 변수는 사용자가 입력한 정보를 다음 단계로 전달하는 역할을 합니다.

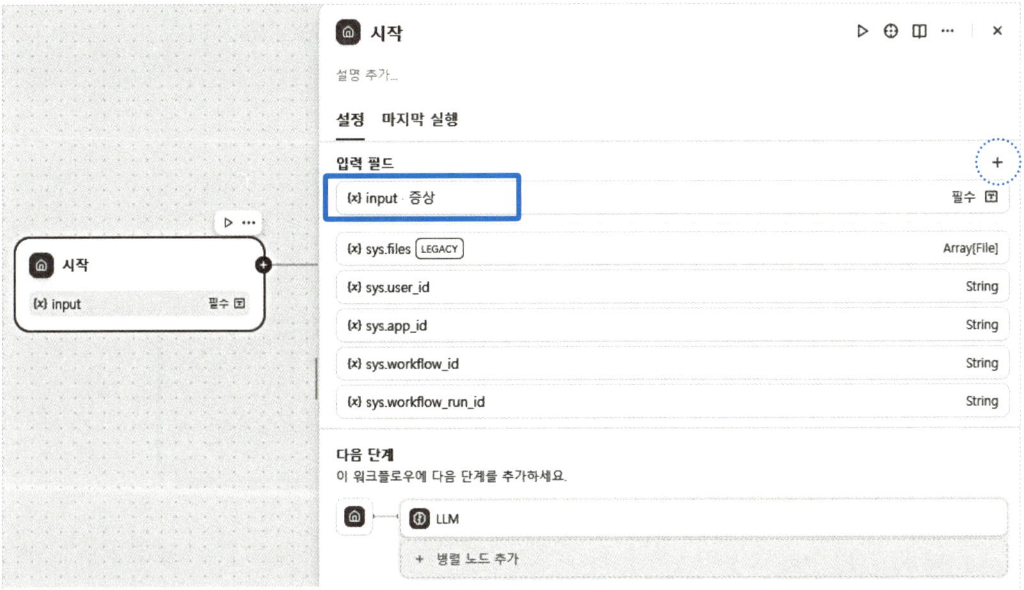

시작 노드 입력변수 설정

'시작' 노드를 클릭하면 오른쪽 패널이 열립니다. '입력 필드' 섹션에서 [+] 버튼을 클릭하여 새로운 입력 변수를 추가합니다. 예를 들어, 사용자가 '증상'을 입력 변수로 지정하면, 이 입력값이 이후 LLM 노드나 다른 기능 노드로 전달되어 활용됩니다.

이 과정을 통해 워크플로우는 사용자 입력을 데이터로 받아 다음 작업을 자동으로 수행할 수 있는 준비를 마칩니다.

> **TIP** 입력 변수의 이름은 목적이 바로 드러나게 설정하세요. 예를 들어 **query, user_input, topic**처럼 짧고 직관적인 이름을 쓰면 노드 간 연결이 명확해지고, 디버깅 시 혼동을 줄일 수 있습니다.

[2단계] LLM 노드 설정

워크플로우의 핵심은 사용자의 입력을 받아 LLM 노드를 통해 결과를 생성하는 단계입니다. 이 절에서는 LLM 노드를 추가하고, 시스템 프롬프트를 설정하여 모델이 유능한 의사 역할을 수행하도록 설계하는 과정을 살펴봅니다.

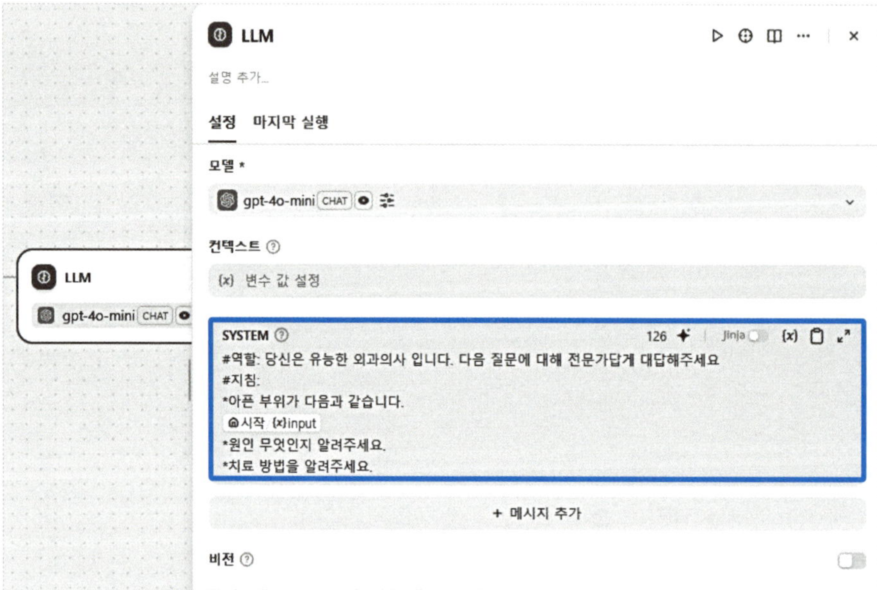

LLM 노드 설정

워크플로우 화면에서 '시작' 노드 다음에 **LLM 노드**를 추가합니다. LLM 노드는 대규모 언어 모델을 활용하여 사용자의 입력(예: 증상 설명)을 기반으로 분석과 진단 결과를 생성합니다.

LLM 노드를 클릭하면 오른쪽 패널에서 모델과 프롬프트를 설정할 수 있습니다. 이때 빨간색 상자 영역은 LLM에게 주어지는 핵심 지침으로, 모델이 어떤 역할을 수행하고 어떤 방식으로 답변해야 하는지를 구체적으로 정의합니다.

◆ 프롬프트의 주요 내용

프롬프트는 모델이 단순한 문장 생성기가 아니라 전문 지식을 갖춘 의사처럼 논리적이고 구조적인 답변을 제공하도록 돕는 지침입니다.

- **역할**(Role)

LLM에게 '당신은 유능한 외과의사입니다.'라는 역할을 부여하여 모델이 답변할 때 가져야 할 전문성과 권위를 설정합니다.

- **지시사항**(Instructions)

의사 역할을 수행하는 모델이 따라야 할 세 가지 구체적인 단계를 포함합니다.

  - "아픈 부위가 다음과 같습니다." - 사용자가 입력한 부위를 바탕으로 문맥 설정

- "원인이 무엇인지 알려주세요." - 가능한 원인에 대한 진단 유도
- "치료 방법을 알려주세요." - 구체적인 치료 방법 제시

이러한 구조화된 지시사항은 모델의 응답이 포괄적이고 명확하게 구성되도록 도와줍니다.

- **입력**(Input)

프롬프트 내의 `{{input}}` 변수는 '시작' 노드에서 전달된 사용자 입력값을 의미합니다. 예를 들어 사용자가 "왼쪽 어깨가 아파요"라고 입력하면, 이 문장이 LLM의 진단 근거로 전달되어 전문적인 분석과 응답이 생성됩니다.

> **TIP** 프롬프트 작성 시 역할과 지시사항을 명확히 분리하면 LLM이 보다 일관되고 집중된 방식으로 답변을 생성합니다. 의사, 상담가, 분석가 등 역할 중심 프롬프트 설계 패턴은 다양한 분야의 워크플로우에 쉽게 확장할 수 있는 유용한 접근법입니다.

[3단계] 끝(End) 노드 설정

워크플로우의 마지막 단계는 **결과를 외부로 전달하는 '끝(End)' 노드**입니다. 이 노드는 LLM 노드의 결과를 받아 최종 출력으로 연결하며, 전체 워크플로우의 종료를 의미합니다.

'끝' 노드를 클릭하면 오른쪽 패널에 출력 변수 설정 창이 표시됩니다. 여기에서 어떤 데이터가 최종 결과로 표시될지 지정할 수 있습니다.

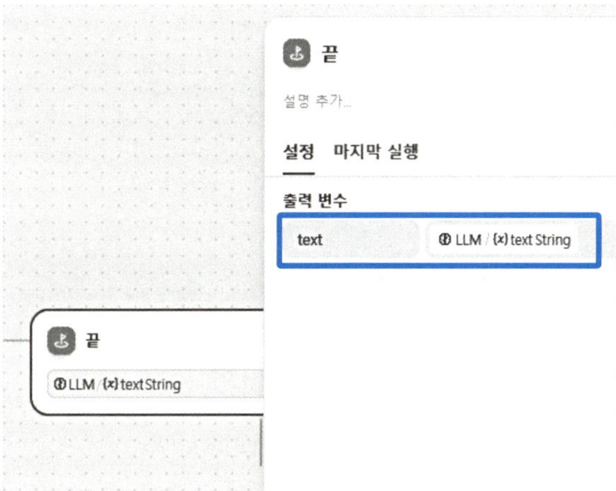

끝(End) 노드 설정

앞선 그림처럼 text라는 이름의 출력 변수를 지정하고, `LLM / text String`을 연결하여 모델의 텍스트 결과를 최종적으로 전달하도록 설정합니다.

- 출력 변수 이름: LLM이 생성한 텍스트 결과를 담을 변수로, 일반적으로 '`text`'라는 이름을 사용합니다. 이는 최종 결과물이 문자열 형태의 텍스트임을 명확히 나타냅니다.
- LLM 노드 연결: `LLM`으로 표시된 부분은 결과가 LLM 노드에서 전달됨을 의미합니다. 즉, LLM이 생성한 텍스트가 이 '`text`' 변수에 자동으로 입력됩니다.
- 데이터 타입: '`text String`'은 이 변수에 할당되는 데이터의 타입이 문자열(String)임을 명시합니다. 이는 LLM의 출력이 주로 텍스트 형태임을 고려할 때 일반적인 설정입니다.

이 설정을 통해 LLM의 응답이 실제 워크플로우 결과로 표시됩니다. 이제 다음 단계에서는, 이 전체 구조가 올바르게 작동하는지 **실행하고 테스트**해 보겠습니다.

워크플로우 실행

이제 우리가 설계한 워크플로우를 실제로 실행해 보겠습니다. 이 단계에서는 각 노드가 제대로 연결되어 작동하는지 확인합니다. Dify는 실행 과정을 시각적으로 표시해, 각 노드의 작동 상태를 쉽게 확인할 수 있습니다.

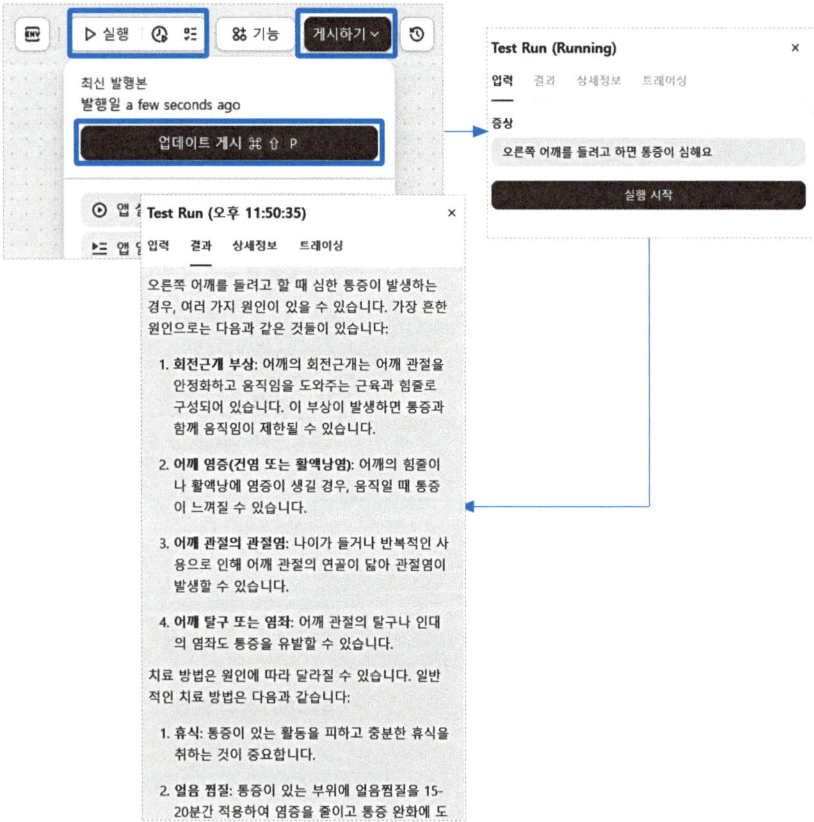

워크플로우 실행

화면 상단의 [실행] 버튼을 클릭하면 워크플로우가 순서대로 작동하며 결과를 생성합니다. 이 실행은 실제 사용자 요청을 시뮬레이션하는 테스트 기능입니다. 실행 시 오른쪽에 Test Run (Running) 창이 열립니다. 이 창에서는 사용자가 입력할 내용을 지정할 수 있습니다.

예를 들어 "오른쪽 어깨를 돌리면 통증이 심해요"라는 입력을 설정한 뒤 [실행 시작]을 클릭하면, LLM이 의사 역할로서 해당 증상을 분석하고 진단 결과를 생성합니다.

- 버전 관리 및 실행: 워크플로우에 변경사항이 있을 경우, [업데이트 게시] 버튼을 눌러 새로운 버전을 배포할 수 있습니다. 이는 워크플로우의 안정적인 관리를 돕고, 최종적으로 사용자에게 제공될 버전을 확정하는 중요한 단계입니다.
- 변경 후 게시하지 않으면, 워크플로우 실행 시 이전 버전이 동작할 수 있습니다. 새로운 로직을 반영하려면 반드시 "업데이트 게시"를 눌러 버전을 갱신하세요.

워크플로우가 실행되면 오른쪽에 Test Run (Running) 창이 열리며, 실시간으로 처리 결과를 확인할 수 있습니다. 이 창에서는 사용자가 입력한 문장에 대해 워크플로우가 어떤 방식으로 응답하는지 그대로 보여줍니다.

예시 이미지에서는 LLM이 입력된 증상을 분석해 통증의 원인과 가능한 치료 방법을 의사처럼 전문적으로 설명하는 과정을 확인할 수 있습니다. 이와 같은 테스트는 단순히 워크플로우를 실행해 보는 수준을 넘어, 실제 사용자에게 제공될 AI 시스템의 기능과 로직이 의도대로 정확히 작동하는지 검증하는 필수 단계입니다.

6.3 SEO 블로그 워크플로우 개발

앞 절에서는 단일 LLM을 이용해 간단한 워크플로우를 구성하고 실행하는 과정을 살펴보았습니다. 이제 이 개념을 확장해 여러 노드를 조합하여 **실제로 활용 가능한 자동화 구조**를 만들어보겠습니다. 이번에는 SEO(검색엔진 최적화)에 적합한 블로그 글을 자동으로 생성하는 고급 워크플로우를 만들어봅니다.

이 워크플로우는 사용자가 입력한 키워드에 외부 검색 데이터를 결합해, 신뢰도 높고 완성도 있는 블로그 콘텐츠를 실시간으로 생성하도록 설계되었습니다. 즉 사람이 직접 수행하던 '리서치 → 구성 → 작성 → 통합' 과정을 AI가 논리적으로 오케스트레이션(Orchestration)하여 처리하는 구조입니다.

TIP Dify의 워크플로우에서는 하나의 LLM뿐만 아니라, **RAG(지식 검색), 조건 분기(IF/ELSE), HTTP 요청, 반복 실행(Loop)** 등 다양한 노드를 조합할 수 있습니다. 이를 통해 키워드 분석부터 결과 통합까지의 복잡한 과정을 **하나의 자동화 흐름으로 구성**할 수 있습니다.

SEO 블로그 워크플로우 개요

이 워크플로우는 사용자가 입력한 키워드, 대상 독자 글의 어조, 제목 유무를 기반으로, 필요할 경우 AI가 검색 문구를 먼저 생성하고, 그 문구로 **실시간 Google 검색**을 수행한 뒤 검색 결과를 토대로 **제목 → 서론 → 본문 → 결론**을 순서대로 생성합니다. 마지막에는 모든 결과를 하나로 통합해 **완성된 블로그 글**로 출력합니다.

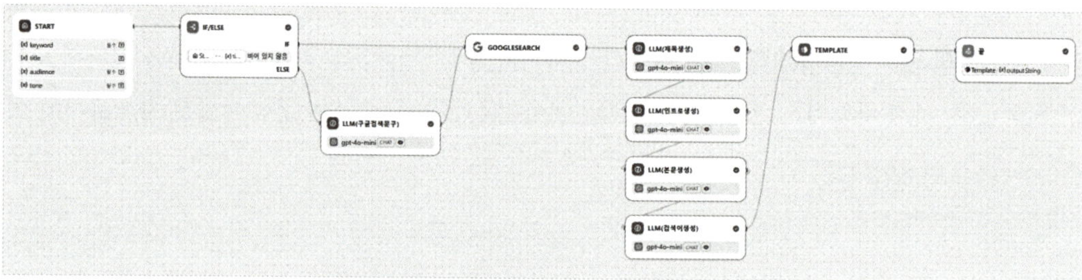

SEO 블로그 워크플로우 오케스트레이션

이 SEO 워크플로우는 다음 네 단계로 구성됩니다.

- 1. 입력 받기: `keyword`, `audience`, `tone` 등 사용자 입력
- 2. 검색 준비: 제목 여부 확인 → 필요 시 검색 문구 자동 생성
- 3. 자료 수집: GoogleSearch 노드로 실시간 검색 수행
- 4. 글 구성: 제목·서론·본문·결론을 각각 LLM으로 생성 → 템플릿으로 통합

이 워크플로우에서는 하나의 LLM만 사용하는 것이 아니라,

- IF/ELSE(조건문)
- GoogleSearch(실시간 검색)
- 여러 개의 LLM(문단별 생성)
- TEMPLATE(통합)

등 다양한 노드를 조합해 복잡한 자동화를 구현합니다.

이처럼 여러 노드를 결합할 수 있는 것이 Dify 워크플로우의 가장 큰 장점입니다.

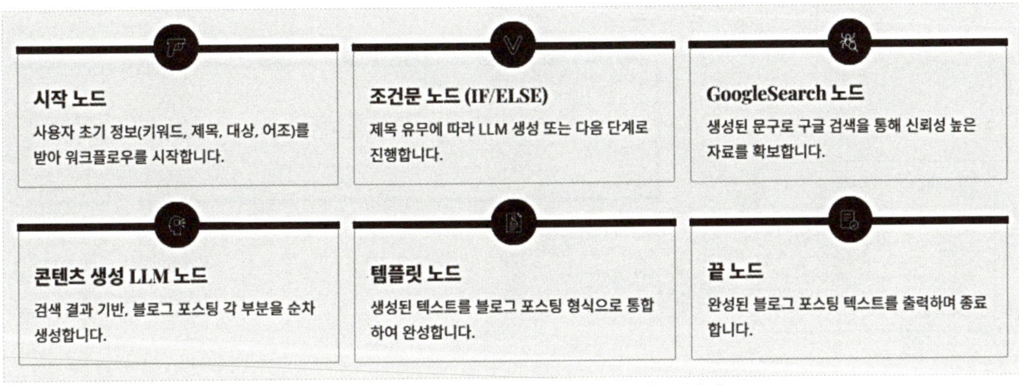

전체 기능

이 워크플로우는 사용자의 최소 입력만으로도 논리적인 흐름에 따라 실시간 데이터를 활용하여 SEO에 최적화된 고품질 콘텐츠를 자동으로 생성하는 강력한 자동화 시스템을 구현합니다.

> **TIP** SEO용 블로그 작성에는 '검색어 관련성'과 '문장 자연스러움'의 균형이 중요합니다.

SEO 블로그 워크플로우 오케스트레이션

앞서 만든 기본 워크플로우를 바탕으로, 이번에는 SEO(검색엔진 최적화)에 적합한 블로그 글을 생성하는 실제 자동화 흐름을 만들어보겠습니다.

이 워크플로우는 키워드 → 검색 → 문단 생성 → 통합의 과정 전체를 AI가 자동으로 처리하도록 구성되었습니다.

[1단계] 시작(Start) 노드 변수 추가

이 단계에서 정의한 변수들은 이후 조건문, LLM, 검색 노드에서 활용되며, 전체 워크플로우의 방향을 결정하는 기초가 됩니다.

시작 노드 변수 추가

앞선 그림과 같이 빨간 점선으로 표시된 버튼을 눌러 입력 필드를 추가합니다.

- **변수 정의**: 각 입력 필드에는 변수 이름과 간단한 설명을 입력합니다. 이미지에서는 블로그 포스팅 자동 생성 워크플로우에 필요한 네 가지 핵심 변수가 정의되어 있습니다.
  - keyword (키워드): 블로그의 주요 주제를 나타내는 필수 변수입니다.
  - title (타이틀): 블로그의 제목을 지정합니다. 입력하지 않으면 자동 생성됩니다. 필수로 지정되어 있지 않아 사용자가 선택적으로 입력할 수 있습니다.
  - audience (대상 독자): 글의 주요 독자층을 나타내는 필수 변수입니다.
  - tone (어조/문체): 글의 전체 분위기나 문체를 지정하는 필수 변수입니다.

`keyword`, `audience`, `tone` 변수는 '필수'로 설정되어 있어 사용자가 이 워크플로우를 실행하려면 반드시 값을 입력해야 합니다. 반면, `title` 변수는 '필수'가 아니므로 사용자가 제목을 입력하지 않아도 워크플로우가 실행될 수 있습니다.

`title`을 선택값으로 둔 것은, 다음에 설명할 조건문(IF/ELSE)에서 제목 입력 여부에 따라 경로를 분기하기 위해서입니다.

조건문과의 연계

이제 워크플로우는 사용자가 입력한 값을 바탕으로 어떤 경로로 진행할지를 결정해야 합니다. 이때 사용되는 것이 바로 조건문(IF/ELSE) 노드입니다.

조건문은 "만약 ~라면 ~한다"라는 사고방식을 시스템에 옮긴 것입니다. 예를 들어 "비가 오면 우산을 챙긴다 / 비가 오지 않으면 그냥 나간다"와 같은 논리입니다. 워크플로우에서는 이러한 조건을 기준으로, 어떤 노드를 실행할지 자동으로 선택하도록 만들어 줍니다.

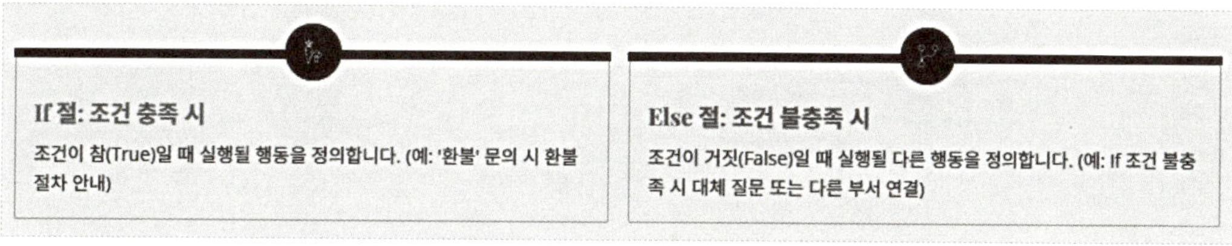

- 'If' 절: 주어진 조건이 참(True)일 때 실행됩니다.
- 'Else' 절: 주어진 조건이 거짓(False)일 때 실행됩니다.

조건문이 없으면 모든 명령이 항상 같은 순서로만 실행되기 때문에, 입력 상태에 따라 다르게 동작시키기가 어렵습니다. 따라서 조건문은 워크플로우 안에서 분기점(Decision Point) 역할을 하며, AI가 상황에 맞게 유연하게 동작하도록 도와주는 핵심 기능입니다.

워크플로우의 조건문 작동 방식(예)

- 조건: `title` 입력값이 비어 있는가?
- 참(True) → 비어 있다면 LLM으로 구글 검색용 문구를 먼저 생성
- 거짓(False) → 비어 있지 않다면 제목을 그대로 사용하고, 다음 단계(검색)로 진행

'시작' 노드에서 정의한 입력 변수들은 이 조건문(IF/ELSE) 노드의 판단 근거로 활용되며, 이 조합을 통해 워크플로우는 사용자의 입력 상황에 따라 유연하게 분기하고 가장 적합한 실행 경로를 자동으로 선택할 수 있습니다.

다음은 이렇게 정의된 입력 변수와 조건문을 실제로 연결하여 IF/ELSE 노드를 설정하는 방법을 단계별로 살펴보겠습니다.

[2단계] 조건문(IF/ELSE) 노드 설정

'시작(Start)' 노드에서 정의한 입력값은 워크플로우의 첫 분기 지점인 조건문(IF/ELSE) 노드에서 활용됩니다. 이 조건문은 사용자의 입력 상태에 따라 워크플로우의 흐름을 다르게 제어하는 핵심 장치이며, Dify에서는 매우 직관적인 방식으로 추가하고 설정할 수 있습니다.

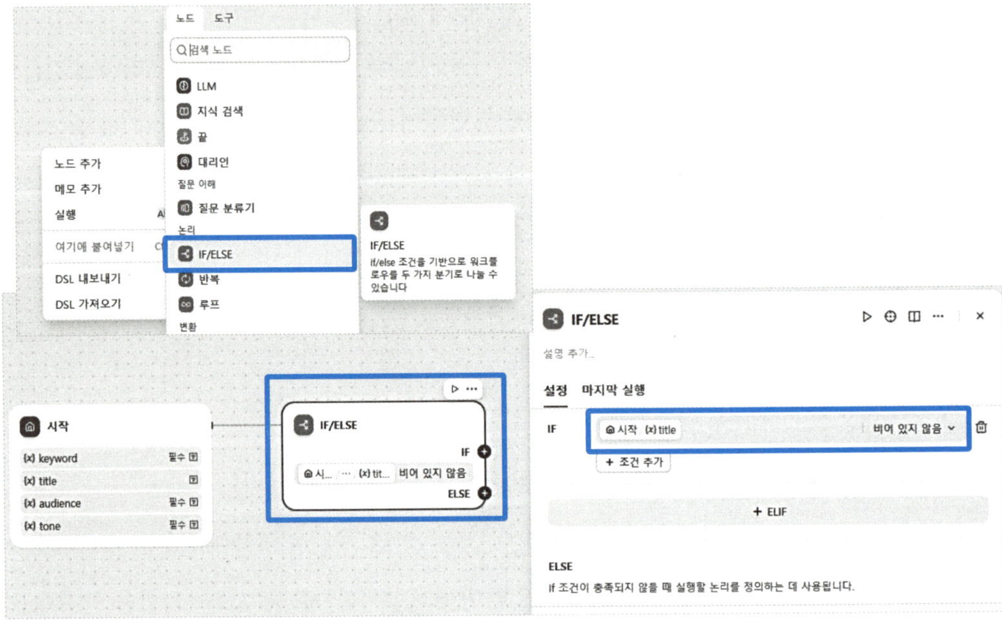

01 워크플로우 캔버스에서 마우스 오른쪽 버튼을 클릭해 '노드' 메뉴를 열고, [IF/ELSE]를 선택합니다. 그러면 조건문 노드가 추가되며, 사용자가 정의한 조건에 따라 워크플로우 실행 경로를 **두 갈래(분기)로 나누게 됩니다.**

02 조건문 노드의 'IF' 항목에서 [조건 추가] 버튼을 클릭합니다. 조건에는 '시작(Start)' 노드의 입력 변수인 `title`을 선택하고, 상태를 [비어 있지 않음]으로 지정합니다. 즉, 사용자가 제목을 직접 입력했는지 여부를 판단하는 조건입니다.

조건: `title` 입력값이 비어 있는가?

참(True) → 사용자가 제목을 입력하지 않은 경우, **ELSE 경로로 이동하여** '검색문구 생성 LLM' 노드로 이동

거짓(False) → 제목이 이미 있는 경우, IF 경로를 따라 바로 GoogleSearch 단계로 이동

---

03 설정한 조건에 따라 논리적 분기가 이루어집니다.

이 SEO 블로그 워크플로우에서 사용자는 제목을 입력할 수도 있고, 키워드만 입력하는 경우도 많습니다. 따라서 먼저 제목 입력 여부를 판단해야 워크플로우가 올바르게 동작합니다. 이렇게 흐름을 나누는 조건문은 블로그 자동 생성처럼 단계가 많은 자동화 시스템에서 핵심 결정 지점(Decision Point) 역할을 담당합니다.

조건문(IF/ELSE) 설정을 통해 이제 제목 유무에 따라 워크플로우의 두 경로가 명확하게 분기되었습니다. 다음 단계에서는 **ELSE 경로에서 활용할 LLM(검색문구 생성) 노드**를 설정하고, 사용자가 입력한 키워드에서 적절한 Google 검색용 문구를 생성하는 방법을 살펴보겠습니다.

[3단계] LLM(검색문구) 노드 설정

조건문(IF/ELSE)에서 `title` 값이 비어 있는 경우, 워크플로우는 ELSE 경로로 이동하여 LLM(검색문구) 노드를 실행합니다. AI가 Google 검색에 적합한 검색 문구를 스스로 만들어내도록 설계된 단계입니다.

LLM(검색문구) 노드 설정

캔버스에서 ELSE 경로로 노드를 연결한 뒤, LLM 노드를 선택하여 추가합니다. 이 노드는 '검색용 문구 생성'이라는 하나의 목적을 수행하는 전용 LLM 단계입니다. 이 노드의 핵심은 SYSTEM 프롬프트를 어떻게 정의하는가이며, 이미지의 빨간색 상자에 그 내용을 보여줍니다.

1. **역할 및 지시사항:** '제목이 없을 경우, 키워드 기반 기사 탐색을 위한 간결하고 트래픽이 많은 검색 문구를 제공해달라'는 명확한 지시를 내립니다. 이는 사용자가 제목을 입력하지 않았을 때, LLM이 효과적인 검색 전략을 수립하도록 유도합니다.
2. **입력 변수 활용:** 프롬프트 내에 `{{keyword}}`와 같은 변수를 사용하여 '시작' 노드에서 받은 `keyword` 값을 프롬프트에 동적으로 불러옵니다. 이로써 LLM은 사용자가 제공한 특정 키워드를 기

반으로 가장 적합한 검색 문구를 생성합니다.

3. **출력 형식 지정:** '특수 문자는 제외하고 문구만 변환해달라'는 추가 지시를 통해 LLM의 출력 형식을 제어합니다. 이는 다음 단계인 구글 검색 노드가 안정적으로 작동할 수 있도록 출력값을 정제하는 역할을 합니다.

이 설정을 통해 LLM은 단순한 텍스트 생성기가 아닌, 워크플로우 내에서 특정 목적을 가진 논리적 에이전트로 동작하게 됩니다. 이를 통해 AI는 사용자의 입력이 부족하더라도 능동적으로 대처하고, 다음 단계에 필요한 데이터를 스스로 만들어낼 수 있습니다.

> TIP SYSTEM 프롬프트 작성 시, 모델이 수행해야 할 **역할(Role)**과 **출력 규칙(Output Format)**을 명확하게 구분해 작성하면 예측 가능한 결과를 얻을 수 있습니다. 예를 들어, '문구만 반환하라'는 식의 제한은 불필요한 텍스트를 줄이고 다음 노드의 안정성을 보장합니다.

[4단계] GoogleSearch 노드 설정

GoogleSearch 노드는 워크플로우가 실시간 인터넷 정보를 가져올 수 있도록 해주는 핵심 기능입니다. 이 노드를 사용하면 LLM이 최신 검색 결과를 참고해 보다 신뢰도 높은 콘텐츠를 생성할 수 있습니다.

GoogleSearch 노드 추가 및 연결

GoogleSearch 노드는 'IF/ELSE' 노드와 'LLM(검색문구)' 노드에 연결됩니다. 이 연결을 통해 사용자가 블로그 포스팅의 제목을 입력하지 않았을 경우, 'LLM(검색문구)' 노드가 생성한 검색 쿼리를 받아 구글 검색을 실행하는 역할을 수행합니다.

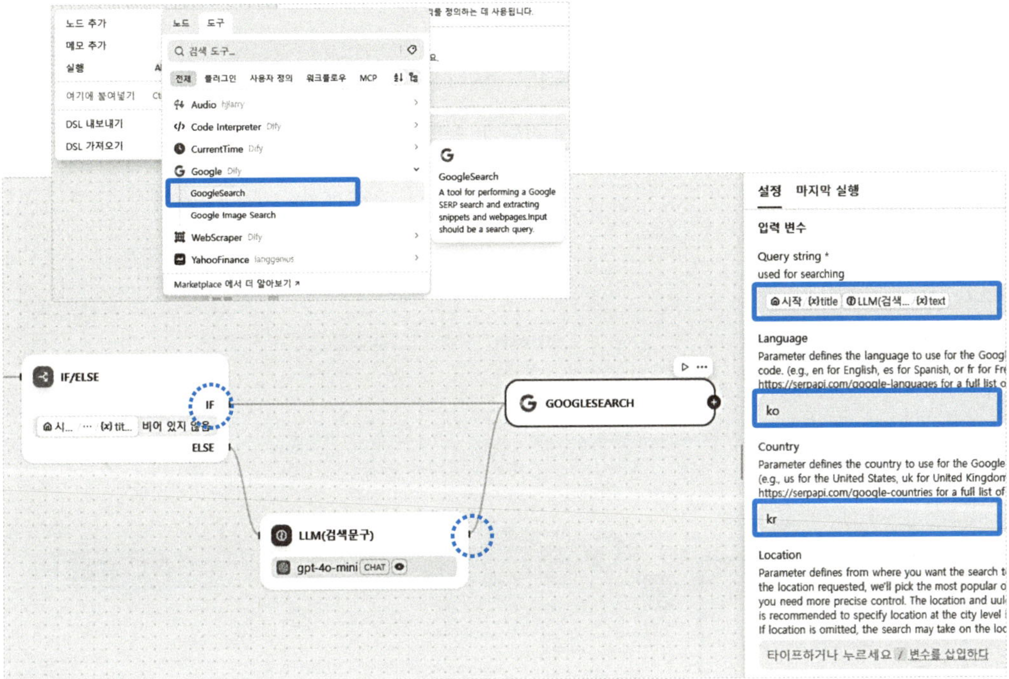

GoogleSearch 노드

핵심 매개변수 구성

GoogleSearch 노드의 성능을 극대화하기 위해서는 다음과 같이 몇 가지 핵심적인 매개변수를 정확하게 설정해야 합니다.

- 쿼리 문자열(Query String): 실제 구글 검색창에 입력될 내용을 정의합니다. 앞의 예에서의 설정은 `{{#title}}`과 `{{LLM(검색문구):output}}` 변수를 조합하여, 사용자의 입력 상태에 따라 쿼리를 동적으로 생성합니다. (제목이 있으면 title을, 없으면 LLM이 생성한 검색문구를 사용)
- 언어(Language): 검색 결과의 언어를 ko로 설정하여 한국어 결과만 필터링합니다. 이는 한국 독자를 대상으로 하는 콘텐츠 생성에 필수적입니다.
- 국가(Country): 검색 결과의 지역을 kr로 지정하여 한국에서 검색한 것과 동일한 지역적 관련성을 가진 결과를 얻도록 합니다.

이러한 세부 설정을 통해 GoogleSearch 노드는 단순히 검색 기능을 제공하는 것을 넘어, 워크플로우의 복잡한 논리를 이해하고, 사용자에게 최적화된 맞춤형 검색 결과를 제공하는 강력한 도구로 기능하게 됩니다.

GoogleSearch 도구 설치 및 추가

Google 검색 기능을 워크플로우에서 활용하려면 먼저 GoogleSearch 도구를 활성화해야 합니다. 이 과정은 Dify의 마켓플레이스(Marketplace)에서 간단히 진행할 수 있습니다.

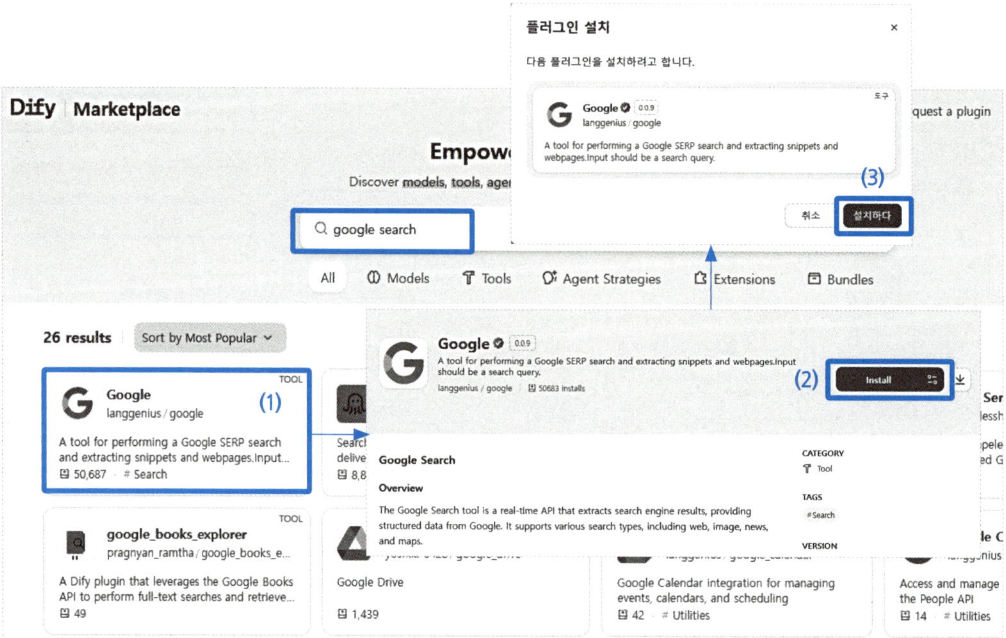

01 Dify 마켓플레이스 검색창에 'google'을 입력하면, 관련된 도구 목록이 나타납니다. (1)번으로 표시된 'Google' 도구는 'langgenious'가 개발한 것으로, 구글 검색 엔진 결과 페이지(SERP)를 검색하고 웹페이지의 스니펫(snippet)을 추출하는 기능을 제공합니다.

02 도구 상세 페이지로 이동하면 [Install] 버튼이 표시됩니다. (2)번으로 표시된 이 버튼을 누르면 플러그인 설치 팝업 창이 열리며, 이 창에서 [설치하기] 버튼을 눌러 최종 설치를 완료합니다.

03 설치가 완료되면 Google 도구가 사용자의 워크스페이스에 추가되어, 워크플로우 내에서 직접 구글 검색 기능을 활용할 수 있게 됩니다.

Google 도구 설치 확인 및 API 키 인증

Google 도구를 Dify 플랫폼에 성공적으로 설치한 뒤에는, 구글 검색 서비스를 실제로 활용하기 위해 API 키 인증을 반드시 진행해야 합니다. 이 과정은 단순한 기능 연결이 아니라, Dify가 외부의 SerpAPI 검색 서비스를 안전하게 호출할 수 있도록 인증을 부여하는 단계입니다.

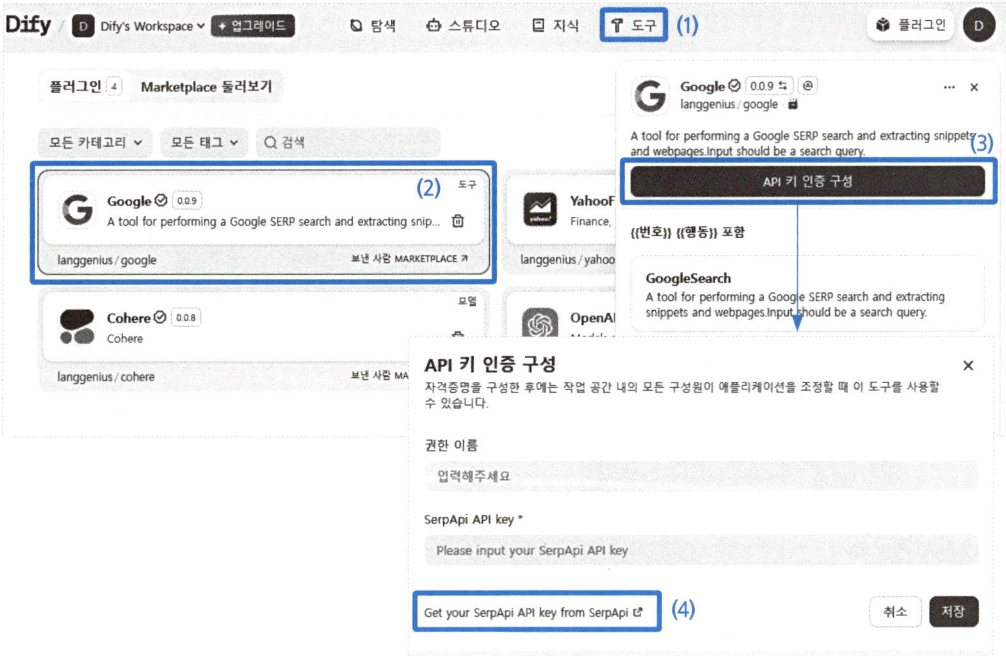

01 Dify 워크스페이스의 상단 메뉴에서 [도구] 탭을 클릭하면(1), 현재 설치된 플러그인과 외부 도구 목록을 확인할 수 있습니다. (2)에서 'Google' 도구가 목록에 포함되어 있으며, 이는 앞선 단계에서 설치가 성공적으로 완료되었음을 의미합니다.

02 Google 도구 카드 오른쪽에 있는 [API 키 인증] 버튼(3)을 클릭하면 도구를 정상적으로 사용하기 위해 필요한 API 키를 입력하는 창이 열리며, 도구가 구글 검색 결과를 요청할 때 사용할 SerpAPI 키를 입력할 수 있습니다.

03 'API 키 인증 구성' 팝업 창이 나타나면, SerpAPI API Key를 입력해야 합니다. (4)의 'Get your SerpApi API key from SerpApi' 링크를 통해 API 키를 발급받을 수 있습니다.

> **TIP**
>
> - **SerpAPI**는 구글 검색 결과를 구조화된 **JSON** 데이터 형태로 제공하는 서비스입니다. **Dify**의 **Google** 도구는 **SerpAPI**를 통해 실시간 검색 정보를 받아와, 최신 콘텐츠나 웹페이지 내용을 자동으로 반영할 수 있습니다.
> - **SerpAPI**는 무료 체험(Trial) 사용량을 제공하며, 상업적 프로젝트에서는 유료 플랜을 선택해 안정적인 **API** 호출을 유지할 수 있습니다.

SerpAPI 키 발급 및 입력 절차

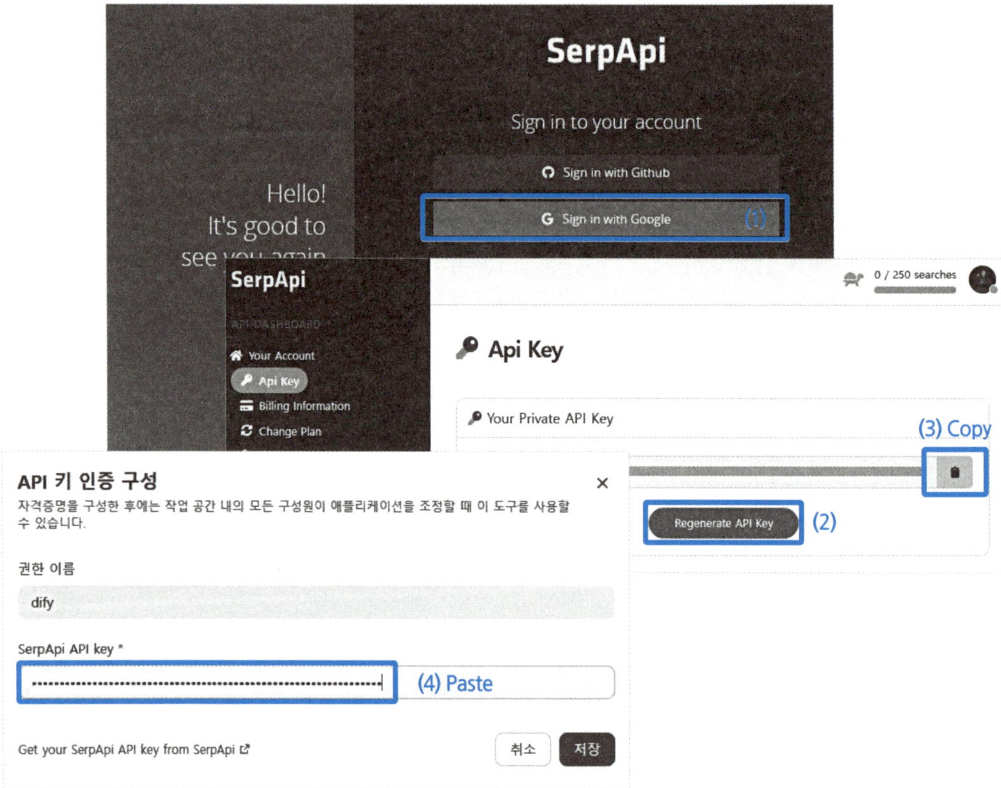

01 SerpAPI 웹사이트에 접속한 뒤 [Sign in with Google] 버튼을 클릭합니다. (1) 구글 계정으로 바로 로그인할 수 있으며, 별도의 회원가입 절차는 필요하지 않습니다.

02 로그인 후 SerpAPI 대시보드의 'Your Account' 메뉴에서 [Regenerate API Key] 버튼을 클릭하여 새로운 API 키를 발급받습니다(2). 이미 발급된 키가 있다면 이 단계를 생략할 수 있습니다.

03 발급된 API 키 옆의 [Copy] 버튼을 눌러 키를 클립보드에 복사합니다(3).

04 Dify의 'API 키 인증 구성' 창으로 돌아와서 복사한 API 키를 'SerpApi API key' 입력란에 붙여넣습니다(4). 이 과정을 완료하면 Dify의 Google 도구가 SerpAPI와 연결되어 실시간 구글 검색 기능을 사용할 수 있게 됩니다.

이처럼 SerpAPI 키를 Dify에 등록하면, AI 애플리케이션이 단순한 내장 모델 응답을 넘어 최신 웹 검색 정보를 기반으로 답변을 생성할 수 있습니다. 이는 지식형 챗봇이나 콘텐츠 자동 생성 워크플로우의 정확도와 신뢰성을 강화하는 핵심 단계입니다.

[5단계] 블로그 생성을 위한 LLM 노드 추가

GoogleSearch 노드에서 최신 검색 데이터를 확보했다면, 이제 그 정보를 활용해 제목 → 서론 → 본론 → 결론을 순서대로 생성합니다.

Dify 워크플로우에서는 각 단계마다 개의 LLM 노드를 따로 사용하는 구조를 채택합니다. 이렇게 하면 글의 구성 흐름을 세밀하게 제어할 수 있고, 출력 품질의 일관성도 유지됩니다.

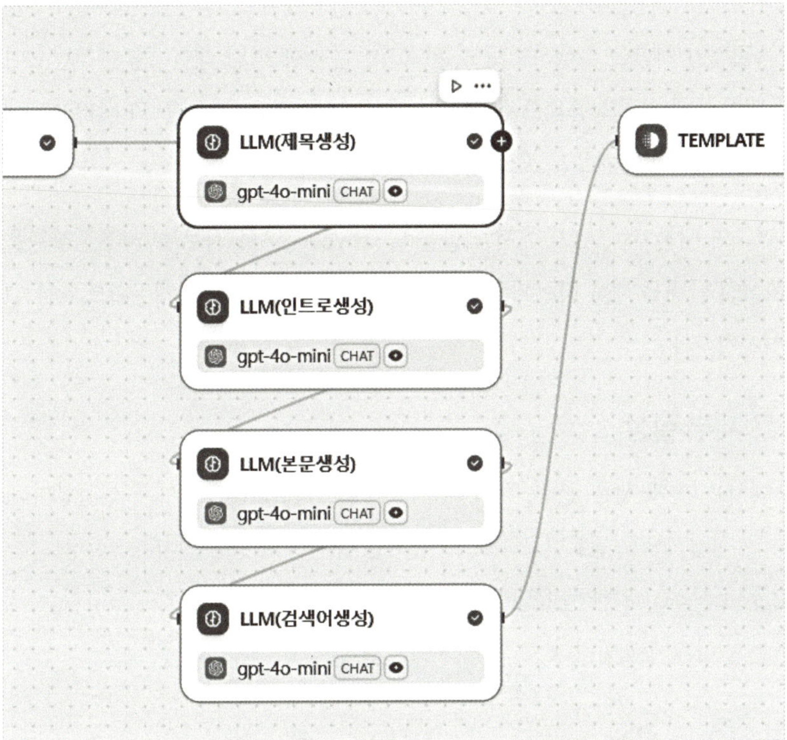

LLM 노드

앞선 그림처럼, LLM 노드는 각각 독립된 역할을 맡으며 순차적으로 연결됩니다. 이러한 방식은 구조적인 글(전개 흐름 유지)을 작성할 수 있도록 하며 각 단락을 개별적으로 개선하거나 조정할 수 있으며 검색 결과를 단계별로 적절히 분배해 활용하는 것도 가능해집니다.

각 LLM 노드의 역할

- 제목 생성 (LLM): 사용자가 입력한 `title` 변수나 이전 단계에서 얻은 검색 결과를 활용하여 포스팅의 제목을 만듭니다. 제목은 포스팅의 첫인상을 결정하며, 독자의 관심을 끌어 클릭을 유도하는 핵심 요소입니다.

- 서론 생성 (LLM): 생성된 제목과 구글 검색 노드에서 얻은 정보를 바탕으로 서론을 작성합니다. 서론은 포스팅의 배경과 문제의식을 제시하여 독자에게 본문으로 자연스럽게 이어지도록 돕습니다.
- 본론 생성 (LLM): 포스팅의 핵심 내용이 담기는 부분입니다. 서론에서 제시한 주제를 깊이 있게 다루며, 구글 검색을 통해 확보한 데이터를 활용하여 신뢰성 높은 정보와 분석을 제공합니다. 이 단계는 콘텐츠의 품질과 신뢰도를 결정짓는 가장 중요한 부분입니다.
- 결론 생성 (LLM): 전체 포스팅 내용을 요약하고 마무리하는 역할을 합니다. 본론에서 다룬 핵심 내용을 간결하게 정리하고, 포스팅의 메시지를 강조하며 독자에게 마지막 인상을 남깁니다.

이처럼 각 LLM 노드는 독립적인 역할을 수행하면서도, 논리적인 순서에 따라 데이터를 주고받으며 하나의 일관된 결과물을 만들어냅니다. 최종적으로 생성된 제목, 서론, 본론, 결론은 TEMPLATES 노드에서 통합되어 하나의 완성된 SEO 블로그 포스팅으로 결합됩니다.

이 세 가지 역할은 마치 연극의 대본처럼, AI가 어떤 역할을 맡고(System), 사용자로부터 어떤 질문을 받으며(User), 최종적으로 어떤 답변을 해야 하는지(Assistant)에 대한 명확한 지침을 제공함으로써 AI의 응답 품질을 크게 향상시킵니다.

[6단계] LLM 프롬프트 세부 설정

SEO 블로그 워크플로우에서는 제목, 서론, 본문, 검색어를 각각 별도의 LLM 노드에서 생성합니다. 각 노드는 역할이 분명하고, 실질적으로 필요한 프롬프트 규칙을 중심으로 설정합니다.
Dify에서 AI와 효과적으로 소통하고 원하는 응답을 얻기 위해서는 System, User, Assistant라는 세 가지 주요 역할을 이해하는 것이 필수적입니다.

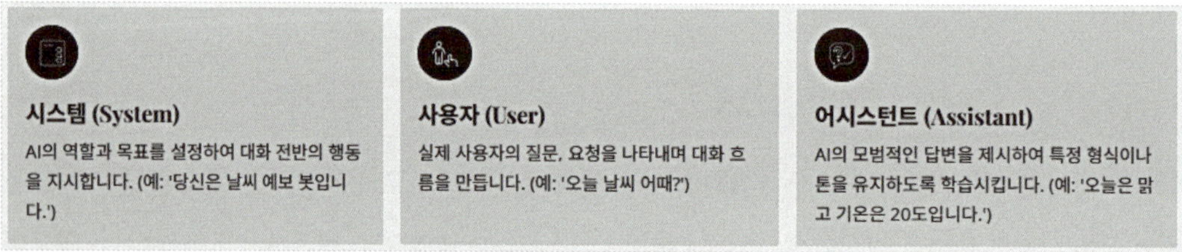

LLM 프롬프트 종류

이 세 가지 역할은 마치 연극의 대본처럼, AI가 어떤 역할을 맡고(System), 사용자로부터 어떤 질문을 받으며(User), 최종적으로 어떤 답변을 해야 하는지(Assistant)에 대한 명확한 지침을 제공함으로써 AI의 응답 품질을 크게 향상시킵니다.

제목 생성 LLM 노드

SEO 제목 생성 노드는 일반적인 SYSTEM 구성보다 한 단계 더 정교한 3단 프롬프트 구조(System → User → Assistant)를 사용합니다. 이 방식은 AI가 단순히 제목만 생성하는 것이 아니라, (1) 검색 결과 분석 → (2) SEO 원칙 도출 → (3) 제목 생성의 과정을 따라가며 스스로 사고하게 합니다. 또한, AI 모델에게 더 명확한 지시를 내리기 위해 System, User, Assistant 프롬프트를 분할하여 사용했습니다.

(1) System과 User 프롬프트 - 역할(Role)과 지침 정의

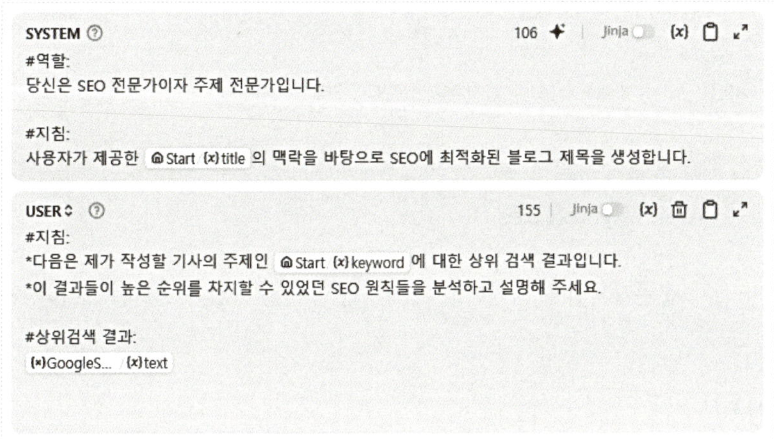

첫 번째 SYSTEM과 USER 프롬프트

SYSTEM 메시지는 AI가 어떤 관점과 기준으로 사고해야 하는지를 지정합니다. 마치 AI에게 직업을 부여하는 것과 같습니다. 이미지 속 "당신은 SEO 전문가이자 주제 전문가입니다"라는 문장이 대표적입니다.

이 설정은 AI가 이후 모든 대화에서 일반적인 대화 대신, SEO 전문 지식과 논리적 구조를 바탕으로 행동하도록 유도합니다.

USER 메시지는 AI에게 "지금부터 무엇을 분석해야 하는지"를 알려주는 단계입니다. SYSTEM이 부여한 역할을 바탕으로 AI가 무엇을, 어떻게 처리해야 할지 구체적으로 알려주는 실행 지침인 셈입니다.

이미지에서 "다음은 제가 작성할 기사의 주제와 상위 검색 결과입니다"라고 정보를 제공한 뒤, "이 결과들을 분석해 SEO 원칙을 설명해 달라"고 구체적인 작업을 명령하는 것이 USER 프롬프트의 대표적인 기능입니다. 이처럼 **데이터 제공 + 명령** 구조로, AI가 분석적 사고를 수행할 수 있게 합니다.

(2) Assistant 프롬프트 - 분석 결과(SEO 원칙 목록) 생성

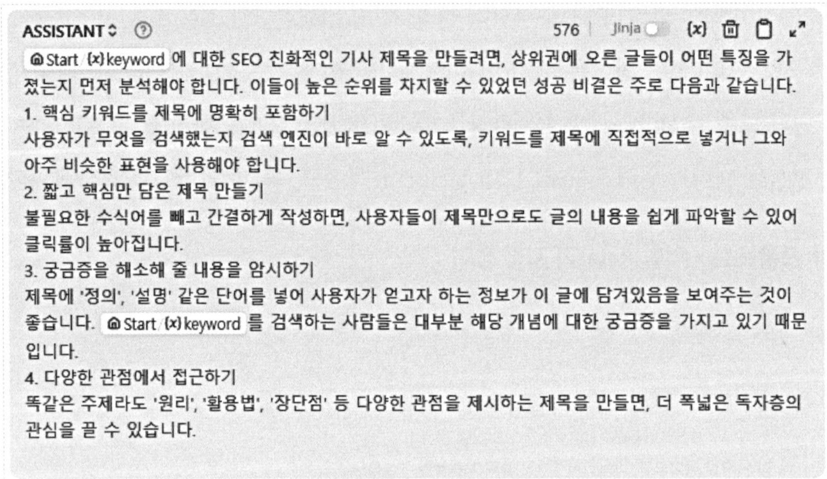

ASSISTANT 프롬프트

Assistant 프롬프트는 AI가 실제 전문가처럼 논리적이고 체계적인 답변을 작성하도록 돕습니다. 핵심 내용은 다음과 같습니다.

- AI가 따라야 할 답변 원칙 제시
- 번호 매기기, 짧은 문장 등 구체적 가이드라인 제공
- 친절하고 명확한 설명형 답변 스타일 유지

이 단계는 AI가 스스로 정리한 분석 결과를 통해 SEO 원칙을 명문화하도록 설계되어 있습니다. 이것은 AI의 답변 품질을 일관성 있고 전문적으로 만드는 데 중요한 역할을 합니다.

(3) 마지막 USER - 최종 실행 명령(제목 생성)

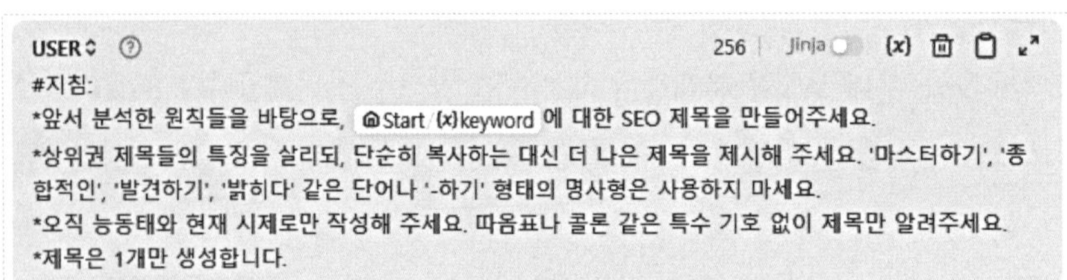

USER 프롬프트

마지막 USER 프롬프트는 AI에게 실행 명령을 내립니다. "앞서 분석한 원칙을 바탕으로 SEO 제목을 만들어 주세요." 여기에는 다음과 같은 구체적 제약이 포함됩니다.

- '~하기', '-하다' 등 명사형 금지
- 능동태와 현재 시제만 사용
- 특수문자, 따옴표, 콜론 금지
- 제목은 1개만 생성

이 프롬프트는 AI의 출력 형식과 품질을 세밀하게 통제해 **결과의 일관성**을 유지합니다.

인트로 생성 LLM 노드

인트로 생성 노드는 제목 생성 노드 다음에 위치하며, AI가 독자의 흥미를 끌 수 있는 서론(인트로)를 자동으로 작성하도록 안내합니다. SEO 글쓰기에서 서론은 "독자가 이 글을 계속 읽을지 말지"를 결정하는 중요한 부분이므로, SYSTEM 프롬프트에서는 글쓰기 방식, 문체, 분량, 구성 형태를 매우 명확하게 지정합니다.

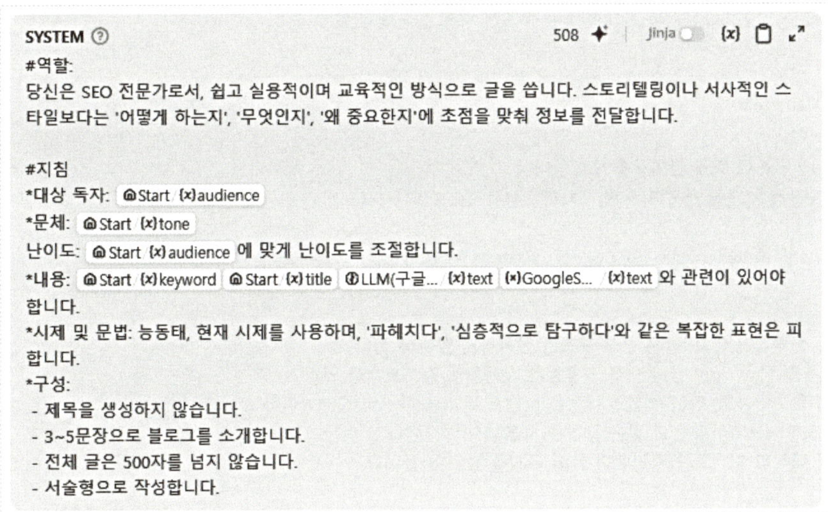

```
SYSTEM ⓘ                                        508 ✦ | Jinja {x}
#역할:
당신은 SEO 전문가로서, 쉽고 실용적이며 교육적인 방식으로 글을 씁니다. 스토리텔링이나 서사적인 스타일보다는 '어떻게 하는지', '무엇인지', '왜 중요한지'에 초점을 맞춰 정보를 전달합니다.

#지침
*대상 독자: Start / {x}audience
*문체: Start / {x}tone
난이도: Start / {x}audience 에 맞게 난이도를 조절합니다.
*내용: Start / {x}keyword  Start / {x}title  LLM(구글... / {x}text  {x}GoogleS... / {x}text 와 관련이 있어야 합니다.
*시제 및 문법: 능동태, 현재 시제를 사용하며, '파헤치다', '심층적으로 탐구하다'와 같은 복잡한 표현은 피합니다.
*구성:
 - 제목을 생성하지 않습니다.
 - 3~5문장으로 블로그를 소개합니다.
 - 전체 글은 500자를 넘지 않습니다.
 - 서술형으로 작성합니다.
```

인트로 생성 프롬프트

SYSTEM 프롬프트는 AI에게 SEO 전문가의 시각과 글쓰기 방식을 부여합니다. AI는 글의 대상 독자(audience)와 문체(tone)를 고려하며, 능동태·현재시제를 사용하고 복잡한 표현을 피해야 합니다. 또한 글의 형식과 길이도 명확히 규정합니다.

- 제목은 생성하지 않음
- 3~5문단으로 구성
- 500자 이하
- 서술형 문장 유지

이 프롬프트는 AI에게 단순한 "서론 작성"이 아니라 **글의 목적, 독자, 문체, 분량까지 통제된 작문 설계**를 지시합니다.

본문 생성 LLM 노드

본문은 블로그 글의 핵심 내용을 구성하는 부분입니다. 이 노드에서 작성되는 문장은 SEO 품질, 정보 깊이, 글의 완성도를 크게 좌우합니다. 그러므로 SYSTEM 프롬프트에서는 "어떻게 쓸 것인가"에 대한 세부 지침을 가장 많이 적습니다.

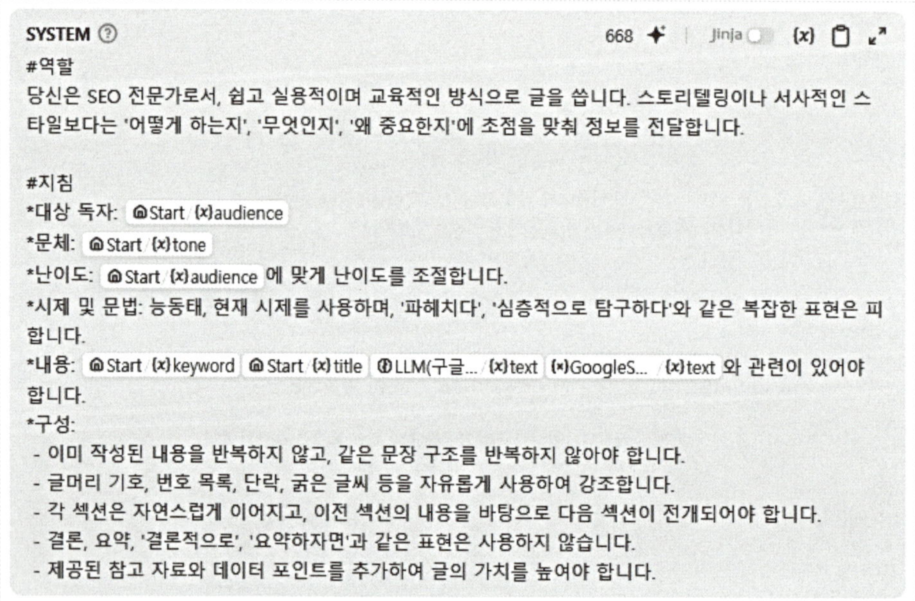

SYSTEM ⓘ 668 Jinja {x}

#역할
당신은 SEO 전문가로서, 쉽고 실용적이며 교육적인 방식으로 글을 씁니다. 스토리텔링이나 서사적인 스타일보다는 '어떻게 하는지', '무엇인지', '왜 중요한지'에 초점을 맞춰 정보를 전달합니다.

#지침
*대상 독자: Start / {x}audience
*문체: Start / {x}tone
*난이도: Start / {x}audience 에 맞게 난이도를 조절합니다.
*시제 및 문법: 능동태, 현재 시제를 사용하며, '파헤치다', '심층적으로 탐구하다'와 같은 복잡한 표현은 피합니다.
*내용: Start / {x}keyword Start / {x}title LLM(구글... / {x}text GoogleS... / {x}text 와 관련이 있어야 합니다.
*구성:
- 이미 작성된 내용을 반복하지 않고, 같은 문장 구조를 반복하지 않아야 합니다.
- 글머리 기호, 번호 목록, 단락, 굵은 글씨 등을 자유롭게 사용하여 강조합니다.
- 각 섹션은 자연스럽게 이어지고, 이전 섹션의 내용을 바탕으로 다음 섹션이 전개되어야 합니다.
- 결론, 요약, '결론적으로', '요약하자면'과 같은 표현은 사용하지 않습니다.
- 제공된 참고 자료와 데이터 포인트를 추가하여 글의 가치를 높여야 합니다.

본문 생성 프롬프트

AI가 블로그의 핵심 내용을 구성하는 부분입니다. 스토리텔링보다 "어떻게, 무엇이, 왜 중요한가"에 초점을 맞추며, **교육적·실용적 콘텐츠 작성**을 목표로 합니다.

- 대상 독자, 문체, 난이도에 맞춰 톤을 조정
- 능동태, 현재 시제 사용

- 복잡하거나 추상적인 표현 금지
- 이미 작성된 내용 반복 금지
- 글머리 기호·굵은 글씨 등 포맷 활용

이 프롬프트는 AI를 단순 텍스트 생성기에서 **사람이 읽기 좋은 전문가형 작가**로 전환시키는 구조입니다.

검색어 생성 LLM 노드

검색어 생성 노드는 블로그 글을 작성한 뒤, 독자가 검색 엔진에서 사용할 법한 '핵심 검색어'를 AI가 자동으로 제안하는 단계입니다. 검색의 목적과 제약 조건을 명확히 제시하여 가장 효과적인 결과를 얻도록 설계합니다.

이 노드는 SEO 전략의 마무리 단계이며, 작성된 글과 독자의 관심사를 기반으로 검색어를 뽑기 때문에 콘텐츠의 검색 노출을 높이는 데 매우 효과적입니다.

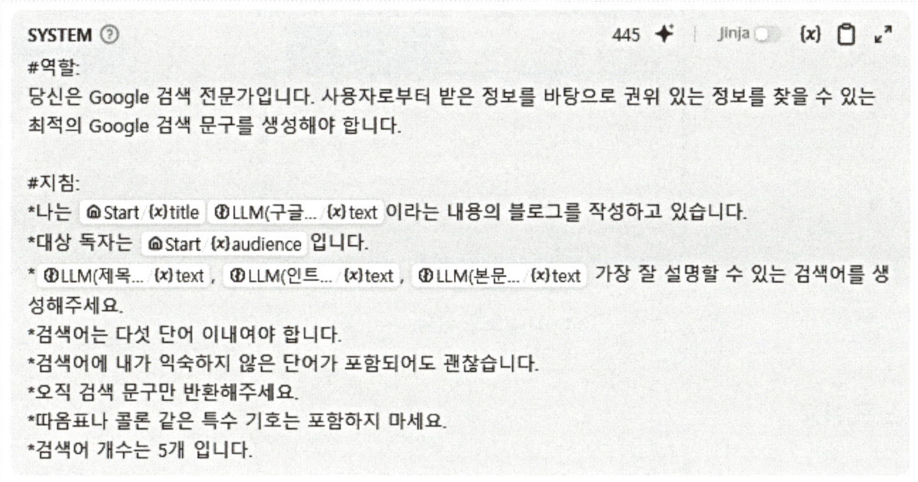

검색어 생성 프롬프트

AI는 사용자의 블로그 내용과 독자층을 참고하여, 가장 적합한 검색어를 5개 이내로 생성합니다.

- 검색어는 다섯 단어 이내로 제한
- 특수기호, 따옴표, 콜론 사용 금지
- 오직 검색 문구만 출력
- 기존 문구 반복 금지

이 프롬프트는 AI가 단순히 텍스트를 생성하는 것이 아니라, **정보 탐색 목적에 맞는 검색 전략을 설계**하도록 돕습니다.

[7단계] Template 노드 생성

Template 노드는 앞 단계에서 생성된 제목, 서론, 본문, 검색어 등을 하나의 블로그 글 형태로 조립하는 단계입니다. 여러 LLM 노드의 결과물을 한 문서로 묶어 최종 출력 형태를 만들 수 있습니다.

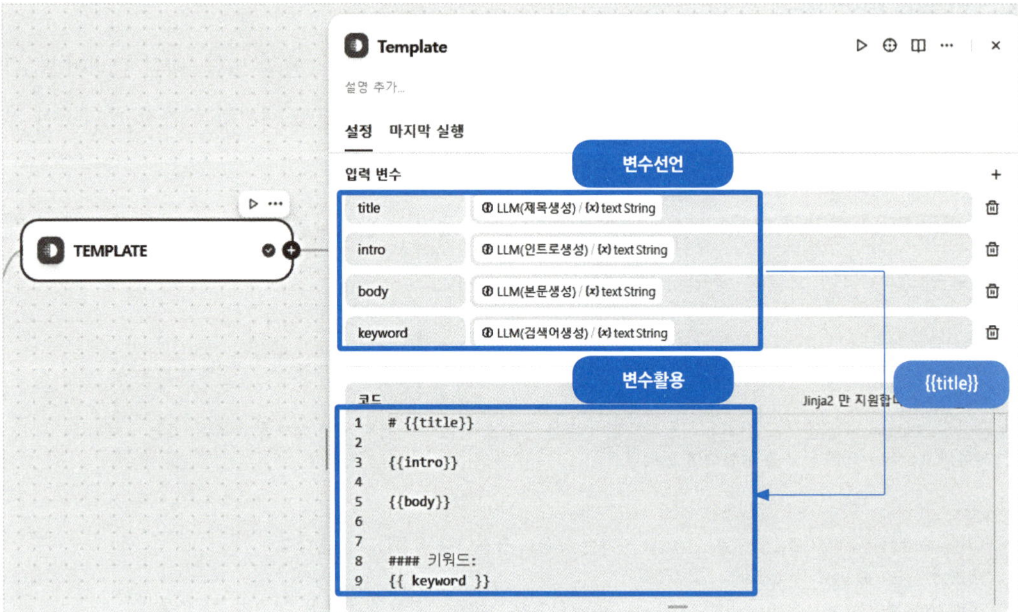

Template 노드 설정

Template 노드 설정

Template 노드 화면은 크게 두 부분으로 구성됩니다:

1. 변수 선언 영역: 각 LLM 노드에서 전달된 결과를 변수로 등록합니다.

`title`(LLM-제목생성), `intro`(LLM-인트로생성), `body`(LLM-본문생성), `keyword`(LLM-검색어생성)

2. 변수 활용 영역: 템플릿 안에서 `{{변수명}}` 형태로 삽입하면 해당 위치에 실제 텍스트가 채워집니다.

이미지의 하단 '코드' 섹션을 보면, `# {{title}}, {{intro}}, {{body}}, ### 키워드, {{keyword}}`와 같이 변수들이 구조화된 템플릿 내에 배치되어 있습니다. 이처럼 각 섹션별로 변수를 배치하면, AI가 생성한 텍스트가 자동으로 해당 위치에 채워져 완성된 문서 형태로 출력됩니다.

Template 노드 역할

이처럼 Template 노드는 여러 AI 모델이 생성한 결과물을 한곳에 모아, 정해진 형식에 따라 최종 문서(예: 블로그 글)로 완성하는 역할을 수행합니다. 마치 문서 편집기에서 다양한 요소를 조립해 완성본을 만드는 과정과도 같습니다.

결론적으로, Dify의 Template 노드는 단순히 출력만 담당하는 노드가 아니라, 여러 단계를 거쳐 생성된 파편화된 정보를 통합해 최종 사용자에게 제공할 완성된 텍스트로 만들어주는 중요한 구성 요소입니다.

[8단계] 끝(End) 노드 생성

End 노드는 워크플로우의 마지막 단계로, Template 노드에서 만들어진 최종 블로그 글을 사용자에게 반환하는 역할을 합니다.

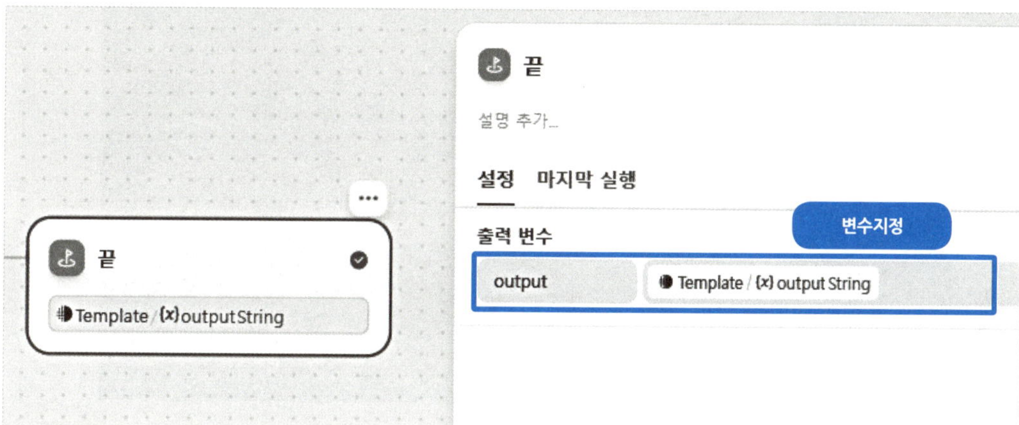

끝(End) 노드

끝 노드의 설정 핵심은 **출력 변수 지정**입니다. 이미지에 표시된 빨간 박스처럼 End 노드에서는 출력 변수(`output`)를 하나 지정해야 합니다. 이 `output` 변수는 Template 노드의 결과값(output)을 그대로 받아 최종 응답으로 전달합니다. 즉, End 노드에서는 "Template에서 만들어진 완성 문서를 그대로 사용자에게 보여 주세요"라는 설정을 하는 셈입니다.

> **왜 End 노드가 필요한가?**
>
> 워크플로우는 '반드시 하나의 출력 지점'이 필요합니다.
>
> 여러 노드에서 생성된 데이터 중 사용자에게 보여줄 값을 End 노드에서 선택하게 됩니다.

SEO 블로그 워크플로우 실행

'SEO 블로그 워크플로우'가 실제로 어떻게 동작하는지 확인해 보겠습니다. 사용자가 '오사카 여행'(keyword)과 '대학생'(audience)을 입력하자, AI는 설정된 단계에 따라 자동으로 블로그 글을 생성했습니다.

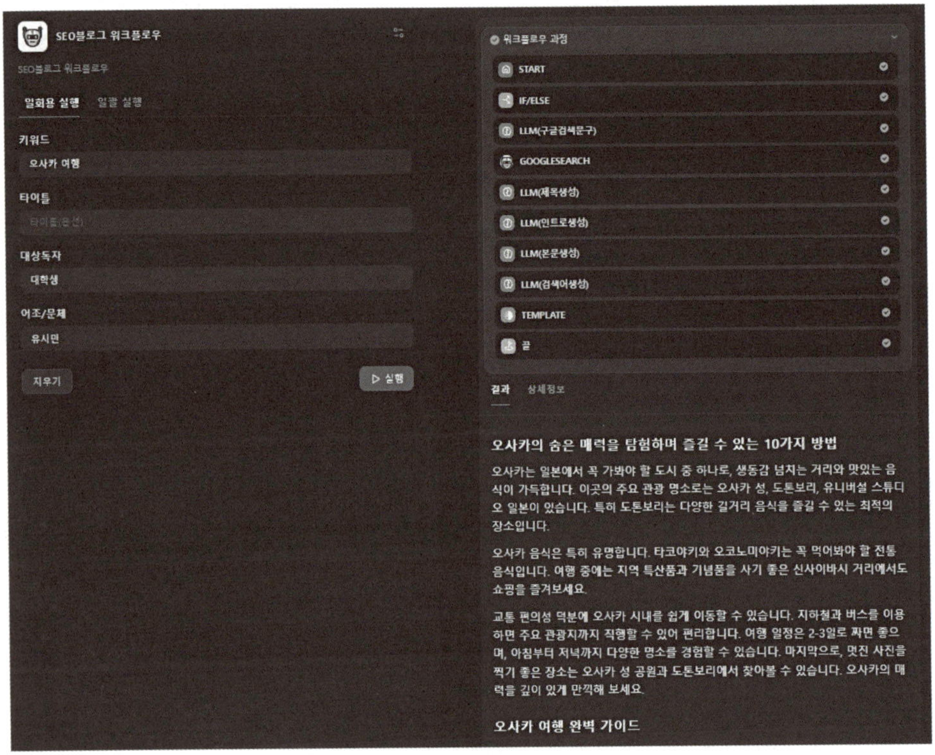

SEO블로그 워크플로우 실행 결과

우측 워크플로우 패널에서 보이는 실행 순서는 다음과 같습니다.

- START - 사용자가 입력한 `keyword`, `audience`, `tone` 등을 수집
- IF/ELSE - `title` 입력 여부에 따라 경로 분기
- LLM(구글검색문구) - 제목이 없을 경우 검색어 생성(ELSE 경로일 때만 실행)
- GOOGLESEARCH - 입력/생성된 검색 쿼리로 실시간 구글 검색 수행
- LLM(제목·인트로·본문·검색어 생성) - 검색 결과 기반으로 콘텐츠 생성
- TEMPLATE - 생성된 텍스트를 블로그 형식으로 조합
- END - 최종 결과 반환

이 과정에서 각 노드는 입력값을 분석하고, 검색 결과를 반영하며, 마지막으로 Template 노드를 통해 최종 블로그 포스팅 형태의 결과물을 완성합니다.

Dify의 워크플로우는 **AI 애플리케이션 개발의 진입 장벽을 크게 낮춘 혁신적 접근 방식**입니다.

- **노드 기반 시각적 설계**로 복잡한 로직을 쉽게 구성할 수 있고,
- **실시간 디버깅 및 데이터 흐름 추적**을 통해 문제를 빠르게 해결할 수 있으며,
- **외부 도구 통합(GoogleSearch 등)**으로 최신 정보를 기반으로 한 지능형 콘텐츠 생성이 가능합니다.

특히 이번 예제처럼 **최소한의 입력만으로도 고품질 블로그 콘텐츠를 자동 생성하는 시스템**은 AI가 단순히 정보를 나열하는 수준을 넘어, 사람이 읽기에 자연스럽고 **흥미로운 글을 만들어낼 수 있는 단계**로 진화하고 있음을 보여줍니다.

6.4 워크플로우 테스트와 디버깅

블로그 자동생성 워크플로우 구성을 모두 마쳤다면, 서비스로 배포하기 전에 각 노드가 기대한 대로 작동하는지 반드시 확인해야 합니다. 이를 위해 Dify는 워크플로우를 실제로 실행해 노드별 입력·출력 흐름을 점검하는 Test Run(테스트 실행) 기능을 제공합니다.

Test Run은 워크플로우의 실행 순서와 데이터 전달 과정을 한눈에 확인하고, 예상치 못한 오류를 빠르게 발견할 수 있는 핵심 디버깅 도구입니다.

Test Run의 개념과 목적

Test Run을 통해 다음 세 가지를 확인합니다.

- 워크플로우가 설정한 순서대로 정상 실행되는가?
- 각 노드에 전달되는 입력·출력이 정상적인가?
- 오류가 발생하는 지점이 어디인가?

Test Run을 실행하면 오른쪽의 패널에서 노드별 실행 단계가 색상(성공/대기/오류)으로 표시되며, 각 노드를 클릭해 입력값과 출력값을 바로 확인할 수 있습니다.

이 기능은 단순한 동작 검사가 아니라, "AI가 의도한 흐름대로 사고하고 응답하는지"를 점검하는 품질 보증 절차입니다. 특히 여러 LLM 노드와 외부 도구가 함께 동작하는 복합 워크플로우에서는 Test Run으로 전체 로직이 실제 데이터와 맞물려 작동하는지 확인하는 과정이 필수적입니다.

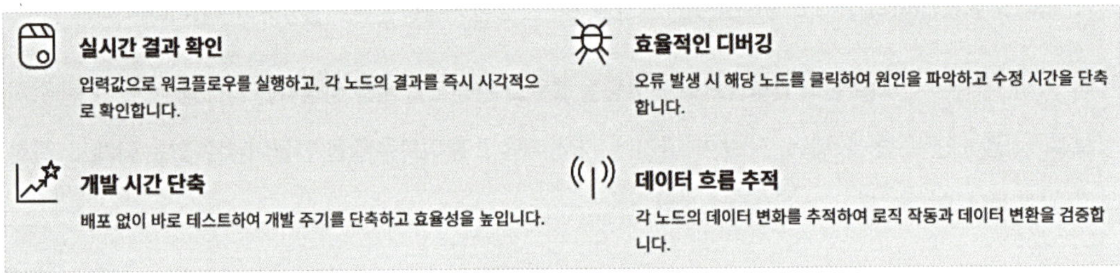

Test Run 주요 기능

Test Run 실행하기

워크플로우 구성을 모두 마쳤다면 이제 Test Run을 실행하여 실제 동작을 확인해 봅니다.

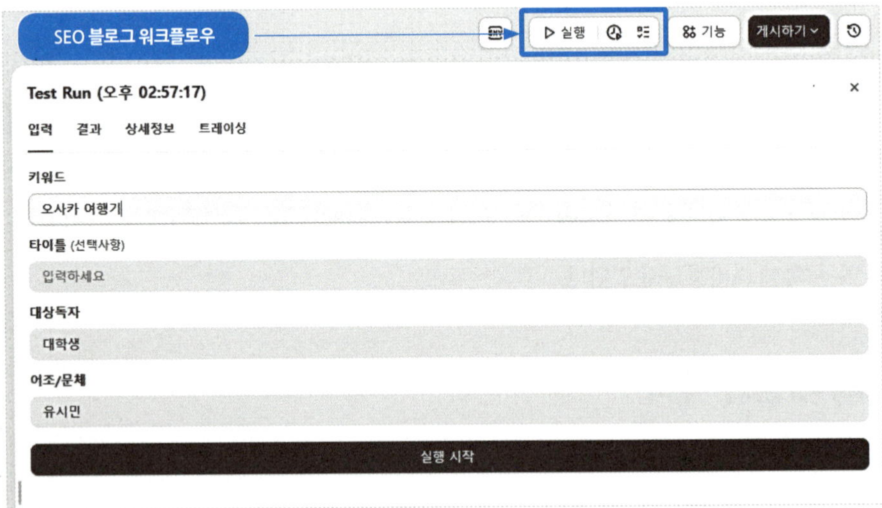

[1단계] 실행 준비 - 입력값 설정

01 먼저 워크플로우 편집 화면의 상단 툴바에서 [실행] 버튼을 클릭합니다.

02 오른쪽에 Test Run 창이 열리면, 시작(Start) 노드에서 정의한 입력 변수를 직접 입력할 수 있습니다. 예를 들어 SEO 블로그 워크플로우에서는 다음과 같이 값을 입력합니다.

- 키워드: 오사카 여행
- 타이틀: (비워둠)
- 대상독자: 대학생
- 어조/문체: 유시민

입력값은 이후 조건문, GoogleSearch, LLM 노드 등 다음 단계로 그대로 전달되며 Test Run은 이 흐름이 정상적으로 이어지는지를 확인하는 데 사용됩니다.

[2단계] 실행 및 흐름 확인

03 입력값을 설정한 후, [실행 시작] 버튼을 클릭하면 워크플로우가 순차적으로 동작하기 시작합니다. Test Run 창에서는 다음과 같은 정보를 실시간으로 확인할 수 있습니다.

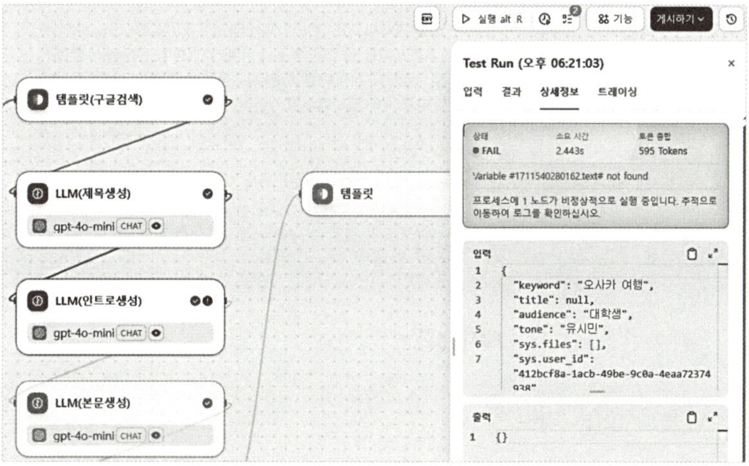

- 녹색 표시: 노드가 정상적으로 실행됨
- 회색 표시: 아직 실행되지 않음 (대기 상태)
- 빨간색 표시: 오류 발생

각 노드를 클릭하면 해당 노드가 어떤 입력을 받아 어떤 결과를 출력했는지 즉시 확인할 수 있습니다. 예를 들어 IF/ELSE 노드는 제목 입력 여부를 판단하고, GoogleSearch 노드는 검색 문구를 기반으로 실제 검색을 수행합니다.

이 과정을 통해 데이터가 어디서 어떻게 이동하고 변환되는지 한눈에 파악할 수 있습니다.

[3단계] 실행 결과 확인

04 모든 노드가 실행되면 Test Run 창 하단에 End 노드의 출력 결과가 표시됩니다. 이 영역에서 워크플로우가 생성한 최종 블로그 글을 다음과 같이 직접 확인할 수 있습니다.

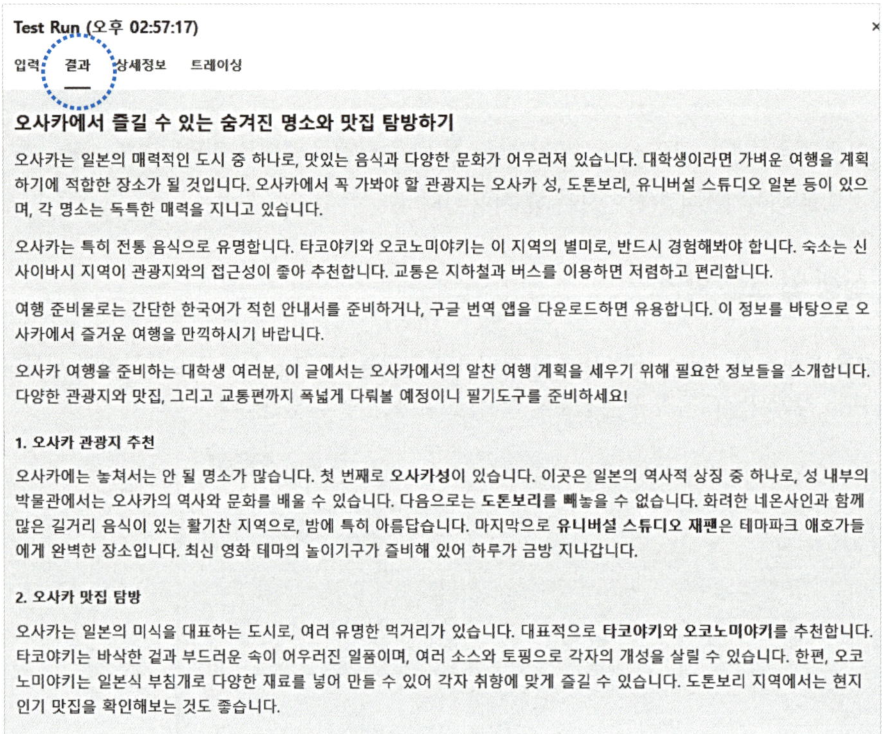

Test Run (오후 02:57:17)

입력 결과 상세정보 트레이싱

오사카에서 즐길 수 있는 숨겨진 명소와 맛집 탐방하기

오사카는 일본의 매력적인 도시 중 하나로, 맛있는 음식과 다양한 문화가 어우러져 있습니다. 대학생이라면 가벼운 여행을 계획하기에 적합한 장소가 될 것입니다. 오사카에서 꼭 가봐야 할 관광지는 오사카 성, 도톤보리, 유니버설 스튜디오 일본 등이 있으며, 각 명소는 독특한 매력을 지니고 있습니다.

오사카는 특히 전통 음식으로 유명합니다. 타코야키와 오코노미야키는 이 지역의 별미로, 반드시 경험해봐야 합니다. 숙소는 신사이바시 지역이 관광지와의 접근성이 좋아 추천합니다. 교통은 지하철과 버스를 이용하면 저렴하고 편리합니다.

여행 준비물로는 간단한 한국어가 적힌 안내서를 준비하거나, 구글 번역 앱을 다운로드하면 유용합니다. 이 정보를 바탕으로 오사카에서 즐거운 여행을 만끽하시기 바랍니다.

오사카 여행을 준비하는 대학생 여러분, 이 글에서는 오사카에서의 알찬 여행 계획을 세우기 위해 필요한 정보들을 소개합니다. 다양한 관광지와 맛집, 그리고 교통편까지 폭넓게 다뤄볼 예정이니 필기도구를 준비하세요!

1. 오사카 관광지 추천

오사카에는 놓쳐서는 안 될 명소가 많습니다. 첫 번째로 **오사카성**이 있습니다. 이곳은 일본의 역사적 상징 중 하나로, 성 내부의 박물관에서는 오사카의 역사와 문화를 배울 수 있습니다. 다음으로는 **도톤보리**를 빼놓을 수 없습니다. 화려한 네온사인과 함께 많은 길거리 음식이 있는 활기찬 지역으로, 밤에 특히 아름답습니다. 마지막으로 **유니버설 스튜디오 재팬**은 테마파크 애호가들에게 완벽한 장소입니다. 최신 영화 테마의 놀이기구가 즐비해 있어 하루가 금방 지나갑니다.

2. 오사카 맛집 탐방

오사카는 일본의 미식을 대표하는 도시로, 여러 유명한 먹거리가 있습니다. 대표적으로 **타코야키**와 **오코노미야키**를 추천합니다. 타코야키는 바삭한 겉과 부드러운 속이 어우러진 일품이며, 여러 소스와 토핑으로 각자의 개성을 살릴 수 있습니다. 한편, 오코노미야키는 일본식 부침개로 다양한 재료를 넣어 만들 수 있어 각자 취향에 맞게 즐길 수 있습니다. 도톤보리 지역에서는 현지 인기 맛집을 확인해보는 것도 좋습니다.

예시 결과

실행 결과를 분석해 보면 다음과 같습니다.

- 결과 탭: 상단의 '결과' 탭에서는 최종 출력물을 확인할 수 있습니다. '입력' 탭은 사용자의 초기 입력값을, '상세정보'와 '트레이싱' 탭은 각 노드의 실행 과정을 단계별로 보여줍니다.
- 콘텐츠 생성: 워크플로우는 사용자가 입력한 값(예: 키워드 - 오사카 여행, 대상 독자 - 대학생, 어조/문체 - 유시민)에 맞춰 「오사카에서 즐길 수 있는 숨겨진 명소와 맛집 탐방하기」라는 블로그 초안이 생성되었습니다.
- 구조화된 결과: 생성된 콘텐츠는'1. 오사카 관광지 추천', '2. 오사카 맛집 탐방'과 같은 소제목이 포함되어 있으며, 논리적으로 구성된 단락 형태로 완성되었습니다

이 결과는 조건문, GoogleSearch, 여러 LLM 노드가 올바르게 연결되어 작동했음을 의미합니다.

상세정보 탭으로 데이터 점검하기

'상세정보' 탭에서는 워크플로우 실행 과정에서 사용된 입력값과 출력값을 한 화면에서 비교할 수 있습니다. 상단에는 실행 상태와 토큰 사용량 등이 표시되며, 아래에는 실행 시점의 입력 데이터와 End 노드가 생성한 최종 출력이 나란히 나타납니다.

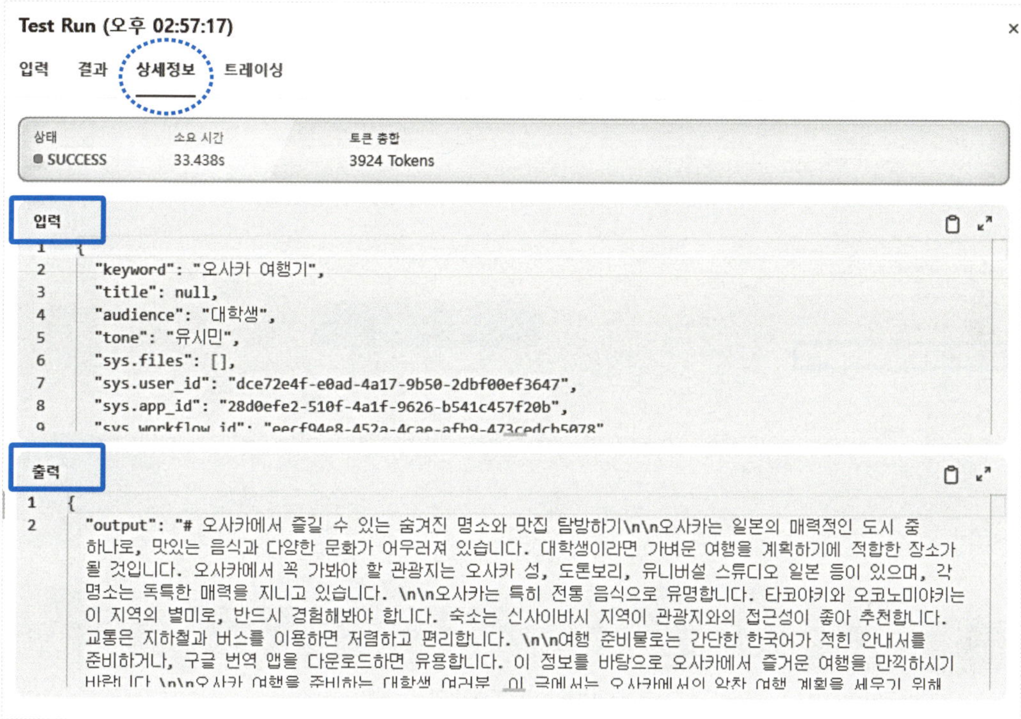

- 입력: 워크플로우 실행 시 사용자가 제공한 초기 데이터가 JSON 형식으로 표시됩니다. 이 입력값은 시작(Start) 노드에서 정의된 변수이며, 이후 조건문·검색·LLM 노드로 전달됩니다.
- 출력: 모든 노드가 실행된 뒤 생성된 최종 결과가 출력 영역에 표시됩니다. 출력값은 End 노드의 `output` 변수에 담기며, 실제 생성된 블로그 본문이 포함됩니다.

이를 통해 LLM이 어떤 입력을 기반으로 어떤 결과를 생성했는지 명확하게 파악할 수 있으며, 프롬프트 조정이나 모델 최적화가 필요한 부분도 쉽게 확인할 수 있습니다. 예상과 다른 결과가 나왔을 경우, 이 탭에서 입력·출력 데이터를 비교하면 문제 원인을 빠르게 찾을 수 있습니다.

트레이싱(Tracing)으로 실행 흐름 분석하기

'트레이싱' 탭은 워크플로우의 실행 과정을 트리 구조로 시각화하여, 노드가 어떤 순서로 작동했고 어떤 데이터가 오갔는지를 한눈에 보여줍니다.

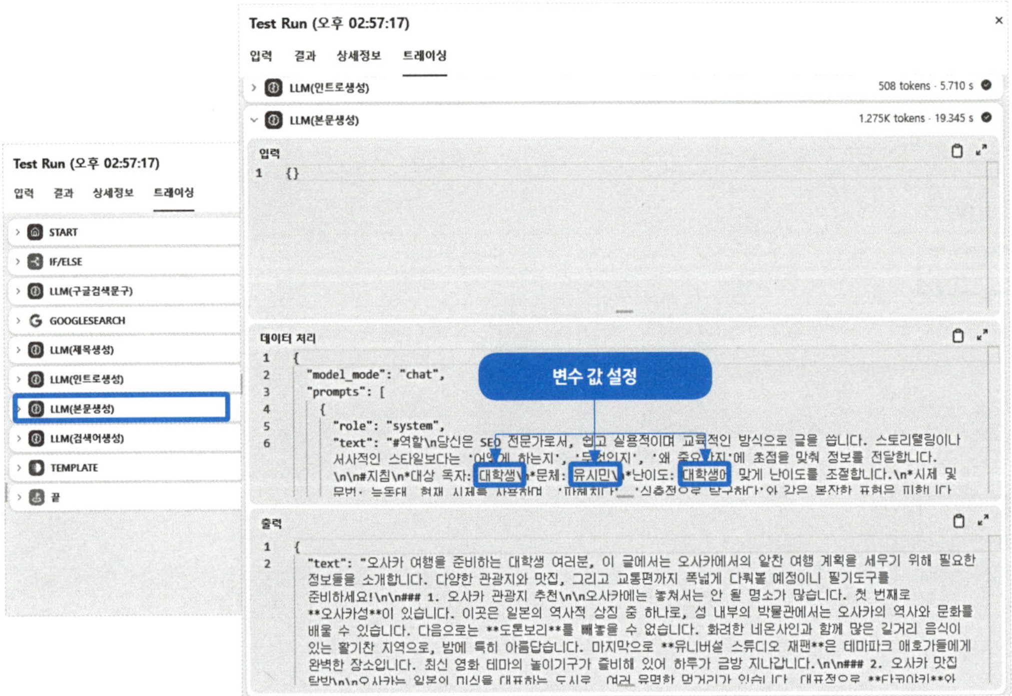

Test Run 트레이싱

이 탭에서는 다음과 같은 내용을 확인할 수 있습니다.

- 실행 순서 표시: 각 노드의 실행 흐름이 트리 형태로 표시됩니다.
- 노드별 상세 정보: 특정 노드를 선택하면 그 노드의 입력, 출력, 프롬프트 내용을 확인할 수 있습니다.
- 데이터 투명성 확보: 특정 LLM 노드에 전달된 실제 문장까지 그대로 확인할 수 있습니다.

예를 들어 "LLM(본론생성)" 노드를 선택하면, 입력값으로 "오사카 여행을 준비하는 대학생 여러분"이 전달된 것을 확인할 수 있으며, '어조/문체: 유시민'과 같은 스타일 정보도 함께 포함되어 있음을 볼 수 있습니다.

트레이싱은 단순히 오류를 찾는 용도만이 아닙니다. "내 워크플로우가 실제로 어떤 데이터를 주고받는가?"를 시각적으로 학습하는 데에도 큰 도움이 됩니다.

GoogleSearch JSON 데이터 처리 문제와 해결

GoogleSearch 노드는 텍스트가 아닌 JSON 형식으로 반환합니다. 따라서 text 필드는 비어 있고 실제 데이터는 `json` 객체 안에 포함되어 있습니다. 이 특성은 이후 LLM 노드와 연결할 때 반드시 고려해야 합니다.

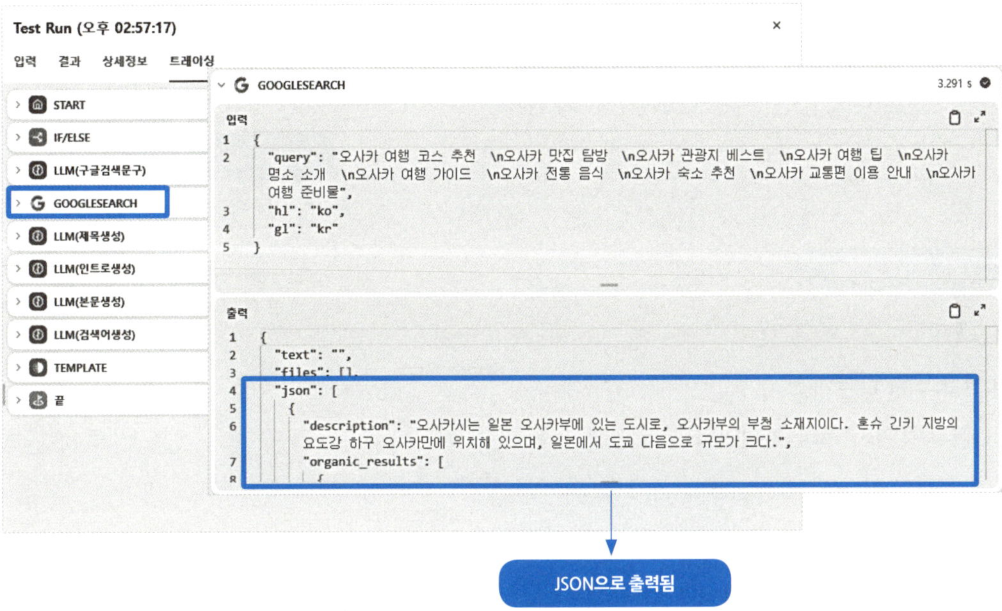

트레이싱 GOOGLESEARCH

LLM 노드 입력 오류 원인

문제는 LLM 노드가 JSON 전체를 직접 읽지 못하고, 문자열(text) 또는 파일(files) 형식만 입력으로 받을 수 있다는 점입니다. 따라서 LLM 노드의 입력을 `@GoogleSearch.text`로 연결하면 빈 문자열("")이 전달되어 정상적으로 제목이나 본문을 생성할 수 없습니다.

Test Run을 실행해 보면 `text` 필드에는 값이 없고, JSON 데이터는 존재하지만 LLM이 이를 인식하지 못하는 상태임을 확인할 수 있습니다.

이 문제를 해결하려면, 출력 참조를 `text`에서 `json`으로 변경해야 합니다.

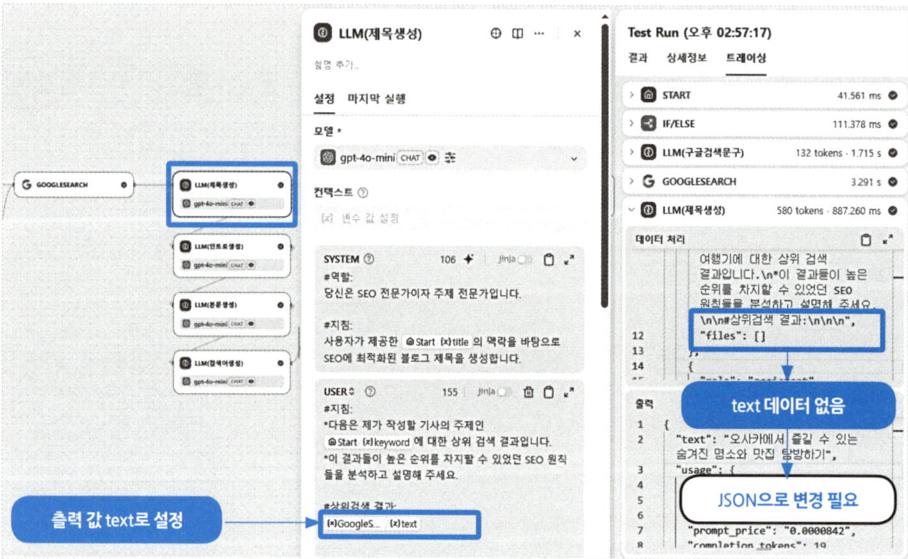

LLM 노드의 입력 제한

JSON과 같이 구조화된 데이터는 직접 해석하지 못하기 때문에, GoogleSearch 노드의 결과를 그대로 연결하면 LLM은 입력값을 읽지 못하고 프롬프트만 수행하게 됩니다.

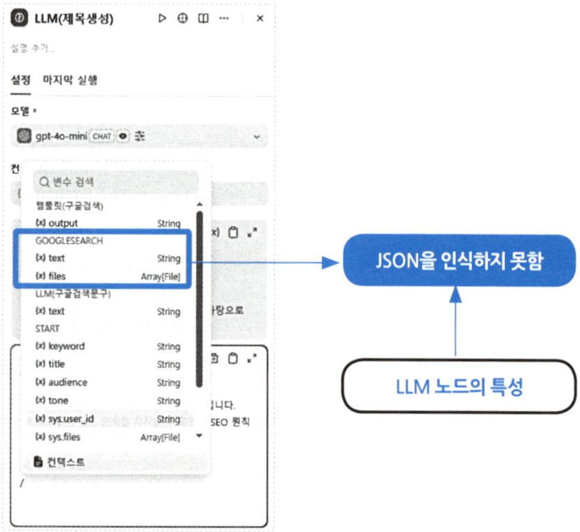

해결 방법: 템플릿 노드 활용

이 문제는 중간에 **템플릿 노드**를 두어 JSON에서 필요한 정보만 꺼내 **문자열로 변환**하면 간단히 해결됩니다.

- 템플릿 노드 추가: GoogleSearch와 LLM 사이에 위치시킵니다.
- 입력 변수 설정: `result = @GoogleSearch.json`
- 데이터 가공: `{{ result }}` 구문을 활용해 필요한 필드(예: description)만 추출

이 단계에서 Template 노드는 JSON을 **순수 텍스트(String)** 형태로 변환하는 역할을 합니다.

템플릿 노드 활용과 LLM 입력 수정

앞선 문제를 해결하기 위해 중간에 템플릿(Template) 노드를 추가해 JSON 데이터를 텍스트로 변환하는 과정이 필요합니다.

템플릿 노드 추가하기

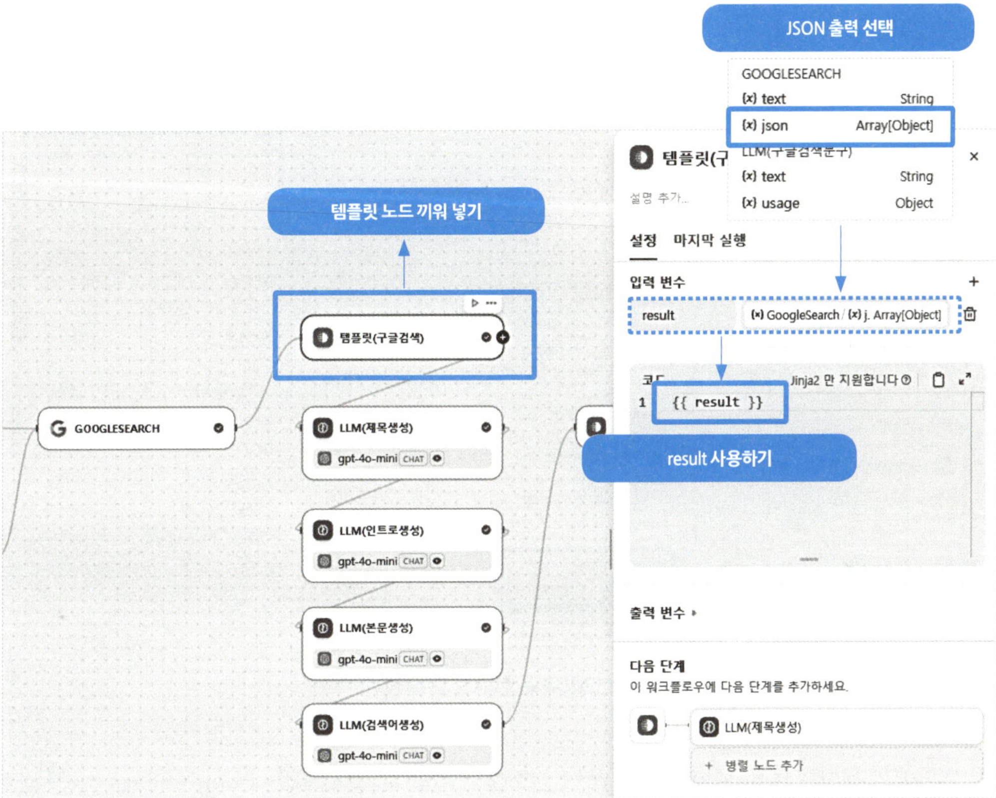

01 워크플로우에 템플릿 노드를 추가하고, 이를 GoogleSearch 노드와 LLM 노드 사이에 위치시킵니다. 이 노드는 중간 단계에서 데이터 형식을 변환하는 역할을 합니다.

02 입력 변수 이름을 `result`로 지정하고, `@GoogleSearch.json`을 연결합니다. 이제 GoogleSearch가 반환한 JSON 데이터 전체가 템플릿 노드로 전달됩니다.

03 템플릿 본문에서 `{{ result }}` 문법을 사용하면, 전달받은 JSON 데이터를 텍스트로 출력할 수 있습니다. 개발자는 이 단계에서 JSON 객체 내의 특정 필드(예: organic_results의 description이나 title)만 추출하거나, 여러 검색 결과를 하나의 텍스트로 결합하는 등의 작업을 수행할 수 있습니다.

LLM 노드에 템플릿 결과 입력하기

이제 LLM(제목생성) 노드가 GoogleSearch 대신 템플릿 노드에서 변환된 데이터를 입력으로 받도록 설정합니다.

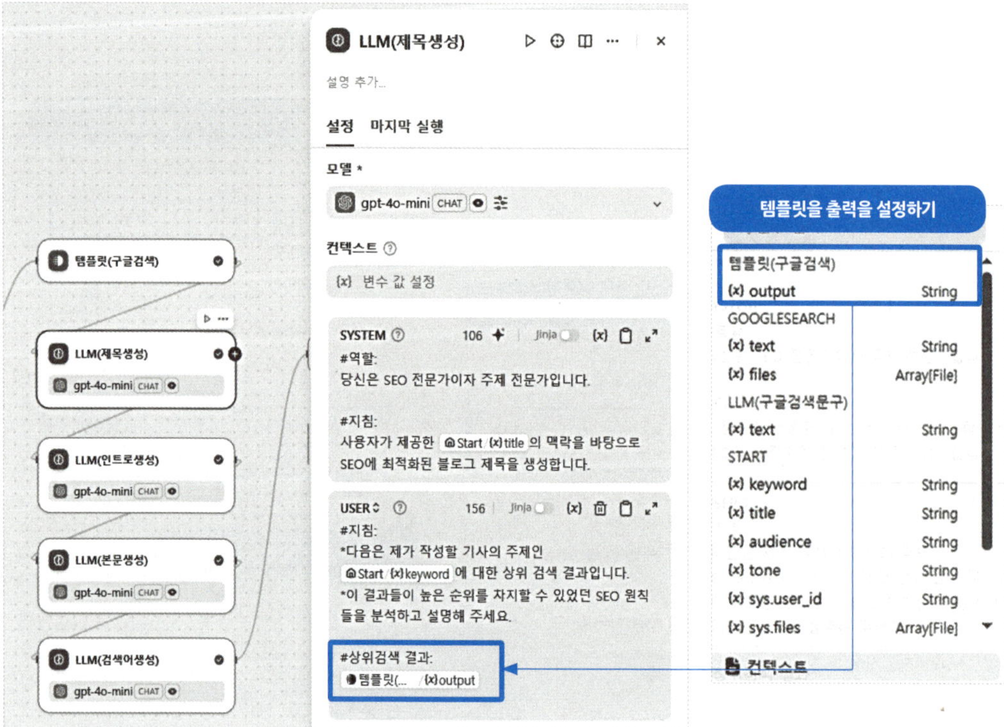

LLM(제목생성) 노드 수정

04 기존에 사용하던 `@GoogleSearch.text` 참조를 삭제합니다. 이전에는 GoogleSearch 노드의 출력을 직접 참조했지만, 이 방식은 JSON 형식의 데이터를 LLM이 읽지 못하는 오류의 원인이었습니다.

05 새로 생성된 `@템플릿(구글검색).output` 변수를 선택합니다. 이 값은 템플릿 노드에서 가공된 텍스트(String) 형식의 데이터입니다.

이제 LLM 노드는 템플릿에서 변환된 텍스트를 정상적으로 입력받아 제목 생성 작업을 수행할 수 있습니다.

실행 결과 확인

이 과정을 거치면 GoogleSearch 검색 결과가 텍스트 형태로 LLM에 전달되기 때문에, 제목생성·본문생성과 같은 후속 LLM 노드에서 검색 정보를 정확히 활용할 수 있습니다.

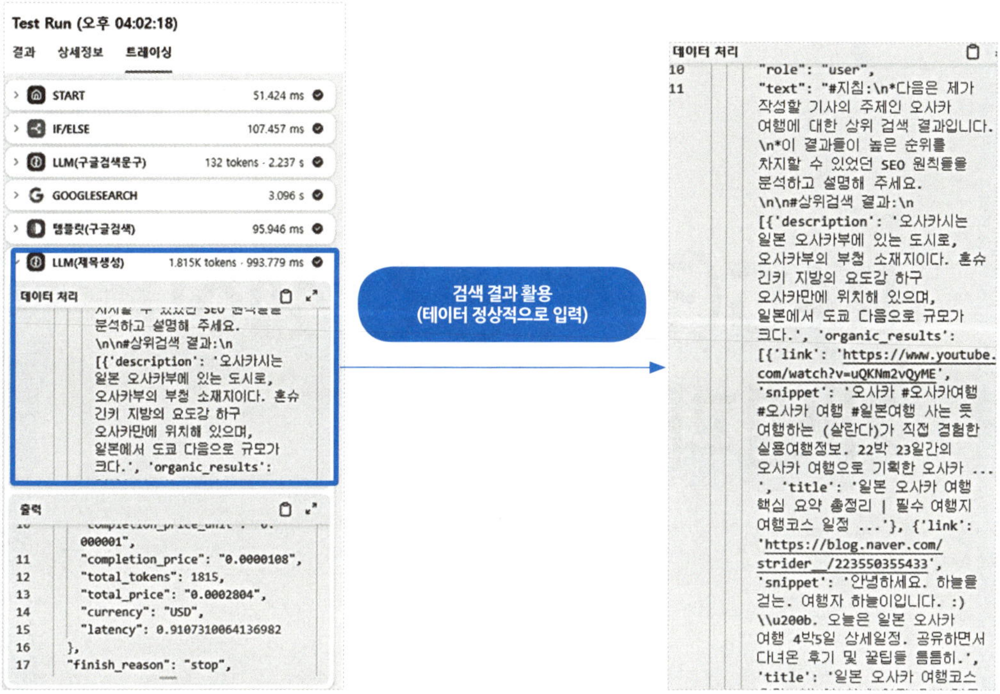

- GoogleSearch는 JSON을 반환한다
- LLM은 JSON을 직접 읽지 못한다
- 템플릿 노드로 JSON을 텍스트(String)로 변환해야 한다
- LLM 입력을 `템플릿.output`으로 설정하면 문제가 해결된다

이 방식은 템플릿 노드를 데이터 변환의 중간 단계로 활용해 워크플로우의 안정성과 효율성을 높이는 핵심 기법입니다. 이를 통해 외부 도구와의 연동에서 발생하는 형식 불일치 문제를 해결하고, 보다 신뢰성 있는 AI 자동화 시스템을 구축할 수 있습니다.

7장

RAG(검색 증강 생성) 개념과 활용

이 장의 학습목표

- RAG의 개념과 필요성을 이해합니다.
- LLM, 임베딩(Embedding), 벡터 데이터베이스(Vector DB)의 관계를 파악합니다.
- Dify에서 문서를 기반으로 한 RAG 워크플로우를 구성합니다.
- 청크(Chunk) 분할, 임베딩, 검색 방식 설정의 과정을 실습합니다.
- 외부 지식을 활용한 AI 응답 구조를 설계하고 결과를 검증합니다.

RAG 검색증강생성 LLM 임베딩 벡터DB 지식검색 근거기반AI

앞선 장에서는 AI가 스스로 문서를 분석하고 자동으로 결과를 생성하는 워크플로우를 구축했습니다. 이번 장에서는 그보다 한 단계 발전한 개념인 RAG 기술을 배웁니다.

RAG는 LLM이 이미 학습한 지식만으로 답변하는 방식을 넘어, **외부 데이터나 최신 문서를 검색하여 참고한 뒤 답변을 생성하는 방식**입니다. 즉, LLM이 가진 언어 생성 능력에 '검색' 기능을 결합하여, 정확하고 근거 기반의 응답을 만드는 기술입니다.

예를 들어, "최근 변경된 우리 회사의 인사 규정이 뭐야?"라고 물었을 때, 일반적인 AI는 회사 내부 정보를 알 수 없어 대답하지 못합니다. 하지만 RAG를 적용하면 사내 규정집을 검색하여 "2025년 개정된 규정에 따르면..."이라며 정확한 근거를 들어 답변할 수 있습니다.

이처럼 RAG는 AI의 정확성과 신뢰성을 강화하는 핵심 기술로, 실무 환경에서 지식형 챗봇이나 문서 검색형 어시스턴트를 구현할 때 필수적으로 사용됩니다.

> 이번 장에서는 Dify를 활용해 RAG의 원리를 이해하고, PDF 문서를 기반으로 똑똑하게 답변하는 지식 검색 시스템을 직접 구현해 보겠습니다.

https://github.com/multicore-it/dify : 10.RAG 기본개념과 다양한 생성방식

7.1 RAG의 기본 개념

AI 모델은 방대한 데이터를 학습해 방대한 지식을 갖추고 있지만, 최신 정보나 특정 문서의 세부 내용은 모르는 경우가 많습니다. 모델이 한 번 학습된 후에는 새로운 지식이 실시간으로 업데이트되지 않기 때문입니다.

예를 들어, "이번 달에 새로 발표된 AI 윤리 가이드라인의 핵심은?"이라고 물으면 기존 LLM은 학습 시점 이후의 데이터를 모르기 때문에 내용을 추측하거나, 사실이 아닌 내용을 그럴듯하게 지어낼 수 있습니다. 우리는 이런 현상을 '환각(Hallucination)'이라고 합니다.

이 문제를 해결하기 위한 기술이 바로 RAG입니다. RAG는 AI가 자신의 지식에만 의존하지 않고, 외부 데이터베이스나 문서를 검색(Retrieval)한 뒤 그 내용을 기반으로 답변을 생성(Generation)하는 방식으로 작동합니다.

RAG의 동작 흐름은 다음과 같습니다.

- **1. 사용자 질문 입력:** 사용자가 "최근 출시된 갤럭시 모델의 주요 기능은?"이라고 묻습니다.
- **2. 외부 데이터 검색(Retrieval):** LLM은 자체 지식 대신, 외부 문서나 데이터베이스에서 '갤럭시 S25 모델' 관련 최신 정보를 검색합니다.
- **3. 참고 정보 전달:** 검색된 내용(예: "S25는 5,000만 화소 카메라와 AI 이미지 보정 기능 탑재")이 LLM에 전달됩니다.
- **4. 최종 답변 생성(Generation):** LLM은 제공받은 정보를 바탕으로 자연스럽고 완성도 높은 문장으로 답변을 생성합니다.

이 과정은 마치 "시험장에서 참고서를 함께 보는 학생"과 같습니다. 기억만으로 답을 쓰는 대신, 참고서를 찾아 필요한 정보를 보고 그 내용을 정리해 답을 작성하는 과정과 같습니다.

즉, RAG는 AI가 "지식 기반 대화"를 할 수 있도록 만드는 핵심 기술입니다. 특히 Dify처럼 RAG 기능을 내장한 플랫폼을 활용하면 PDF, 문서, 데이터베이스를 실시간 검색하여 답변을 생성하는 시스템을 손쉽게 구축할 수 있습니다.

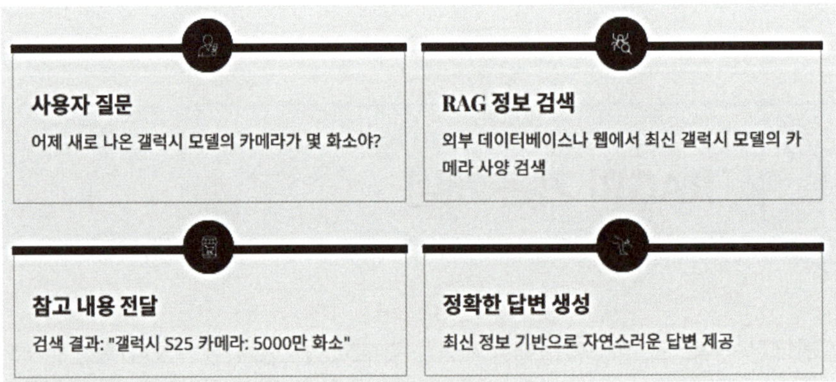

RAG 작동 방식

7.2 RAG가 필요한 이유

AI 모델은 대량의 데이터를 학습하여 언어를 이해하고 문장을 생성할 수 있지만, 그 능력에는 **명확한 한계**가 있습니다. LLM은 학습된 시점 이후의 새로운 사실을 알 수 없고, 특정 조직 내부의 문서나 최신 정책 정보를 반영하지 못합니다. 이 때문에 실제 업무에서 LLM을 그대로 사용하면 다음과 같은 문제가 자주 발생합니다.

최신 정보 반영의 한계

LLM은 '특정 시점까지'의 데이터를 기반으로 학습합니다. 따라서 "올해 개정된 개인정보보호법의 주요 변경점은?"과 같은 질문에는 정확한 답변을 제공하기 어렵습니다.

예를 들어 ChatGPT에게 "Dify 2025 버전의 신규 기능은 무엇인가요?"라고 물으면 실제 정보 대신 과거 버전의 내용을 근거로 답할 가능성이 높습니다.

근거 없는 추측(환각, Hallucination)

LLM은 모르는 내용을 질문받으면, 그럴듯하게 보이는 문장을 만들어내는 경향이 있습니다. 이는 인간의 "모르면 추측하기"와 비슷하지만, AI의 추측은 종종 **사실과 다른 정보를 확신에 찬 어조로 제시**한다는 점에서 더 위험합니다.

예를 들어 "한국의 인공지능 산업을 담당하는 정부 부처는 어디인가요?" 라고 물었을 때, AI 모델이 '과학기술정보통신부'라고 답할 수도 있지만, 특정 상황에서는 '산업통상자원부'나 '디지털정책위원회' 등 존재하지 않거나 잘못된 기관명을 생성할 수도 있습니다.

특정 문서나 내부 데이터 접근 불가

LLM은 인터넷에 공개된 데이터로 학습되기 때문에 기업 내부의 매뉴얼, 연구 보고서, PDF 자료 등 **비공개 데이터**를 직접 활용할 수 없습니다. 하지만 실제 업무에서는 이런 문서 기반 정보가 훨씬 더 중요합니다.

예를 들어 "우리 회사의 휴가 규정에 따르면 연차 사용 절차는?" → 일반적인 AI는 답변할 수 없지만, 회사 규정 문서를 연결한 RAG 시스템이라면 해당 문서에서 정확한 절차를 찾아 제시할 수 있습니다.

RAG의 필요성: 한계를 해결하다

이러한 문제를 해결하기 위해 RAG(검색 증강 생성) 기술이 등장했습니다. RAG는 AI가 응답을 생성하기 전에 외부 데이터베이스, 내부 문서, 웹 자료를 검색하여 최신 정보를 보강합니다.

즉, LLM의 언어 생성 능력과 검색 시스템의 실시간 데이터 접근 능력을 결합한 형태입니다. 이 덕분에 RAG를 적용하면 다음과 같은 장점이 생깁니다.

- 최신 정보 반영: 외부 문서 검색으로 최신 데이터 활용
- 정확도 향상: 실제 문서를 근거로 답변 생성
- 보안성 강화: 기업 내부 문서 검색 기반의 지식형 챗봇 구현
- 업무 효율 향상: 반복적인 문서 조회·정리 작업 자동화

7.3 RAG 워크플로우 구조 이해하기

RAG는 검색(Retrieval)과 생성(Generation)이 결합된 구조로, AI가 외부 데이터를 참고하여 더 정확한 답변을 생성하도록 돕는 기술입니다. 이때 단순히 검색과 답변을 번갈아 수행하는 것이 아니라, **서로 다른 구성요소가 협력하여 작동하는 하나의 워크플로우**로 이해하는 것이 중요합니다.

RAG의 핵심 구성요소와 작동 단계

RAG는 크게 다음 **4단계**로 이루어져 있습니다. 단계마다 중요한 역할을 담당하는 구성요소가 존재하며, LLM(대규모 언어 모델)의 성능을 극대화하고 답변의 정확성을 보장하기 위해 여러 전문화된 구성요소들이 유기적으로 결합되어 작동하는 고급 시스템입니다.

1단계: 질문 입력(Input) → LLM과 임베딩 모델

사용자가 질문을 입력하면, 먼저 LLM이 이를 해석하고 의미를 분석합니다. 이때 문장은 단순한 문자열이 아닌, **임베딩(Embedding) 모델**을 통해 숫자 형태의 벡터로 변환됩니다. 이 벡터는 단어의 표면적 의미가 아니라, "문맥적 유사성"을 기반으로 데이터를 연결할 수 있는 형태입니다.

예를 들어 "Dify 워크플로우 자동화란?"이라는 질문은 '자동화', '노드', '프로세스' 등 개념적으로 유사한 정보를 찾는 벡터로 변환됩니다.

TIP

- **임베딩 모델:** 문장을 벡터(숫자의 배열)로 변환
- **LLM:** 질문의 의미를 파악하고 검색, 생성 과정에서 활용

2단계: 문서 검색(Retrieval) → Vector DB (벡터 데이터베이스)

생성된 질문 벡터는 Vector DB로 전달되고, 데이터베이스는 저장된 문서 벡터와의 거리를 계산해 가장 유사한 청크(Chunk)를 검색합니다.

이 검색 과정은 단순한 키워드 매칭이 아니라 의미 기반 검색(Semantic Search) 방식입니다. 문장의 표현이 달라도, 의미가 비슷하면 관련 문서를 찾아냅니다.

예를 들어 "워크플로우 자동화란?"이라는 질문에 대해 Vector DB는 "워크플로우 노드 구성", "자동화 단계 설계"와 같은 관련 단락을 포함하는 문서 조각(청크, Chunk)을 검색해 반환합니다.

3단계: 정보 결합(Combination) → 프롬프트 또는 템플릿 구성

검색된 문서 중 상위 결과(Top K)는 **사용자의 질문과 함께 하나의 입력 프롬프트**로 결합됩니다. 이때 템플릿 노드나 프롬프트 엔지니어링 기법을 사용하여 LLM에게 "검색 결과를 바탕으로 사용자 질문에 답변하라"는 명령을 명시적으로 전달합니다.

예를 들면 "다음 문서 내용을 참고하여 사용자의 질문에 답변하세요."

- [검색된 문서 요약 내용 삽입]
- [사용자 질문 삽입]
- **템플릿 노드(Template Node):** 검색 결과와 질문을 연결
- **프롬프트 구성(Prompt Engineering):** LLM의 응답 형식과 문체 제어

4단계: 답변 생성(Generation) → LLM + 재랭크 모델

마지막으로 **LLM**은 검색된 문서와 질문이 결합된 입력을 기반으로 자연스럽고 신뢰성 있는 답변을 생성합니다. 이 단계에서 LLM은 단순한 언어 생성기가 아니라, **검색 정보를 종합해 '근거 있는 응답'을 구성하는 요약자이자 판단자**로 작동합니다.

또한 일부 시스템에서는 **재랭크(Re-rank) 모델**을 사용해 검색된 결과의 관련성을 다시 평가하고, LLM이 참고할 문서의 순서를 자동으로 조정합니다. 이를 통해 **더 정확하고 근거 중심적인 답변**을 얻을 수 있습니다.

LLM (거대 언어 모델)

사용자의 질문을 이해하고 외부 정보를 기반으로 최종 답변을 생성하는 RAG 시스템의 '두뇌'입니다.

임베딩 모델

텍스트를 AI가 이해하는 '의미 있는 벡터'로 변환하여, 질문과 문서 간의 유사도를 수학적으로 계산합니다.

Vector DB (벡터 데이터베이스)

방대한 지식 베이스를 벡터 형태로 저장하고, 사용자의 질문 벡터와 유사한 정보를 빠르게 찾아냅니다.

재랭크 모델

벡터 검색으로 추출된 문서들의 관련성을 재평가하여, LLM에 전달할 가장 신뢰성 있는 정보를 선별합니다.

RAG 핵심 구성요소

7.4 Dify에서 RAG 구현하기

앞서 RAG의 개념과 구조를 살펴보았다면, 이번에는 이를 Dify 환경에서 실제로 구현하는 방법을 알아보겠습니다. Dify는 RAG 구축에 필요한 단계들을 모두 노코드 방식으로 제공하므로, 복잡한 코드를 작성하지 않아도 문서를 학습하고 검색해 답변을 생성하는 지식형 AI 챗봇을 손쉽게 만들 수 있습니다.

RAG 작동 구조 미리보기

다음 그림은 Dify에서 구현하게 될 RAG의 전체 흐름을 정리한 것입니다. 사용자의 질문이 입력되면, LLM이 이를 분석하고 임베딩 모델이 의미를 벡터로 변환합니다. 변환된 벡터는 Vector DB에서 관련 문서를 검색하는 데 활용되며, 검색된 문서는 재랭크(Re-rank) 모델을 통해 중요도 순으로 정렬됩니다. 마지막으로 LLM은 이 문서들을 참고해 근거 기반의 답변을 생성합니다.

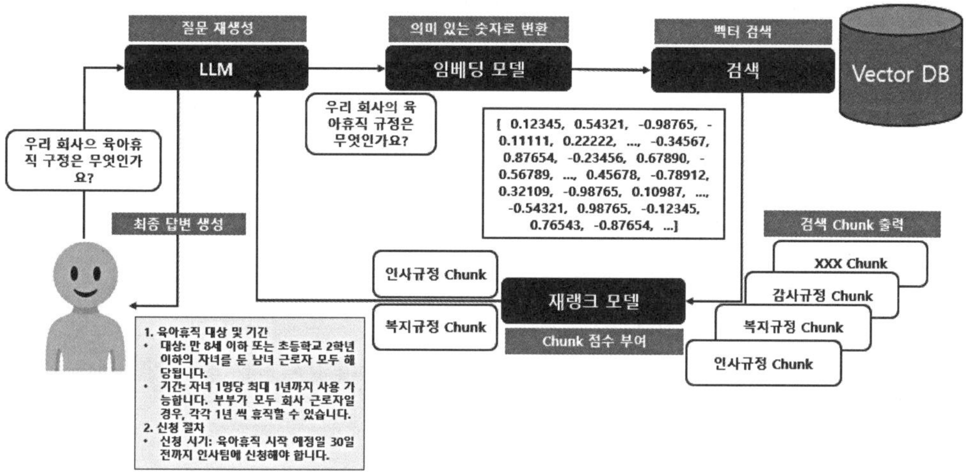

즉, 7.3절에서 설명한 입력 → 검색 → 결합 → 생성 흐름이 실제로 Dify 내부에서는 이렇게 단계별 구성으로 구현됩니다. 이제 이 구조를 실제 Dify 환경에서 하나씩 만들어 보겠습니다.

1. 문서 업로드 - RAG의 시작점

RAG의 모든 과정은 문서 데이터를 AI가 접근할 수 있도록 업로드하는 것에서 시작합니다. Dify에서는 '지식베이스(Knowledge Base)' 기능을 통해 PDF, TXT, DOCX, CSV 등 다양한 형식의 문서를 추가할 수 있습니다.

이 단계에서 중요한 점은 AI가 참고할 수 있는 문서를 먼저 확보하는 것입니다. RAG의 모든 과정은 이 문서를 기반으로 진행됩니다.

2. 텍스트 분할(Chunking) - 검색 효율을 높이기 위한 문서 단위 분리

대부분의 문서는 수천 단어로 이루어져 있습니다. AI가 이 긴 문서를 한 번에 처리하기 어렵기 때문에, Dify는 문서를 작은 단위의 텍스트 조각(청크, Chunk)으로 자동 분리합니다. 청크는 AI가 한 번에 이해할 수 있는 적정 크기의 정보 단위이며, 이후 검색 과정에서 중요한 기준이 됩니다.

일반적으로 한 청크는 LLM의 입력 한계(Token 제한)에 맞춰 약 500~1,000자 정도로 분할됩니다. 또한 Dify는 문맥 손실을 방지하기 위해 문장 단위 분석 후 청크를 나누고, 필요하면 Overlap(중첩) 기능을 사용해 앞뒤 문맥 일부를 함께 저장합니다.

- **Chunk 크기:** 검색 단위(일반적으로 500~1,000자)
- **Overlap(중첩):** 앞뒤 문맥을 일정 부분 겹쳐 저장해 의미 단절을 방지

이 과정을 통해 검색 속도와 정확도가 함께 향상되며, 의미 단절이 줄어들어 RAG 검색 품질이 안정적으로 유지됩니다.

3. 임베딩(Embedding) 생성- 텍스트의 의미를 숫자로 변환

문서를 청크(Chunk) 단위로 나눈 뒤에는, 이 텍스트를 AI가 이해할 수 있는 벡터(Vector) 형태로 변환해야 합니다. 이 변환 과정이 바로 임베딩(Embedding) 입니다. 벡터란 문장이나 단어의 의미를 숫자 형태로 표현한 것으로, AI가 문장 간 의미의 유사도를 계산할 수 있게 해줍니다.

임베딩은 문장을 "숫자로 표현된 의미 정보"로 바꾸는 기술이며, RAG에서 **의미 기반 검색**을 가능하게 만드는 핵심 요소입니다.

예를 들어 "휴가 신청 방법" ↔ "연차 사용 절차", 이 두 문장은 표현은 다르지만 의미가 유사하므로, 임베딩 공간에서 서로 가까운 위치에 놓이게 됩니다.

업로드된 각 청크는 선택한 임베딩 모델(OpenAI Embeddings 등)을 통해 벡터로 변환됩니다. 변환된 벡터는 Vector DB(벡터 데이터베이스)에 저장되며, 이후 사용자가 질문을 입력하면 해당 질문도 벡터로 변환되어 저장된 벡터들과의 유사도를 계산합니다. 이 과정을 통해 AI는 의미상으로 가장 관련 있는 문서나 문장을 빠르게 찾아낼 수 있습니다.

4. 검색·재랭크·답변 생성 — RAG의 핵심 엔진

이제 AI가 사용자의 질문을 기반으로 관련 문서를 찾고, 그 문서를 바탕으로 답변을 생성하는 과정을 살펴보겠습니다. 이 단계는 RAG의 '두뇌'에 해당하며, 세부적으로 세 가지 과정으로 구성됩니다.

1. 검색(Retrieval): 문서 청크 찾기

사용자가 질문을 입력하면 질문이 벡터로 변환되고, Vector DB에 저장된 문서 벡터와 비교되어 가장 유사한 청크들이 검색됩니다.

예를 들어 "복지 규정에서 육아휴직 기간은 어떻게 되나요?"

이 질문이 입력되면 Vector DB는 "육아휴직"이 언급된 청크들을 찾아 반환합니다. 검색 결과는 각 문서의 청크들이 유사도 점수(0~1 범위)와 함께 표시됩니다.

2. 재랭크(Re-rank)

검색된 문서가 많을 경우, 단순히 벡터 유사도만으로는 진짜 중요한 문서를 구별하기 어렵습니다. 이때 재랭크 모델은 검색 결과의 문맥을 다시 분석해 LLM이 참조할 문서의 순서를 재정렬합니다.

Dify에서는 지식 생성을 위한 설정에서 '재랭크 모델' 옵션을 켜면 자동으로 이 기능이 적용됩니다. 활성화 시, 외부 Rerank 모델이 벡터 검색 결과를 문맥 단위로 평가해 의미가 가장 직접적으로 연관된 문서를 상위로 올립니다.

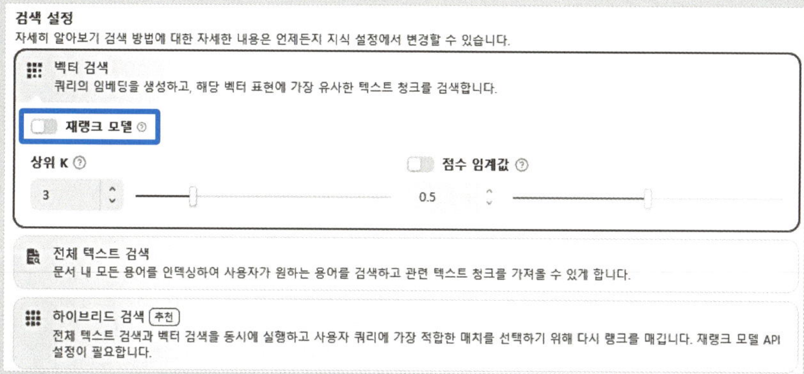

기본적으로 비활성화되어 있습니다. 활성화하면 타사 Rerank 모델이 벡터 검색에서 반환된 텍스트 청크를 정렬하여 결과를 최적화합니다. 이를 통해 LLM이 더욱 정확한 정보에 접근하고 출력 품질을 개선하는 데 도움이 됩니다. 이 기능을 활성화하면 Rerank 모델의 토큰이 소모됩니다. 자세한 내용은 관련 모델의 가격 페이지를 참조하세요.

3. 답변 생성(Generation)

마지막 단계에서는 LLM이 재랭크된 문서들을 참고하여 자연어 형태의 최종 답변을 생성합니다. 이 과정에서 LLM은 여러 문서의 정보를 요약·통합하여 사용자에게 '하나의 완성된 문장'으로 제시합니다.

예를 들어 "복지 규정에 따르면, 육아휴직은 최대 1년까지 사용할 수 있으며 부부가 함께 근무하는 경우에도 각각 신청이 가능합니다."

이처럼 최종 답변은 단순 복사가 아니라 검색된 자료를 바탕으로 LLM이 자체적으로 문장화한 결과입니다.

5. 결과 검증(Test Run) — 검색 근거와 답변 확인

RAG 시스템은 결과를 단순히 보는 것이 아니라, 정확히 어떤 문서를 참고했는지를 확인하는 과정이 중요합니다. Dify의 Test Run 기능을 통해 검색된 청크, 재랭크 점수, 그리고 LLM의 최종 출력 결과를 한눈에 비교할 수 있습니다.

Dify의 Test Run 기능을 사용하면 다음과 같은 요소를 한 화면에서 비교·확인할 수 있습니다.

- 검색된 **청크(Chunk)** 목록
- 각 청크의 **유사도 점수(검색 점수)**
- 재랭크(Re-rank) 결과
- 최종적으로 LLM이 생성한 답변

즉, Test Run은 답변의 근거를 투명하게 보여주는 도구이며, RAG 기반 시스템의 정확도와 신뢰성을 검증하는 핵심 단계입니다.

7.5 텍스트 전처리와 청크 설정 실습

앞 절에서 Dify의 RAG 시스템을 단계별로 구성해 보았습니다. 이번 절에서는 검색 정확도에 직접적인 영향을 주는 텍스트 전처리(Preprocessing)와 청크 설정을 실습해 봅니다.

RAG는 문서를 "어떤 형태로 저장하느냐"에 따라 답변의 품질이 크게 달라집니다.

전처리는 문서를 AI가 이해하기 쉬운 형태로 정리하는 과정이며, 청크 설정은 정리된 문서를 검색 가능한 단위로 나누는 단계입니다.

텍스트 전처리와 청크 분할의 목적

문서를 Dify에 업로드하면 시스템이 자동으로 텍스트를 추출해 AI가 읽을 수 있는 형태로 변환합니다. 그러나 PDF나 Word 같은 원본 문서는 줄바꿈, 공백, 특수문자 등 불규칙한 요소를 포함하고 있는 경우가 많습니다. 이러한 노이즈는 문맥 파악을 방해하고 검색 정확도를 떨어뜨립니다.

따라서 문서를 업로드하기 전, 문장 단위가 자연스럽게 이어지도록 정리하는 전처리 과정이 필요합니다. 전처리에는 다음과 같은 작업들이 포함될 수 있습니다.

- 불필요한 기호, 줄바꿈, 탭 제거
- HTML 태그나 PDF에서 생긴 비정형 줄바꿈 정리

- 연속된 공백을 하나로 통일
- URL, 이메일 주소 등 불필요하거나 민감한 정보 제거

전처리가 끝나면 문서는 청크로 분할됩니다. 청크는 RAG에서 검색 가능한 최소 단위이며, 검색 성능에 직접적인 영향을 줍니다.

- 청크가 **너무 짧으면** → 문맥이 끊겨 핵심 의미를 파악하기 어렵습니다.
- 청크가 **너무 길면** → 불필요한 내용까지 함께 검색되어 답변이 흐려집니다.

따라서 적절한 길이(약 500~1,000자)로 분할하는 것이 중요합니다.

전처리는 "텍스트를 이해 가능한 형태로 다듬는 과정"이고, 청크 분할은 "그 텍스트를 검색 가능한 단위로 나누는 과정"입니다. 이 두 단계가 함께 작동할 때 AI는 보다 정확하고 일관성 있는 답변을 생성할 수 있습니다.

> **TIP** Dify는 텍스트를 자동으로 추출하지만, 업로드 후에는 텍스트를 직접 편집할 수 없기 때문에 초기에 정리를 해두는 것이 매우 중요합니다.

Dify에서 청크 설정하기

문서를 업로드하고 임베딩을 생성하기 전에 '청크 설정' 화면에서 다음과 같은 옵션을 조정할 수 있습니다.

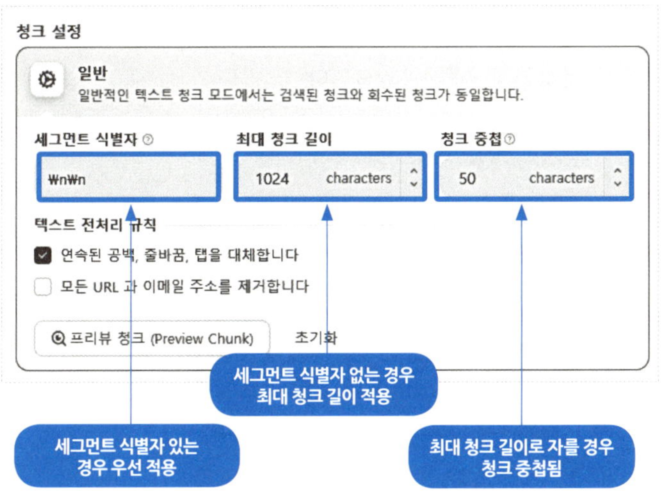

❶ **세그먼트 식별자(Segment Separator):** 문서를 분리하는 기준입니다. 일반적으로 `\n\n`(두 줄바꿈)을 기본값으로 사용하여 단락 단위로 문서를 분리합니다. 마크다운 문서라면, ###와 같은 제목, 소제목 표식을 세그먼트 식별자로 지정할 수 있습니다. 이렇게 하면 문서의 논리적 구조를 보존하여 의미 단위별로 청크를 나눌 수 있어, 검색될 때 더 자연스러운 문맥 연결이 유지됩니다.

❷ **최대 청크 길이(Max Chunk Size):** 하나의 Chunk에 포함될 최대 문자 수를 지정합니다. 세그먼트 식별자로 나누기 어려운 문서(표, 리스트 등)는 길이 기준으로 자동 분할됩니다. 청크가 너무 길면 핵심 파악이 어려워지고, 너무 짧으면 문맥이 끊길 수 있으므로 적절한 길이를 설정하는 것이 중요합니다.

❸ **청크 중첩(Chunk Overlap):** 앞 청크의 끝부분 일부를 다음 청크에 포함하는 기능입니다. 문맥 연결을 자연스럽게 유지하고 검색 정확성을 높이기 위해 매우 유용합니다.

> **TIP**
>
> - 세그먼트 식별자에 `\n\n`을 지정하면 문단 단위로 우선 분리됩니다.
> - 식별자가 없는 경우, '최대 청크 길이' 기준으로 잘립니다.
> - 문서가 긴 경우 '청크 중첩' 영역이 추가되어 앞뒤 문맥이 겹칩니다.

청크 미리보기로 구조 확인하기

청크 설정을 완료한 후, [프리뷰 청크] 버튼을 클릭하면, Dify가 실제로 문서를 어떤 기준으로 잘라 청크를 구성했는지 미리 볼 수 있습니다.

예제 파일 중 [The_LENS_2025-6]_미국_AI_실행계획_주요_내용_및_시사점(발췌).pdf] 파일을 기준으로 청크 미리보기를 확인하면 다음과 같은 특징을 확인할 수 있습니다.

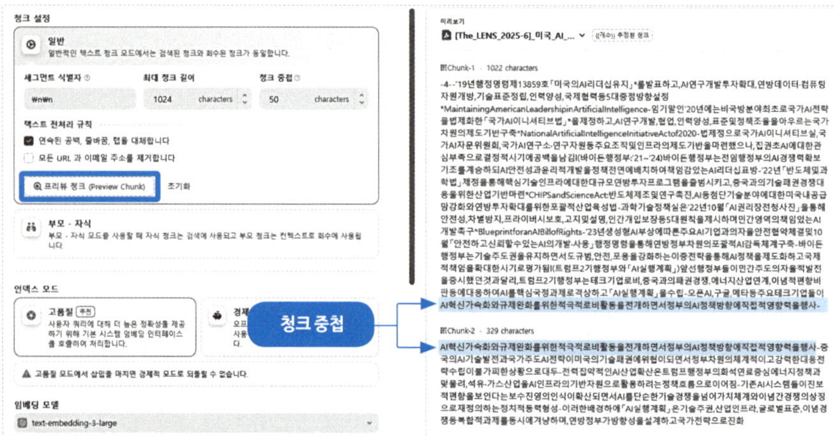

그림과 같이, 문서가 여러 청크로 나뉘며 각 청크의 길이(문자 수)와 중첩 여부가 오른쪽 패널에 표시됩니다. 빨간색으로 강조된 부분은 청크 중첩(Overlap) 영역으로, 이전 문단의 일부 내용이 다음 청크에도 포함되어 문맥을 유지합니다.

청크 1의 마지막 부분에 있는 내용(...국민보건 및 복지 증진에 이바지하고 국내 의료기술 및 산업 발전,)과 청크 2의 시작 부분에 있는 내용(...복지 증진에 이바지하고 국내 의료기술 및 산업 발전을 위한...)이 겹치는 것을 볼 수 있습니다.

일반적인 문서(규정집, 매뉴얼, 설명서)의 경우 청크 크기 600~1,000자, Overlap 100~200자로 설정하면 안정적입니다.

7.6 검색 방식 이해와 실습

앞 절에서는 문서를 전처리하고 청크(Chunk)로 나누어 AI가 검색할 수 있는 형태로 구조화했습니다. 이제 이 데이터를 기반으로 AI가 실제로 어떤 방식으로 문서를 검색하고 관련 정보를 찾아내는지를 살펴보겠습니다.

Dify는 RAG 시스템에서 두 가지 검색 방식을 제공합니다. 하나는 벡터 검색(Vector Search), 다른 하나는 하이브리드 검색(Hybrid Search)입니다. 이 절에서는 두 방식의 차이를 이해하고, 검색 품질에 어떤 차이가 생기는지를 비교해 봅니다.

검색의 기본 구조 이해하기

RAG의 검색(Search)은 단순히 키워드가 일치하는 문장을 찾는 과정이 아닙니다. AI는 사용자의 질문을 이해하고, 그 의미에 가장 가까운 문서 조각(Chunk)을 찾아냅니다.

검색은 세 단계로 이루어집니다.

1. 질문을 벡터로 변환 - 임베딩(Embedding)

사용자가 질문을 입력하면 AI는 문장을 단어의 나열이 아닌 **의미의 벡터(Vector)**로 변환합니다.

예를 들어 "육아휴직 기간은 얼마인가요?"라는 질문은 "휴가 제도의 기간을 묻는 의미"로 변환되어 처리됩니다.

2. 문서 벡터와 비교 - 벡터 매칭(Vector Matching)

변환된 질문 벡터는 데이터베이스에 저장된 문서의 청크 벡터들과 비교됩니다. AI는 각 벡터 간의 거리를 계산하여 의미적으로 가장 가까운 문서를 찾아내는데, 이때 사용되는 방식이 코사인 유사도(Cosine Similarity)입니다. 유사도가 1에 가까울수록 의미가 유사하다는 뜻입니다.
예를 들어 "육아휴직 기간"을 묻는 질문은 "자녀 돌봄 휴가 기간"이란 문장과도 높은 유사도를 가지게 됩니다.

3. 검색 결과 정렬 - 재랭크(Re-rank)

검색된 문서가 여러 개일 경우 AI는 단순한 점수 순서대로 결과를 나열하지 않고, 문맥과 질문의 의도를 다시 분석해 **가장 신뢰도 높은 문서**를 상위에 배치합니다.
예를 들어 "육아휴직 자격 요건"을 묻는 경우, '기간'보다는 '대상자 조건'이 포함된 문서를 우선 표시합니다.
Dify에서는 이 기능을 **'Enable Rerank'** 옵션으로 활성화할 수 있으며 활성화 시 LLM은 단순한 벡터 유사도뿐 아니라 문맥적 연관성과 논리적 일관성까지 함께 고려해 결과를 정렬합니다.
즉, 검색(Search)은 **비슷한 의미의 문장을 찾는 과정**, 재랭크(Re-rank)는 **그중 가장 신뢰할 만한 문서를 고르는 과정**입니다. 이 과정 덕분에 AI는 근거 기반의 정확한 답변을 생성할 수 있습니다.

Dify의 검색 방식: Vector vs Hybrid

Dify는 검색 시 다음 두 가지 모드를 제공합니다. 하나는 벡터 검색(Vector Search), 다른 하나는 하이브리드 검색(Hybrid Search) 입니다. 두 방식 모두 질문의 의미를 이해해 관련 문서를 찾지만, 검색 기준과 결과의 초점이 다릅니다.

1. 벡터 검색(Vector Search) - '의미 중심' 검색

질문을 임베딩(Embedding)하여 벡터 형태로 바꾼 뒤, 저장된 문서의 벡터와 의미적 유사도(Cosine Similarity) 를 비교해 결과를 찾습니다. 즉, 표현이 달라도 의미가 비슷하면 검색됩니다.
예를 들어 "육아휴직 기간"을 묻는 질문에 "자녀 양육 휴가 기간은 1년이다" 같은 문장을 찾아낼 수 있습니다. 문맥 이해가 중요한 설명형 질문에 적합한 방식입니다.

2. 하이브리드 검색(Hybrid Search) - '정확도 중심' 검색

벡터 검색에 키워드 일치율을 결합한 방식입니다. 의미뿐 아니라 단어, 숫자, 날짜 등 정확히 일치하는 요소를 함께 고려합니다.

예를 들어 "육아휴직은 최대 몇 년까지 가능한가요?"라는 질문에서는 '육아휴직'과 '1년'이 모두 포함된 문장이 더 높은 점수를 받습니다. 정확한 수치나 고유명사가 포함된 문서를 찾을 때 유용합니다.

요약하자면, 벡터 검색은 문맥 중심, 하이브리드 검색은 정확도 중심입니다. 규정집, 설명서처럼 문맥을 이해해야 하는 문서는 벡터 검색이 유리하고, 수치나 키워드 중심의 정책 문서에는 하이브리드 검색이 적합합니다. Dify에서는 지식베이스 설정에서 손쉽게 두 방식을 전환하거나 병행할 수 있습니다.

7.7 파일 변환 워크플로우

앞 절에서는 검색 방식(Vector vs Hybrid)을 알아봤습니다. 이번에는 실제 문서를 Dify 워크플로우에 입력해 검색 가능한 형태로 변환하고, Test Run을 통해 AI가 문서를 어떻게 처리하는지 직접 확인해 보겠습니다.

이 과정은 파일 업로드 → 텍스트 추출 → LLM 처리 → 결과 확인의 단계로 구성되며, 즉, RAG 시스템의 기본 데이터 파이프라인을 실습 형태로 학습하게 됩니다.

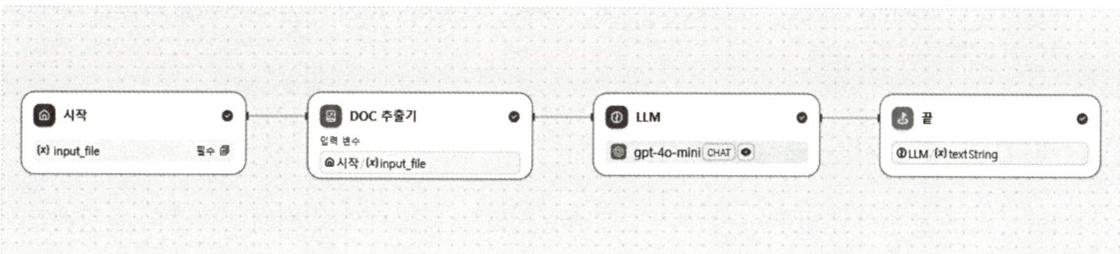

이제 실제로 워크플로우를 만들어 보며 각 노드의 역할을 이해해 봅시다.

[1단계] 시작 노드 설정하기

워크플로우의 첫 단계는 사용자가 업로드한 파일을 입력받는 과정입니다.

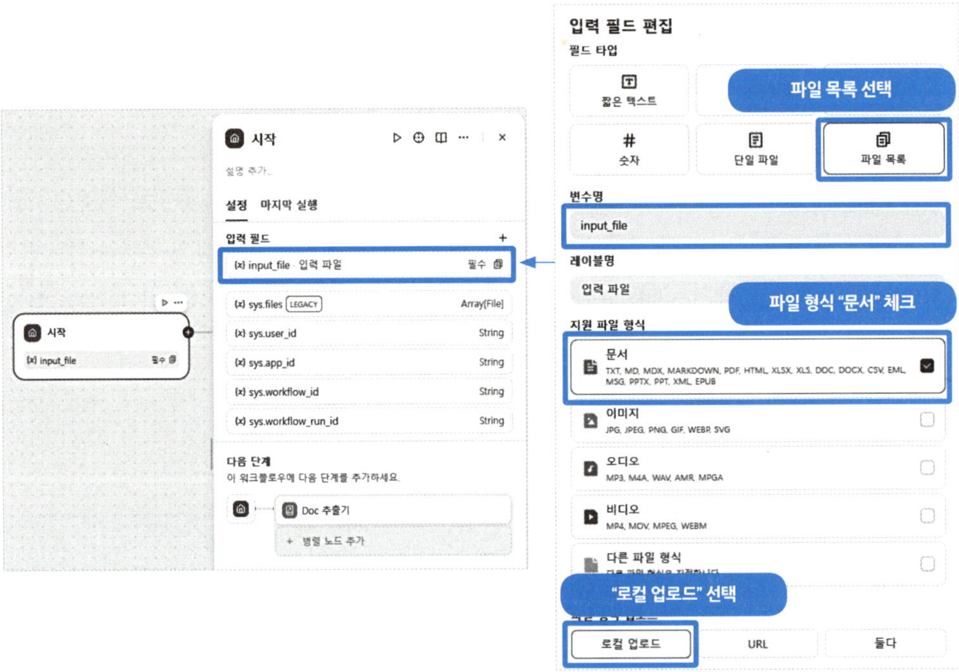

01 워크플로우 화면에서 시작(Start) 노드 설정 오른쪽 패널의 입력 필드(Input Fields) 영역에서 [+] 버튼을 눌러 새 변수를 추가합니다.

02 필드 타입(Field Type)은 [파일 목록]을 선택합니다. 이 옵션을 통해 여러 형식의 문서를 한 번에 업로드할 수 있습니다.

03 변수명은 `input_file`로 지정합니다(이 변수는 이후 DOC 추출기 노드에서 사용됩니다).

04 파일 형식은 **문서(Document)** 항목만 체크합니다. 이때 Dify는 다음과 같은 주요 형식을 지원합니다(`txt, .md, .pdf, .docx, .xlsx, .pptx, .html, .csv` 등 AI가 직접 텍스트를 추출할 수 있는 파일만 선택해야 합니다).

[2단계] DOC 추출기 노드 설정하기

'시작(Start)' 노드에서 파일 입력을 받았다면, 이제 문서의 내용을 텍스트 형태로 추출하는 단계입니다. 이를 위해 Dify의 DOC 추출기(Doc Extractor) 노드를 사용합니다. 이 노드는 PDF, Word, HTML 등 다양한 문서 형식을 인식해 AI가 이해할 수 있는 텍스트로 변환하는 역할을 합니다.

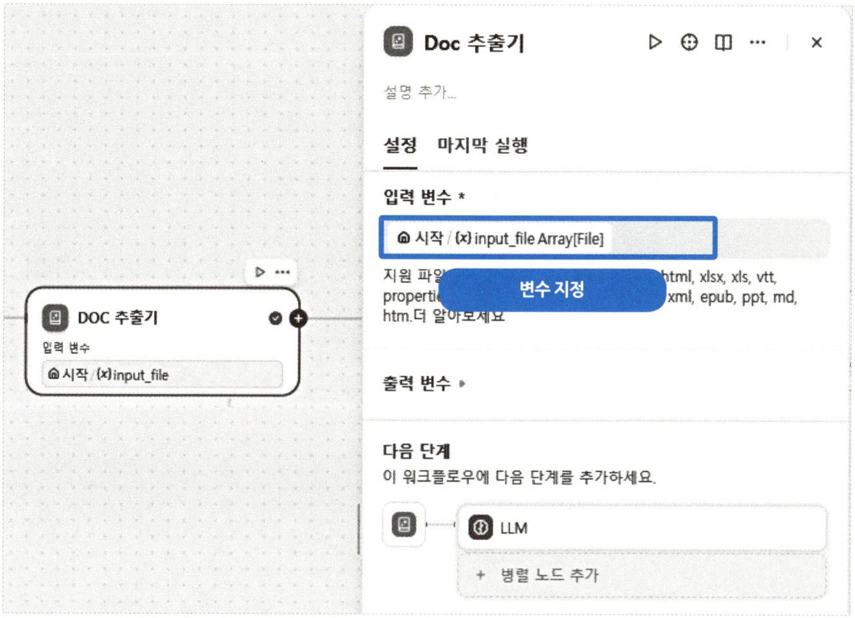

01 워크플로우 편집 화면에서 [+] **노드 추가(Add Node)** 버튼을 클릭합니다. 노드 목록에서 **[DOC 추출기 (Doc Extractor)]**를 선택합니다. '시작(Start)' 노드 오른쪽에 배치해 연결합니다.

02 DOC 추출기는 어떤 파일을 처리할지 알아야 합니다. 이를 위해 입력 변수(Input Variable)를 지정합니다. 오른쪽 속성 패널의 입력 변수(Input Variable) 항목에서 시작 → [input_file]을 선택합니다.

DOC 추출기는 업로드된 파일을 자동으로 분석해 문서의 본문 텍스트를 인식하고 불필요한 서식을 제거합니다.

- PDF: 본문 텍스트 중심으로 정리하며, 가능한 경우 표, 단락 순서 유지
- DOCX: 문단 구조와 제목 유지
- HTML: 본문만 추출하고 태그는 제거

변환된 결과는 LLM 노드가 처리할 수 있는 평문 텍스트(String)로 전달됩니다. DOC 추출기는 'AI가 읽을 수 있는 데이터'를 만드는 핵심 노드입니다. 특히 PDF나 Word처럼 구조가 복잡한 문서의 경우, 사람이 직접 복사해 붙여넣는 것보다 훨씬 정확하고 안정적으로 텍스트를 정리해 줍니다.

[3단계] LLM 노드 연결하기

이제 AI가 실제로 그 텍스트를 읽고 처리하는 단계로 넘어갑니다. 이 단계에서 사용하는 노드가 바로 LLM입니다. 이 노드는 Dify 워크플로우의 두뇌 역할을 하며, 입력된 텍스트를 기반으로 요약, 분류, 분석, 질의응답 등 다양한 작업을 수행할 수 있습니다.

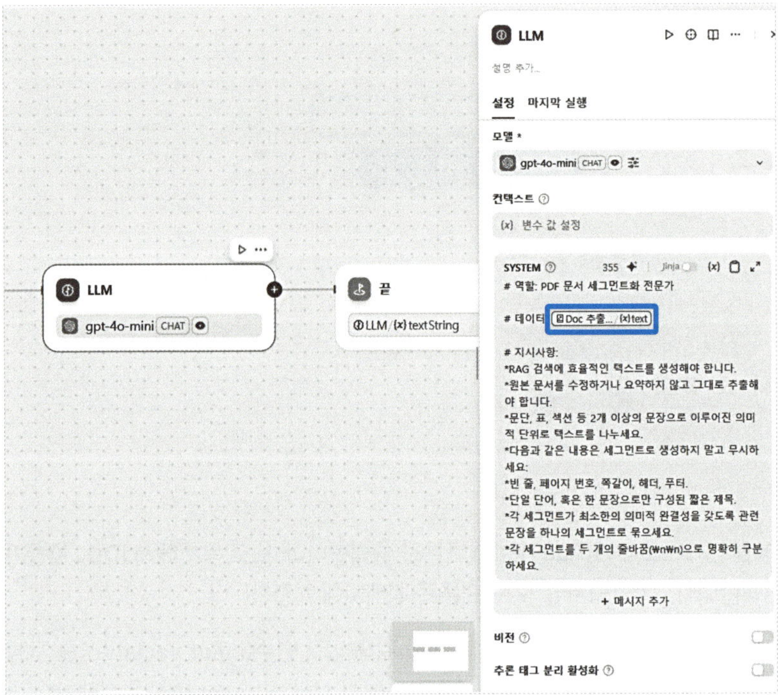

01 DOC 추출기 오른쪽에 LLM 노드를 추가합니다. 모델 선택 항목에서 gpt-4o-mini (CHAT)를 선택합니다. 기본 모델이며, 응답 속도와 비용 효율이 높습니다. 노드 간 선을 연결해 DOC 추출기 → LLM으로 흐름을 설정합니다.

02 LLM이 문서를 읽을 수 있도록 DOC 추출기에서 생성한 텍스트를 입력 변수(Input Variable)로 전달해야 합니다. 오른쪽 속성 패널에서 데이터(Data) 항목을 `@DOC추출기.text`를 선택하여 LLM 입력에 연결합니다. 이 설정을 통해 DOC 추출기의 출력 텍스트가 그대로 LLM에 전달됩니다.

LLM은 단순히 텍스트를 '읽는' 것이 아니라, 그 내용을 이해하고 재구성하는 역할을 합니다. 다음은 LLM이 수행할 수 있는 대표적인 예시입니다.

- 요약(Summarization): 긴 문서를 핵심 문장으로 압축합니다. 예)AI 산업 동향 보고서 요약
- 구조화(Structuring): 텍스트를 항목별 또는 JSON 형태로 정리합니다. 예)회의록을 '의제/결정/담당자'로 구분

- 키워드 추출: 핵심 단어 또는 태그를 자동 생성합니다. 예)RAG, Vector DB, 임베딩
- 질의응답(QA): 문서 내용을 기반으로 답변 생성합니다. 예)이 보고서의 핵심 정책은?

LLM이 생성한 결과는 문자열(textString) 형태로 출력됩니다.

[4단계] 끝(End) 노드 설정하기

LLM 노드가 생성한 결과를 사용자가 확인할 수 있도록 마지막 단계에서는 '끝(End)' 노드를 추가합니다.

01 LLM 노드 오른쪽에 '끝(End)' 노드를 추가합니다. 선을 연결하여 LLM → 끝 흐름이 완성되도록 합니다.

02 LLM 노드의 결과를 출력하기 위해 오른쪽 속성 패널의 출력 변수(Output Variable) 항목을 확인합니다.

- 출력 변수명: `output`
- 참조 경로: `LLM (x) textString`

이 설정을 통해 LLM이 생성한 텍스트가 그대로 출력됩니다. Dify 워크플로우의 마지막 단계인 '끝' 노드를 설정합니다. 끝 노드는 워크플로우의 최종 결과물을 정의하고 출력하는 역할을 합니다.

> **TIP** 결과를 파일로 저장하거나 다른 시스템에 전송하고 싶다면, 이후 장에서 배우는 **'HTTP 요청'** 또는 '파일 변환' 노드를 추가하면 됩니다.

[5단계] Test Run으로 실행 결과 확인하기

워크플로우 구성을 마쳤다면, 이제 **Test Run(테스트 실행)** 기능을 사용해 실제로 파일이 변환되고 LLM이 결과를 생성하는지 확인해 봅니다.

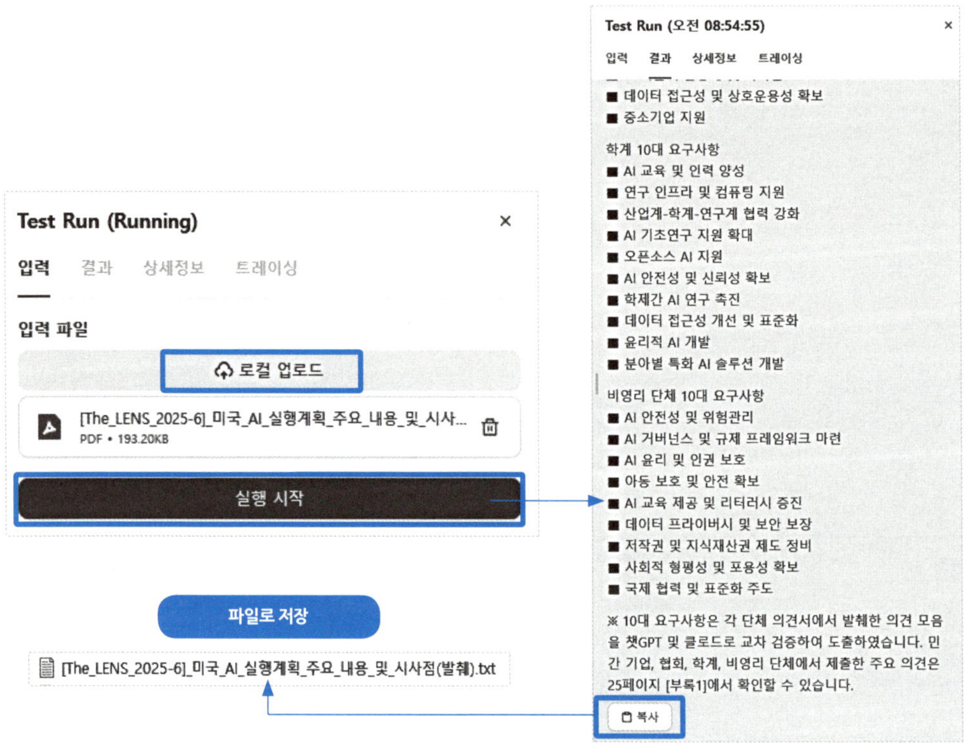

파일변환 워크플로우 실행

01 워크플로우 상단 메뉴에서 [실행] 또는 [Test Run] 버튼을 클릭합니다. 오른쪽에 Test Run 창이 열리면, 앞에서 설정한 입력 필드(input_file) 항목이 표시됩니다.

02 [로컬 업로드] 버튼을 눌러 변환할 문서를 선택합니다. 예제로 제공된 파일을 선택합니다. 이미지에서는 `[The_LENS_2025-6]_미국_AI_실행계획_주요_내용_및_시사점(발췌)].pdf`라는 이름의 PDF 파일이 업로드된 것을 볼 수 있습니다.

03 [실행 시작] 버튼을 클릭하여 워크플로우를 실행합니다.

04 모든 단계가 완료되면 오른쪽 Test Run 창의 하단 패널에 결과가 표시됩니다.

이제 Test Run으로 워크플로우의 작동을 검증했습니다. 다음 절에서는 이렇게 변환된 문서를 검색 가능한 형태로 저장하고, 지식베이스에서 검색 테스트를 수행하는 과정을 살펴보겠습니다.

[6단계] 지식 생성과 검색 테스트

이제 Test Run으로 파일 변환과 텍스트 추출이 정상적으로 작동하는 것을 확인했습니다. 추출된 문서를 검색 가능한 지식베이스 메뉴를 활용하여 RAG 검색 기반 시스템을 구축합니다.

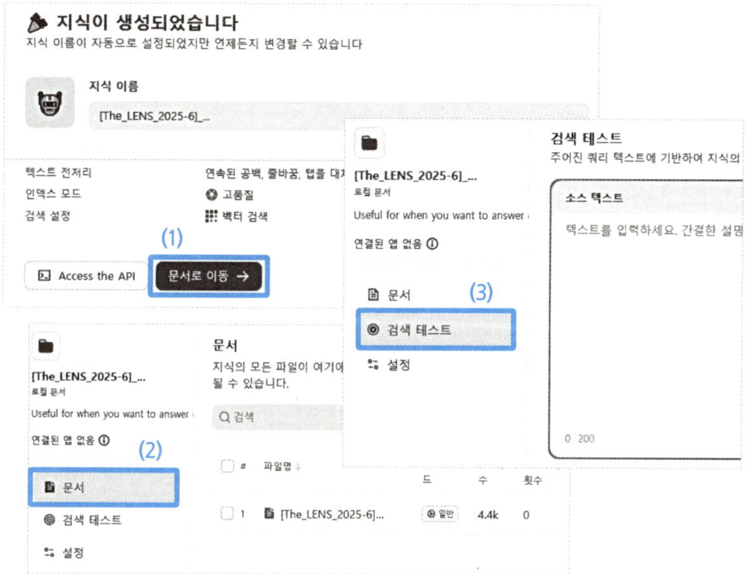

지식 생성 및 문서 이동

01 상단 메뉴에서 [지식베이스]로 이동합니다. 변환이 완료된 문서를 클릭하면 해당 파일이 이미 청크 단위로 나뉘어 벡터화되어 있음을 확인할 수 있습니다. 각 청크에는 임베딩(Embedding) 벡터가 저장되어 있으며, 이 데이터가 검색 단계에서 사용됩니다.

02 지식베이스 화면에서 [검색 테스트] 메뉴를 클릭하면 직접 질의어를 입력해 AI가 문서를 검색하는 과정을 실험할 수 있습니다. 검색 모드는 기본적으로 벡터 검색(Vector Search)으로 설정되어 있습니다.

AI는 질문을 임베딩하여 문서 벡터와 비교한 후 의미적으로 가장 유사한 청크를 찾아 결과를 표시합니다. 이 과정을 통해 개발자는 복잡한 RAG 워크플로우를 직접 실행하지 않고도, 생성된 지식 베이스의 검색 기능이 정상적으로 작동하는지 신속하게 검증할 수 있습니다.

검색 테스트 실행

Dify에서 지식 베이스의 검색 테스트를 수행할 수 있습니다. 사용자가 입력한 검색 쿼리에 대해 RAG 시스템이 어떻게 관련 정보를 찾아내는지 확인할 수 있습니다.

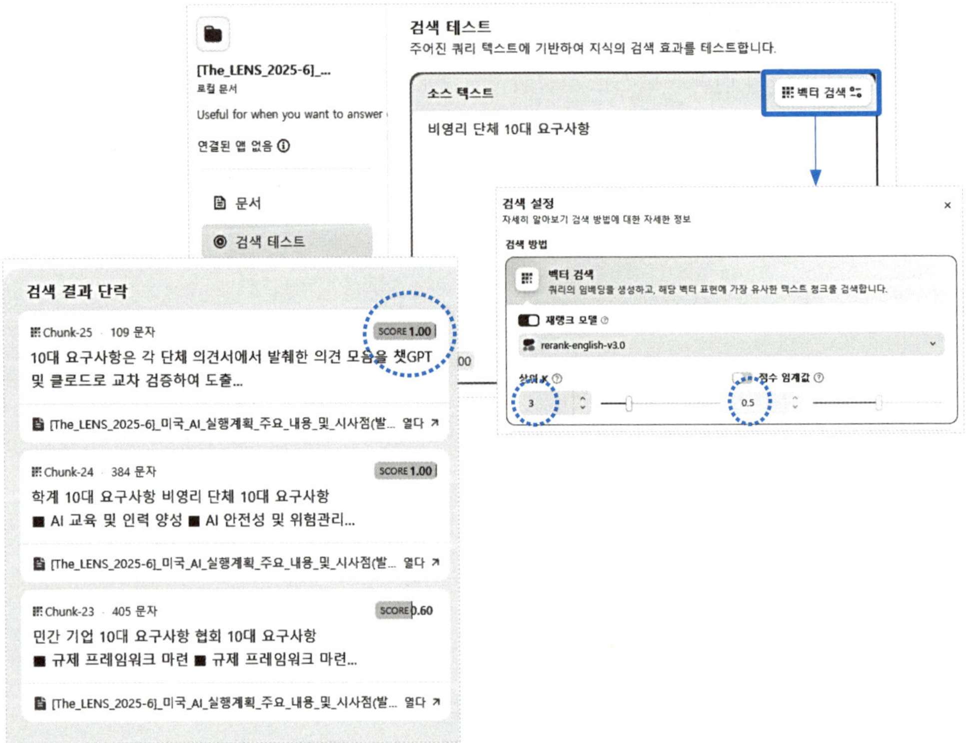

검색 테스트

사용자는 '소스 텍스트' 입력란에 "비영리 단체 10대 요구사항"이라는 쿼리를 입력합니다. 이 쿼리는 지식 베이스 내에서 관련된 정보를 검색하기 위한 질문입니다.

01 [벡터 검색] 버튼을 클릭하여 검색을 실행합니다. 이 버튼을 누르면 RAG 시스템이 사용자의 쿼리를 벡터로 변환하고, 벡터 데이터베이스에서 가장 유사한 정보를 찾게 됩니다.

02 '검색 결과' 패널에는 검색된 청크들이 표시됩니다. 이미지상 빨간 원은 각 청크의 SCORE를 보여줍니다. Chunk 25와 Chunk 24는 SCORE 1.00으로 매우 높은 관련성을 보이며, Chunk 23은 SCORE 0.60으로 상대적으로 낮은 점수를 받았습니다.

이 테스트를 통해 RAG 시스템이 사용자의 질문 의도에 맞춰 지식 베이스에서 가장 관련성 높은 정보를 정확하게 찾아내고, 설정된 기준에 따라 필터링함을 확인할 수 있습니다.

검색 품질 조정하기

검색 결과가 기대와 다르다면 검색 설정에서 다음 값을 조정해 봅니다.

상위 k(Top K): 상위 몇 개의 청크를 검색 결과로 표시할지 결정합니다(기본값 3~5, 숫자가 높을수록 더 많은 문서를 참조하지만 정확도는 낮아질 수 있습니다).

점수 임계값(Threshold): 유사도 점수가 일정 기준 이하인 결과를 제외합니다(기본값 0.5~0.7 권장).

또한, **재랭크(Re-rank)** 옵션을 활성화하면 검색된 문서들의 문맥을 다시 분석해 질문과 가장 관련성 높은 청크를 상위로 재정렬합니다.

* * *

이 과정을 통해 Dify 워크플로우를 활용하여 PDF를 텍스트로 변환하고, 이를 지식 베이스로 구축한 후 검색 기능을 테스트하는 전체적인 과정을 살펴보았습니다. 이는 LLM이 외부 데이터를 효율적으로 활용하여 더 정확하고 신뢰성 있는 답변을 생성하는 RAG 시스템의 핵심 기반이 됩니다.

8장

RAG 기반 문서 관리 및 활용 앱 개발

이 장의 학습목표

- RAG 기반 문서 관리·검색 시스템의 개념과 필요성을 이해합니다.
- 회의록 생성 워크플로우에 필요한 음성 인식·LLM·문서 변환 구조를 파악합니다.
- Dify에서 회의록 자동 생성 워크플로우를 구성하고 실행합니다.
- 생성된 문서를 지식베이스로 구축하고 청크·임베딩·검색 방식을 실습합니다.
- 문서를 기반으로 질문에 답하는 RAG 챗봇의 응답 워크플로우를 설계하고 검증합니다.

RAG 문서자동화 회의록자동생성 음성인식 문서검색챗봇

기업에서는 회의록, 프로젝트 문서, 정책 자료처럼 업무 과정에서 다양한 문서가 지속적으로 생성됩니다. 이러한 문서는 업무의 연속성과 의사결정에 중요한 역할을 하지만, 작성·정리·검색 과정이 반복적이고 많은 시간을 요구한다는 한계가 있습니다. 이번 장에서는 Dify 워크플로우와 RAG 기술을 결합하여, 이러한 문서 기반 업무를 효율적으로 자동화하는 방법을 다룹니다.

먼저 회의 녹음 파일을 자동으로 텍스트로 변환하고, 이를 구조화된 회의록 형태의 DOCX 문서로 생성하는 음성 기반 회의록 작성기를 만들어 봅니다. 이어서 생성된 회의록과 프로젝트 문서를 지식베이스로 구축하고, 사용자의 질의에 근거 기반으로 답변하는 문서 검색·활용 챗봇을 구현합니다.

이 과정을 통해 회의록 작성부터 문서 축적, 의미 기반 검색, 자동 응답 생성까지 이어지는 문서 관리 전주기 자동화 시스템을 실습 형태로 완성해 볼 수 있습니다.

> 이 장을 마치면, 음성 파일만으로 자동 회의록을 만들고 이를 기반으로 질문에 답변하는 문서 검색 챗봇까지 직접 구현할 수 있습니다.

https://github.com/multicore-it/dify : 11.RAG기반 회의록 관리

8.1 인사시스템 구축 프로젝트

인사시스템 구축 프로젝트의 요구사항 정의와 프로세스 설계 단계에서는 회의 기록이 매우 중요한 역할을 합니다. 여러 이해관계자가 참여하는 회의가 반복되기 때문에, 매 회의 내용을 정확하게 기록하고 공유하는 것은 프로젝트 성공의 핵심입니다.

이 절에서는 이러한 회의 기록 업무를 자동화하기 위해 음성 기반 회의록 작성 시스템을 프로젝트에 도입하는 사례를 설명합니다.

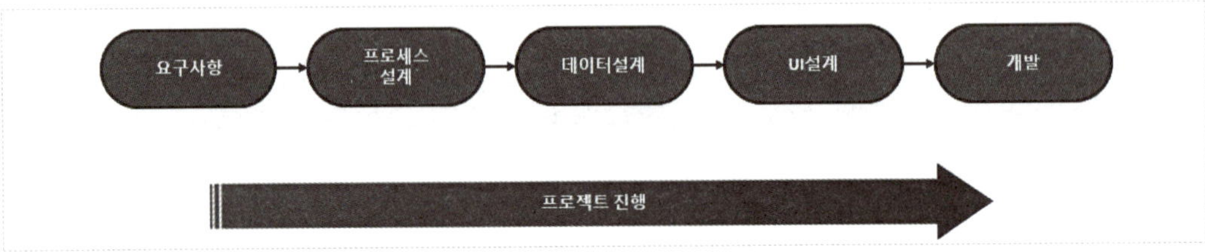

프로젝트 진행 단계

프로젝트 회의 시, 회의 내용을 녹음하고 이 녹음 파일을 기반으로 Dify를 활용해 회의록을 자동으로 생성할 수 있습니다. 이 시스템은 다음과 같은 과정을 거쳐 회의록 작성 업무를 자동화합니다.

- 녹음 파일 업로드: 회의가 끝난 후 녹음 파일을 Dify 워크플로우에 업로드합니다.
- 음성-텍스트 변환: 음성 인식(Speech-to-Text) 노드가 녹음 파일을 분석하여 텍스트로 변환합니다.
- 회의록 작성: 변환된 텍스트를 LLM(대규모 언어 모델)에 전달하여 핵심 내용 요약, 주요 결정 사항, 담당자 지정 등 회의록 형식에 맞춰 문서를 자동으로 작성합니다.
- 최종 문서화: 작성된 회의록은 DOCX 또는 다른 문서 형식으로 변환되어 최종 보고서로 저장됩니다.

이러한 자동화 시스템은 회의록 작성에 소요되는 시간을 대폭 줄여 프로젝트 팀의 효율성을 극대화하고, 회의 내용의 누락 없이 정확한 기록을 보장합니다.

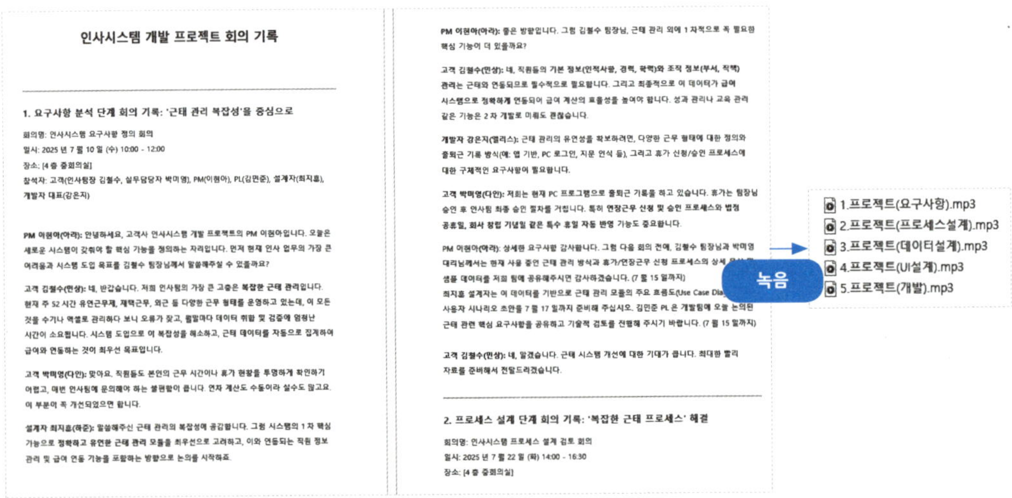

회의록과 녹음파일

회의 참여자는 논의 내용을 효율적으로 기록하고 보관하기 위해 회의 중 발생한 모든 발언을 녹음하여 오디오 파일 형태로 저장합니다.

음성 기반 회의록 작성기

협업 업무에서 회의록은 업무 기록·정리·책임 추적의 핵심 문서이지만, 실제로는 많은 시간과 인력이 소모되는 반복 작업입니다. 이 절에서는 회의 녹음 파일을 자동으로 회의록으로 변환하고, 완성된 문서를 Word 파일로 출력하는 전체 과정을 Dify 워크플로우로 구현하는 방법을 살펴봅니다.

또한 이 자동화된 회의록을 그대로 지식베이스에 축적해, 이후 챗봇이 회의 내용을 검색하고 답변하는 구조까지 확장할 수 있는 기반을 마련합니다.

회의록 작성기 워크플로우 기본 구조

Dify 워크플로우를 활용하여 회의 녹음 파일을 입력받아 자동으로 회의록을 작성하고, 이를 DOCX 문서로 변환하는 일련의 자동화 프로세스입니다.

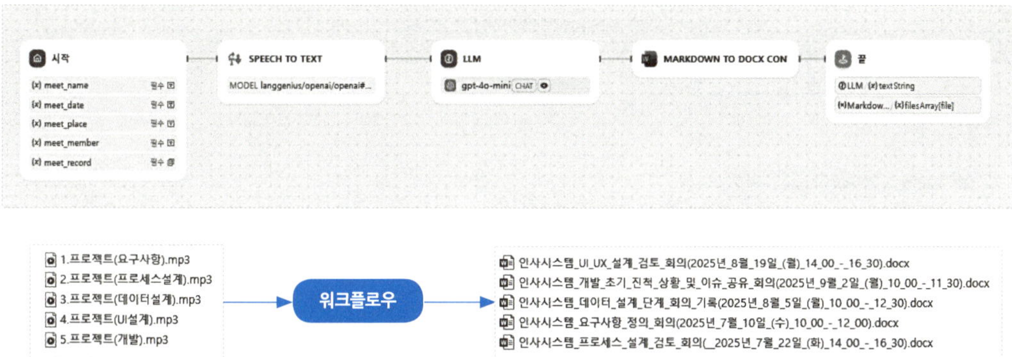

워크플로우 기본 구조

워크플로우 구조 및 작동 방식은 다음과 같습니다.

- 시작(START) 노드: 사용자가 입력하는 회의 관련 기본 정보(회의명, 일시, 장소, 참석자)와 회의 녹음 파일(meet_record)을 받는 진입점입니다.
- Speech To Text 노드: 음성-텍스트 변환을 담당하는 노드입니다. START 노드에서 받은 녹음 파일을 분석하여 회의 내용을 텍스트로 정확하게 변환합니다.
- LLM 노드: 변환된 텍스트를 기반으로 회의록을 자동 작성합니다. LLM은 이 텍스트를 분석하여 회의록에 필요한 핵심 내용(예: 주요 논점, 결정 사항)을 추출하고, 프롬프트에 설정된 형식에 맞춰 회의록 초안을 생성합니다.
- Markdown to DOCX Converter 노드: LLM이 생성한 회의록 초안(마크다운 형식)을 받아, 이를 워드(DOCX) 문서로 변환합니다. 이 노드는 최종 문서화 작업을 자동화하여 사용자가 바로 활용할 수 있는 형태의 파일을 만들어줍니다.

- 끝(END) 노드: 워크플로우의 최종 결과물을 출력합니다. 앞서 생성된 DOCX 파일을 Files/Array[File] 형식으로 정의하여 사용자에게 제공합니다.

이러한 워크플로우를 통해 복잡한 수작업 없이도 여러 개의 회의 녹음 파일을 일괄적으로 처리하여 체계적인 회의록으로 자동 변환할 수 있습니다.

[1단계] DOC 도구 설치

DOC 도구는 마크다운(Markdown) 형식의 텍스트를 DOCX(Word) 파일로 변환하는 도구입니다. 회의록을 AI가 텍스트로 먼저 생성한 뒤, 사용자가 바로 다운로드 가능한 문서 파일로 저장할 수 있도록 도와주는 필수 기능입니다.

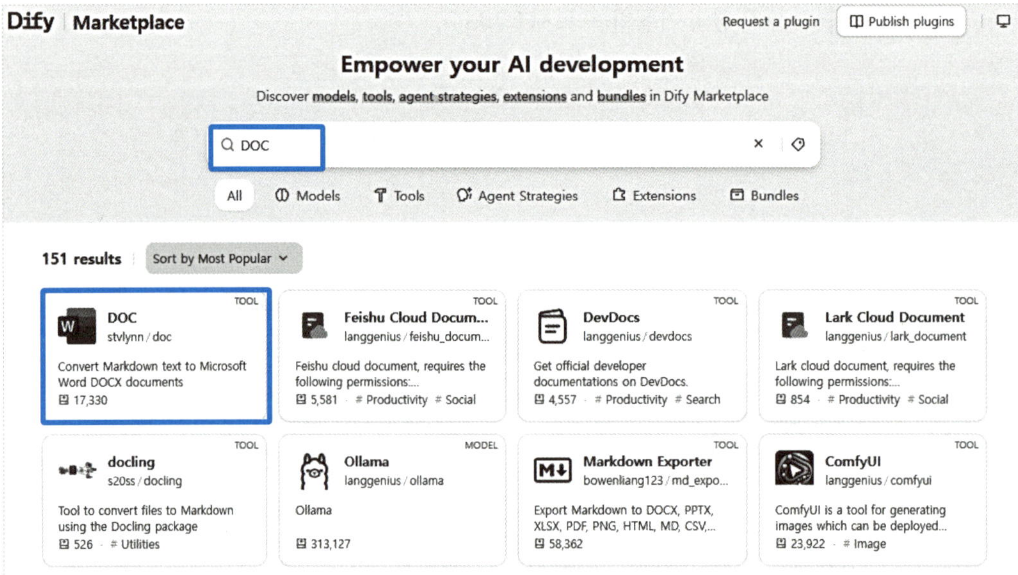

Marketplace DOC 검색

Dify 마켓플레이스의 검색창에 'DOC'를 입력하여 다음 그림과 같이 설치합니다.

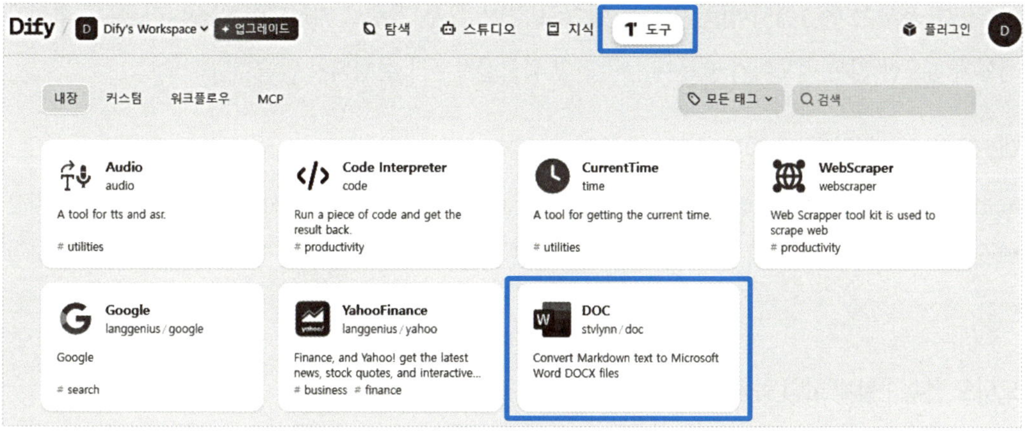

DOC 설치 확인

Dify의 '도구' 탭에서 'DOC' 도구가 성공적으로 설치되었음을 확인할 수 있습니다.

[2단계] 시작(Start) 노드 만들기

'시작(Start)' 노드는 회의록 자동 생성 워크플로우의 진입점으로, 사용자가 입력해야 할 정보의 형식과 구조를 정의합니다. 이 단계에서 설정한 값들은 이후 모든 노드의 기초 데이터로 전달되기 때문에 매우 중요합니다.

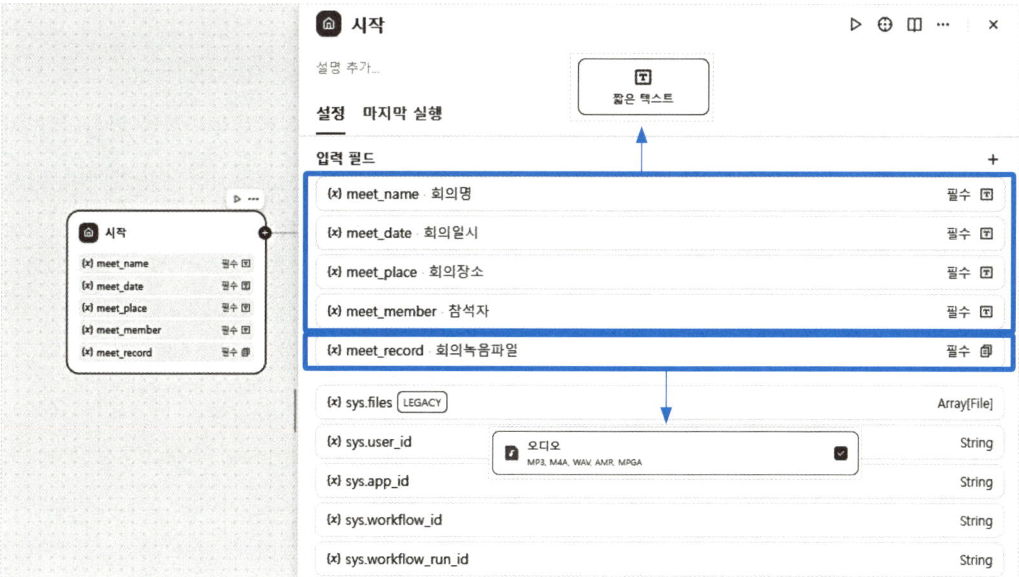

시작 노드 변수

이 워크플로우는 총 5개의 입력 변수를 필요로 하며, 모두 필수로 지정되어 있습니다. 모두 회의록 생성에 필요한 기본 정보이기 때문에 누락되면 워크플로우가 실행되지 않습니다.

텍스트 변수 - 회의 메타데이터 4개

`meet_name`(회의명), `meet_date`(회의일시), `meet_place`(회의장소), `meet_member`(참석자)는 모두 '짧은 텍스트' 형식으로 설정되어 있습니다. 이 변수들은 회의록에 들어갈 기본적인 메타데이터를 제공합니다.

오디오 변수 - 실제 회의 녹음 파일

`meet_record`(회의녹음파일) 변수는 '오디오' 형식으로 지정되어 있습니다. 이 변수는 사용자가 실제 회의 녹음 파일을 업로드할 수 있게 하며, 워크플로우의 주요 입력값 역할을 합니다.
이와 같은 입력 구조를 통해 '시작(Start)' 노드는 회의의 기본 정보 + 실제 회의 내용을 모두 확보하게 됩니다.

- 회의명·일시·장소·참석자 정보는 AI가 문서의 틀과 상황을 이해하는 데 도움을 주고,
- 회의록의 본문은 녹음 파일에서 추출한 텍스트를 기반으로 생성되기 때문입니다.

따라서 이 다섯 가지 입력값은 회의록 자동 생성 워크플로우가 정확하게 동작하기 위한 필수 요소라 할 수 있습니다.

[3단계] Speech To Text 노드

'Speech To Text' 노드는 회의록 자동 생성 워크플로우에서 가장 중요한 전처리 역할을 맡습니다. 이 노드는 업로드된 녹음 파일을 분석하여 음성을 텍스트로 변환(Speech-to-Text)하는 단계이며, 이후 LLM이 회의 내용을 이해하고 문서화하기 위한 핵심 데이터를 제공합니다.

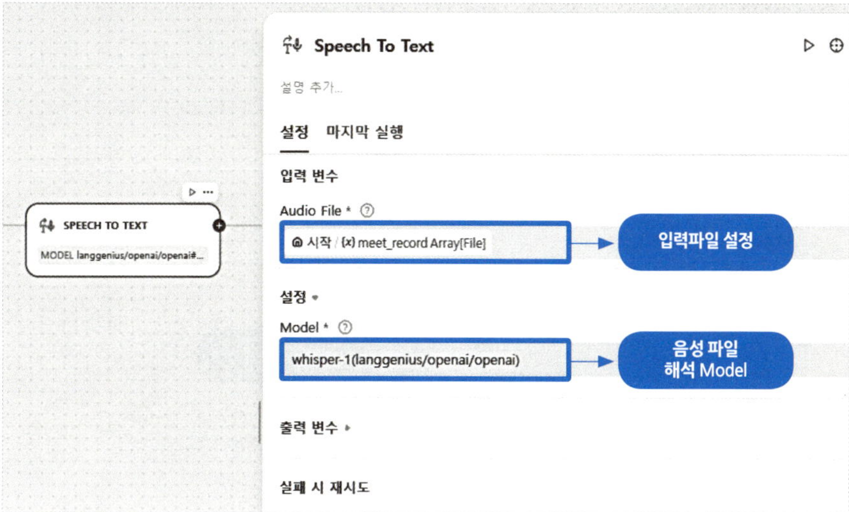

Speech To Text 노드

입력 파일 설정

'Speech To Text' 노드의 '입력 변수' 영역에서 'Audio File'을 지정합니다. 이미지의 빨간 박스는 이 입력 변수가 이전 단계인 '시작' 노드에서 전달받은 `meet_record` 변수임을 보여줍니다.

이는 워크플로우가 사용자가 업로드한 오디오 파일을 입력으로 받도록 설정된 것입니다.

음성 파일 해석 모델 선택

'Model' 섹션에서는 음성 파일을 텍스트로 변환할 AI 모델을 선택합니다. 예시에서는 OpenAI의 대표 음성 인식 모델인 'whisper-1'을 사용하고 있으며, 다양한 언어를 높은 정확도로 처리할 수 있습니다. 이를 통해 'Speech To Text' 노드는 녹음 파일을 받아 지정된 모델로 자동 변환한 뒤, 결과 텍스트를 다음 단계인 LLM 노드로 전달해 회의록 생성의 기초 데이터를 제공합니다.

이 과정에서 선택한 모델에 따라 인식 정확도와 처리 속도가 달라질 수 있는데, Whisper는 빠른 처리와 안정적 품질을 모두 갖춘 대표 모델이기 때문에 학습 과정에서는 우선 이 모델을 사용하고, 세부적인 모델 비교는 나중에 천천히 살펴봐도 충분합니다.

[4단계] LLM 노드

LLM 노드는 앞선 'Speech To Text' 노드에서 변환된 텍스트를 입력받아, 이를 회의록 전문가의 관점에서 자동으로 작성하는 핵심적인 역할을 합니다. 이 단계에서 LLM에게 "어떤 역할로, 어떤 형식의 회의록을 만들 것인지"를 구체적으로 지시하는 것이 중요합니다.

LLM 노드

LLM 노드를 설정하는 세부적인 방법은 다음과 같습니다.

입력 변수 연결

LLM 노드의 입력에는 Speech To Text 노드의 출력 값인 `Speech To Text.text String` 변수에는 회의 녹음 파일이 텍스트로 변환된 실제 회의 내용이 담겨 있습니다.

시스템(SYSTEM) 프롬프트 설정

LLM에게 다음과 같은 역할과 관점을 부여합니다. '당신은 회의록을 정리하는 전문가입니다.' 이 페르소나는 LLM이 단순한 요약을 넘어, 회의록에 필요한 공식적인 형식과 어조를 갖추도록 유도합니다.

#지시사항: LLM에게 다음과 같은 구체적인 지시사항을 전달하여 원하는 출력물을 얻도록 합니다. 회의록은 다음과 같은 항목들을 구체적으로 명시하여, LLM이 구조화된 문서를 생성하도록 유도합니다.

```
다음은 회의 내용입니다.
이 회의 내용을 바탕으로 텍스트 형식의 회의록을 작성해 주세요..
```

최종 결과물이 텍스트 형태의 회의록이어야 함을 지정합니다.

회의록에는 다음 항목을 반드시 포함합니다.

- 회의명, 회의일시, 회의장소, 참석자
- 안건별 논의 내용,
- 결정 사항/합의 사항
- 후속 처리 및 담당자

컨텍스트 연결

이 지시사항 아래에 Speech To Text 노드에서 받은 텍스트 변수를 연결함으로써, LLM은 실제 회의 내용을 바탕으로 전문가처럼 체계적인 회의록을 자동으로 작성할 수 있게 됩니다.

이처럼 LLM 노드는 단순히 텍스트를 생성하는 기능을 넘어, 구체적인 지시와 입력 데이터를 결합하여 복잡한 문서화 작업을 자동화하는 중요한 역할을 담당합니다.

[5단계] Markdown to DOCX Converter 노드

Markdown to DOCX Converter 노드는 LLM이 작성한 회의록 텍스트(마크다운 형식)를 MS Word 파일(.docx)로 변환하는 기능을 담당하며, 회의록 자동 생성 워크플로우의 최종 문서화 단계에 해당합니다.

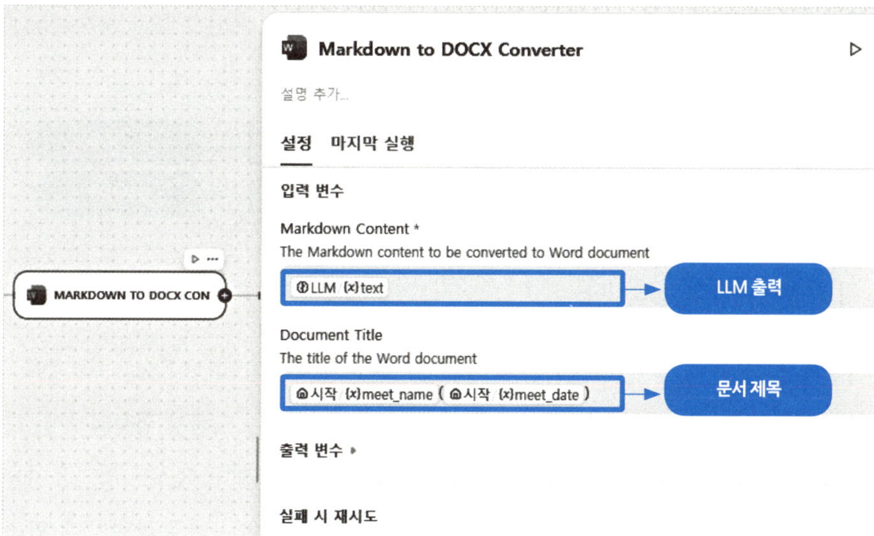

Markdown to DOCX Converter 노드

입력 변수(콘텐츠) 설정

이 노드는 'Markdown Content'라는 필수 입력 변수를 받습니다. 이미지의 빨간 박스는 이 입력 변수가 LLM 노드에서 생성된 `text` 변수임을 보여줍니다. 이는 LLM이 작성한 회의록 텍스트가 워드 파일 변환기의 입력으로 사용됨을 의미합니다.

문서 제목 설정

`Document Title` 변수에는 생성될 워드 파일의 제목을 설정합니다. 이미지의 예시에서는 시작 노드에서 받은 `meet_name`(회의명)과 `meet_date`(회의일시) 변수를 결합하여 동적으로 파일 제목을 생성하고 있습니다. 이로써 회의 내용에 따라 파일 이름이 자동으로 부여됩니다.

이러한 설정을 통해 워크플로우는 LLM이 생성한 회의록 텍스트를 입력받아, 회의명과 날짜를 포함한 워드 파일로 자동 변환하는 기능을 수행합니다. 이는 회의록 작성 및 정리 업무를 완벽하게 자동화하여 최종 문서화 과정의 효율성을 극대화합니다.

[6단계] 끝(End) 노드

끝(End) 노드는 워크플로우의 최종 결과물을 정의하고 출력하는 역할을 하며, 여기서는 텍스트와 파일 두 가지 형식의 결과물을 동시에 출력합니다.

끝 노드 세부 설정 과정은 다음과 같습니다.

텍스트 결과 출력 변수 설정

출력 변수 섹션에서 첫 번째 변수로 `text`를 정의합니다. 이 변수는 LLM 노드에서 생성된 최종 회의록 텍스트를 담습니다. 이 변수의 데이터 타입은 `text String`으로 지정되어 텍스트 결과물임을 명확히 합니다. 이 설정을 통해 사용자는 최종 회의록 내용을 텍스트 형식으로 바로 확인할 수 있습니다.

파일 결과 출력 변수 설정

두 번째 출력 변수로 `file`을 정의합니다. 이 변수는 Markdown to DOCX Converter 노드에서 변환된 워드 파일(DOCX)을 담습니다. 변수 타입은 `files Array[File]`로 지정되어, 워드 파일 형식의 결과물임을 나타냅니다. 이 설정을 통해 사용자는 AI가 생성한 회의록을 다운로드 가능한 파일 형태로 받을 수 있습니다.

이처럼 끝 노드를 통해 워크플로우는 하나의 작업(회의록 자동 생성)으로 텍스트와 파일이라는 두 가지 형식의 결과물을 동시에 제공하여 사용자의 편의성을 극대화합니다.

[7단계] 음성기반 회의록작성기 실행

이제 구성한 워크플로우를 실제로 실행해 보며, **입력 → 변환 → 회의록 생성 → 워드 파일 출력** 과정을 확인합니다.

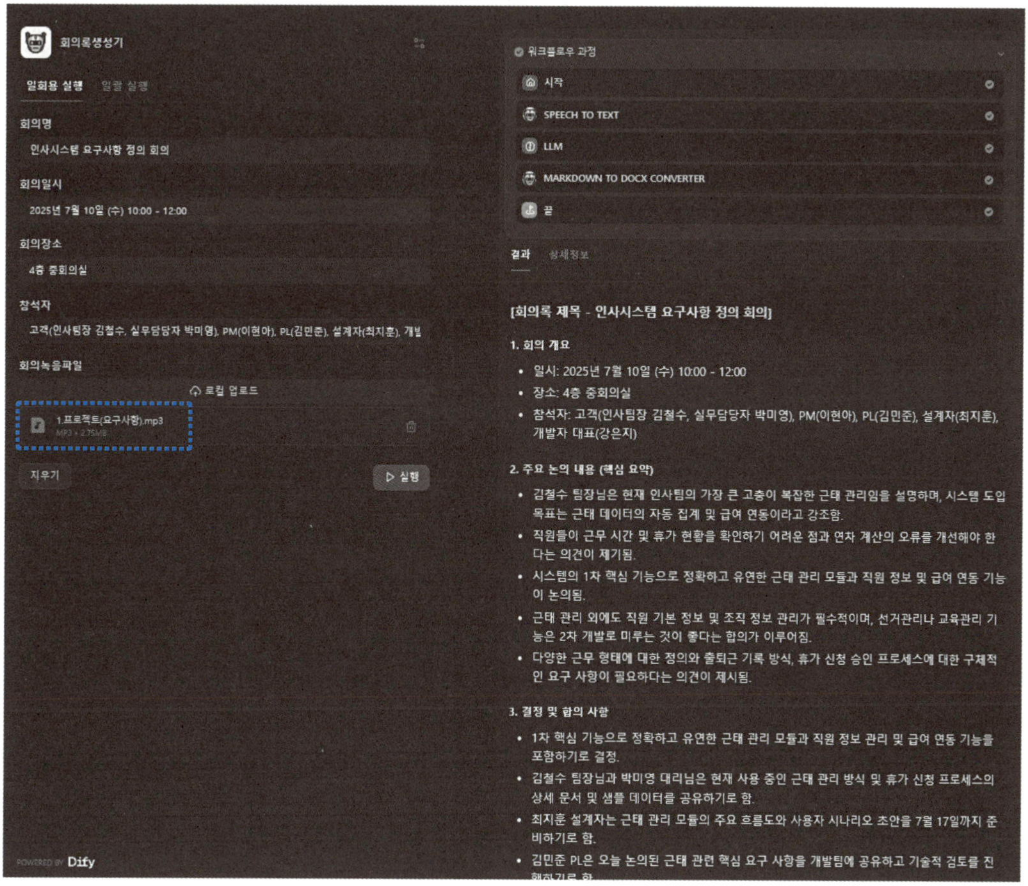

앱 실행 및 결과 확인

1. 회의 정보 입력

- 입력 정보 입력: 사용자는 왼쪽 패널의 워크플로우 실행 탭에서 회의와 관련된 정보를 직접 입력합니다.
- 회의명: '인사시스템 요구사항 팀 회의'
- 회의일시: '2025년 7월 10일'
- 회의장소: '4층 중회의실'
- 참석자: '김철수 팀장님, 담당팀장 박이영 ...'

2. 녹음 파일 업로드: 회의녹음파일 섹션에서 `1. 프로젝트(요구사항).mp3` 녹음 파일을 업로드합니다.
3. 워크플로우 실행: 모든 정보가 입력되면 [실행] 버튼을 클릭하여 워크플로우를 시작합니다. 오른쪽 패널의 워크플로우 과정에서는 워크플로우가 진행되는 순서가 표시됩니다.

    - 시작(Start) 노드: 사용자가 입력한 회의 정보와 녹음 파일을 수집합니다.
    - SPEECH TO TEXT 노드: 업로드된 오디오 파일을 텍스트로 변환합니다.
    - LLM 노드: 변환된 텍스트와 입력 정보를 바탕으로 회의록 초안을 작성합니다.
    - MARKDOWN TO DOC CONVERTER 노드: LLM이 작성한 회의록 텍스트를 MS Word(DOCX) 파일로 변환합니다.

4. 결과 확인: 실행이 완료되면 오른쪽 패널의 '결과' 탭에서 워크플로우가 생성한 최종 회의록을 확인할 수 있습니다. 회의 제목, 일시, 장소, 참석자와 함께 주요 논의 내용과 결정 및 합의 사항이 깔끔하게 정리되어 있습니다.

이처럼 Dify는 복잡한 회의록 작성 작업을 자동화하여, 수작업에 드는 시간과 노력을 획기적으로 줄여줍니다.

8.2 회의록 검색기 챗봇

회의가 반복될수록 회의록 파일도 빠르게 쌓입니다. 하지만 필요한 내용을 찾기 위해 매번 문서를 일일이 열어보는 일은 매우 비효율적입니다. 이 절에서는 이러한 문제를 해결하기 위해 Dify 지식베이스와 RAG 구조를 활용하여 여러 개의 회의록 파일을 하나의 지식 저장소로 구축하고, 사용자가 질문하면 자동으로 필요한 내용을 찾아주는 회의록 검색기 챗봇을 구현합니다.

회의록 기반 지식베이스 구축하기

회의록 검색기 챗봇의 정확성과 신뢰성은 지식베이스의 품질에 달려 있습니다. 이번에는 **앞서 자동 생성된 회의록 파일을 Dify 지식베이스로 구축하고, AI가 검색 가능한 형태로 구조화하는 전체 과정을 설명합니다.**

[1단계] 회의록 파일 업로드 및 인덱싱

앞서 워크플로우에서 자동 생성한 DOCX 회의록 파일들을 Dify 지식베이스에 업로드하면, 문서가 청크(Chunk) 단위로 분리되고 벡터 데이터베이스에 저장되어 검색 가능한 형태로 변환됩니다.

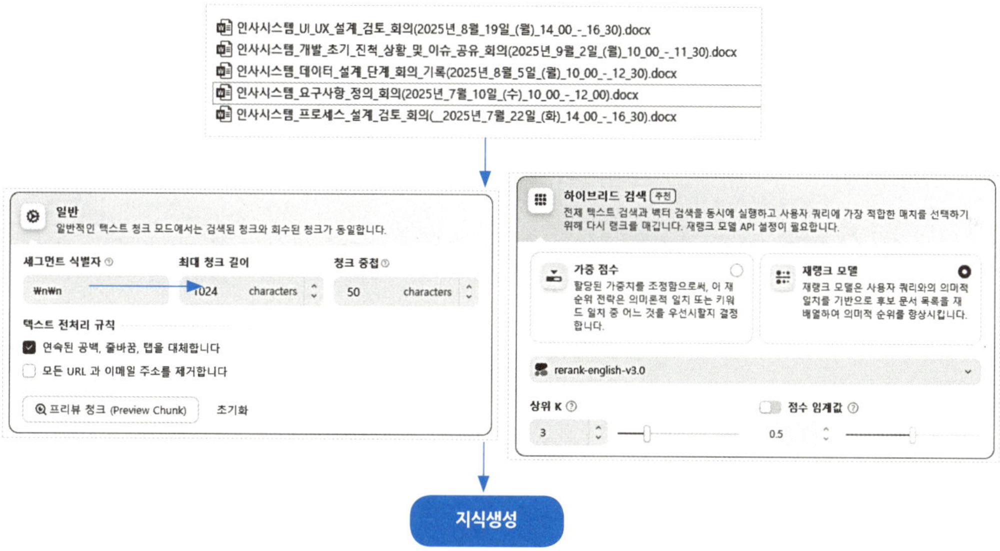

지식 생성

파일 업로드 및 청크 설정 과정은 다음과 같습니다.

01 인사시스템_UI_UX_설계_.docx와 같은 5개의 MS Word 회의록 파일이 업로드됩니다. 이 파일들은 앞선 워크플로우를 통해 자동으로 생성된 결과물입니다.

02 Dify는 업로드된 문서들을 AI가 효율적으로 검색할 수 있도록 청크(Chunk)로 분할합니다.

또한, 하이브리드 검색 설정이 활성화되어 있어, 전체 텍스트 검색과 벡터 검색을 모두 활용하여 검색의 정확도를 높일 계획임을 알 수 있습니다.

03 모든 설정이 완료되면 [지식 생성] 버튼을 클릭하여, 업로드된 회의록 파일들을 AI가 검색 가능한 지식 베이스로 변환합니다. 이 과정은 문서의 내용을 벡터로 변환하고 벡터 데이터베이스에 저장하는 인덱싱 작업을 포함합니다.

이 과정을 통해 AI는 5개의 회의록 파일에 담긴 방대한 정보를 효과적으로 검색하고, 사용자의 질문에 대한 정확하고 상세한 답변을 제공할 수 있게 됩니다. 이는 수동으로 회의록을 찾아봐야 하는 번거로움을 해결해주는 중요한 자동화 과정입니다.

[2단계] 파일을 추가로 지식 확장하기

지식베이스는 고정된 데이터가 아니라, 프로젝트 진행 중에 지속적으로 확장되는 저장소입니다. 새로운 회의가 발생하면, [파일 추가] 버튼을 통해 DOCX 회의록을 계속 업로드할 수 있습니다.

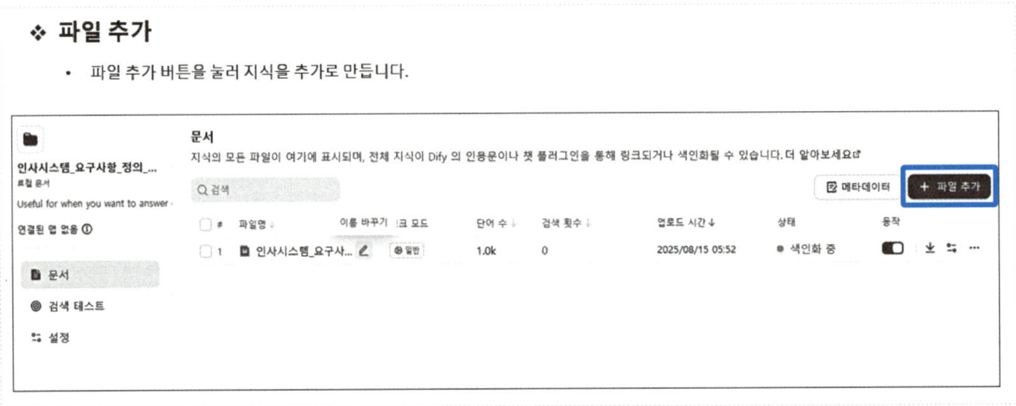

문서 관리 화면

01 화면 왼쪽 패널에서 [문서] 메뉴를 선택하면, 지식 베이스에 등록된 파일 목록을 확인할 수 있습니다. 이미지에서는 인사시스템_요구사항_정의라는 문서가 이미 등록되어 있습니다.

02 화면 오른쪽 상단에 있는 [+ 파일 추가] 버튼을 클릭하여 새로운 파일을 지식 베이스에 업로드합니다.

03 파일 탐색기가 열리고, 사용자는 업로드할 파일을 선택할 수 있습니다. 이 과정은 새로운 회의록이나 업데이트된 문서를 기존의 지식 베이스에 추가하여 AI의 지식 범위를 확장하는 데 사용됩니다.

이처럼 '파일 추가' 기능은 지식 베이스를 지속적으로 업데이트하고 관리하는 데 필수적인 기능으로, Dify를 통해 AI의 지식 콘텐츠를 최신 상태로 유지할 수 있게 합니다.

[3단계] 지식 정보 변경하기

프로젝트가 커질수록 지식베이스도 여러 개로 늘어날 수 있습니다. 따라서 명확한 이름을 부여해 관리성을 높이는 것이 좋습니다.

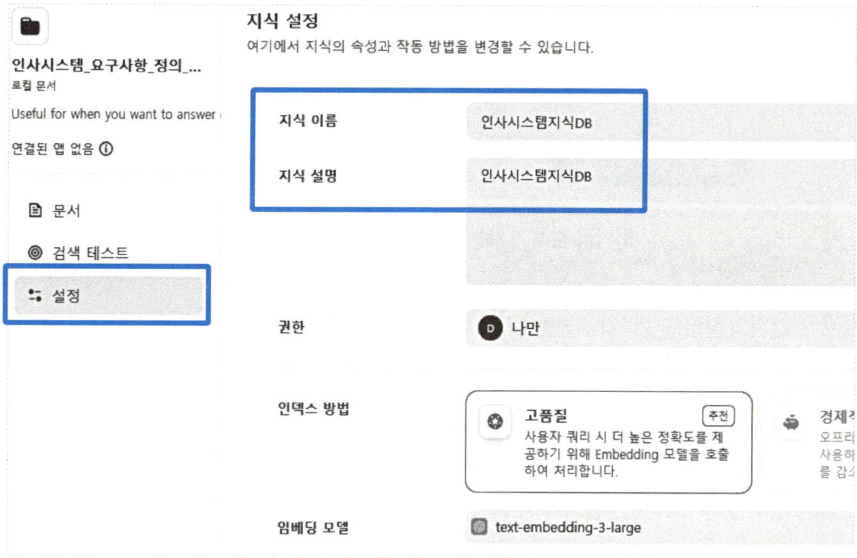

지식 설명

왼쪽 메뉴에서 **[설정]** 메뉴를 선택하면 '지식 설정' 화면에서 지식 베이스의 이름과 설명을 변경할 수 있습니다. 이미지의 예시에서는 기존의 문서명을 대신하여 '인사시스템지식DB'라는 이름으로 변경되었습니다. 이처럼 명확한 이름을 부여하면 여러 지식 베이스를 관리할 때 혼동을 줄일 수 있습니다.

회의록 검색기 채팅플로우 구성

앞 절에서 회의록 DOCX 파일을 기반으로 지식베이스를 구축했다면, 이제 이 지식을 실제로 검색·활용할 수 있는 챗봇을 만들어야 합니다. 이 절에서는 Dify의 워크플로우를 활용하여 '회의록 검색기' 채팅플로우를 구성하는 과정을 설명합니다. 사용자가 질문을 입력하면, 챗봇은 지식베이스를 검색한 뒤 관련 내용을 자동으로 요약해 답변합니다.

채팅플로우 오케스트레이션 기본 구조

회의록 파일로 구축한 지식베이스(인사시스템지식DB)를 실제 서비스처럼 활용하려면, 사용자의 질문을 받아 지식에서 답변을 찾아주는 챗봇(채팅플로우)가 필요합니다. 이 절에서는 Dify 워크플로우를 활용해 '회의록 검색기' 챗봇을 구성하는 과정을 단계별로 살펴봅니다.

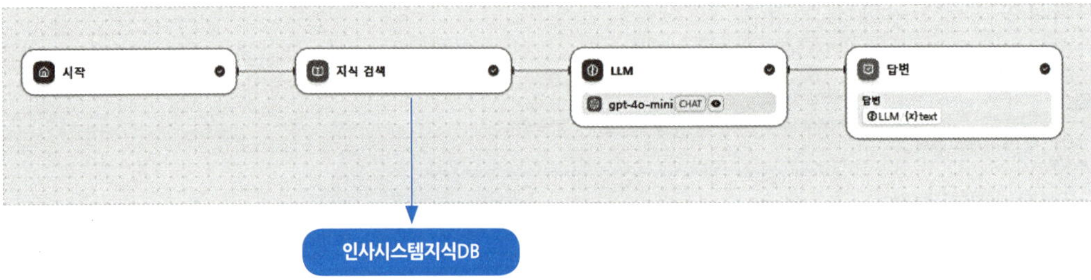

회의록 검색기 채팅플로우

- 시작(START) 노드: 사용자의 질문을 받아서 워크플로우를 시작합니다.
- 지식 검색 노드: 시작 노드에서 받은 질문을 '인사시스템지식DB'에 연결하여 관련 정보를 검색합니다. 이 노드는 사용자의 질문과 가장 관련성이 높은 청크를 지식 베이스에서 찾아내는 역할을 합니다.
- LLM 노드: 지식 검색 노드에서 찾아낸 정보를 입력으로 받습니다. LLM은 이 정보를 바탕으로, 사용자의 질문에 대한 최종 답변을 생성합니다. LLM은 검색된 정보의 맥락을 이해하고, 자연스러운 언어로 답변을 구성합니다.
- 답변 노드: 워크플로우의 최종 출력 노드입니다. LLM 노드에서 생성된 답변 텍스트를 답변이라는 변수로 출력하여 사용자에게 전달합니다.

이러한 흐름을 통해 사용자가 "육아휴직 규정은 어떻게 되나요?"와 같은 질문을 입력하면, 챗봇은 지식베이스에서 관련 회의 내용을 찾아 정확하고 신뢰성 있는 답변을 제공합니다.

[1단계] 지식검색 노드 설정

Dify 워크플로우의 '지식 검색' 노드는 챗봇이 특정 지식 베이스에서 정보를 검색하도록 연결하는 핵심적인 역할을 합니다. 이 노드의 설정에 따라 챗봇이 어떤 지식을 참고하고, 어떤 기준으로 정보를 검색할지가 결정됩니다.

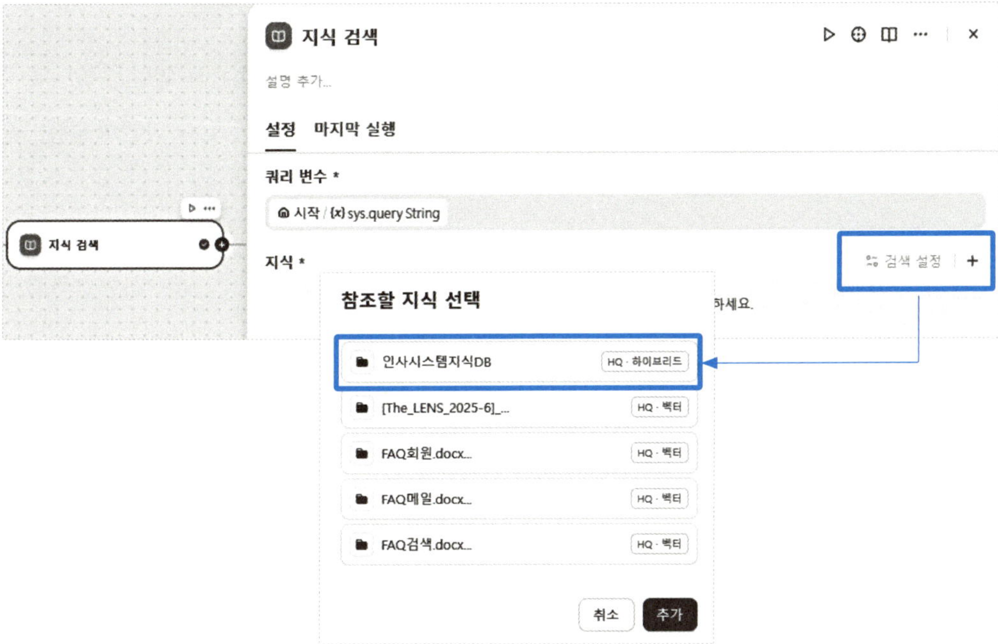

지식 검색 노드

지식 검색 노드의 세부 설정 과정은 다음과 같습니다.

쿼리 변수 설정

쿼리 변수는 사용자의 질문을 나타냅니다. 이미지에서는 시작 노드의 출력 변수인 `sys.query`가 쿼리 변수로 지정되어, 챗봇에 입력된 사용자의 질문이 지식 검색 노드로 전달됨을 의미합니다.

참조할 지식 선택

'지식' 메뉴에서 검색할 지식 베이스를 선택합니다. 이미지의 예시에서는 이전에 구축한 '인사시스템지식DB'가 선택되어 있습니다. 이 지식 베이스는 하이브리드 검색 방식으로 설정되어 있어, 키워드 검색과 의미 기반 벡터 검색을 모두 활용해 가장 정확한 결과를 찾아냅니다.

검색 설정 조정

[검색 설정] 버튼을 클릭하여 '상위 K'와 점수 '임계값' 등 검색의 세부적인 옵션을 조정할 수 있습니다. 이러한 설정을 통해 '지식 검색' 노드는 사용자의 질문을 받아 인사시스템지식DB에서 관련 정보를 검색하고, 그 결과를 다음 단계인 LLM 노드로 전달하여 최종 답변을 생성하는 기반을 마련합니다.

[2단계] LLM 노드 설정

LLM 노드는 지식 검색 노드에서 가져온 결과를 바탕으로 최종 답변을 생성하는 역할을 합니다. 검색된 문서의 내용을 어떻게 해석하고, 어떤 방식으로 사용자 질문에 맞춘 응답을 만들어낼지는 이 노드의 설정에 따라 크게 달라집니다.

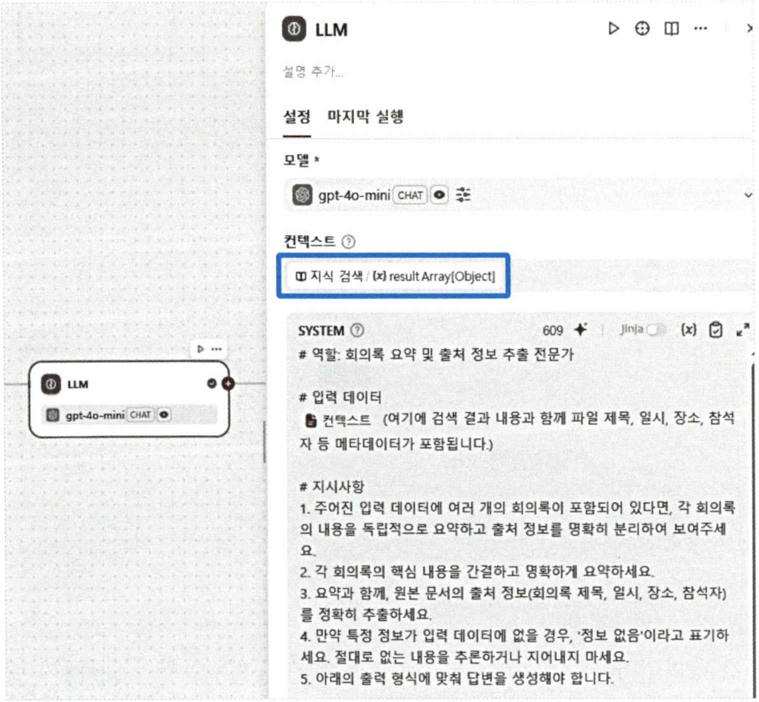

LLM 노드

입력 변수

LLM 노드의 '컨텍스트' 부분에는 지식 검색 노드의 출력값인 `result`가 직접 연결됩니다. 이 result는 LLM이 답변을 생성하는 데 필요한 모든 관련 정보(검색된 문서 내용, 메타데이터 등)를 담고 있습니다.

프롬프트 설정

LLM 노드에는 다음과 같은 SYSTEM 프롬프트가 설정되어 있습니다.

역할:

"회의록 요약 및 정보 추출 전문가"라는 명확한 역할을 부여합니다.

지시사항:

1. 제공된 데이터에서 회의록의 내용을 추출하고 요약하라고 지시합니다.
2. 각 회의록의 핵심 내용을 간결하고 명확하게 요약하라고 지시합니다.
3. 요약과 함께 회의명, 일시, 장소, 참석자 등 원본 문서의 메타데이터를 추출하라고 지시합니다.
4. 만약 특정 정보가 입력 데이터에 없을 경우, '정보 없음'으로 표기하라고 지시하여 환각 현상을 방지합니다.

이러한 설정을 통해 LLM은 지식 검색 노드에서 받은 데이터를 바탕으로 질문에 대한 답변을 단순히 생성하는 것을 넘어, 전문가처럼 정보를 요약하고 구조화하여 정확하고 신뢰성 있는 답변을 제공할 수 있게 됩니다.

[3단계] 채팅플로우 실행 화면

사용자가 질문을 입력하면, AI가 이전에 구축된 지식 베이스를 활용하여 회의록 내용을 요약하고 답변하는 과정을 보여줍니다.

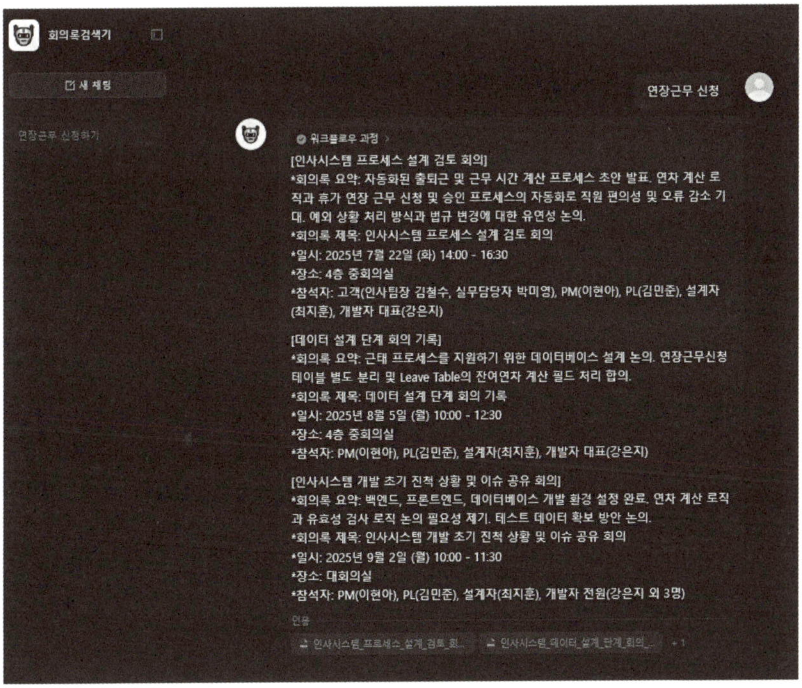

실행 결과 화면

챗봇을 실행한 결과는 다음과 같습니다.

- **사용자 질문**: 사용자는 왼쪽의 대화창에서 '연장근무 신청하기'와 같은 질문을 입력할 수 있습니다.
- **워크플로우 작동**: 이 질문은 챗봇의 워크플로우를 작동시키고, 지식 검색 노드가 인사시스템지식DB에서 관련 회의록을 찾아냅니다.
- **결과 요약 및 출력**: AI는 검색된 회의록 내용을 바탕으로 다음과 같은 정보를 요약하여 보여줍니다.
    - 인사시스템 프로세스 설계 검토 회의: 연장 근무 신청과 관련된 논의 내용을 요약하여 회의 제목, 일시, 장소, 참석자 등의 메타데이터와 함께 보여줍니다.
    - 데이터 설계 단계 회의: 데이터 설계 단계에서 연장 근무 신청과 관련된 데이터 처리 방안에 대한 논의 내용을 요약합니다.
    - 개발 초기 진행 상황 및 이슈 공유 회의: 개발 초기 단계에서 논의된 내용을 보여주며, 연장 근무 신청과 관련된 이슈들을 확인할 수 있습니다.

이처럼 '회의록 검색기' 챗봇은 사용자의 질문에 대해 여러 회의록에 흩어져 있는 관련 정보를 자동으로 찾아내고 요약하여, 한눈에 파악하기 쉬운 형태로 정리해줍니다. 이는 사용자가 방대한 문서 속에서 필요한 정보를 수동으로 찾는 번거로움을 해결해주는 매우 효율적인 솔루션입니다.

* * *

지금까지 Dify를 활용해 음성 녹음부터 최종 문서화, 그리고 지식 베이스 구축을 통한 질의응답 시스템 구현까지, 회의록 관련 업무를 완전히 자동화하는 과정을 살펴보았습니다. Dify는 복잡한 워크플로우를 쉽게 설계할 수 있도록 도와줄 뿐만 아니라, 다양한 외부 도구를 통합하고 RAG 기술로 LLM의 한계를 보완함으로써 기업의 비효율적인 업무 프로세스를 혁신하는 강력한 솔루션입니다. 이러한 자동화 시스템을 도입하면 반복적인 작업에 걸리는 시간을 크게 줄이고, 구성원이 더욱 중요한 기획·분석·의사결정 업무에 집중할 수 있도록 지원할 수 있습니다.

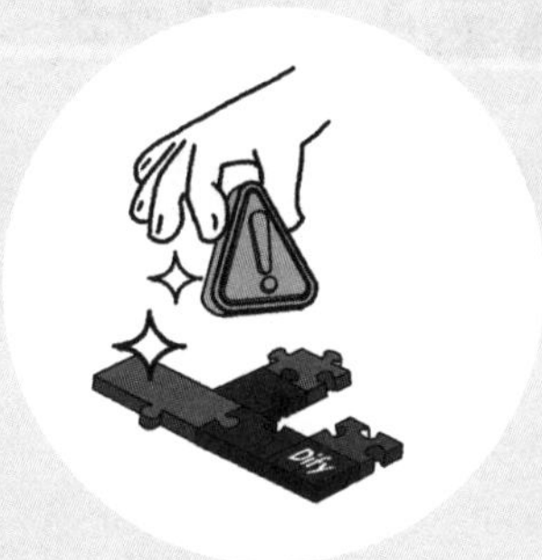
Dify

9장

RAG 기반 법률 서비스 앱 개발

이 장의 학습목표

- 법률 문서를 AI가 이해하고 활용할 수 있도록 RAG 구조로 변환하는 과정을 이해합니다.
- 근로기준법·시행령·시행규칙 파일을 전처리하고, Dify 지식 베이스로 구축합니다.
- 지식 베이스를 챗봇에 연결하여 '근로기준법 가이드봇'을 구현합니다.
- 프롬프트를 설계해 법조문 인용, 리스크 예측, 해결책 제시가 포함된 전문가형 응답을 생성합니다.
- 완성된 챗봇을 실행해 실제 법률 질의응답 시나리오를 테스트합니다.

RAG 법률AI 근로기준법가이드봇 지식베이스 Dify챗봇

이번 장에서는 Dify를 활용해 복잡한 법률 문서를 이해하고, 사용자 질문에 정확히 답변하는 전문가형 챗봇을 만들어 봅니다. 예를 들어, '퇴직금은 언제까지 지급해야 하나요?'와 같은 질문에 단순히 조항을 보여주는 것이 아니라, 관련 법규 인용 → 예상 리스크 → 권장 대응 절차까지 제시하는 '근로기준법 가이드봇'을 구축합니다.

이 앱은 단순한 정보 제공형 챗봇을 넘어, 실제 법률 전문가처럼 사고하고 판단하는 구조로 설계됩니다. 이를 위해 근로기준법과 그 하위 법령(시행령, 시행규칙)을 기반으로 근로기준법DB를 구축하고, RAG 기술을 통해 법률 조항을 정확하게 검색, 인용하는 응답 시스템을 구성합니다.

또한, 프롬프트 설계를 통해 전문가 수준의 해석과 해결책을 제시하는 대화 시스템을 완성합니다.

> 이 장을 마치면, 근로기준법과 하위 법령을 구조화해 전문가형 법률 챗봇을 직접 개발하고 테스트할 수 있습니다.

https://github.com/multicore-it/dify : 12.RAG기반 근로기준법가이드

9.1 근로기준법 가이드봇

법률 문서는 조항·항·목처럼 계층적인 구조를 가지고 있어 일반 텍스트보다 AI가 이해하기 까다롭습니다. 특히 PDF 형식의 법령은 서식 요소가 많아, AI가 정확하게 내용을 해석하고 검색하려면 적절한 전처리 과정이 반드시 필요합니다.

이번 절에서는 Dify 워크플로우를 활용해 근로기준법 PDF를 RAG 검색에 최적화된 구조화 텍스트로 변환하는 전체 과정을 살펴봅니다. Doc 추출기, LLM, txtgenerator 노드가 어떻게 연동되어 문서가 전처리되는지, 그리고 이러한 구조화가 법률 기반 AI 서비스의 정확성을 어떻게 높이는지 단계별로 이해할 수 있습니다.

근로기준법 개요

근로기준법은 하나의 법률이 아니라, 국회, 대통령, 고용노동부가 각각 제정하는 세 가지 법규의 복합적인 체계입니다. 이러한 체계는 근로자의 권익을 보호하고 노동 환경을 공정하게 유지하기 위한 필수적인 구성 요소입니다. 각 법규는 그 역할에 따라 서로 다른 기능을 수행하며, 이들이 결합되어 비로소 완벽한 법적 규율을 형성합니다.

이 세 가지 법규가 함께 구성되며, 근로자의 권익 보호와 공정한 노동환경 유지를 위한 종합적인 법적 규율 체계를 완성합니다.

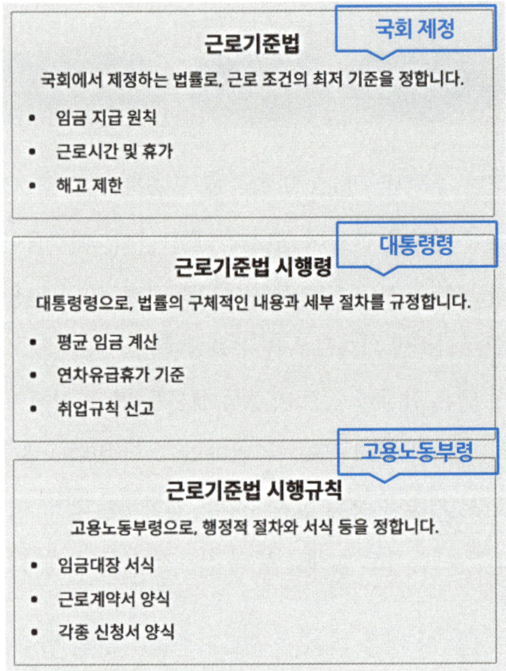

근로기준법 구성

근로기준법 다운로드

근로기준법과 그 하위 법령은 국가법령정보센터(www.law.go.kr)에서 제공되며, 최신 법령을 신뢰성 있게 확인할 수 있습니다. 복잡한 법령을 RAG 시스템에 활용하기 위해서는 먼저 PDF 파일 형태로 다운로드하는 과정이 필요합니다.

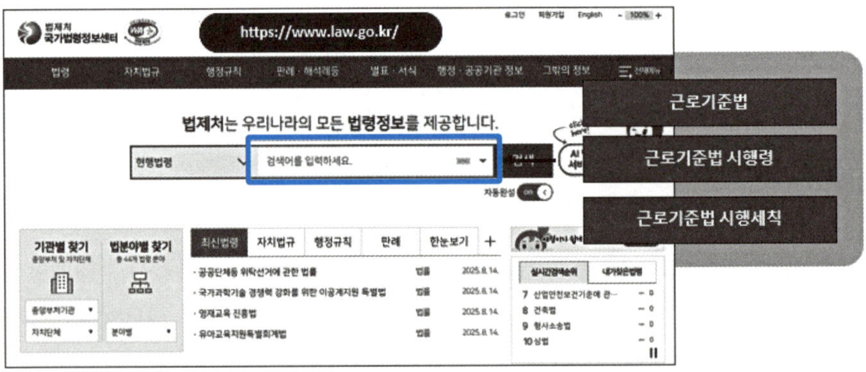

국가법령정보센터 웹사이트(www.law.go.kr)

01 국가법령정보센터(www.law.go.kr)에 접속하여 검색창에 '근로기준법'을 입력합니다. 검색 결과에는 다음 세 가지 법령이 함께 나타납니다.

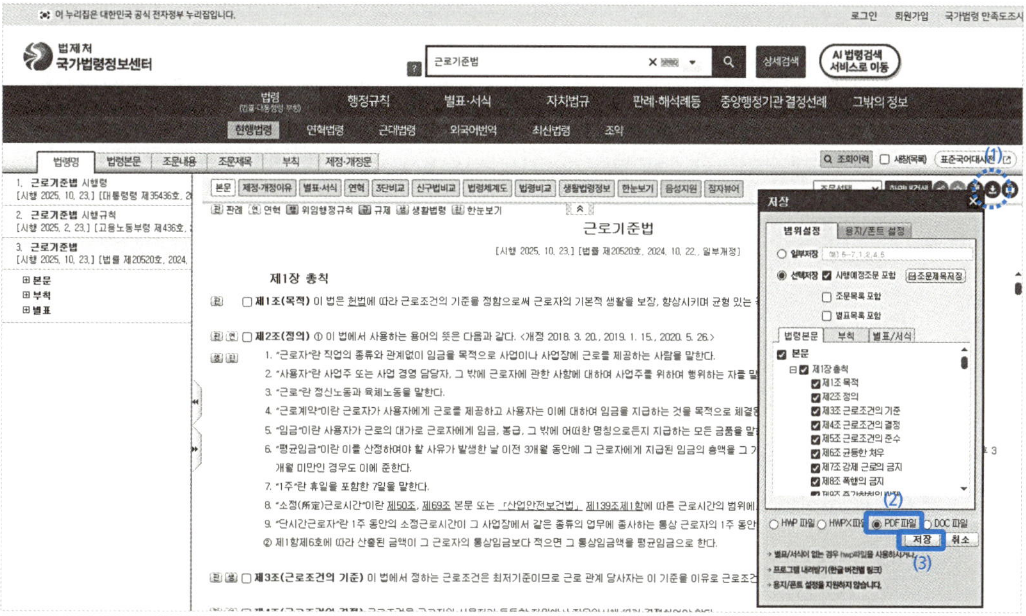

02 법령 본문 페이지로 이동한 뒤, 화면 오른쪽 상단에 있는 **[저장]** 버튼을 클릭하면 파일 저장 옵션 창이 나타납니다.

03 파일 형식을 선택할 수 있으나, RAG 전처리를 위해서는 PDF가 가장 적합하며 법령 본문, 별표, 해설 등 필요한 항목을 선택할 수 있습니다. 모든 설정을 확인한 후 창 아래 **[저장]** 버튼을 클릭하면 해당 법령의 PDF 파일이 다운로드됩니다.

이 과정을 근로기준법 세 가지 법령(법률·시행령·시행규칙)에 각각 수행하면, 이후 전처리 및 지식베이스 구축 단계에서 사용할 **세 개의 PDF 파일**이 준비됩니다.

PDF 법률 파일 전처리 방법

Dify 기반 RAG 시스템을 구축하려면, 먼저 AI가 법률 문서를 정확하게 처리할 수 있도록 전처리 과정을 거쳐야 합니다. 근로기준법처럼 조항·항·목 등 계층 구조가 뚜렷한 문서는 일반 텍스트와 달리, 구조를 해치지 않으면서 의미 단위별로 안정적으로 분리하는 작업이 필요합니다.

전처리의 핵심 목적은 PDF 법령을 조항 단위로 명확히 구분된 구조화 텍스트로 만드는 것입니다.

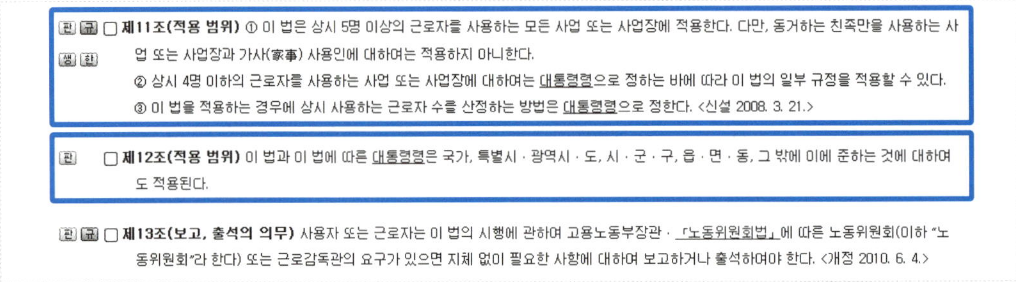
판 규 ☐ **제11조(적용 범위)** ① 이 법은 상시 5명 이상의 근로자를 사용하는 모든 사업 또는 사업장에 적용한다. 다만, 동거하는 친족만을 사용하는 사업 또는 사업장과 가사(家事) 사용인에 대하여는 적용하지 아니한다.
생 한
② 상시 4명 이하의 근로자를 사용하는 사업 또는 사업장에 대하여는 대통령령으로 정하는 바에 따라 이 법의 일부 규정을 적용할 수 있다.
③ 이 법을 적용하는 경우에 상시 사용하는 근로자 수를 산정하는 방법은 대통령령으로 정한다. <신설 2008. 3. 21.>

판 ☐ **제12조(적용 범위)** 이 법과 이 법에 따른 대통령령은 국가, 특별시 · 광역시 · 도, 시 · 군 · 구, 읍 · 면 · 동, 그 밖에 이에 준하는 것에 대하여도 적용된다.

판 규 ☐ **제13조(보고, 출석의 의무)** 사용자 또는 근로자는 이 법의 시행에 관하여 고용노동부장관 · 「노동위원회법」에 따른 노동위원회(이하 "노동위원회"라 한다) 또는 근로감독관의 요구가 있으면 지체 없이 필요한 사항에 대하여 보고하거나 출석하여야 한다. <개정 2010. 6. 4.>

법률 세그먼트 분류

법률 문서는 조항·항 단위로 의미 경계가 명확하게 구분되기 때문에, AI가 적절한 답변을 제공하려면 특정 조항을 정확히 찾아낼 수 있어야 합니다. 이러한 문서에 일반적인 청크 방식처럼 문자 수 기준으로 텍스트를 임의로 분리하는 방식은 적합하지 않습니다.

예를 들어 사용자가 "근로조건 결정 조항 알려줘"라고 질문하면, RAG는 해당 조항만 빠르게 찾아야 합니다. 이를 위해서는 법령 텍스트가 **조항별로 나누어진 세그먼트 구조**를 갖추고 있어야 합니다. 이를 위해서는 다음과 같은 과정이 필요합니다.

- PDF → 순수 텍스트 추출
- 텍스트를 조항·항 기반으로 구조화
- 각각을 독립된 세그먼트로 분리하여 지식베이스에 저장

이 구조 덕분에 RAG 시스템은 "특정 조항 중심"의 정교한 검색을 수행할 수 있습니다.

PDF 기본 청크 기능의 한계

PDF를 그대로 업로드하여 기본 청크(Chunk) 기능을 적용하면, Dify는 다음 그림과 같이 텍스트를 1024자 단위로 기계적 분리를 합니다.

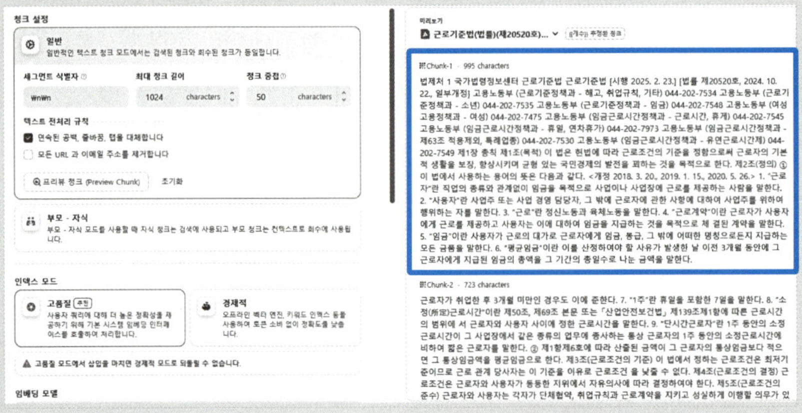

이미지 오른쪽에서 Chunk 1과 Chunk 2를 보면, 문맥의 논리적 흐름과 관계없이 단순히 최대 청크 길이(1024자)를 기준으로 텍스트가 잘려 있습니다.
Chunk 1(995자)과 Chunk 2(723자)로 분할되었지만, Chunk 1의 끝과 Chunk 2의 시작이 논리적으로 연결되지 않고 강제로 끊긴 것을 확인할 수 있습니다. 이렇게 의미와 관계없이 분할된 청크는 AI가 사용자의 질문에 대한 정확한 답변을 찾는 데 방해가 될 수 있습니다.
따라서 법률 문서처럼 논리적 구조가 중요한 파일은 조항별로 세그먼트를 구성하는 것이 가장 효과적입니다.

근로기준법 생성기 워크플로우

앞에서 법률 문서를 전처리하기 위해 필요한 구조와 개념을 살펴보았습니다. 이제 이러한 전처리 과정을 **Dify 워크플로우로 자동화하는 방법**을 실습합니다. 이 워크플로우는 PDF 파일을 입력으로 받아 'Doc 추출기', 'LLM', 'txtgenarator' 노드를 순차적으로 거쳐 RAG 시스템에 최적화된 텍스트 파일로 만들어 줍니다. 이 과정을 통해 법률 문서의 내용을 조항별로 분리하고 메타데이터를 추가하여, AI가 특정 질문에 대해 관련 조항만을 정확하게 찾아 답변하는 기반을 마련합니다.

워크플로우(오케스트레이션) 기본 구조

이 워크플로우는 PDF 파일을 입력으로 받아 Doc Extractor → LLM → txtgenerator 단계를 순차적으로 거쳐 완성된 텍스트 파일로 변환합니다. 전체 구조는 다음과 같습니다.

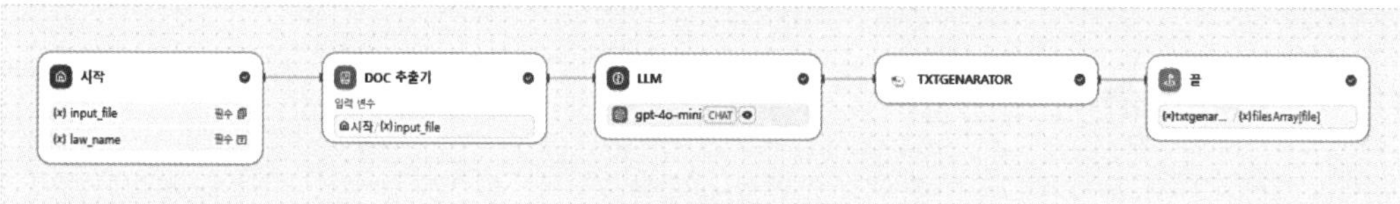

오케스트레이트

워크플로우 구조 및 작동 방식은 다음과 같습니다.

- 시작(START) 노드: 워크플로우의 시작점입니다. `input_file` 변수를 통해 사용자가 법률 PDF 파일을 업로드하고, `law_name` 변수를 통해 법령 이름을 입력받습니다.
- DOC 추출기(Doc Extractor) 노드: PDF에서 서식을 제거하고 순수 텍스트만 추출합니다.
- LLM 노드: 추출한 텍스트를 논리적인 단위(예: 조항별)로 분할하고 메타데이터와 구분자를 추가하여 구조화된 텍스트를 생성합니다. RAG 검색에 최적화된 형태로 재구성합니다.
- TXTGENARATOR 노드: LLM이 재구성한 텍스트를 입력 받아 .txt 파일로 생성합니다. 이 노드는 최종 결과물을 다운로드 가능한 파일 형태로 만들어줍니다.

- 끝(END) 노드: 워크플로우의 최종 결과물인 .txt 파일을 출력합니다. 이 노드는 TXTGENARATOR 노드에서 생성된 파일들을 files Array[File] 형식으로 정의하여 사용자에게 제공합니다.

이러한 워크플로우를 통해 복잡한 법률 문서를 AI가 효율적으로 검색하고 활용할 수 있는 형태로 자동 변환할 수 있습니다.

[1단계] txtgenarator 도구 설치

먼저, LLM이 생성한 법령 전처리 결과를 UTF-8 형식의 .txt 파일로 저장할 수 있도록, Dify 마켓플레이스에서 txtgenerator 플러그인을 설치합니다. 이 도구는 워크플로우가 생성한 긴 텍스트 결과물을 문서 파일 형태로 변환하는 데 필수적인 기능입니다.

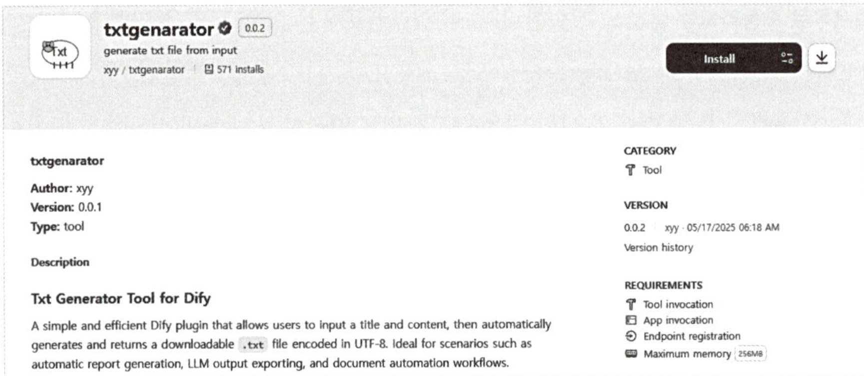

Dify 마켓플레이스의 검색창에 'txtgenerator'를 입력하여 설치를 진행합니다.

[2단계] 시작(Start) 노드 만들기

시작 노드에서는 사용자가 근로기준법 파일과 법령명을 입력할 수 있도록 입력 변수를 정의합니다.

- input_file: 사용자가 업로드하는 근로기준법 PDF(DOCX도 가능)를 받아 다음 노드로 전달합니다. 이 파일이 전처리의 실제 입력 문서가 됩니다.
- law_name: 변환 후 생성될 텍스트 파일의 이름에 사용되는 법령명을 입력합니다. '짧은 텍스트' 타입으로 설정되었습니다.

이 두 변수는 이후 Doc 추출기 및 LLM 노드에서 자동으로 참조되며, 법령의 메타데이터를 활용하는 데 사용됩니다.

[3단계] Doc 추출기 노드

Doc 추출기(Doc Extractor) 노드는 법률 PDF에서 순수 텍스트만 추출하는 첫 단계입니다. 앞 절에서 설명한 전처리 개념을 실제로 구현하는 과정입니다.

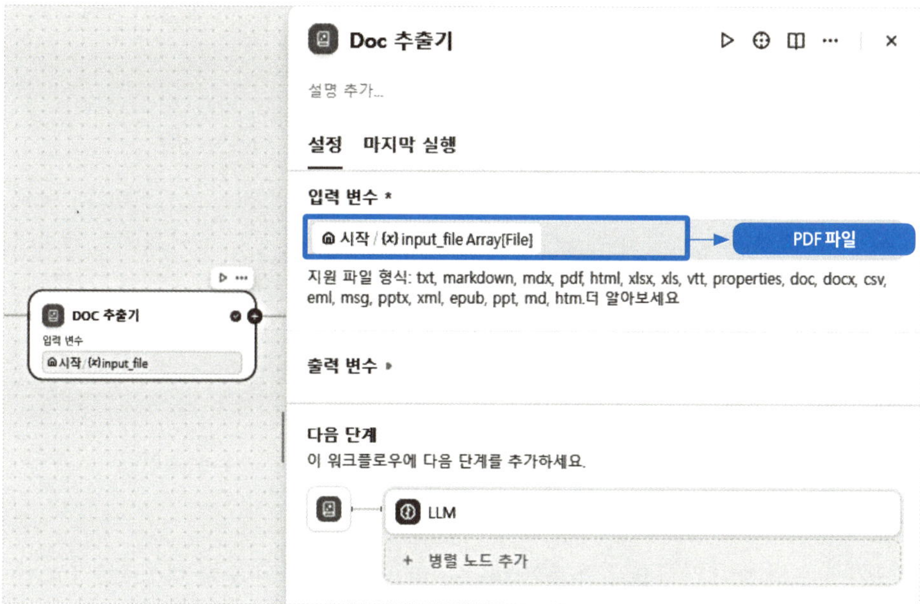

'Doc 추출기' 노드의 입력 변수는 이전 단계인 '시작' 노드에서 전달받은 `input_file` 변수로 설정되어 있습니다. 이 변수는 사용자가 업로드한 PDF 파일을 담고 있습니다.

이 노드는 PDF → 텍스트 변환 역할만 수행하며, 조항 분리·메타데이터 구성은 다음 단계인 LLM 노드에서 처리됩니다.

[4단계] LLM 노드

LLM 노드는 Doc 추출기에서 받은 텍스트를 **조항 단위 세그먼트**로 재구성하는 핵심 단계입니다.

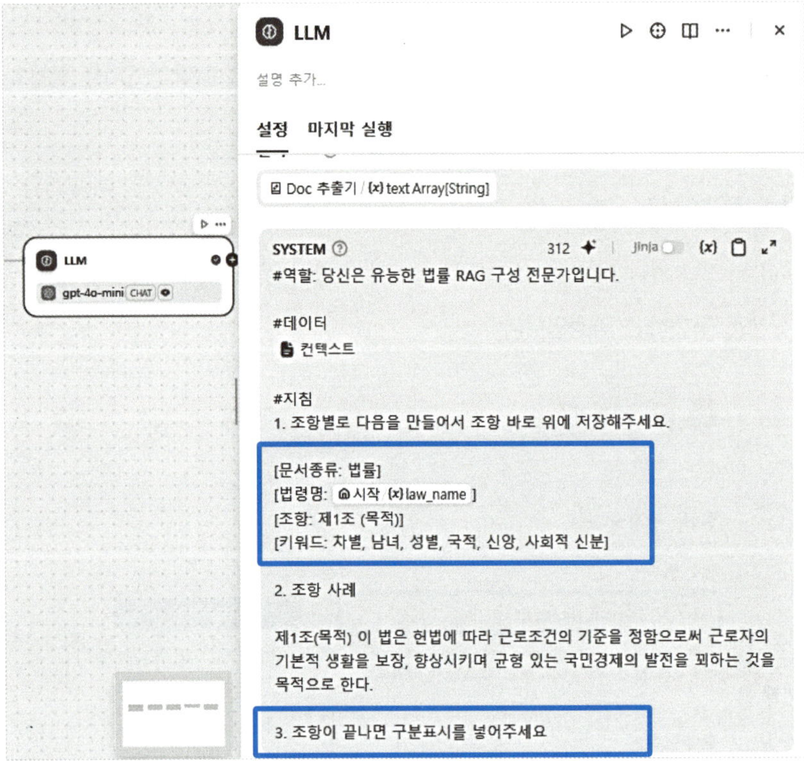

LLM 노드를 설정하는 세부적인 방법은 다음과 같습니다.

입력 변수 연결

먼저 Doc 추출기 노드의 출력 값인 `Doc 추출기.text`는 PDF에서 추출된 순수 텍스트로, LLM이 조항을 구분하고 분석해야 하는 실제 법령 본문입니다. 또한 시작(Start) 노드에서 전달되는 `law_name` 값은 법령명(예: '근로기준법')으로, 이후 LLM이 생성하는 각 조항의 메타데이터에 자동 삽입하여 문서 정합성을 높입니다.

이 두 입력값이 연결되어야 LLM이 조항 구조를 정확하게 인식하고, 올바른 메타데이터를 구성할 수 있습니다.

시스템(SYSTEM) 프롬프트 설정

LLM에게 다음과 같은 역할과 관점을 부여합니다. '유능한 법률 RAG 구성 전문가'라는 역할을 부여하여, 법률 문서의 특성에 맞는 텍스트 변환을 지시합니다.

#지시사항: LLM이 생성해야 할 출력 형식을 명확히 제시합니다. 예를 들어: 텍스트를 조항 단위로 분리합니다. 각 조항 위에 다음과 같은 메타데이터 블록을 생성합니다.

[문서종류: 법률]

[법령명: {{law_name}}]

[조항: 제1조(목적)]

[키워드: 조항에서 추출한 핵심 단어]

각 조항이 끝날 때 구분자(---)를 삽입해 세그먼트 경계를 명확히 표시합니다.

최종 출력은 지식 베이스에 바로 업로드할 수 있는 구조화 텍스트가 되어야 함을 지정합니다. 이 지시사항을 통해 LLM은 법령 전체를 일관된 규칙에 따라 조항별 세그먼트로 정돈하게 됩니다.

컨텍스트 연결

SYSTEM 프롬프트 아래에는 Doc 추출기에서 전달된 전체 텍스트(`Doc 추출기.text`)를 그대로 컨텍스트로 연결합니다.

이 컨텍스트 덕분에 LLM은 법령의 전체 내용을 기반으로 조항 경계를 정확히 식별하고, 메타데이터·키워드·구분자 등 필요한 구조를 안정적으로 생성할 수 있습니다.

이러한 설정을 통해 LLM은 단순히 텍스트를 추출하는 것을 넘어, RAG 시스템이 검색을 더 효율적으로 수행할 수 있도록 문서를 논리적으로 구조화하는 중요한 전처리 과정을 담당합니다.

[5단계] txtgenarator 노드

LLM 노드는 조항 단위로 구조화된 텍스트를 생성하고, txtgenarator 노드는 이 결과를 사용자가 다운로드할 수 있는 .txt 파일로 변환하는 단계입니다.

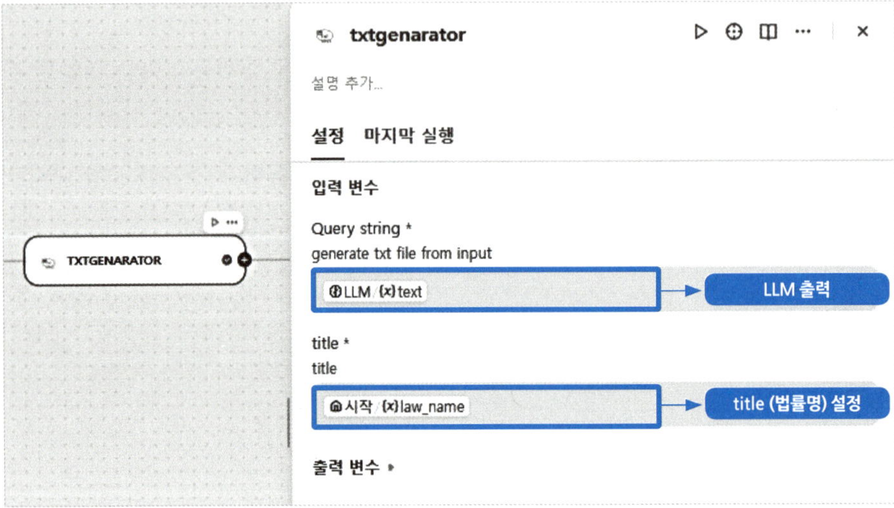

- 'Query string'에는 LLM 노드의 출력값인 `LLM.text`가 연결됩니다. 이는 LLM이 조항 단위로 재구성하고 메타데이터와 구분자를 추가한 최종 법령 텍스트가 포함되어 있습니다.
- 'title'에는 시작 노드에서 입력받은 `law_name` 변수를 연결합니다. 이 설정을 통해 워크플로우는 사용자가 입력한 법령명을 .txt 파일의 제목으로 자동 지정합니다.

이 과정을 통해 PDF에서 추출된 법령 문서는 **정확한 조항 단위 텍스트 파일**로 완성되고, 이후 RAG 기반의 지식 베이스 구축에 바로 활용할 수 있는 형태가 됩니다.

[6단계] 끝(End) 노드

txtgenarator 노드에서 생성된 .txt 파일을 최종 결과물로 출력하도록 설정됩니다.

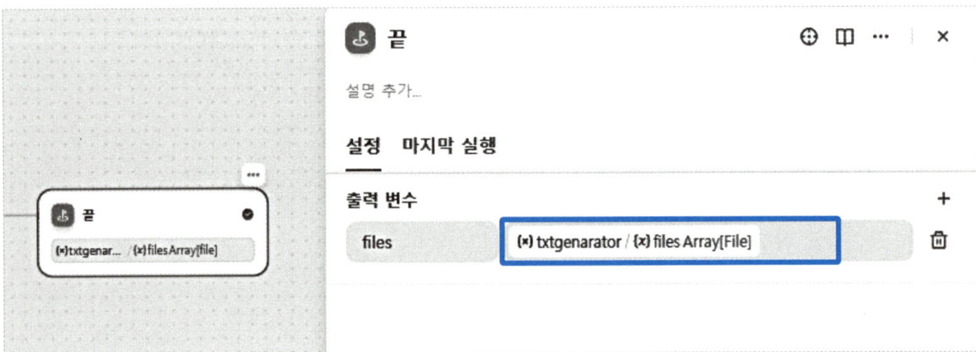

End 노드에서는 txtgenarator 노드의 출력값을 **files** 변수로 연결합니다. 이 변수는 `txtgenarator.files` Array[File]의 출력을 연결받아 워크플로우의 최종 결과물로 반환합니다.

이 단계까지 완료되면, PDF로 제공되는 근로기준법 문서는 조항 단위로 구조화된 텍스트 파일로 변환되어 RAG 기반 법률 지식 서비스를 구축할 준비가 완료됩니다.

[7단계] 워크플로우 실행

워크플로우 구성이 완료되면, 실제로 PDF 파일을 변환해 결과가 올바르게 생성되는지 Test Run 환경에서 실행해 볼 수 있습니다. Test Run은 앱 전체를 배포하지 않고도 동작을 검증할 수 있는 안전한 실행 환경으로, 법령과 같이 파일 크기가 크고 처리 시간이 긴 문서는 반드시 이 환경에서 테스트하는 것이 좋습니다.

01 'Test Run' 창에서 [파일 업로드] 버튼을 클릭하여 '근로기준법(법률).pdf' 파일을 업로드합니다.

02 '법률명' 필드에 변환할 파일의 이름(예: 근로기준법)을 입력합니다. 이 이름은 워크플로우가 최종 파일 제목으로 사용됩니다.

03 파일과 법률명 입력을 모두 입력한 뒤 [실행 시작] 버튼을 클릭합니다. 워크플로우는 업로드된 PDF를 구조화된 텍스트 파일로 변환하여 결과를 보여줍니다.

반드시 앱 실행 버튼이 아닌 'Test Run'에서 실행해야 합니다. 일반 앱 실행은 시간이 오래 걸리거나 중단될 수 있으므로, Test Run을 통해 제어된 환경에서 신속하게 기능을 검증해야 합니다.

9.2 근로기준법 가이드 지식 생성

워크플로우에서 생성한 구조화 텍스트(.txt) 파일은 Dify의 지식 기능에 등록함으로써 RAG 기반 검색이 가능한 형태로 사용할 수 있으며 시스템 구축의 핵심이 됩니다.
이 절에서는 전처리된 텍스트 파일을 지식 베이스로 업로드하고, 조항 단위로 정확하게 검색할 수 있도록 세그먼트 식별자를 설정하는 방법을 설명합니다.

[1단계] 텍스트 파일 지식화

전처리된 근로기준법 텍스트 파일(근로기준법.txt, 근로기준법 시행령.txt, 근로기준법 시행규칙.txt)을 Dify의 지식 베이스로 등록합니다.

지식 생성

01 '지식 생성' 화면에서 텍스트 파일 업로드 방식을 선택합니다.

02 생성된 세 개의 텍스트 파일을 드래그 앤 드롭하거나, 파일 찾기를 통해 업로드합니다.

03 업로드 후 '다음 단계'를 클릭하면 Dify가 파일 내용을 기반으로 벡터화 작업을 수행합니다. 이 과정에서 구조화된 텍스트는 RAG 검색에 사용 가능한 형태로 저장됩니다.

이 단계까지 완료되면 각 파일은 근로기준법DB라는 하나의 지식 베이스 안에서 법률 정보를 제공하는 '참고 문서'로 활용됩니다.

[2단계] 세그먼트 식별자 지정

조항 단위 검색이 정확하게 동작하려면, 텍스트 파일에서 조항 경계를 구분하는 기호(Delimiter)를 지정해야 합니다. 전처리 단계에서 조항 끝에 삽입했던 '---' 기호를 Dify 지식 설정에서 세그먼트 식별자로 등록하면, Dify는 각 조항을 하나의 독립 세그먼트로 인식하여 검색 정확도가 크게 향상됩니다.

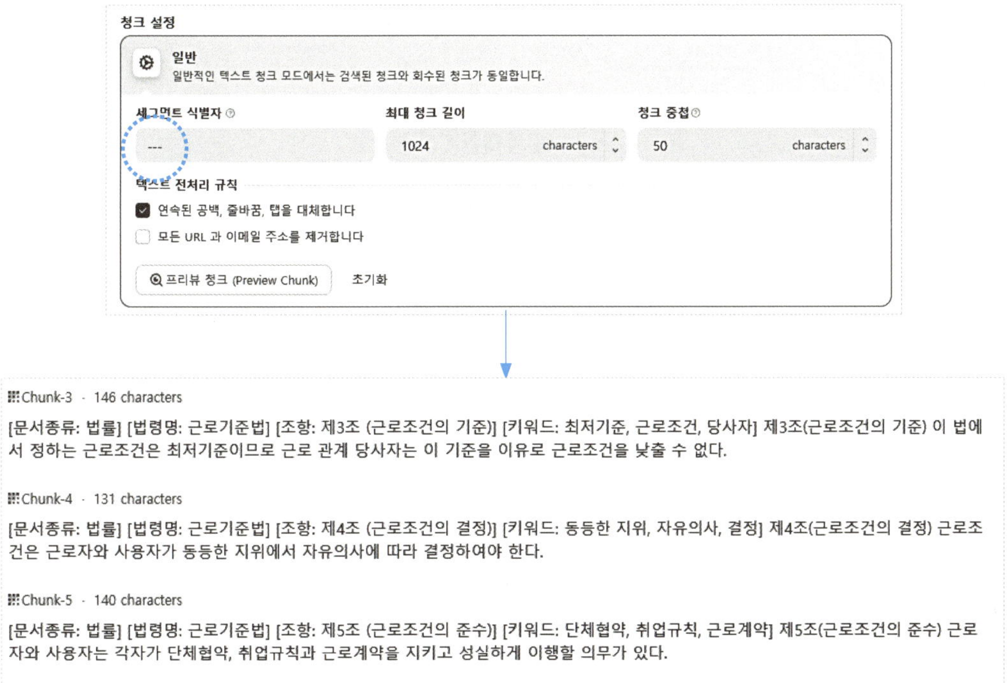

세그먼트 식별자 지정

01 '청크 설정' 패널에서 세그먼트 식별자 입력란에 --- 기호를 입력합니다.

02 이미지 오른쪽에는 이 설정이 적용된 청크 분할 결과가 표시됩니다. --- 기호를 기준으로 Chunk 3, Chunk 4, Chunk 5 등 각 조항이 하나의 독립적인 청크로 정확하게 분리되었음을 확인할 수 있습니다.

명확한 구분자를 세그먼트 식별자로 지정하면, Dify는 문맥과 논리적 의미 단위를 기준으로 문서를 효과적으로 분할할 수 있습니다. 이는 AI가 사용자의 질문에 대해 특정 조항만을 정확하게 찾아 답변하는 데 필수적인 전처리 작업입니다.

[3단계] 문서 확인

지식 베이스에 업로드된 파일이 정상적으로 색인화되었는지 확인합니다.

문서 확인

앞의 그림과 같이 '문서' 메뉴에서 업로드된 파일 목록(근로기준법.txt, 시행령.txt, 시행규칙.txt)을 확인할 수 있습니다. 파일 상태가 '사용 가능(Available)'으로 표시되는지 색인화(Indexing) 중인지가 표시되며 세부 정보를 한 눈에 파악할 수 있습니다.

[4단계] 지식 이름 변경

Dify에서 지식 베이스의 이름을 변경하려면, 먼저 왼쪽 메뉴의 '설정' 메뉴을 클릭해야 합니다. 이 탭은 지식 베이스의 전반적인 속성과 작동 방식을 관리하는 중요한 공간입니다.

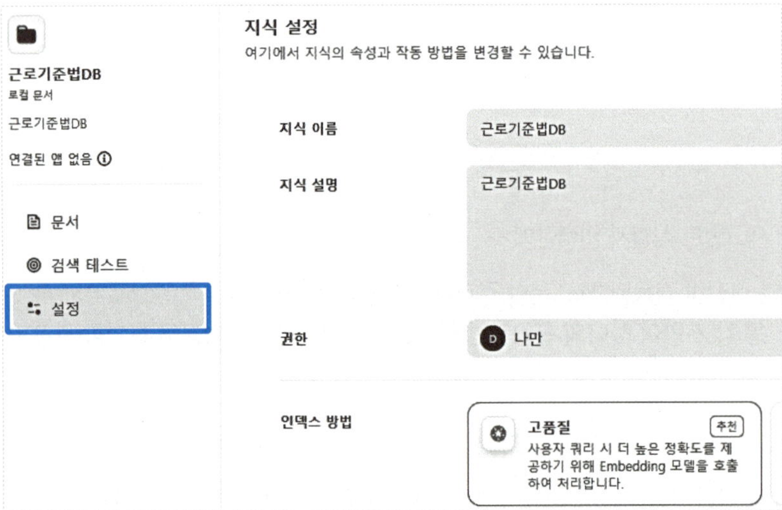

지식 이름 변경

여러 법령 파일을 하나의 DB로 관리하기 위해 지식 이름을 의미 있게 변경합니다. 지식 설정 패널의 '지식 이름' 입력란에 원하는 이름을 입력하여 변경할 수 있습니다. 예를 들어, 여러 파일이 업로드된 지식 베이스를 명확하게 식별하기 위해 '근로기준법DB'와 같이 구체적인 이름을 지정할 수 있습니다. 또한, 그 아래에 있는 '지식 설명'도 함께 변경하여 지식 베이스의 용도를 명확히 하는 것이 좋습니다.

9.3 근로기준법 가이드 앱 개발

Dify를 활용하면 복잡한 법률 문서를 기반으로 사용자의 질문에 정확하게 답변하는 '근로기준법 가이드봇'을 개발할 수 있습니다. 이 챗봇은 단순히 정보를 제공하는 것을 넘어, 법률 전문가처럼 관련 조항, 예상 리스크, 그리고 구체적인 해결책까지 종합적으로 제시하도록 설계되었습니다. 이번 절에서는 챗봇의 핵심인 등록한 지식 베이스를 기반으로 프롬프트 구조를 정의하여 전문가 수준의 답변을 생성하는 방법을 상세히 살펴보겠습니다.

챗봇 생성

Dify에서 새로운 챗봇을 생성하고, 앞서 구축한 근로기준법DB 지식 베이스를 연결합니다. 이 챗봇은 사용자의 질문에 대해 지식 베이스에서 관련한 정보를 찾아 답변을 생성합니다.

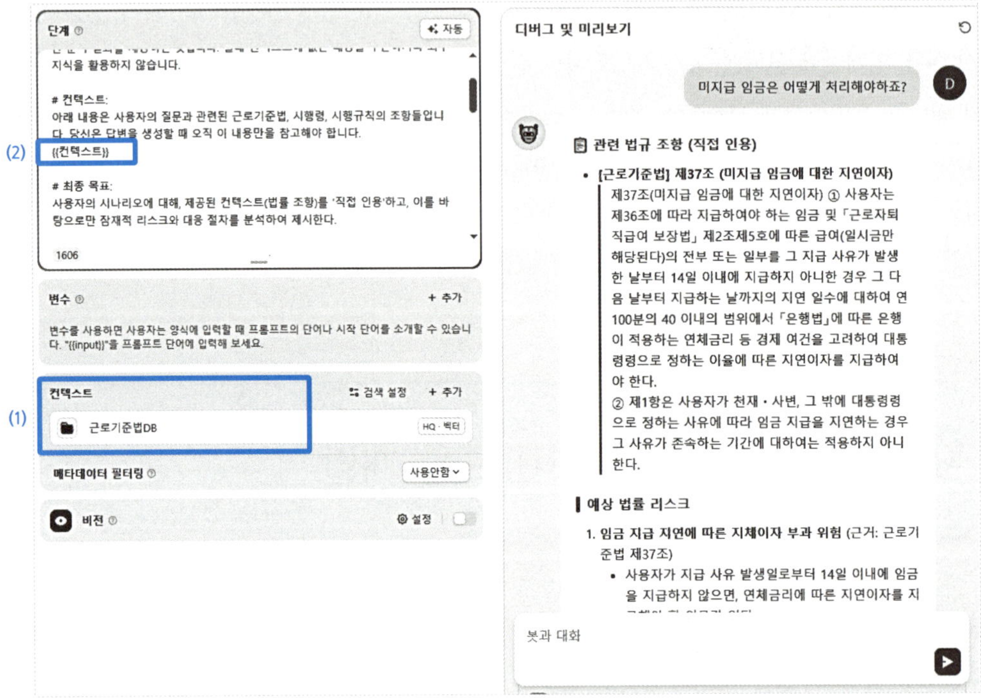

01 '컨텍스트' 부분에서 근로기준법DB를 지식 베이스로 설정합니다. 이로써 챗봇은 사용자가 입력하는 질문과 관련하여 이 지식 베이스에 있는 법령 정보들을 참고하게 됩니다.

02 LLM에 전달되는 프롬프트는 다음과 같은 내용으로 구성됩니다

지시사항: 챗봇의 역할을 "사용자 질문에 대해 제공된 근로기준법을 요약하고, 이를 바탕으로 정확한 답변을 제공하는 전문가"로 설정합니다.

참조 내용: '컨텍스트'에서 가져온 근로기준법DB의 내용이 여기에 포함됩니다.

오른쪽 패널은 챗봇의 실행 예시를 보여줍니다. 사용자가 "퇴직금 지급은 언제까지 처리해야 돼?"라고 질문하면, 챗봇은 근로기준법DB에서 관련 조항(예: 제37조)을 찾아 답변을 생성합니다. 이 과정을 통해 챗봇은 복잡한 법률 정보에 대해 정확하고 신뢰성 있는 답변을 제공할 수 있습니다.

프롬프트 핵심 구조

근로기준법 가이드의 프롬프트는 사용자의 질문에 대해 단순히 답변하는 것을 넘어, 법률 정보, 잠재적 리스크, 그리고 해결책을 종합적으로 제공하도록 설계되었습니다.

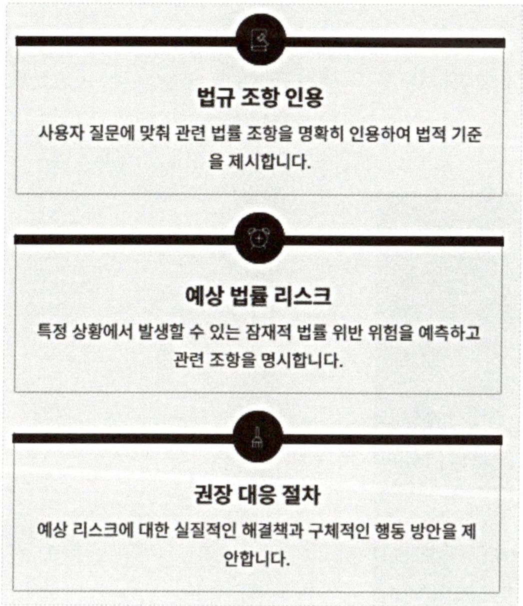

프롬프트 구조

관련 법규 조항(직접 인용):

- 사용자의 질문을 분석하여 관련된 법률 조항을 명확하게 인용하는 부분입니다.
- 이미지에서는 [근로기준법] 제50조(근로시간)을 직접 인용하여 근로시간에 대한 명확한 법적 기준을 제시합니다.

예상 법률 리스크:

- 특정 상황에서 발생할 수 있는 잠재적인 법률 위반 위험을 예측합니다.
- 이미지에서는 주 52시간 초과 및 근로 발생 가능성과 연장근로수당 미지급 문제를 예상 리스크로 제시하고, 이와 관련된 법규 조항(근로기준법 제50조, 제56조)을 함께 명시합니다.

권장 대응 절차(Action Plan):

- 예상 리스크에 대한 실질적인 해결책과 행동 방안을 제안합니다.
- 이미지에서는 근로시간 기록 관리 시스템 도입, 유연근무제 도입 검토, 정기적인 법률 교육 실시와 같은 구체적인 대응 절차를 제시하고, 각각 관련된 법규 조항을 명시하여 근거를 강화합니다.

이러한 프롬프트 구조를 활용하면 챗봇은 단순히 정보를 나열하는 것을 넘어, 사용자의 상황을 고려한 맞춤형 법률 자문을 제공하는 전문가 역할을 수행할 수 있습니다.

근로기준법 가이드 앱 실행

사용자의 질문에 대해 AI가 지식 베이스에서 관련 법률 정보를 검색하고, 이를 바탕으로 구조화된 답변을 제공하는 과정을 보여줍니다.

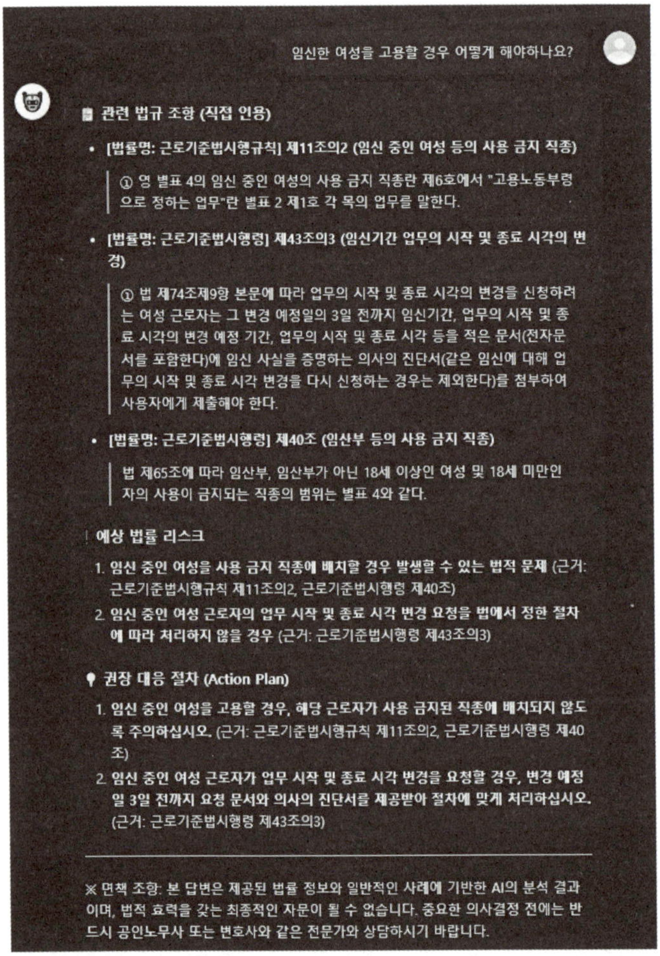

사용자 질문: 사용자가 "임신한 여성을 고용할 경우 어떻게 해야 하나요?"라고 질문합니다.

AI의 답변: AI는 근로기준법 지식 베이스를 활용하여 이 질문에 대한 답변을 생성합니다. 답변은 세 가지 핵심 부분으로 구성되어 있습니다.

- 관련 법규 조항: 질문과 관련된 법률 조항(근로기준법 제65조, 근로기준법 시행령 제43조 등)을 정확히 인용하여 법적 근거를 제시합니다.
- 예상 리스크: 임신 여성 고용 시 발생할 수 있는 잠재적 법률 위반 위험(예: 임신 중인 여성의 사용 금지 직종 배치 위반)을 예측하고 관련 조항을 명시합니다.

- **권장 대응 절차** (Action Plan): **예상 리스크에 대한 실질적인 해결책**(예: 임신 중인 여성 고용 금지하지 말 것)을 **구체적으로 제안합니다.**

이처럼 AI는 단순한 정보 나열을 넘어, 사용자의 질문 의도를 파악하고 법적 근거, 잠재적 위험, 그리고 해결책까지 종합적으로 제공하여 전문가 수준의 자문 역할을 수행합니다.

* * *

지금까지 Dify를 활용하여 근로기준법을 지식 베이스로 구축하고, 이를 기반으로 전문가 수준의 법률 자문을 제공하는 챗봇을 개발하는 과정을 살펴보았습니다. 이 챗봇은 단순한 질의응답을 넘어, 관련 법규, 예상 리스크, 그리고 구체적인 대응 방안까지 종합적으로 제시함으로써 사용자의 문제 해결에 실질적인 도움을 줍니다. 이러한 접근 방식은 AI 기술이 복잡한 전문 분야에서도 효율성과 정확성을 높이는 데 중요한 역할을 함을 보여줍니다.

10장

RAG 기반 사내 지식 DB 활용 앱 개발

이 장의 학습목표

- 다양한 형식의 문서를 AI가 활용할 수 있도록 변환하는 전처리 과정을 이해합니다.
- Dify 워크플로우를 사용해 PDF·Word 파일을 자동 텍스트로 구조화합니다.
- 텍스트 문서를 지식 베이스로 업로드하고, 메타 정보 기반의 의미 단위로 분리합니다.
- 제품 매뉴얼과 고객 문의 데이터를 결합한 복합 지식 DB를 구축합니다.
- 지식 DB를 활용한 사내 질의응답 챗봇을 구성하여 실무에 적용할 수 있습니다.

RAG 지식DB 문서 전처리 PDFtoText DOCXtoText 기업챗봇 사내지식관리 매뉴얼자동화

Dify 워크플로우를 활용하면 기업 내부에 산재한 제품 매뉴얼, 운영 가이드, 프로세스 문서 등의 방대한 자료를 하나의 AI 기반 지식 DB로 통합해 활용할 수 있습니다. 사내 문서는 형식과 구조가 제각각이라 필요한 내용을 즉시 찾기 어려운데, 이를 RAG 구조로 재정비하면 AI가 문맥과 의미를 기준으로 신속하고 정확하게 답변할 수 있는 환경을 만들 수 있습니다.

이번 장에서는 PDF·Word 문서를 통일된 텍스트 구조로 변환하고, 섹션·항목별 메타데이터와 구분자를 부여해 검색 품질을 높이는 전처리 방식, 그리고 이렇게 구축한 자료를 사내 지식 DB 앱에서 활용하는 전체 흐름을 설명합니다. 이를 통해 기업은 최신 매뉴얼 반영, 직원 질의응답, 업무 인수인계 등 반복적인 문서 기반 업무를 AI로 자동화하는 기반을 갖출 수 있습니다.

> 이 장을 마치면, 제품 매뉴얼과 고객문의 데이터를 자동으로 구조화해 사내 지식DB로 통합하고, 이를 기반으로 작동하는 챗봇 앱을 직접 만들 수 있습니다.

https://github.com/multicore-it/dify : 13.RAG기반 사내지식DB활용

10.1 제품 매뉴얼 파일 변환

DOC 추출기, LLM, TXTGENARATOR 노드를 조합하면 제품 매뉴얼을 텍스트 기반의 구조화된 문서로 자동 변환할 수 있습니다. 이 전처리 과정은 복잡한 기술 문서를 AI가 의미 단위로 이해하고, 필요한 정보를 검색할 수 있도록 만드는 핵심 단계입니다.

이 절에서는 PDF·Word 형태의 제품 매뉴얼을 텍스트 파일로 변환하고, 메타 정보 및 구분자를 부여하여 RAG 기반 검색에 최적화하는 전체 흐름을 설명합니다.

제품 매뉴얼 개요

Dify 워크플로우를 활용하면 여러 형식의 제품 매뉴얼 파일을 하나의 지식 베이스로 통합할 수 있

습니다. PDF와 Word(DOCX) 파일을 함께 업로드하여 AI가 제품 사양, 기능 설명, 설치 가이드 등 다양한 질문에 답할 수 있는 형태로 구축합니다.

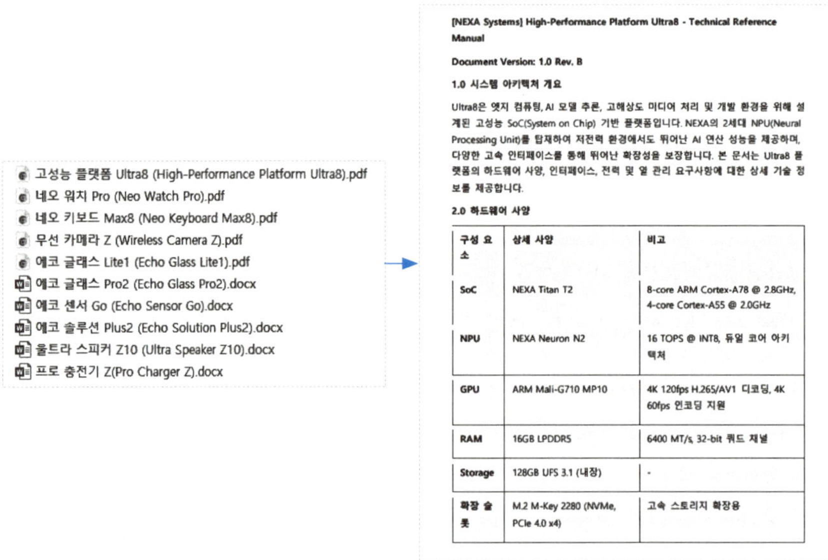

제품 매뉴얼 구성

- 파일 목록: 이미지 왼쪽에는 총 10개의 매뉴얼 파일이 표시되어 있습니다.
  - PDF 파일 5개: '고성능 플랫폼 Ultra8', '네오 워치 Pro' 등
  - DOCX 파일 5개: '에코 글라스 Pro2', '울트라 스피커 Z10' 등
- 문서 내용 예시: 오른쪽 예시는 Ultra8 제품 매뉴얼의 일부로, SoC, NPU, GPU, RAM, Storage 등이 표 형태로 정리된 기술 사양 페이지입니다.

AI는 문서 형식에 상관없이 필요한 정보를 검색하고 "Ultra8의 하드웨어 사양 알려줘" 같은 질문에도 정확한 항목을 찾아 답변할 수 있습니다.

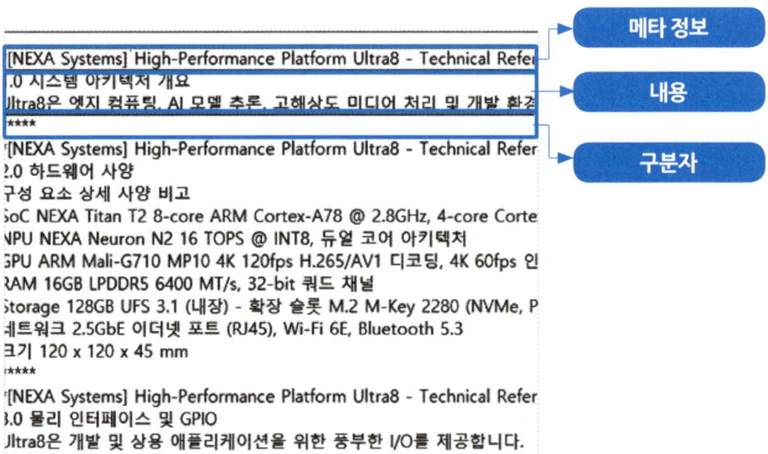

매뉴얼 변환

RAG 시스템에서 제품 매뉴얼을 제대로 활용하려면, 원본 문서를 단순 텍스트로 변환한 뒤 섹션별 메타 정보를 추가하고 명확한 구분자를 부여해 구조화해야 합니다. 이는 AI가 문서의 의미 단위를 올바로 이해하고 검색할 수 있게 하는 필수 전처리 과정입니다.

제품 매뉴얼 변환 과정은 다음과 같습니다.

- 메타 정보 추가: 문서의 제목이나 섹션 정보를 `[*NEXA Systems] High-Performance Platform Ultra8 - Technical Reference Manual`과 같이 텍스트 상단에 추가하여 문서의 메타 정보를 명확히 합니다. 이는 AI가 어떤 문서의 내용인지 쉽게 파악하도록 돕습니다.
- 섹션 제목 + 본문 구조 정렬: 각 섹션의 제목(1.0 시스템 아키텍처 개요) 아래에 문서의 본문 설명을 배치합니다.
- 구분자 삽입: 각 섹션의 끝에 *와 같은 명확한 구분자를 삽입하여, 논리적인 의미 단위(청크)를 나눕니다.

이처럼 원본 PDF나 Word 파일을 그대로 사용하는 대신, 내용을 텍스트로 변환하고 메타 정보와 구분자를 추가하여 구조화하면, AI는 복잡한 매뉴얼에서 특정 정보를 정확하고 빠르게 찾아 답변을 생성할 수 있습니다.

파일변환 워크플로우

매뉴얼을 효과적으로 RAG화하기 위해 파일을 텍스트로 변환하고, 메타 정보와 구분자를 추가하여 구조화하는 전처리 작업이 필수적입니다.

오케스트레이션

Dify 워크플로우를 활용하여 제품 매뉴얼 파일을 텍스트로 변환합니다. 이 워크플로우는 PDF, Word와 같은 다양한 형식의 파일을 AI가 효율적으로 검색할 수 있도록 전처리하는 역할을 합니다.

파일변환 워크플로우 오케스트레이션

워크플로우 구조 및 작동 방식은 다음과 같습니다.

- 시작(START) 노드: 워크플로우의 시작점입니다. input_file 변수를 통해 사용자가 PDF나 Word 형식의 제품 매뉴얼 파일을 업로드합니다.

- DOC 추출기 노드: input_file을 입력으로 받아, 업로드된 파일의 내용을 순수 텍스트로 추출합니다. 이 과정은 문서의 서식, 이미지 등을 제거하고 텍스트만 남깁니다.
- LLM 노드: DOC 추출기에서 추출된 텍스트를 입력받아, LLM이 문서를 논리적인 단위로 분할하고 메타데이터와 구분자를 추가하는 등 RAG 검색에 최적화된 형태로 재구성합니다.
- TXTGENARATOR 노드: LLM이 재구성한 텍스트를 입력으로 받아 .txt 파일로 생성합니다. 이 노드는 최종 결과물을 다운로드 가능한 파일 형태로 만들어줍니다.
- 끝(END) 노드: 워크플로우의 최종 결과물인 .txt 파일을 출력합니다. 이 노드는 TXTGENARATOR 노드에서 생성된 파일들을 files Array[File] 형식으로 정의하여 사용자에게 제공합니다.

이러한 워크플로우를 통해 복잡한 제품 매뉴얼을 AI가 효율적으로 검색하고 활용할 수 있는 형태로 자동 변환할 수 있습니다.

[1단계] 시작(Start) 노드

시작 노드는 사용자가 제품 매뉴얼 파일을 업로드할 수 있도록 입력 변수와 세부 설정을 정의합니다.

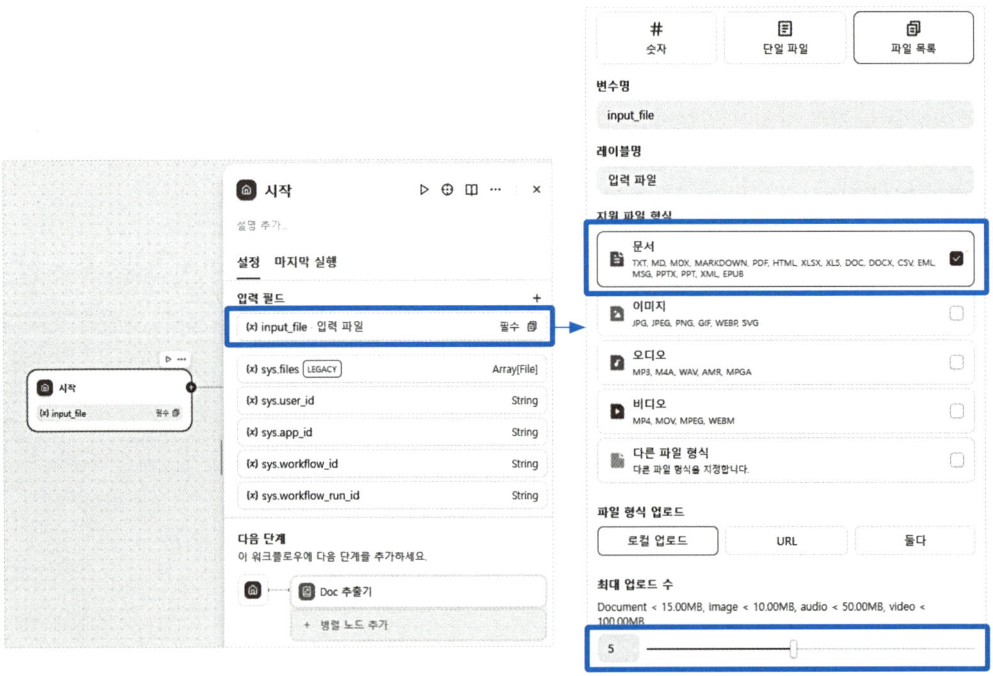

시작 노드

'시작' 노드 변수 설정 방법은 다음과 같습니다.

- 입력 변수: `input_file` 변수는 '파일 목록' 타입으로 설정되어 사용자가 여러 개의 파일을 업로드할 수 있게 합니다. '입력 파일'이라는 레이블로 사용자에게 표시됩니다.
- 지원 파일 형식: 업로드될 파일의 형식을 '문서'로 제한합니다. 이를 통해 .txt, .md, .pdf, .docx 등 다양한 문서 형식의 파일만 받을 수 있습니다.
- 최대 업로드 수: 최대 업로드 수를 5개로 지정합니다. 이 설정은 사용자가 한 번에 업로드할 수 있는 파일의 개수를 제한하여 시스템 부하를 관리하고, 워크플로우를 효율적으로 실행할 수 있도록 돕습니다.

이러한 설정을 통해 '시작' 노드는 제품 매뉴얼 파일을 입력으로 받아, 워크플로우의 다음 단계에서 파일들을 처리할 준비를 마치게 됩니다.

[2단계] DOC 추출기

DOC 추출기 노드는 다양한 문서 파일에서 텍스트를 추출하는 핵심적인 전처리 역할을 합니다. DOC 추출기 노드의 입력 변수로는 이전 단계인 '시작' 노드에서 전달받은 `input_file` 변수가 연결됩니다.

DOC 추출기 노드

이렇게 추출된 텍스트는 다음 단계인 LLM 노드로 전달되어, 매뉴얼 내용을 기반으로 한 답변을 생성하는 데 활용됩니다

[3단계] LLM 노드

LLM 노드는 앞선 DOC 추출기 노드에서 변환된 텍스트를 입력받아, RAG 시스템에 최적화된 형태로 가공하는 역할을 합니다.

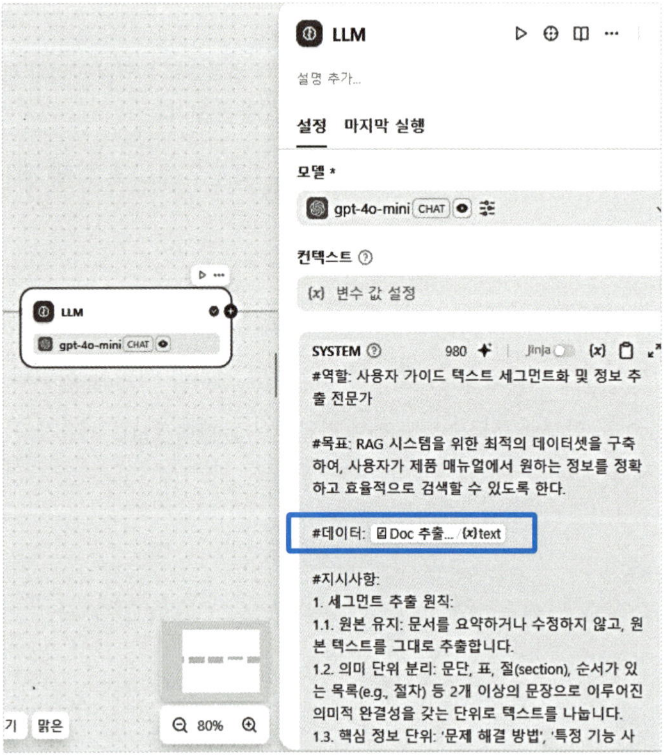

LLM 노드

적절한 프롬프트 설정을 통해 단순히 텍스트를 추출하는 것을 넘어, 제품 매뉴얼에서 중요한 정보를 파악하고, 이를 RAG 시스템이 효율적으로 검색할 수 있는 논리적 단위로 재구성하는 중요한 전처리 과정을 담당합니다.

- 문서 내용을 논리적 단위(섹션·항목·장표 등)로 분리
- 문서 상단에 메타 정보 추가
- 섹션 끝에 구분자 삽입(예: ***)
- 의미 단위별로 텍스트를 구획하여 지식 베이스에서 쉽게 검색하도록 구성

이 단계에서 생성된 텍스트는 이후 RAG 지식 DB의 핵심 원본이 됩니다.

[4단계] txtgenarator와 끝(End) 노드 설정

txtgenarator 노드와 끝 노드를 설정합니다. 이 노드들은 LLM이 가공한 텍스트를 최종 파일로 변환하고 출력하는 역할을 합니다.

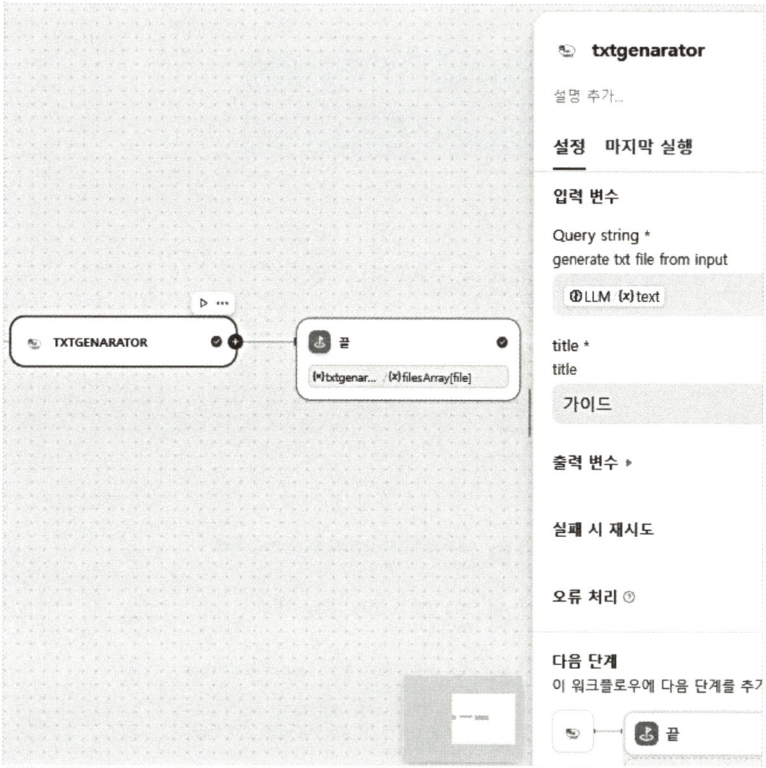

txtgenarator와 끝(End) 노드

txtgenarator 노드는 AI가 생성한 텍스트를 다운로드 가능한 파일로 만들어주며, 끝 노드는 이 파일을 사용자에게 전달하는 역할을 담당합니다.

파일 변환하기(Test Run)

제품 매뉴얼을 실제로 텍스트로 변환할 때는, 전체 앱을 실행하는 대신 Test Run 기능을 사용하는 것이 가장 안전하고 효율적입니다.

'앱 실행'은 파일 크기나 처리 시간 때문에 중단될 수 있으므로, 개발 단계에서는 Test Run으로 기능을 검증하고 필요한 파일을 변환하는 방식이 권장됩니다.

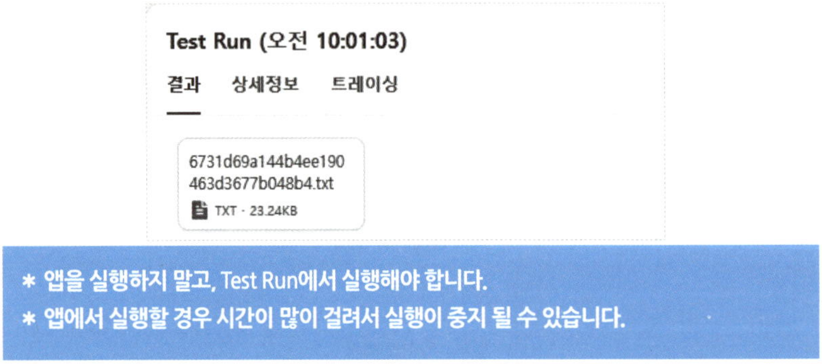

앱 실행

앱을 실행하면 하나의 텍스트 파일을 다운로드 받을 수 있습니다.

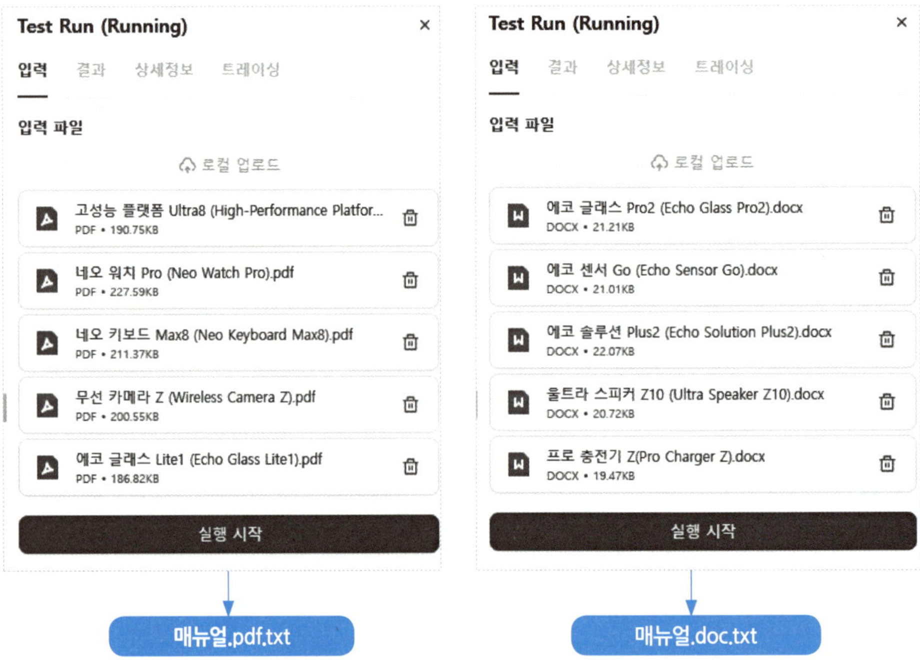

다음과 같은 방식으로 모든 매뉴얼 파일을 텍스트 파일로 변환합니다.

왼쪽 'Test Run' 화면에서는 5개의 PDF 파일이 업로드되어 있습니다. 이 파일들은 고성능 플랫폼 Ultra8.pdf, 네오 워치 Pro.pdf 등입니다. 이 파일들은 워크플로우를 통해 하나의 매뉴얼.pdf.txt 파일로 변환됩니다.

오른쪽 'Test Run' 화면에서는 5개의 Word(DOCX) 파일이 업로드되어 있습니다. 이 파일들은 에코 글라스 Pro2.docx, 에코 센서 Go.docx 등입니다. 이 파일들은 워크플로우를 통해 하나의 매뉴얼.doc.txt 파일로 변환됩니다.

10.2 사내 지식DB 구축

사내 챗봇 시스템의 핵심은 다양한 문서와 데이터를 하나의 지식 데이터베이스(DB)로 통합하여 AI가 정확하고 일관되게 활용할 수 있도록 만드는 것입니다.

텍스트 매뉴얼은 워크플로우에서 이미 구조화된 형태로 생성되었기 때문에 바로 지식화할 수 있으며, 엑셀 파일은 Dify가 자동으로 각 행(row)을 의미 기반의 청크(Chunk)로 분할하여 고객 문의와 답변을 함께 묶은 구조로 변환합니다.

이러한 통합 과정을 통해 AI는 제품 매뉴얼과 실제 고객 문의 데이터를 동시에 참고하며 더 정확하고 실무적인 답변을 제공할 수 있습니다.

매뉴얼 지식DB 구축

이 절에서는 매뉴얼.pdf.txt, 매뉴얼.doc.txt 파일과 고객문의.xlsx 데이터를 Dify에 업로드해 하나의 지식 베이스로 구축하고, 이를 RAG 기반으로 활용하는 과정을 설명합니다.

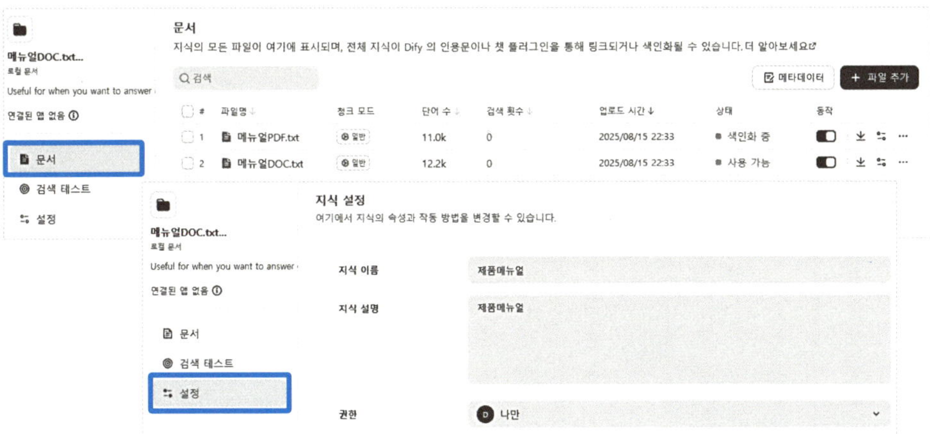

매뉴얼 지식DB 구축

앞서 워크플로우를 통해 생성한 매뉴얼.pdf.txt와 매뉴얼.doc.txt 파일을 Dify에 업로드하여 지식 베이스로 구축합니다. 이 과정은 다양한 형식의 제품 매뉴얼을 AI가 검색하고 활용할 수 있는 단일 데이터베이스로 통합하는 작업입니다.

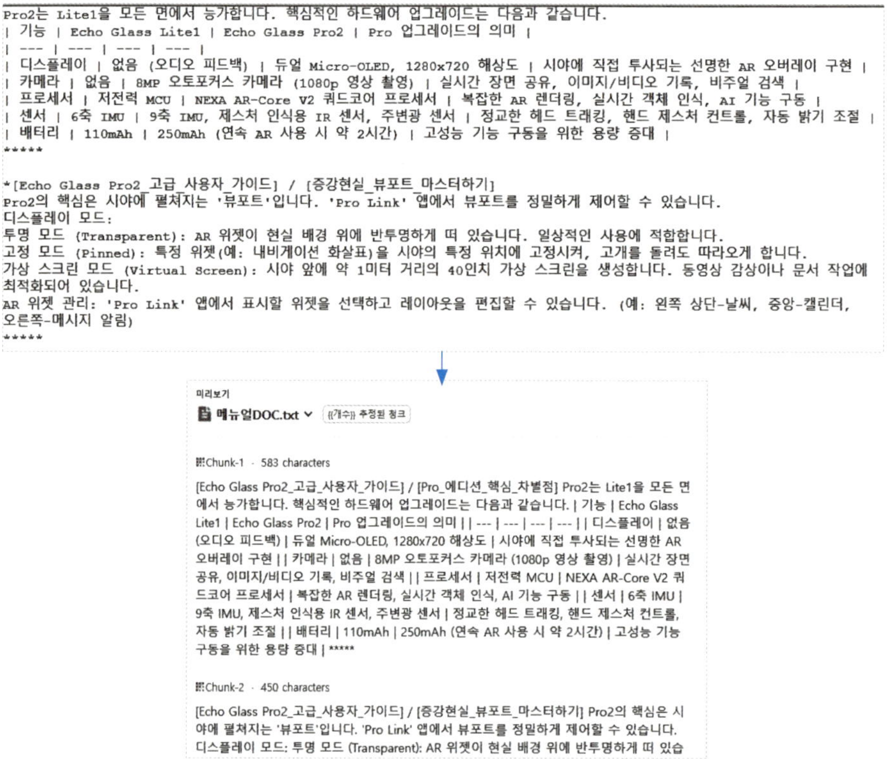

텍스트 매뉴얼의 지식화

텍스트로 변환된 매뉴얼 파일들을 지식화하면 위와 같이 의미 기반의 세그먼트로 잘 분리되는 것을 확인할 수 있습니다.

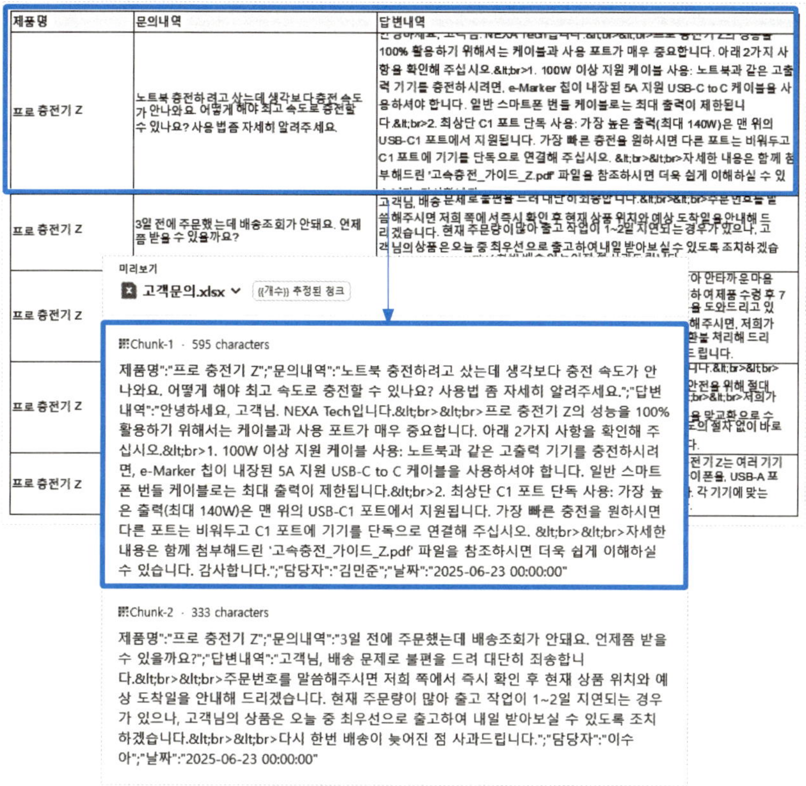

고객문의.xlsx 지식DB 구축

Dify에 고객문의.xlsx 파일을 업로드하면, 이 엑셀 데이터가 청크로 분할됩니다. 이 과정은 엑셀 파일의 내용을 RAG 시스템의 지식 베이스로 활용하기 위한 전처리 작업입니다.

엑셀 데이터 청크 분할 과정은 다음과 같습니다.

- 엑셀 파일 업로드: '고객문의.xlsx' 파일에는 고객 문의 내용과 답변이 함께 구성된 행들이 포함되어 있습니다.
- 의미 기반 청크 분할: 엑셀 데이터는 별도의 추가적인 전처리 없이, 의미 기반으로 세그먼트(청크)가 분할됩니다. Dify는 엑셀 파일의 각 행(row)이나 셀(cell)을 하나의 의미 단위로 인식하여 청크로 나눕니다.
- 청크 내용 확인: 이미지 오른쪽에는 분할된 청크들의 실제 내용이 표시됩니다.
  - Chunk 1은 595자로, 프로토콜 변경 건에 대한 문의와 답변 내용이 포함되어 있습니다.
  - Chunk 2는 333자로, UI/UX 변경에 대한 문의와 답변 내용이 포함되어 있습니다.
  - 각 청크는 '문의내역'과 '답변내역'이 함께 묶여 하나의 의미 단위로 구성되어 있습니다.

이처럼 Dify는 엑셀 파일과 같은 구조화된 데이터를 자동으로 파악하고, 각 행의 내용을 의미 있는 청크로 분할하여 AI가 고객 문의에 대한 답변을 정확하게 찾아낼 수 있는 기반을 마련합니다.

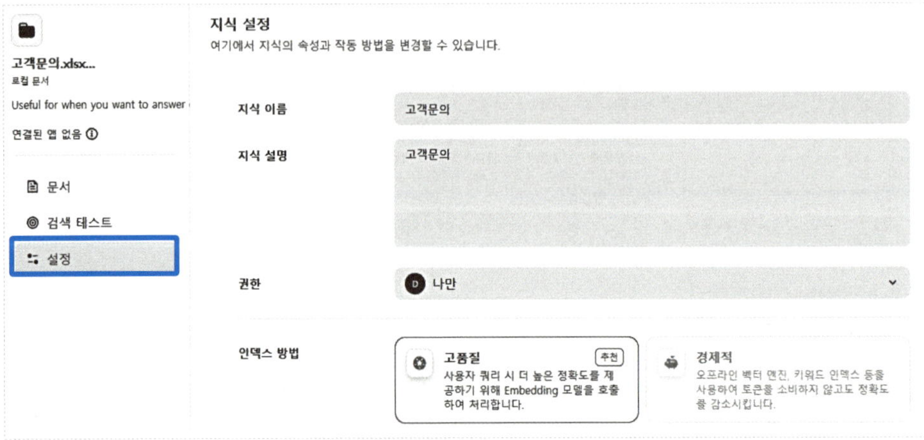

고객문의 지식DB 이름 변경

지식화가 완료되면, 왼쪽 메뉴에서 **설정** 탭을 선택해 지식DB의 이름을 '고객문의'로 변경합니다. 여러 지식 베이스를 함께 사용할 때 혼동을 줄여주는 중요한 단계입니다.

사내지식 DB 활용 챗봇 플로우

구축한 지식DB를 활용하는 챗봇 시스템을 완성하려면, 사용자의 질문을 적절한 지식 소스와 연결하고, 필요한 정보를 조합해 답변을 생성하는 흐름을 설계해야 합니다. 이 절에서는 사내 매뉴얼 정보와 고객문의 데이터를 함께 활용하여 더 정확하고 실무적인 응답을 제공하는 '사내지식 DB 활용 챗봇'의 전체 구조를 살펴봅니다.

사내지식 DB 활용 오케스트레이션

사내지식DB 활용 챗봇은 두 개의 지식 베이스를 동시에 활용하여 사용자의 문의사항을 해결하는 복합적인 시스템입니다.

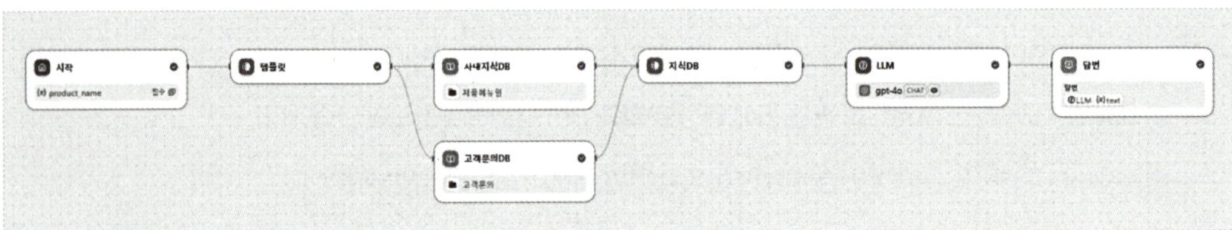

챗봇 워크플로우 구조 및 작동 방식은 다음과 같습니다.

- 시작 노드: 워크플로우의 시작점으로 `product_name` 변수를 통해 사용자가 문의할 제품 이름을 입력합니다.
- 분류 노드: 사용자의 질문을 분석하여, 이 질문이 사내지식DB와 고객문의DB 중 어느 지식 베이스와 더 관련이 높은지 판단합니다.
- 지식 검색 노드: 분류 노드의 결과에 따라 해당 지식 베이스에서 관련 정보를 검색합니다.
  - 사내지식DB: 제품 매뉴얼, 기술 문서 등 공식적인 사내 지식을 검색합니다.
  - 고객문의DB: 기존 고객들의 문의 내역과 답변을 검색합니다.
- LLM 노드: 두 지식 베이스에서 검색된 모든 정보를 입력으로 받습니다. LLM은 이 정보를 바탕으로, 사용자의 질문에 대한 최종 답변을 생성합니다.
- 답변 노드: LLM 노드에서 생성된 답변 텍스트를 답변이라는 변수로 출력하여 사용자에게 전달합니다.

이러한 챗봇은 단순히 하나의 지식 베이스에 의존하는 것이 아니라, 공식적인 제품 매뉴얼과 실제 고객 문의 사례를 모두 참고하여 더 정확하고 실용적인 답변을 제공할 수 있습니다.

[1단계] 시작 노드

시작 노드는 사용자가 문의할 제품명을 입력할 수 있도록 변수를 정의합니다.

'시작' 노드의 변수 설정 과정은 다음과 같습니다.

- 입력 필드 타입: `product_name` 변수는 '선택' 타입으로 설정되어 있습니다. 이는 사용자가 텍스트를 직접 입력하는 대신, 미리 정의된 목록에서 제품을 선택하도록 유도합니다.
- 변수명 및 레이블: 변수명은 `product_name`으로, 레이블명은 '제품명'으로 지정되었습니다.
    - 옵션 설정: '고성능 플랫폼 Ultra8', '네오 워치 Pro' 등 10개의 제품 목록이 옵션으로 입력되어 있습니다. 이 목록은 이전에 구축한 제품 매뉴얼 지식 베이스의 파일 이름과 일치합니다.
    - 필수 여부: `product_name` 변수는 필수 항목으로 지정되어 있어, 사용자가 챗봇에게 문의하기 전에 반드시 제품을 선택해야 합니다.

이러한 설정을 통해 워크플로우는 사용자의 질문과 함께 어떤 제품에 대한 문의인지 명확하게 파악하여, 다음 단계인 지식 검색 노드가 해당 제품 매뉴얼에서만 정보를 검색하도록 유도합니다.

[2단계] 템플릿 노드

템플릿 노드는 product_name과 사용자의 질문(query)을 결합하여 다음 노드로 전달하기 위한 전처리 작업을 수행합니다.

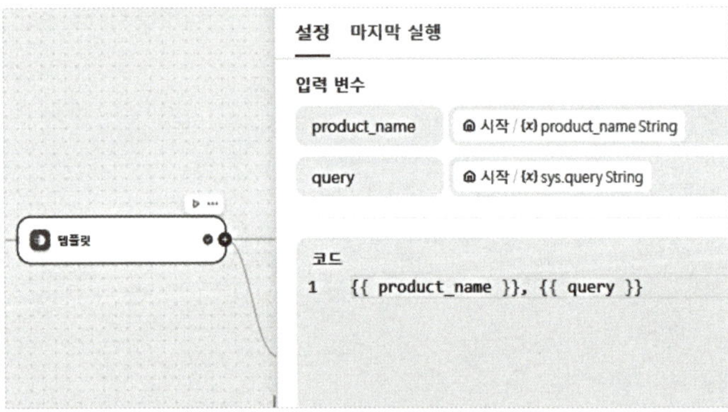

템플릿 노드 설정 과정은 다음과 같습니다.

- 입력 변수: 템플릿 노드는 두 가지 입력 변수를 받습니다.
    - 시작 노드에서 전달받은 `product_name` 변수를 연결합니다. 이 변수는 사용자가 선택한 제품명을 담고 있습니다.
    - 시작 노드에서 전달받은 `sys.query` 변수를 연결합니다. 이 변수는 사용자가 직접 입력한 질문의 내용을 담고 있습니다.

- 코드(Code): 템플릿 노드의 본문에는 `{{ product_name }}`, `{{ query }}`라는 코드가 작성되어 있습니다. 이 코드는 두 개의 입력 변수를 쉼표로 구분하여 하나의 텍스트로 합치는 역할을 합니다.

이 전처리 과정을 통해 지식 검색 노드는 '제품명 + 질문'을 동시에 활용하여 검색 정확도를 높일 수 있습니다.

[3단계] 지식 검색 노드

지식 검색 노드는 사용자의 질문에 대한 답변을 찾기 위해 특정 지식 베이스를 참조하도록 연결하는 역할을 합니다.

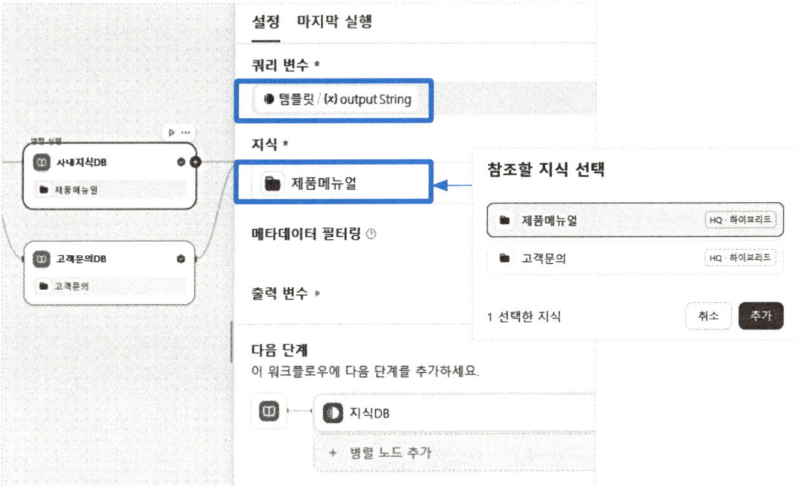

지식 검색 노드 설정 과정은 다음과 같습니다.

- 쿼리 변수: 쿼리 변수는 AI가 지식 베이스에서 검색할 내용을 정의합니다. 여기서는 이전 단계인 템플릿 노드의 `output` 변수가 연결되어 있습니다. 이 output은 사용자가 선택한 제품명과 질문이 결합된 텍스트입니다.
- 지식 선택: '지식' 섹션에서는 검색할 지식 베이스를 선택합니다. 이미지의 예시에서는 '사내지식DB'가 선택되었고, 그 안에는 '제품매뉴얼'과 '고객문의DB' 두 개의 하위 지식 베이스가 포함되어 있습니다.
- 메타데이터 필터링: 제품명과 일치하는 자료만 검색하도록 필터링할 수 있어 검색 범위를 좁히고 정확성을 높입니다.

이 과정을 통해 지식 검색 노드는 사용자 질문과 제품명을 모두 고려하여 가장 관련성 높은 정보를 다음 단계로 전달합니다.

[4단계] 템플릿(지식DB) 노드

템플릿(지식DB) 노드는 두 개의 다른 지식 검색 노드로부터 받은 결과를 하나로 통합하여 다음 단계인 LLM 노드로 전달하는 역할을 합니다.

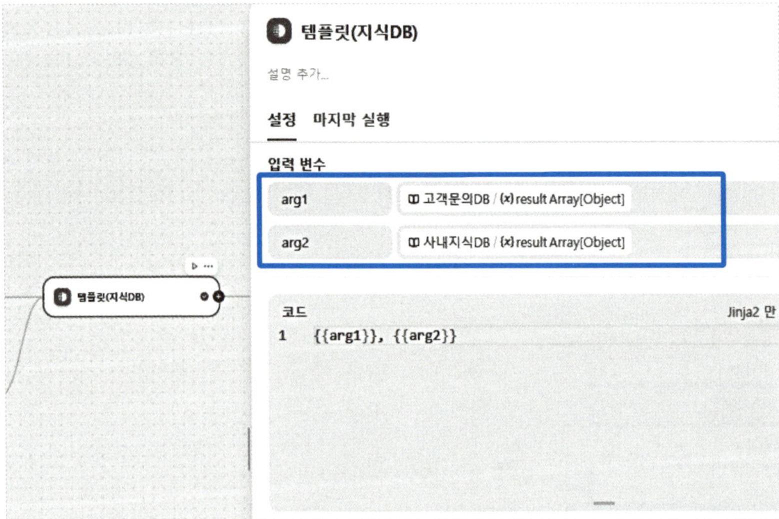

템플릿(지식DB) 노드 설정 과정은 다음과 같습니다.

- **입력 변수: 템플릿 노드는 두 개의 입력 변수(`arg1`, `arg2`)를 받습니다.**
  - `arg1`: 고객문의DB 지식 검색 노드의 `result` 출력값이 연결됩니다.
  - `arg2`: 사내지식DB 지식 검색 노드의 `result` 출력값이 연결됩니다.
- **코드(Code): 템플릿 노드의 본문에는 `{{ arg1 }}`, `{{ arg2 }}`라는 코드가 작성되어 있습니다. 이 코드는 두 개의 result 변수를 쉼표로 구분하여 하나의 텍스트로 결합합니다.**

이 과정을 통해 챗봇은 공식 매뉴얼과 실제 고객문의 사례를 함께 참고하여 더 풍부한 답변을 생성할 수 있게 됩니다.

[5단계] LLM 노드

LLM 노드의 프롬프트를 세 가지 핵심 요소로 나누어 구성합니다. 잘 정의된 프롬프트는 AI가 사용자의 문의에 대해 정확하고 전문적인 답변을 제공하도록 돕습니다.

역할(Role) - AI에게 구체적인 페르소나를 부여합니다.

예시: 'NEXA Tech의 유능하고 친절한 고객 서비스 전문가'와 같은 역할을 통해 AI는 일관된 톤과 태도를 유지합니다. 효과: 친절하고 전문적인 서비스 경험을 제공하여 고객 만족도를 높입니다.

중요 원칙(Core Principle) - 답변의 근거를 명확히 합니다.

예시: '참고 자료에 제공된 내용만 사용하여' 답변을 생성하도록 지시하여 정확성과 신뢰성을 확보합니다. 효과: 사실 기반 정보를 제공함으로써 고객의 신뢰를 얻습니다.

참고 자료(Reference Data) - 답변에 활용할 정보의 출처를 지정합니다.

예시: '검증된 내부 데이터베이스'만을 활용하여 답변을 생성하도록 합니다. 효과: 기업의 공식적인 정보 전달 채널로서의 역할을 강화합니다.

이러한 세 가지 원칙은 LLM에게 '누가(역할)', '무엇을(중요 원칙)', '무엇을 바탕으로(참고 자료)' 답변해야 하는지 명확한 지침을 제공하여, AI의 응답 품질을 크게 향상시킵니다. 또한, 아래 지시사항, 답변 형식, 기대 효과와 같은 세부 요소들이 결합되어 일관성 있는 응답과 효과적인 고객 관리 시스템을 구축할 수 있습니다.

10.3 사내 지식DB 활용 채팅플로우 실행

사내 지식DB를 기반으로 한 채팅플로우는 사용자의 문의를 입력받아, 관련 정보를 지식 베이스에서 찾고 전문적인 답변을 생성하는 전체 과정을 보여줍니다. 이 절에서는 실제 실행 화면을 통해 챗봇이 어떻게 작동하는지 단계적으로 확인합니다.

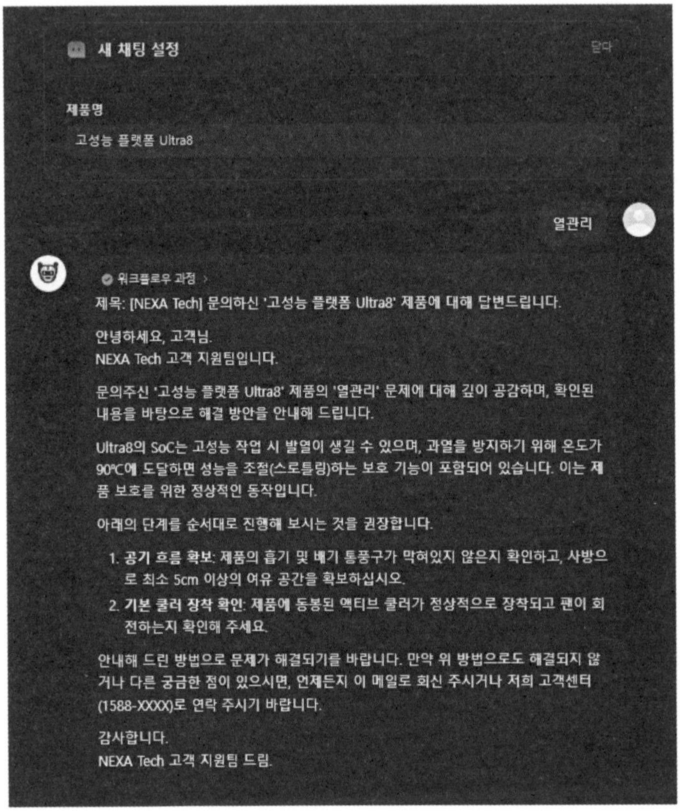

실행화면

챗봇 실행 및 결과는 다음과 같습니다.

- 사용자 문의: 사용자는 '제품명'으로 고성능 플랫폼 Ultra8을 선택하고, '열관리'에 대한 문의를 보냅니다.
- AI의 답변: AI는 제품매뉴얼 지식 베이스에서 Ultra8의 열관리 관련 내용을 찾아 답변을 생성합니다.
- 전문가 수준의 답변: AI는 단순히 매뉴얼 내용을 나열하는 것이 아니라, "NEXA Tech 고객 지원팀입니다"와 같은 페르소나를 적용하여 친절하고 전문적인 응답을 제공합니다.
- 구조화된 답변: 답변은 다음과 같이 논리적으로 구성됩니다.
  - 문제 진단: Ultra8의 SoC는 고성능 작업 시 발열이 생길 수 있으며, 과열을 방지하기 위해 온도가 90℃에 도달하면 성능을 조절하는 기능이 포함되어 있습니다.와 같이 문제의 원인을 설명합니다.
  - 해결 방안 제시: 1. 공기 효율 확보, 2. 기본 쿨러 장착 확인과 같은 구체적인 해결 방안을 순서대로 안내합니다.
  - 마무리: 만약 위 방법으로도 해결되지 않으면...과 같은 추가 안내와 함께 고객센터 연락처를 제공하여 문제 해결을 위한 다음 단계를 제시합니다.

이처럼 AI 챗봇은 복잡한 제품 매뉴얼을 이해하고, 사용자의 질문에 맞춰 전문가 수준의 맞춤형 답변을 제공하여 고객 만족도를 높이는 데 효과적으로 활용될 수 있습니다.

＊＊＊

이러한 Dify 워크플로우는 단순히 데이터를 변환하는 것을 넘어, 기업의 공식 매뉴얼과 실제 고객 문의 사례를 결합하여 더욱 풍부하고 실용적인 답변을 생성하는 기반을 마련합니다. AI 챗봇은 사용자의 질문에 맞춰 전문가 수준의 맞춤형 답변을 제공하며, 논리적으로 구성된 해결 방안을 제시하고 추가 안내까지 제공함으로써 고객 만족도를 크게 향상시킬 수 있습니다. 결과적으로 Dify를 활용한 사내 지식 DB 구축 및 활용 시스템은 단순 정보 제공을 넘어, 전문적이고 효율적인 고객 지원 채널로 기능하게 됩니다.

11장

TAG로 자연어 데이터 분석 자동화하기

이 장의 학습목표

- TAG의 기본 개념과 필요성을 이해합니다.
- Supabase 등 외부 데이터베이스를 Dify와 연동하는 전체 흐름을 파악합니다.
- TEXT TO SQL, LLM, SQL EXECUTE 노드를 활용해 자연어 질문을 SQL 쿼리와 결과로 연결하는 과정을 익힙니다.
- 데이터베이스 스키마를 기반으로 LLM이 올바른 SQL을 생성하도록 프롬프트를 설계합니다.
- 원본 데이터와 AI 분석 결과를 비교하여 TAG 기반 리포트/분석 워크플로우의 활용 가능성을 확인합니다.

TAG TextToSQL 데이터베이스연동 Supabase 데이터분석자동화

TAG(Table Augmented Generation, 테이블 증강 생성) 기술의 개념과 Dify 워크플로우를 활용한 구체적인 구현 방법을 설명합니다. TAG는 LLM이 사용자의 자연어 질문을 SQL 쿼리로 변환하고, 데이터베이스에서 필요한 정보를 검색하여 다시 자연어 답변으로 제공하는 혁신적인 기술입니다. 이 과정을 통해 사용자는 복잡한 데이터베이스 언어를 알지 못해도 데이터를 손쉽게 활용할 수 있습니다. 각 노드(시작, TEXT TO SQL, LLM, SQL EXECUTE, 답변)의 역할과 설정 방법을 상세히 다루며, 최종적으로 데이터 원본과 AI 분석 결과를 비교해 TAG의 강력한 기능을 보여줍니다.

> TAG 워크플로우를 직접 구성해 자연어 질문만으로 Supabase 데이터에서 리포트/분석 결과를 얻는 실습을 완성합니다.

https://github.com/multicore-it/dify : 20.통계기반 제품분석보고서

11.1 데이터베이스 기본 이해

데이터베이스는 단순한 정보 저장소를 넘어, 정보를 체계적으로 관리하고 활용하는 핵심 기술 시스템입니다. 방대한 양의 데이터를 효율적으로 정리하고 안전하게 보관하며, 필요한 정보를 빠르게 찾아낼 수 있게 돕습니다. 엑셀과 달리 데이터베이스는 수십억 개의 데이터를 동시에 다룰 수 있고, 여러 사용자가 원격으로 접속해 실시간으로 협업하는 것을 가능하게 합니다. 이러한 유연성과 안정성 덕분에 온라인 쇼핑몰, 은행 시스템 등 현대 사회의 필수적인 서비스에 광범위하게 사용됩니다.

엑셀과 데이터베이스의 차이

엑셀과 데이터베이스는 모두 데이터를 표 형태로 다룬다는 공통점을 가지고 있지만, 실제 업무 환경

에서는 처리 규모, 안정성, 협업 방식에서 큰 차이를 보입니다. 이 차이를 이해하면 왜 기업들이 엑셀보다 데이터베이스 기반 시스템을 선택하는지 자연스럽게 알 수 있습니다.

우선, 엑셀(Excel)은 비교적 적은 양의 데이터를 다루는 데 적합한 도구입니다. 수천에서 수십만 개 정도의 데이터를 관리할 수 있으며, 파일을 직접 열어 수정하는 방식으로 사용됩니다. 하지만 여러 사람이 동시에 하나의 파일을 편집하기 어렵고, 공유 과정에서 버전 충돌이나 데이터 손상이 일어날 수 있습니다. 데이터 양이 많아질수록 속도가 느려지고 오류가 발생할 가능성도 증가합니다. 즉, 엑셀은 개인 또는 소규모 팀이 간단한 자료를 다루기에는 충분하지만, 대규모 데이터 처리나 다수의 동시 작업에는 한계가 있습니다.

반면, 데이터베이스(Database)는 처음부터 대량의 데이터를 안정적으로 저장하고 처리하기 위해 설계된 시스템입니다. 수억·수십억 건의 방대한 데이터를 저장하더라도 검색 속도는 거의 저하되지 않으며, 수많은 사용자가 동시에 접속해도 데이터 충돌 없이 안전하게 관리됩니다. 또한, 데이터베이스는 정교한 보안 체계와 백업·복구 기능을 갖추고 있어, 정보의 무결성과 안정성을 보장합니다. 기업 시스템에서 데이터베이스가 핵심 역할을 맡는 이유도 바로 여기에 있습니다.

엑셀 (Excel)

- **규모:** 소규모 데이터 (수십만 건)
- **사용자:** 1-2명 동시 작업 권장
- **위험:** 다수 작업 시 오류 및 손상 가능성
- **성능:** 데이터 증가 시 처리 속도 현저히 저하

데이터베이스 (Database)

- **규모:** 대규모 데이터 (수십억 건)
- **사용자:** 다수 동시 접속 및 수정 가능
- **안정성:** 시스템적으로 데이터 무결성 보장
- **성능:** 방대한 데이터 내에서 빠른 정보 검색

또 하나 중요한 차이는 **접근 방식**입니다. 엑셀 파일은 보통 개인 PC나 로컬 폴더에 저장되어 있어, 파일을 직접 열어야만 확인·수정이 가능합니다. 다른 사람이 수정하려면 파일을 주고받는 과정이 필요하고, 이 과정에서 최신 버전을 놓치거나 파일이 꼬이는 문제가 발생하기 쉽습니다.

반면 데이터베이스는 네트워크를 기반으로 원격 접속이 가능합니다. 서버에 저장된 데이터베이스는 인터넷에만 연결되어 있다면 어디서든 실시간으로 조회하고 수정할 수 있습니다. 여러 사람이 동시에 접근하더라도 충돌 없이 일관된 정보를 유지할 수 있으며, 업무 연속성도 높아집니다.

엑셀 (Excel)	데이터베이스 (Database)
• **로컬 환경 종속:** 파일이 개인 기기에 저장되어 직접 열어야 접근 가능합니다. • **협업의 어려움:** 동시에 작업이 불편하며, 데이터 충돌 위험이 있습니다.	• **중앙 서버 기반:** 인터넷 연결을 통해 언제 어디서든 접근 가능합니다. • **강력한 협업:** 다수의 사용자가 동시에 안전하게 데이터를 읽고 쓸 수 있습니다.

온라인 쇼핑몰·은행에서의 활용 예시

실생활 예시만 봐도 데이터베이스의 장점은 명확합니다.

- 온라인 쇼핑몰: 고객이 주문을 하면, 그 정보는 즉시 쇼핑몰 서버의 데이터베이스에 저장됩니다. 동시에 여러 직원이 사무실에서 그 주문 내용을 확인하고 배송을 준비할 수 있습니다.
- 은행 시스템: 고객이 ATM에서 돈을 인출하면, 은행 데이터베이스의 잔액 정보가 실시간으로 업데이트됩니다. 은행 직원뿐만 아니라 고객 본인도 모바일 앱을 통해 변경된 잔액을 즉시 확인할 수 있습니다.

이처럼 데이터베이스는 **대규모 데이터 처리, 다수 사용자 동시 접속, 실시간 협업, 원격 업무 환경**을 모두 지원하는 현대적 정보 관리 시스템입니다. 엑셀과의 비교를 통해 데이터베이스의 필요성과 강점을 직관적으로 이해할 수 있으며, 이후 TAG와 같은 AI 기반 데이터 활용 기술을 배우는 데도 자연스러운 기반이 됩니다.

11.2 Supabase 프로젝트 준비

Dify와 연동해 사용할 데이터베이스를 구축하는 과정은 Supabase에서 시작합니다. Supabase는 웹사이트 운영에 필요한 데이터베이스, 인증, 스토리지 기능을 하나로 제공하는 서비스로, 복잡한 서버 설정 없이도 체계적인 데이터 관리 환경을 구축할 수 있습니다. 엑셀 시트가 데이터베이스 테이블로 변환되는 것처럼, CSV 파일을 업로드해 쉽게 테이블을 만들 수 있어 사용성이 매우 뛰어납니다. 이 절에서는 Supabase 프로젝트를 생성하고, 엑셀 데이터를 데이터베이스 테이블로 변환한 뒤, Dify

와 연결하기 위한 접속 정보를 확인하는 전체 흐름을 설명합니다.

Supabase란?

Supabase는 웹 서비스·앱 개발에서 가장 핵심이 되는 백엔드 기능(데이터 저장, 사용자 인증, 파일 저장 등)을 손쉽게 구축할 수 있도록 제공하는 오픈소스 기반 플랫폼입니다.
개발 지식이 많지 않아도 사용할 수 있어, 실무에서는 "초보자도 사용할 수 있는 간단한 데이터베이스 서비스", 더 쉽게 표현하면 "클라우드 기반의 똑똑한 엑셀 파일"처럼 활용됩니다.

Supabase의 주요 기능

- 웹사이트 데이터베이스: 웹사이트나 서비스에 필요한 각종 데이터를 저장·관리합니다. 복잡한 SQL 서버 설정 없이도 테이블 생성, 데이터 입력, 검색 등 기본 기능을 빠르게 사용할 수 있습니다.
- Dify 연동 및 활용: Supabase는 외부 서비스와의 연동을 지원해 Dify 워크플로우에서 데이터를 조회하거나 저장하는 기능을 구현할 수 있습니다. 예를 들어 챗봇이 받은 질문·답변 내용을 자동으로 저장하거나, SQL EXECUTE 노드를 활용해 데이터베이스에서 정보를 조회하는 TAG 구조를 손쉽게 구축할 수 있습니다.
- 간편한 로그인 기능: 회원 가입, 비밀번호 찾기 기능은 물론 구글이나 카카오 같은 소셜 로그인까지 Supabase가 자동으로 처리해 줍니다.
- 클라우드 파일 보관소: 웹사이트에 필요한 사진, 영상, 문서 등 모든 파일을 구글 드라이브처럼 안전하고 편리하게 저장할 수 있는 기능을 제공합니다.

Supabase 프로젝트 생성하기

Supabase에서 새로운 데이터베이스 프로젝트를 생성하는 과정은 매우 간단하며, 몇 단계만 거치면 바로 시작할 수 있습니다.

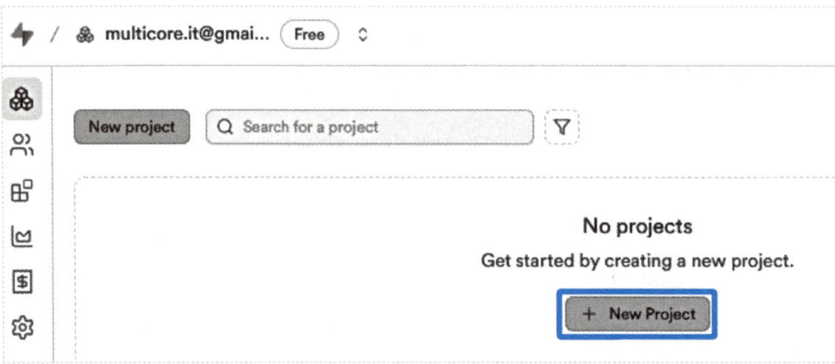

Supabase 프로젝트 만들기

먼저 Supabase.com에 접속한 뒤, 메인 화면에서 [Start your project] 버튼을 클릭합니다.

이미 로그인된 상태라면 바로 대시보드가 표시되며, 화면 상단 또는 좌측 메뉴에서 [New project] 버튼을 선택하여 새 프로젝트를 생성할 수 있습니다.

이 과정을 통해 Dify와 연동할 데이터베이스의 기본 틀을 준비하게 됩니다.

Supabase 프로젝트 생성

새로운 Supabase 프로젝트를 만들기 위해서는 프로젝트 기본 정보를 입력하는 간단한 설정 단계만 거치면 됩니다.

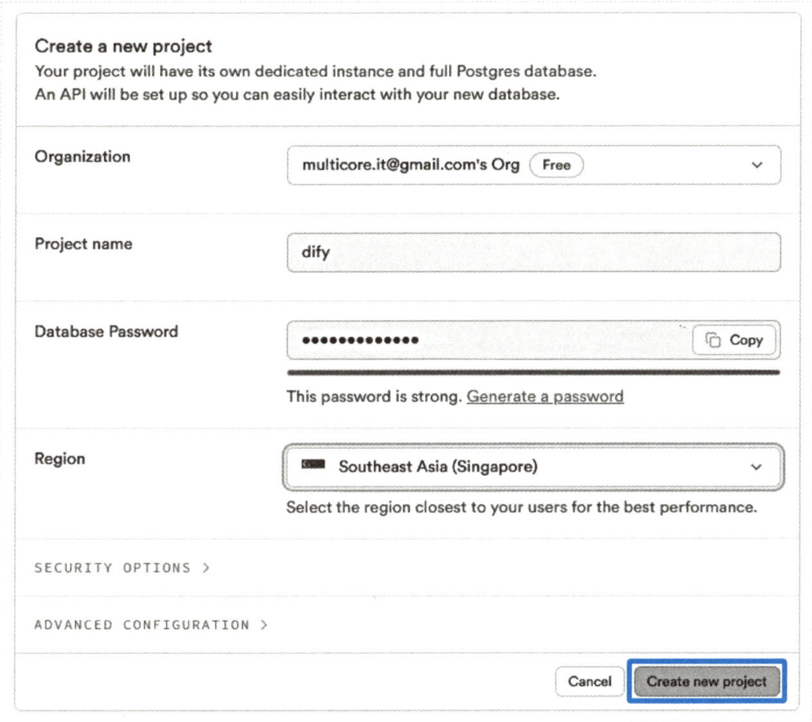

새로운 Supabase 프로젝트를 생성하는 화면입니다.

- Organization: 프로젝트가 속할 조직을 선택합니다.
- Project name: 프로젝트 이름을 지정합니다. 예시에서는 'dify'로 설정되었습니다.
- Database Password: 데이터베이스 접속을 위한 비밀번호를 입력합니다. 이후 Dify와 연동할 때 필요한 중요한 정보이므로, 보안을 고려해 충분히 강력한 비밀번호를 설정해야 합니다.
- Region: 서버가 위치할 지역을 선택합니다. 사용자에게 가장 가까운 지역을 선택하여 성능을 최적화할 수 있습

니다. 예시에서는 'Southeast Asia (Singapore)'가 선택되었습니다.

모든 항목을 입력한 뒤 화면 하단의 **[Create new project]** 버튼을 클릭하면 프로젝트가 생성되며, 이후 테이블 생성이나 CSV 업로드 등의 작업을 이어서 진행할 수 있습니다.

엑셀 데이터를 CSV로 변환하기

Supabase에 데이터를 업로드하려면 엑셀 파일을 CSV(Comma-Separated Values) 형식으로 변환해야 합니다.

CSV는 각 셀의 내용을 쉼표(,)로 구분하는 단순한 텍스트 파일 형식으로, 대부분의 데이터베이스가 표준적으로 지원하는 구조입니다.

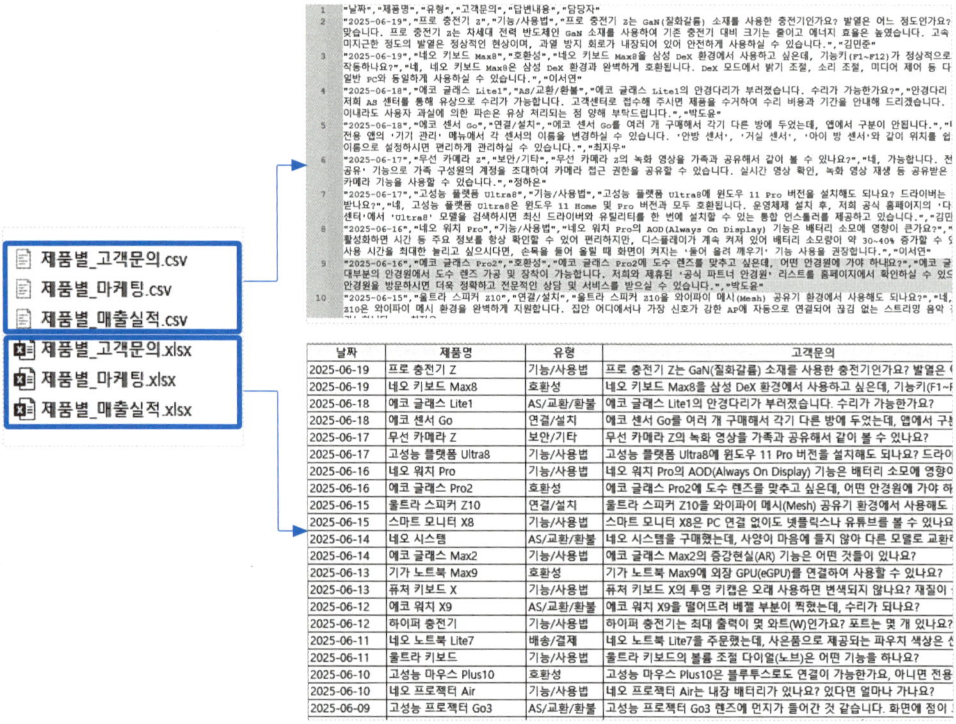

엑셀 vs CSV

먼저, 변환할 세 가지 엑셀 파일이 준비되어 있습니다.

- 제품별_고객문의.xlsx: 고객 문의 내용을 담고 있는 파일입니다.

- 제품별_마케팅.xlsx: 제품 마케팅 관련 내용을 담고 있는 파일입니다.
- 제품별_매출실적.xlsx: 제품별 매출 실적을 담고 있는 파일입니다.

이 엑셀 파일들을 CSV 형식으로 변환하면, 데이터가 쉼표(,)로 구분된 텍스트 형태로 바뀌게 됩니다. 변환된 파일은 다음과 같습니다. 여기에서 중요한 것은 엑셀 파일은 CSV 형식으로 저장할 때 UTF-8 인코딩 형식으로 지정해야 합니다.

- 제품별_고객문의.csv: 엑셀의 표 데이터가 쉼표로 구분된 텍스트로 변환됩니다.
- 제품별_마케팅.csv: 마케팅 정보가 쉼표로 구분되어 한 줄에 나열됩니다.
- 제품별_매출실적.csv: 매출 실적 데이터가 쉼표로 구분된 형태로 저장됩니다.

엑셀 파일 자체는 구조가 복잡하고 프로그램마다 처리 방식이 달라, 데이터베이스에서는 직접 읽기 어렵습니다. 반면 CSV는 단순 텍스트이기 때문에 다음과 같은 장점이 있습니다.

- 어떤 시스템에서도 동일하게 인식됨
- 오류 없이 빠르게 업로드 가능
- 대용량 데이터도 안정적으로 처리

즉, 엑셀 → CSV 변환은 Supabase 테이블 생성의 첫 단계이자, Dify와 데이터베이스를 안전하게 연동하기 위해 꼭 필요한 절차입니다.

CSV로 테이블 생성하기

엑셀에서 하나의 시트(Sheet)가 데이터를 정리하는 표 역할을 하듯, 데이터베이스에서는 테이블(Table)이 같은 기능을 수행합니다. 즉, 엑셀 시트가 여러 개 모여 하나의 파일을 이루듯, 데이터베이스도 여러 개의 테이블이 모여 구성됩니다.

이번 단계에서는 Supabase에서 새로운 테이블을 만들고, CSV 파일을 업로드해 데이터를 채우는 전체 과정을 살펴봅니다.

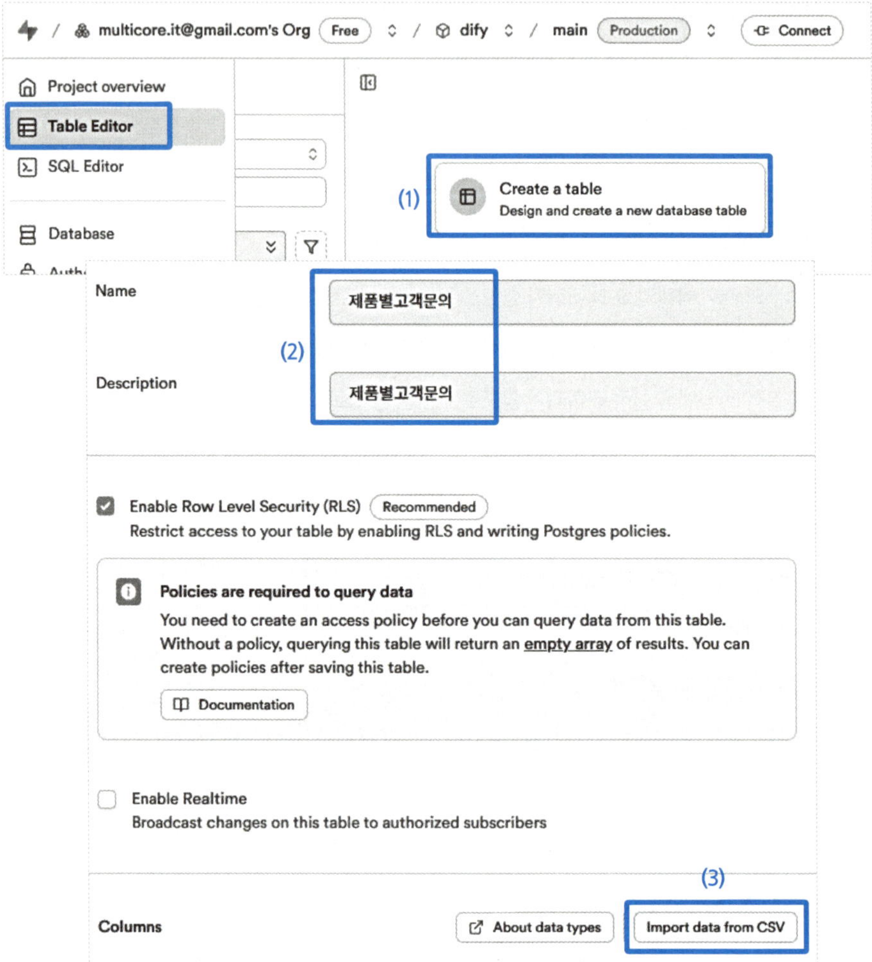

테이블 생성 과정

01 Supabase 대시보드에서 왼쪽 메뉴에서 [Table Editor]를 선택합니다. 이는 엑셀에서 새 시트를 열어 데이터를 정리할 공간을 만드는 것과 비슷한 단계입니다.

02 오른쪽 화면 상단의 [Create a table] 버튼을 누릅니다. 이는 새로운 빈 시트를 만드는 것과 같은 기능을 합니다.

03 새 테이블을 생성하기 위한 이름과 설명을 입력합니다.

- Name: 테이블의 이름입니다. 엑셀 시트 이름을 '제품별_고객문의' 등으로 지정하는 것처럼, 여기서는 '제품별고객문의'로 입력합니다.
- Description: 테이블에 대한 간단한 설명을 작성합니다. 예시 화면처럼 동일한 문구인 '제품별고객문의'를 넣어도 무방합니다.

04 테이블 기본 정보를 입력했다면, 이제 데이터를 채우는 단계입니다. 하단의 [Import data from CSV] 버튼을 클릭하면 CSV 업로드 창이 열립니다. 앞서 준비한 CSV 파일을 업로드합니다. 이는 엑셀의 '데이터 가져오기' 기능처럼, CSV 파일의 데이터를 새로운 테이블에 자동으로 채워 넣는 과정입니다.

결론적으로, 데이터베이스의 테이블은 엑셀의 시트처럼 데이터를 표 형태로 관리하는 공간이며, Supabase의 'Table Editor'를 통해 이를 생성하고 CSV 파일을 활용해 손쉽게 데이터를 채울 수 있습니다.

데이터 입력 및 추가 생성

Supabase에서는 CSV 파일을 손쉽게 업로드하여 테이블에 대량의 데이터를 넣을 수 있습니다.
앞서 생성한 테이블에 CSV 파일을 불러오는 과정은 다음과 같습니다.

CSV 파일 업로드

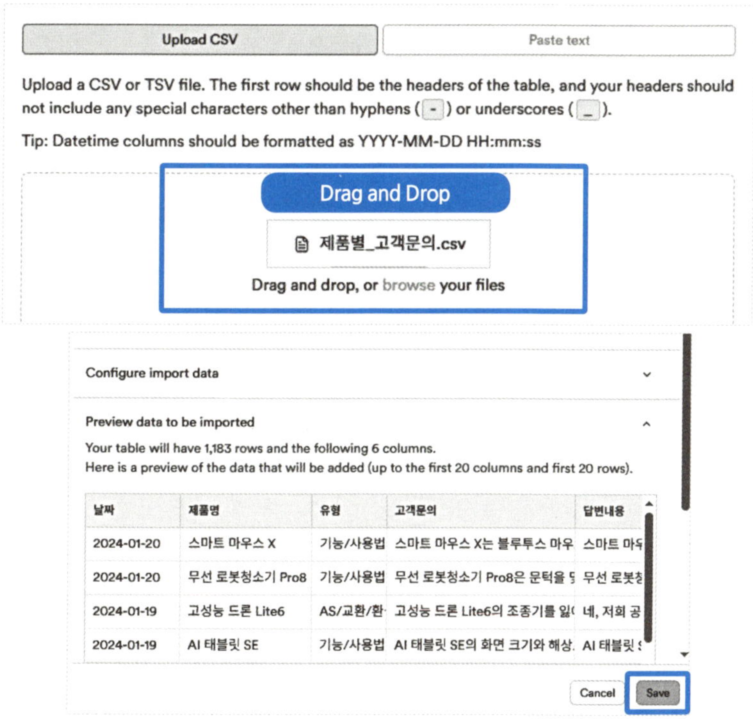

01 Upload CSV 탭을 열고 'Drag and Drop' 영역으로 제품별_고객문의.csv 파일을 끌어다 놓습니다. 또는 'browse your files' 링크를 클릭하여 파일을 직접 선택할 수도 있습니다.

02 파일을 업로드하면 화면 하단의 Preview data to be imported 섹션에서 업로드될 데이터의 미리 보기가 나타납니다. 예시 파일이 올바르게 인식되어 1,183 rows와 6 columns로 구성된 것을 확인할 수 있습니다. 각 컬럼이 의도한 대로 잘 분리되었는지 검토합니다.

03 모든 것이 올바르게 확인되면 오른쪽 하단의 [Save] 버튼을 클릭하여 최종적으로 테이블을 생성하고 데이터를 불러옵니다.

이 과정을 통해 CSV 파일에 담긴 대량의 데이터를 손쉽게 데이터베이스의 새로운 테이블로 가져올 수 있습니다.

테이블 추가로 생성하기

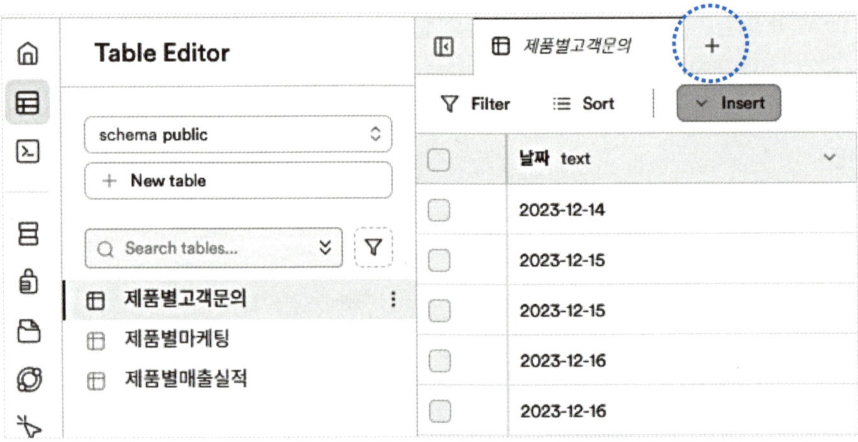

새로운 테이블이 성공적으로 생성되면, 현재 보고 있는 제품별고객문의 테이블 옆에 + 버튼이 나타납니다. 이 버튼을 클릭해 남아 있는 두 개의 CSV 파일(제품별_마케팅.csv와 제품별_매출실적.csv)도 동일한 방식으로 테이블을 만들 수 있습니다.

각 CSV 파일을 업로드해 새로운 테이블로 생성함으로써, 관련 데이터를 카테고리별로 분리해 관리할 수 있습니다.

이 방식은 엑셀에서 여러 시트를 구성하는 것과 유사하며, Supabase에서는 이를 독립된 '테이블' 단위로 다루게 됩니다.

데이터베이스 테이블 전체 목록 조회

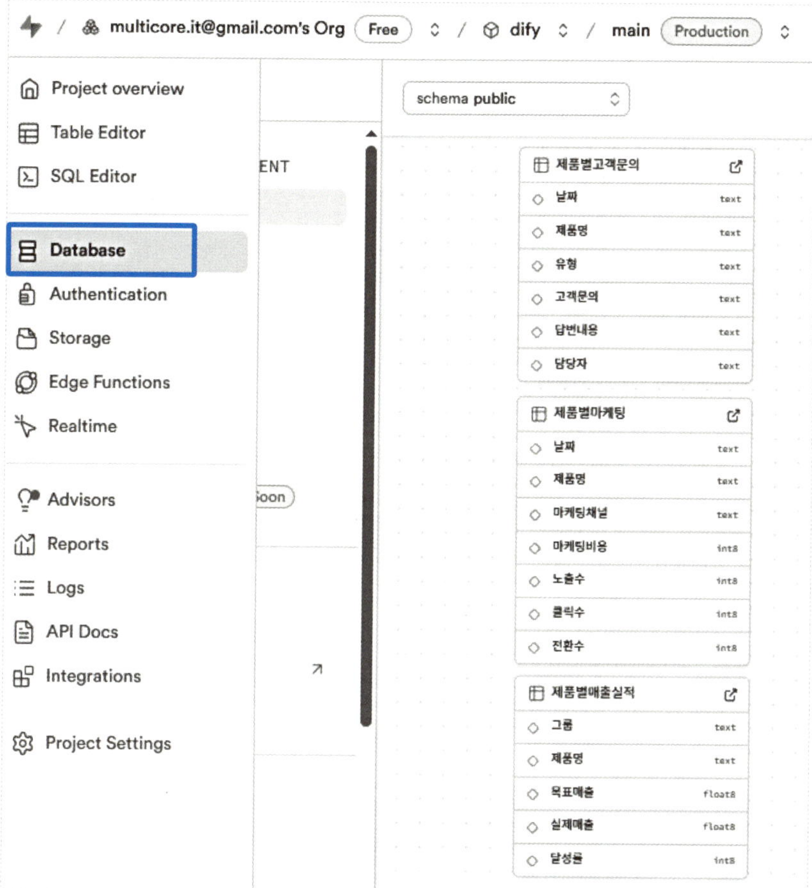

데이터 업로드가 완료되면 왼쪽 메뉴에서 Database 항목을 클릭하여 전체 테이블 목록을 확인할 수 있습니다. 왼쪽 사이드바에서 [Database]를 선택하면, 오른쪽 화면에 제품별고객문의, 제품별마케팅, 제품별매출실적과 같이 CSV 파일로 가져온 데이터가 각각의 테이블로 정리되어 나타나는 것을 볼 수 있습니다.

각 테이블에는 CSV 파일의 헤더(날짜, 제품명, 고객문의 등)가 그대로 컬럼명으로 적용되어 있으며, 데이터베이스 내에서 손쉽게 조회·정렬·편집할 수 있습니다.

Supabase 연결정보 확인

Supabase 프로젝트를 Dify에 연동하려면 데이터베이스에 접속하기 위한 연결 정보를 확인해야 합니다. 이 절에서는 Supabase 대시보드에서 연결 문자열(Connection String)을 확인하고 활용하는 방법을 설명합니다.

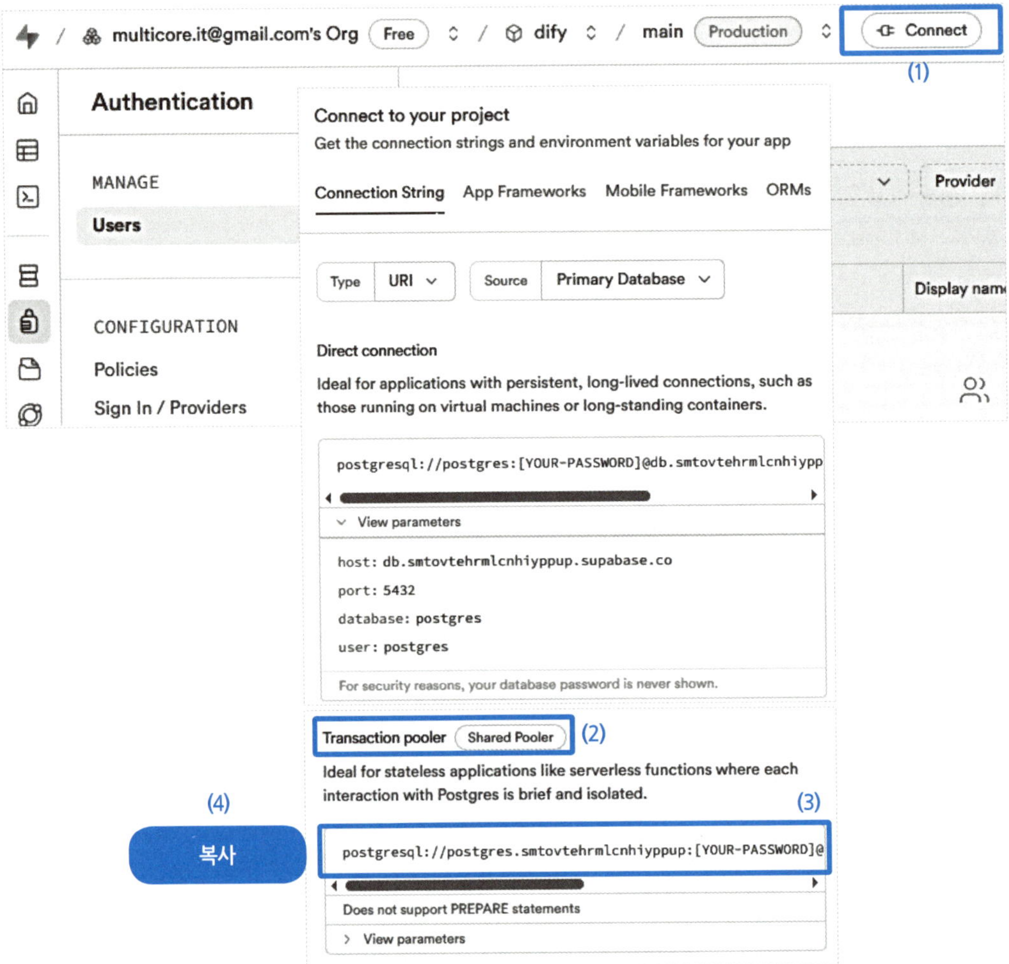

연결정보 확인

01 Supabase 대시보드 오른쪽 상단에서 **[Connect]** 버튼을 클릭합니다.

02 'Connect to your project' 창이 열리면, 상단의 [Transaction pooler] 탭을 선택합니다. 이 탭은 서버리스 환경이나 외부 애플리케이션에서 사용하기 적합한 방식의 연결 정보를 제공합니다.

03 URI 항목에 표시된 연결 문자열(Connection String)을 복사합니다. 이 문자열에는 DB 접속에 필요한 호스트, 포트, 사용자, 데이터베이스명이 포함되어 있습니다.

04 연결 문자열에는 [YOUR-PASSWORD]라는 placeholder가 포함되어 있습니다. Supabase 프로젝트 생성 시 입력했던 실제 **Database Password**로 이 부분을 교체해야 합니다.

연결 문자열

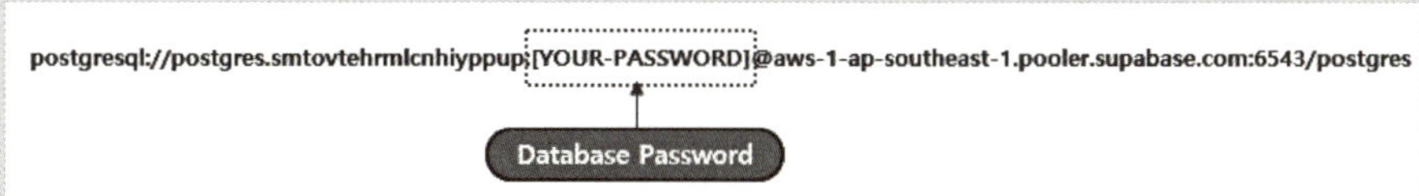

연결 문자열은 위 그림과 같습니다. Dify와 수파베이스 연결에 핵심이 되는 정보이기 때문에 기억해 둬야 합니다.

이 과정을 통해 Dify 워크플로우 또는 기타 외부 서비스에서 Supabase 데이터베이스와 안전하게 연결할 수 있는 최종 접속 정보를 확보하게 됩니다.

11.3 TAG란

이번 절에서는 TAG(Table Augmented Generation) 기술의 작동 원리와 이를 구성하는 핵심 요소를 설명합니다. TAG는 LLM이 사용자의 자연어 질문을 SQL 쿼리로 변환하여 데이터베이스에서 직접 정보를 조회하는 기술입니다. 덕분에 사용자는 SQL을 몰라도 자연어만으로 필요한 데이터를 쉽게 확인할 수 있습니다.

Dify·LLM·TAG 도구·Supabase는 각각 데이터 입력 창, 두뇌, 해석 능력, 데이터 저장소의 역할을 수행하며 TAG 전체 흐름을 자연스럽게 이어 줍니다.

TAG 개념 이해하기

TAG는 자연어로 입력된 질문을 데이터베이스가 이해할 수 있는 SQL로 자동 변환하고, 그 결과를 다시 자연어 답변으로 돌려주는 기술입니다. 즉, 사용자의 질문과 데이터베이스 사이에서 **언어 통역사** 역할을 수행합니다.

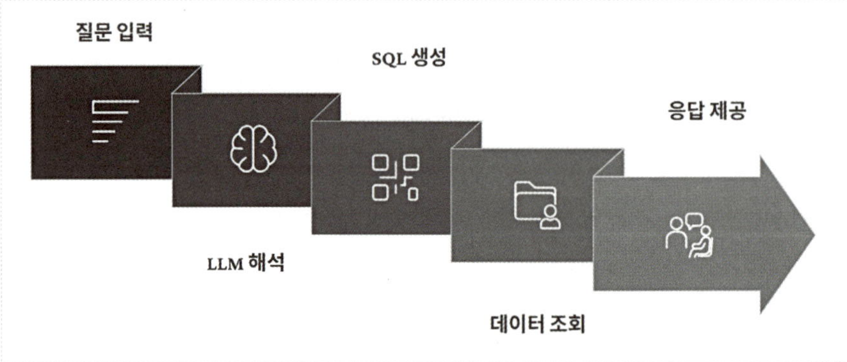

TAG의 단계별 작동 원리

- 질문 입력: 사용자가 "울트라 스피커 Z10의 하드웨어 사양은 어떻게 돼?"와 같이 자연어로 질문을 합니다.
- LLM 해석: LLM이 질문의 의도를 분석해 어떤 정보를 요청하는지 이해합니다.
- SQL 생성: 이해된 의도를 바탕으로, 데이터베이스에서 해당 정보를 조회하기 위한 SQL 쿼리를 자동으로 생성합니다.
- 데이터 조회: 생성된 SQL 쿼리를 Supabase와 같은 데이터베이스에 실행해 관련 데이터를 가져옵니다.
- 응답 제공: 조회된 값을 기반으로 사용자가 이해하기 쉬운 자연어 답변을 구성해 제공합니다.

이러한 과정을 통해 TAG는 사용자가 복잡한 데이터베이스 언어를 알지 못해도 자연어로 손쉽게 데이터에 접근하고 필요한 정보를 얻을 수 있도록 돕습니다.

TAG의 기반 언어, SQL 이해하기

SQL(Structured Query Language)은 데이터베이스와 소통하는 '대화 언어'입니다. 우리가 외국인과 소통하기 위해 영어나 스페인어를 배우는 것처럼, SQL은 컴퓨터에 있는 데이터베이스에게 원하는 정보를 요청하거나 명령을 내리기 위해 사용되는 언어입니다. 일종의 데이터베이스 전용 언어라고 볼 수 있습니다.

SQL의 주요 기능

- SELECT (선택): 데이터베이스에서 원하는 정보를 가져오라고 명령합니다.

SELECT (선택)

데이터 조회 명령.

```
SELECT 이름, 전화번호 FROM 고객_데이터블;
```

고객 테이블에서 이름과 전화번호를 가져와.

- INSERT (삽입): 데이터베이스에 새로운 정보를 넣으라고 명령합니다.

INSERT (삽입)

새 정보 추가 명령.

```
INSERT INTO 고객_데이터블 (이름, 전화번호) VALUES ('김철수',
'010-1234-5678');
```

고객 테이블에 '김철수'와 '010-1234-5678'이라는 새로운 정보를 넣어.

- UPDATE (갱신): 이미 있는 정보를 바꾸라고 명령합니다.

UPDATE (갱신)

기존 정보 변경 명령.

```
UPDATE 고객_데이터블 SET 전화번호 = '010-9876-5432' WHERE 이름
= '김철수';
```

고객 테이블에서 이름이 '김철수'인 사람의 전화번호를 '010-9876-5432'로 바꿔.

- DELETE (삭제): 원하는 정보를 지우라고 명령합니다.

DELETE (삭제)

특정 정보 제거 명령.

```
DELETE FROM 고객_데이터블 WHERE 이름 = '김철수';
```

고객 테이블에서 이름이 '김철수'인 사람의 정보를 지워.

SQL은 이러한 네 가지 기본 기능을 통해 데이터 조회, 추가, 수정, 삭제를 모두 처리하며, TAG가 자연어를 SQL로 바꾸어 데이터베이스와 직접 소통할 수 있도록 만드는 핵심 기반이 됩니다.

Dify·TAG·Supabase 연동 구조

Dify, LLM, TAG 도구, Supabase가 하나의 유기적인 시스템으로 협력하여 데이터를 이용한 다양한 기능을 제공합니다. 이 시스템은 사용자의 질문을 이해하고, 데이터베이스에서 필요한 정보를 찾아 정확하게 답변하는 과정을 자동화합니다.

Dify: 작업을 시작하는 '책상'

Dify는 사용자와 AI 챗봇이 상호작용하는 시작점 역할을 합니다. 사용자가 질문을 입력하면, Dify는 이를 받아들여 다음 단계로 전달하는 플랫폼입니다. 비유하자면, 모든 작업을 시작하고 결과를 받아보는 '책상'과 같습니다.

LLM(대규모 언어 모델): 질문을 이해하는 '뇌'

LLM은 사람의 말을 이해하고 질문의 의도를 파악하는 핵심 AI 기술입니다. 사용자의 자연어를 데이터베이스가 이해할 수 있는 SQL 쿼리로 변환하는 역할을 담당합니다. 마치 비서가 사용자의 요청을 듣고 실행 가능한 계획으로 바꾸는 '뇌'와 같습니다.

Supabase: 클라우드 '데이터베이스'

Supabase는 실제 데이터가 저장되어 있는 디지털 창고입니다. 웹사이트의 중요한 데이터(영업 실적, 제품 정보 등)가 체계적으로 정리되어 있으며, LLM이 필요로 하는 정보를 제공하는 역할을 합니다.

TAG 도구: LLM과 데이터베이스를 연결하는 '능력'

TAG 도구는 LLM이 변환한 SQL 쿼리가 Supabase 데이터베이스에서 정확하게 작동하도록 돕는 필수적인 연결 도구입니다. LLM의 자연어 이해 능력과 데이터베이스의 데이터 접근 능력을 이어주는 다리 역할을 합니다.

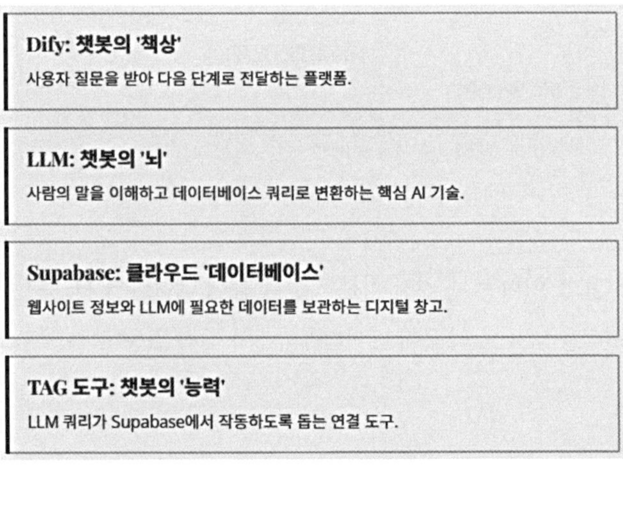

이 네 가지 구성 요소는 유기적으로 연결되어 다음과 같은 방식으로 작동합니다. Dify(책상)가 사용자의 질문을 받으면, LLM(뇌)은 그 질문을 SQL 쿼리로 변환하고, TAG 도구(능력)를 통해 Supabase(데이터베이스)에서 필요한 데이터를 찾아냅니다. 최종적으로, LLM은 이 데이터를 바탕으로 사용자에게 정확한 답변을 제공합니다.

TAG 단계별 작동 과정

TAG(Table Augmented Generation)는 자연어 질문을 SQL 쿼리로 바꾸고, 그 결과를 다시 자연어로 응답하는 과정을 자동화하는 기술입니다. 사용자가 직접 SQL을 작성할 필요 없이, 자연어로 질문만 하면 데이터베이스에서 필요한 정보를 바로 조회할 수 있습니다.

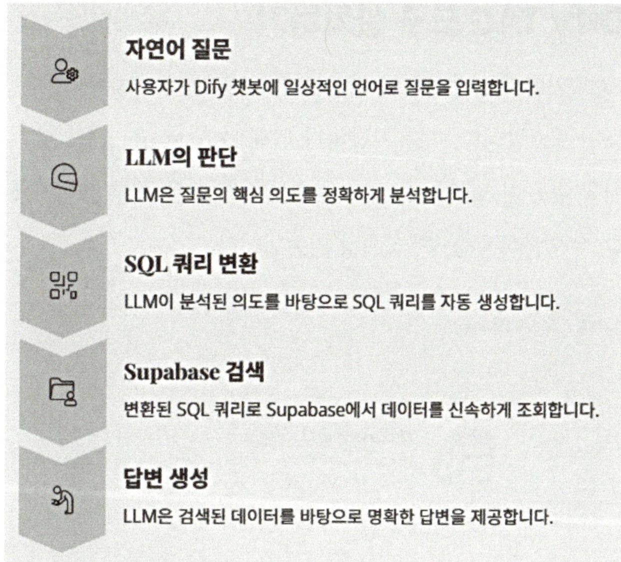

TAG 단계별 동작

- 1) 자연어 질문 입력
  - 예: "이번 분기 A팀의 영업 실적 알려줘."
- 2) 질문 의도 분석
  - LLM이 질문 속 핵심 요소(팀=A, 기간=이번 분기, 항목=영업 실적)를 정확히 파악합니다.
- 3) SQL 쿼리 자동 생성
  - 예시 SQL: `SELECT sales FROM sales_data WHERE team='A' AND quarter='Q1';`
- 4) Supabase에서 데이터 조회
  - 생성된 SQL이 Supabase로 전송되어 조건에 맞는 데이터가 조회됩니다.
- 5) 자연어 답변 생성
  - 예: "이번 분기 A팀의 영업 실적은 1,234만 원입니다."

TAG는 이 전체 과정을 자동화하여, 누구나 자연어만으로 데이터 조회·분석을 수행할 수 있도록 돕는 핵심 기술입니다.

Dify TAG 도구 설치하기

TAG 기반 워크플로우를 완성하기 위해서는 Dify에서 외부 데이터베이스와 직접 소통할 수 있는 기능이 필요합니다. 이를 확장하기 위해 Dify Marketplace에서 hjlarry가 개발한 'database' 도구를 설치합니다. 이 도구는 Dify가 Supabase와 같은 외부 데이터베이스에 연결해 데이터를 조회하고 활용할 수 있도록 돕는 핵심 확장 기능입니다.

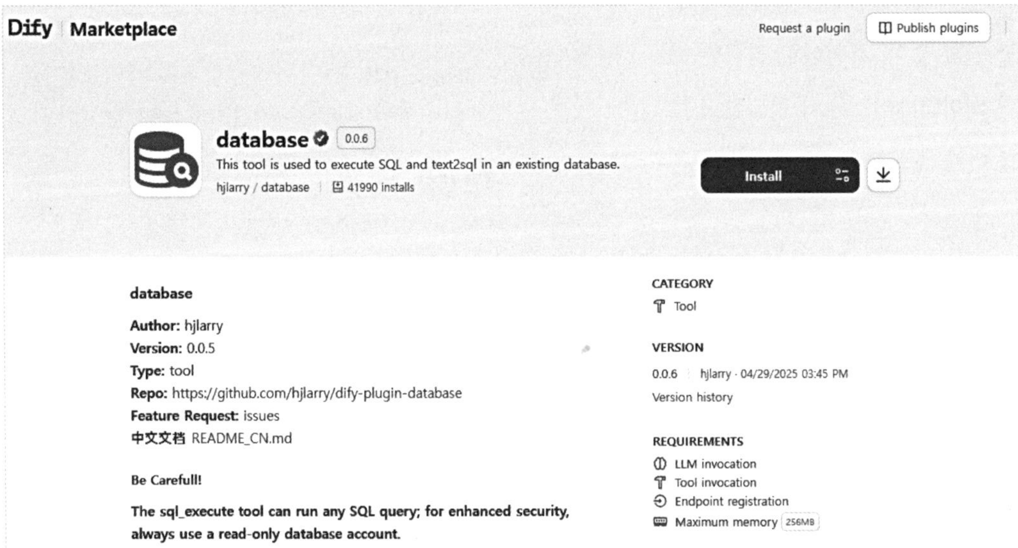

database

Database 도구 설치 후 API 키를 설정하여 Dify가 Supabase 데이터베이스에 접근할 수 있도록 인증 과정을 거쳐야 합니다.

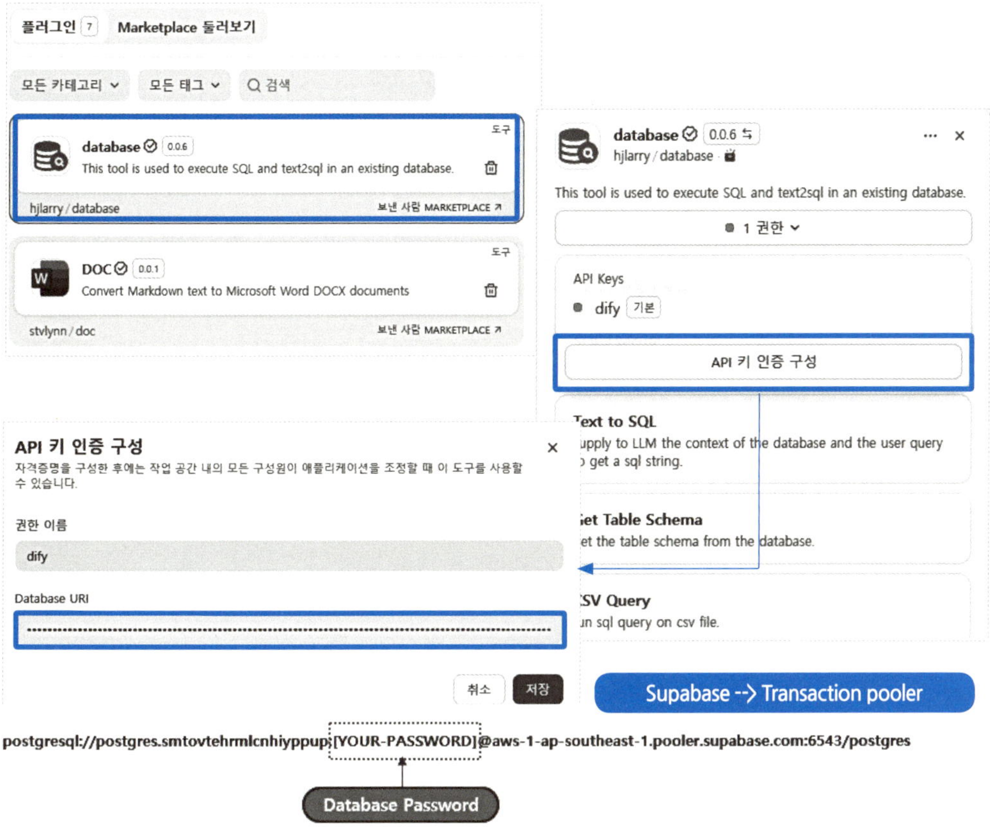

API 인증키 설정

01 database 도구 상세 화면에서 [API 키 인증 구성] 버튼을 선택합니다.

02 'API 키 인증 구성' 창이 뜨면, 권한 이름 필드에 dify를 입력합니다.

03 이전 단계에서 Supabase의 Transaction pooler에서 복사했던 Database URL을 Database URI 필드에 붙여넣습니다. 이때, URL에 포함된 [YOUR-PASSWORD] 부분을 실제 Database Password로 교체해야 합니다.

04 모든 정보를 정확히 입력한 후 [저장] 버튼을 클릭하여 설정을 완료합니다.

이 과정을 통해 Dify는 지정된 인증 정보로 Supabase 데이터베이스에 안전하게 연결하여 데이터를 활용할 수 있게 됩니다.

11.4 TAG 맛보기 채팅플로우

TAG 워크플로우는 사용자의 자연어 질문을 SQL 쿼리로 자동 변환하고, 데이터베이스에서 조회한 정보를 다시 자연어로 정리해 제공하는 구조로 이루어져 있습니다.

사용자는 SQL 문법을 몰라도 "이번 분기 A팀 매출 알려줘"처럼 평소 말하듯 질문하기만 하면 되고, 워크플로우는 질문 해석 → SQL 생성 → 결과 조회 → 자연어 답변 생성까지의 모든 과정을 자동으로 처리합니다.

TAG 오케스트레이션

아래 오케스트레이션은 자연어 질문을 데이터 기반의 답변으로 변환하는 TAG 워크플로우의 전체 과정입니다. 각 노드는 다음과 같은 역할을 수행합니다.

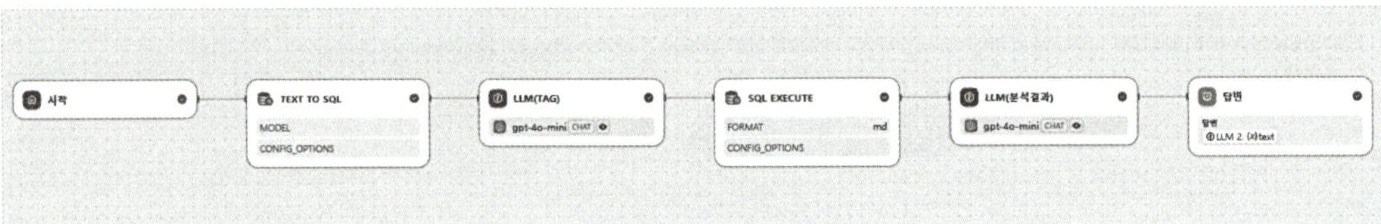

오케스트레이션

- 시작(Start): 워크플로우의 시작점으로, 사용자의 자연어 질문(예: "이번 분기 A팀의 영업 실적 알려줘")이 입력됩니다.
- TEXT TO SQL: 사용자의 자연어 질문을 분석해 SQL 쿼리로 변환합니다. 질문 의도(팀명, 기간, 지표)를 추출해 데이터베이스가 이해할 수 있는 SELECT 문으로 만듭니다.
- LLM(TAG): 변환된 SQL 쿼리를 실행하기 위해 필요한 추가적인 정보나 프롬프트를 구성합니다.
- SQL EXECUTE: TEXT TO SQL 노드에서 생성된 SQL 쿼리를 실제 데이터베이스(예: Supabase)에 전송해 실행합니다. 조건에 맞는 데이터를 조회해 결과(JSON 형태)를 반환합니다.
- LLM(분석 결과): SQL EXECUTE 노드에서 가져온 데이터베이스 결과를 분석하여, 사용자가 이해하기 쉬운 자연어 답변으로 재구성합니다.
- 답변: 최종적으로 재구성된 답변을 사용자에게 제공합니다.

이 워크플로우는 사용자가 복잡한 SQL 문법을 몰라도, 자연어만으로 데이터베이스에 접근하여 필요한 정보를 얻을 수 있도록 자동화된 시스템을 구축합니다.

[1단계] 시작(Start) 노드

Start 노드는 TAG 워크플로우의 출발점으로, 사용자가 입력한 질문을 받아 다음 단계로 전달하는 역할을 합니다.

Dify에서는 사용자가 챗봇 입력창에 작성한 내용이 자동으로 `sys.query` 변수에 저장되기 때문에 별도의 입력 변수를 추가 설정할 필요가 없습니다.

즉, 사용자가 입력한 모든 자연어 질문은 `sys.query` → TEXT TO SQL 노드로 직접 연결되어 이후 SQL 생성 과정에 활용됩니다.

[2단계] TEXT TO SQL 노드

TEXT TO SQL 노드는 TAG의 핵심 기능인 "자연어 → SQL 쿼리" 변환을 담당합니다.

설정 방법은 다음과 같습니다.

01 왼쪽의 도구 목록에서 Text to SQL 노드를 찾아 드래그해 워크플로우에 추가합니다.

02 `Query string` 필드에 사용자의 질문이 담겨 있는 `@시작.sys.query` 변수를 연결합니다. 사용자의 질문이 이 노드의 입력이 됩니다.

03 테이블 지정: Tables 필드에 쿼리할 데이터베이스 테이블의 이름을 지정합니다. 예시에서는 '제품별 매출실적' 테이블을 사용하도록 설정되었습니다. 이는 LLM이 SQL 쿼리를 생성할 때 어떤 데이터 테이블을 참조해야 하는지 명확하게 알려주는 역할을 합니다.

04 모델 선택: Model 드롭다운에서 gpt-4o-mini와 같은 LLM 모델을 선택합니다. 이 모델이 자연어 질문을 SQL 쿼리로 변환하는 실제 작업을 수행합니다.

이 과정을 거치면 TEXT TO SQL 노드는 자연어 질문을 SQL 쿼리 형태로 변환하여 다음 단계에 전달할 준비를 마칩니다.

[3단계] LLM(TAG) 노드

LLM(TAG) 노드는 TEXT TO SQL이 생성한 초안 쿼리를 기반으로, 데이터베이스 스키마에 완전히 적합한 최종 SQL 쿼리로 다듬는 역할을 수행합니다.

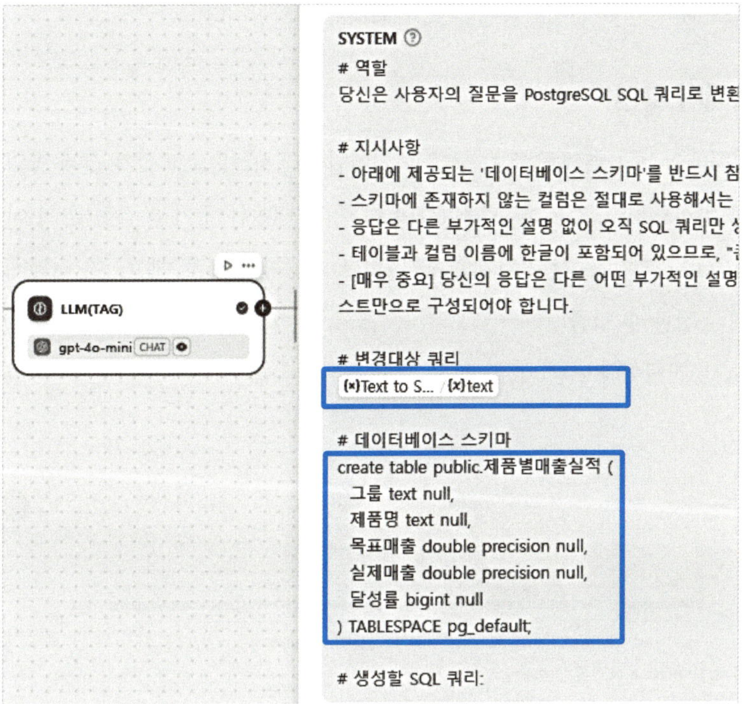

이 노드는 사용자의 자연어 질문을 바탕으로, 주어진 데이터베이스 스키마에 맞는 순수한 SQL 쿼리를 생성하는 역할을 합니다.

프롬프트 설정

#역할: LLM에게 '유능한 AI 데이터 분석가'의 역할을 부여합니다. 이 역할은 사용자의 질문을 PostgreSQL SQL 쿼리로 변환하는 임무를 맡습니다.

#지시사항: LLM이 지켜야 할 규칙들을 명시합니다. 예를 들어, 제공된 데이터베이스 스키마를 참고하고, SQL 쿼리만 생성하며, 추가적인 설명이나 마크다운 코드 블록(```)을 사용하지 않도록 지시합니다. 이러한 지시사항을 통해 모델이 일관되고 정확한 SQL을 생성하도록 유도합니다.

입력 변수

`@Text to SQL.text` 변수가 연결됩니다. 이 변수에는 이전 단계인 Text to SQL 노드에서 생성된 SQL 쿼리 텍스트가 담겨 있습니다.

#데이터베이스 스키마: LLM에게 SQL 쿼리 생성의 기반이 되는 데이터베이스 테이블의 구조(create table...)를 제공합니다. 예시에서는 제품별매출실적 테이블의 컬럼(그룹, 제품명, 목표매출 등) 정보가 포함되어 있습니다.

#생성할 SQL 쿼리: 이 부분에 LLM이 최종적으로 생성할 SQL 쿼리가 위치합니다.

[4단계] 데이터베이스 스키마 확인

데이터베이스 스키마는 데이터베이스의 설계도 또는 구조를 의미합니다. 마치 집을 짓기 전에 방의 크기, 문의 위치 등을 정하는 설계도처럼, 스키마는 테이블의 이름, 각 테이블이 가질 컬럼(열)의 이름, 데이터 타입(문자, 숫자 등), 그리고 테이블 간의 관계 등을 정의합니다. 이를 통해 데이터가 어떻게 저장되고, 구성될지 명확하게 규정할 수 있습니다.

스키마를 정확히 이해하면 SQL 작성이나 TAG 쿼리 생성 과정에서 실수 없이 데이터를 다룰 수 있습니다.

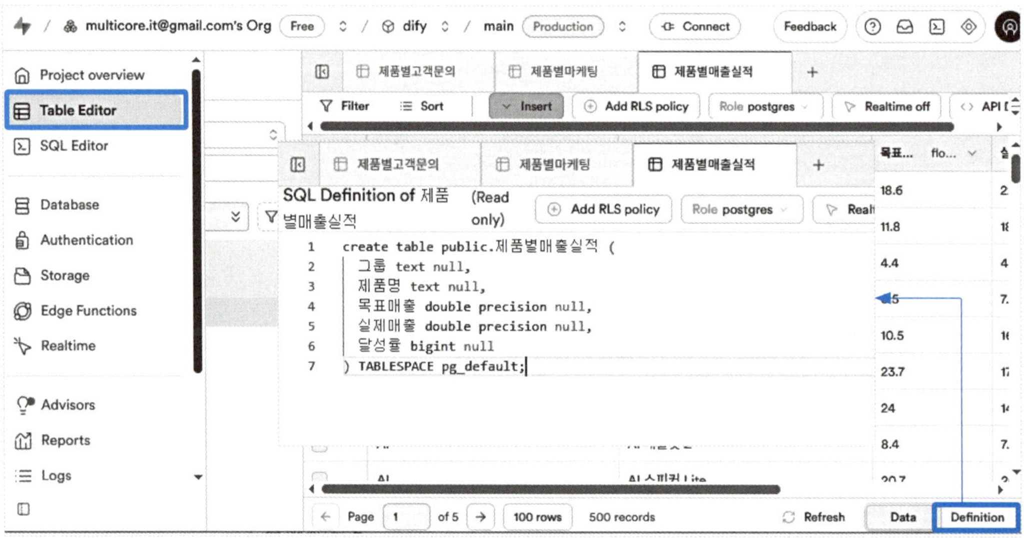

데이터베이스 스키마 확인

Supabase에서 데이터베이스 스키마를 확인하는 방법은 다음과 같습니다.

01 Supabase 대시보드에서 왼쪽 메뉴의 [Table Editor]를 클릭합니다.

02 스키마를 확인하고 싶은 테이블(제품별매출실적 등)을 선택합니다.

03 테이블 데이터가 보이는 화면 하단에 있는 [Definition] 탭을 클릭합니다.

'Definition' 탭을 클릭하면 오른쪽 화면에 해당 테이블의 SQL 스키마가 나타납니다. 이 스키마는 `create table` 구문을 통해 테이블 이름(제품별매출실적)과 함께 각 컬럼의 이름(그룹, 제품명, 목표매출 등) 및 데이터 타입(text, double precision, bigint)이 명시되어 있어, 데이터베이스의 구조를 한눈에 파악할 수 있습니다.

[5단계] 앱 실행과 결과 해석

워크플로우 실행을 통해 데이터베이스에 저장된 원본 데이터와 AI 챗봇이 생성한 분석 결과를 비교하면, TAG 기술이 단순한 데이터 조회를 넘어 **의미 있는 통찰까지 제공하는 과정**을 확인할 수 있습니다.

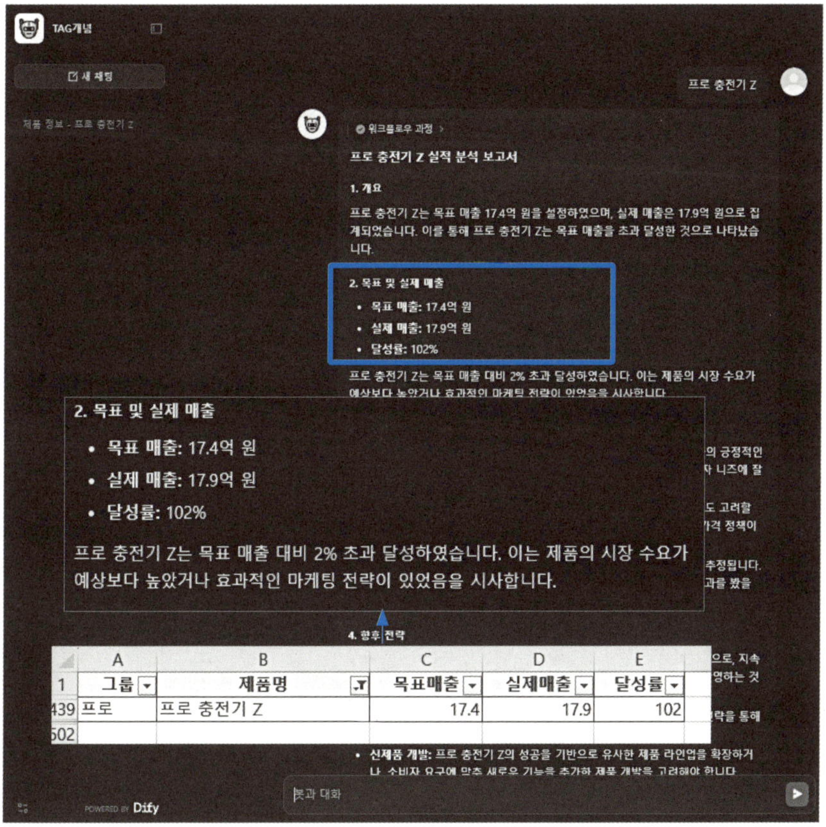

앱 실행결과

앱 실행 결과 확인

TAG 워크플로우는 Supabase의 '제품별매출실적' 테이블을 조회하여 필요한 데이터를 가져옵니다. 아래 표는 원본 엑셀 파일의 일부로, "프로 충전기 Z" 제품의 매출 성과가 포함되어 있습니다.

- 목표 매출: 17.4억 원, 실제 매출: 17.9억 원, 달성률: 102%

이처럼 원본 데이터는 수치 정보로만 구성된 단순한 정량 데이터입니다. 하지만 사용자가 챗봇에 "프로 충전기 Z의 매출 실적을 알려줘"라고 질문하면, TAG는 이 데이터를 조회한 뒤 LLM이 자연어 기반 분석 보고서 형태로 내용을 재구성합니다.

1. 개요

"프로 충전기 Z는 목표 매출을 17.4억 원으로 설정하였으며, 실제 매출은 17.9억 원으로 마감되었습니다. 이를 통해 프로 충전기 Z는 목표 매출을 2% 초과 달성한 것으로 나타났습니다." → 사용자가 핵심 내용을 빠르게 이해할 수 있도록 요약 제공합니다.

2. 핵심 지표

목표 매출, 실제 매출, 달성률과 같은 주요 수치를 명확하게 제시합니다. 이는 원본 데이터와 정확히 일치하지만, 단순 표 형태가 아닌 자연어 문맥 속에서 제시되어 가독성을 높입니다.

3. 의미 분석

"프로 충전기 Z는 목표 대비 2% 초과 달성하였습니다. 이는 제품의 시장 수요가 예상보다 높았거나 효과적인 마케팅 전략이 있었음을 시사합니다." → 단순히 수치를 나열하는 것을 넘어, 그 숫자가 의미하는 바를 분석해줍니다.

4. 향후 전략 제안

"성공적인 판매 실적을 바탕으로, 지속적인 시장 조사를 통해 소매점 피드백을 수렴하고, 이를 개선 방안에 반영하는 것이 중요합니다." → 실제 업무에 도움이 되는 전략적 인사이트까지 제공합니다.

이처럼 TAG 채팅 플로우는 단순한 수치 조회를 넘어, 데이터의 의미를 해석하고 비즈니스 인사이트까지 제시하는 '지식 기반 대화 시스템'을 구현합니다. 독자는 엑셀에 담긴 정량 데이터를 Supabase·TAG·LLM을 통해 자연어 리포트로 전환하는 전체 흐름을 경험하게 됩니다.

* * *

TAG 채팅 플로우는 엑셀 파일과 같은 정량적 데이터를 LLM의 분석 능력과 결합하여 정보의 가치를 극대화합니다. 단순히 수치를 나열하는 것을 넘어, 데이터의 의미를 분석하고 비즈니스적 통찰을 제공함으로써 사용자에게 더 깊이 있는 답변을 전달합니다. 이러한 시스템은 단순한 정보 검색을 넘어선 진정한 지식 기반의 대화 시스템을 구축하는 핵심 기능입니다. Dify를 활용한 이 워크플로우는 사용자의 질문에 대한 정확한 답변은 물론, 그 이면에 숨겨진 의미까지 파악하여 효율적인 데이터 활용을 가능하게 합니다.

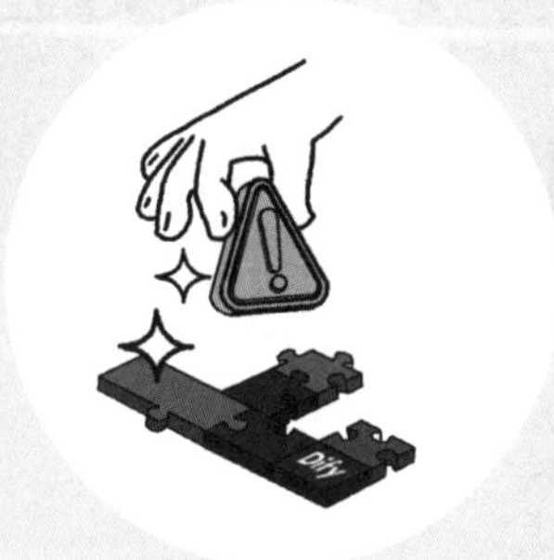

12장

TAG 기반 데이터 분석 앱 개발

→ 이 장의 학습목표 ←

- Supabase 기반의 데이터 통합 및 데이터베이스 구축 방법을 이해합니다.
- TEXT TO SQL → SQL EXECUTE → LLM으로 이어지는 TAG 분석 흐름을 구성합니다.
- 매출·고객문의·마케팅 데이터를 결합한 종합 제품 분석 보고서를 자동 생성합니다.
- Word 보고서와 Gamma.ai 발표 스크립트를 동시에 생성하는 복합 워크플로우를 구축합니다.
- 사용자의 자연어 질문만으로 전문적인 분석 결과물을 얻는 실무형 데이터 분석 앱을 완성합니다.

TAG분석 Supabase 자동보고서 프레젠테이션자동화 데이터분석워크플로우

이번 장에서는 TAG 기술을 활용해 하나의 자연어 질문만으로도 완성된 분석 보고서와 발표 자료를 자동 생성하는 데이터 분석 앱을 만들어 봅니다. 여러 엑셀·CSV 파일을 Supabase 데이터베이스에 통합하고, 사용자의 질문을 SQL 쿼리로 변환해 필요한 데이터를 조회한 뒤, LLM이 이를 종합적으로 분석해 제품 분석 보고서와 프레젠테이션 스크립트까지 생성하는 완전 자동화 흐름을 구축합니다.

이 과정은 단순한 SQL 변환 실습이 아니라, 데이터 수집 → 분석 → 보고서 작성 → 발표 자료 생성으로 이어지는 전체 업무를 AI가 처리하는 종합 파이프라인을 만드는 데 초점이 있습니다.

이를 통해 사용자는 복잡한 데이터베이스나 분석 도구를 직접 다루지 않고도, 자연어 질문만으로 전문적인 통계 분석 결과와 문서·슬라이드를 즉시 얻을 수 있는 실무형 TAG 앱을 완성하게 됩니다.

> 이 장을 마치면, 독자는 자연어 질문만으로 Word 보고서와 프레젠테이션 스크립트를 자동 생성하는 실무형 데이터 분석 앱을 직접 구축할 수 있습니다.

https://github.com/multicore-it/dify : 20.통계기반 제품분석보고서, 21.제품판매 통계분석기

12.1 통계 기반 제품분석 보고서 자동 생성

이번 절에서는 Dify 워크플로우를 활용하여 통계 기반의 제품 분석 보고서를 자동으로 생성하는 방법을 설명합니다. 이 시스템은 여러 엑셀 파일의 데이터를 Supabase 데이터베이스에 통합하고, TAG(Table Augmented Generation)와 LLM(Large Language Model)을 통해 사용자의 자연어 질문에 대한 종합적인 분석 보고서를 만들어냅니다. TEXT TO SQL, SQL EXECUTE, LLM 노드들이 병렬적으로 작동하며, 최종적으로 MS-Word 파일과 Gamma.ai 프레젠테이션 스크립트를 동시에 생성함으로써 데이터 분석부터 보고서 작성, 발표 자료 제작까지의 전 과정을 자동화합니다.

통계 기반 제품분석보고서 기능

이 시스템은 여러 엑셀 데이터를 CSV 형식으로 변환해 Supabase 데이터베이스에 업로드하고, TAG와 LLM을 결합해 사용자의 자연어 질문을 기반으로 제품 분석 보고서를 자동 생성합니다. 데이터 준비부터 조회, 분석, 보고서 생성까지의 전체 흐름을 하나의 워크플로우로 통합한 것이 핵심입니다.

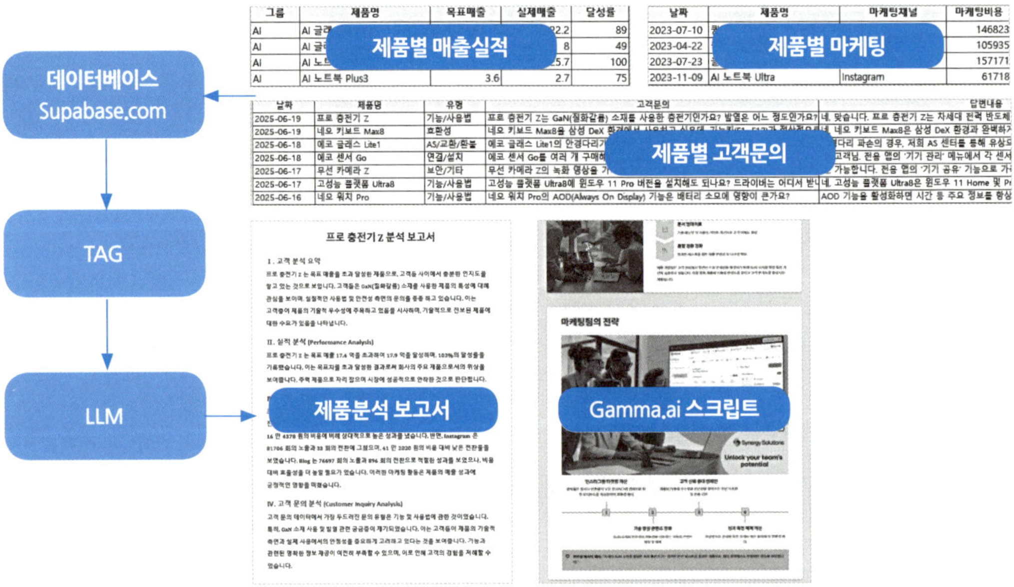

통계기반 제품분석보고서

- **데이터베이스 구축:** 엑셀 파일인 '제품별 매출실적', '제품별 고객문의', '제품별 마케팅' 데이터를 CSV 형식으로 변환하여 Supabase 데이터베이스에 업로드합니다.
- **TAG:** 사용자의 자연어 질문을 SQL 쿼리로 변환하고, Supabase에서 필요한 데이터를 조회합니다. 예를 들어, 특정 제품의 매출 실적을 묻는 질문이 들어오면, TAG는 매출 데이터를 데이터베이스에서 가져옵니다.
- **LLM 분석:** TAG가 조회한 정량 데이터를 입력받은 LLM은 단순 수치 나열에 그치지 않고, 매출·문의·마케팅 정보를 종합적으로 해석하여 자연어 기반의 분석 보고서를 작성합니다.
- **결과물 생성:** 최종적으로 LLM이 작성한 분석 보고서가 사용자에게 제공됩니다. 보고서에는 매출 지표, 고객 문의 요약, 마케팅 효과 등 주요 내용이 포함되며, 필요 시 Word 보고서나 Gamma.ai 프레젠테이션 스크립트 형태로도 확장할 수 있습니다.

이 시스템을 통해 사용자는 복잡한 데이터 분석 과정을 몰라도 자연어 질문만으로 통계 기반의 전문 분석 보고서를 손쉽게 얻을 수 있습니다.

오케스트레이션

이 워크플로우의 핵심은 TEXT TO SQL → LLM → SQL EXECUTE 노드가 세 개의 서로 다른 테이블(고객문의, 매출실적, 마케팅)에 대해 병렬로 작동한다는 점입니다.

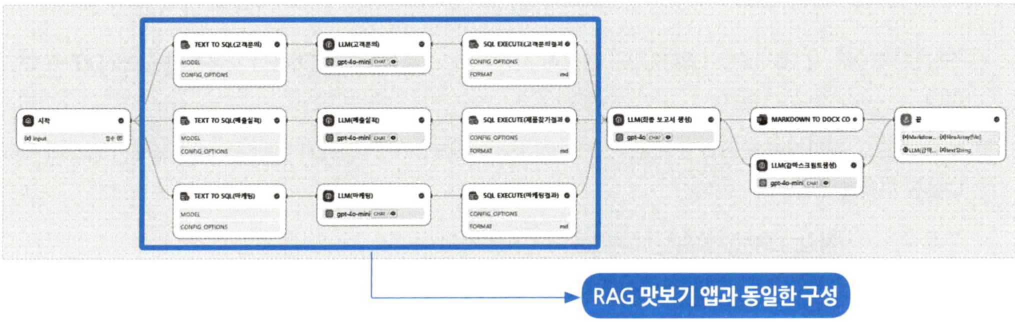

오케스트레이션

이를 통해 사용자의 단일 질문이라도,

- 고객 문의 데이터
- 매출 실적 데이터
- 마케팅 데이터

등 서로 다른 관점의 정보를 동시에 조회하고, 하나의 통합된 분석 결과로 묶어낼 수 있습니다. 구조적으로는 앞 장에서 다룬 'RAG 맛보기 앱(멀티 노드 구조)'와 유사하며, 여러 정보원을 조합해 종합적인 통찰을 만들어내는 데 최적화되어 있습니다.

LLM(최종 보고서 생성) 노드

이 노드는 세 가지 다른 데이터 소스인 고객 문의, 매출 실적, 마케팅 데이터(SQL EXECUTE 노드)를 모두 받아 종합적인 최종 보고서를 생성하는 역할을 합니다.

노드 구성 및 역할

입력 변수

이 노드는 이전 단계에서 실행된 세 개의 SQL EXECUTE 노드로부터 결과를 입력받습니다.

- [SQL EXECUTE]고객문의결과: 고객 문의 데이터

- [SQL EXECUTE]매출실적결과: 매출 실적 데이터
- [SQL EXECUTE]마케팅결과: 마케팅 데이터

프롬프트 설정

LLM이 보고서를 생성하도록 지시하는 프롬프트는 다음과 같은 구조로 작성됩니다.

- 전달된 데이터: 각 데이터 소스의 결과가 명확히 지정되어 LLM이 어떤 데이터를 사용해야 하는지 알 수 있습니다.
- 보고서 형식: 보고서의 제목과 소제목(1. 고객 분석 요약, 2. 실적 분석)이 정해져 있어, LLM은 정해진 형식에 맞춰 내용을 구성합니다.
- 구체적인 지시사항: LLM은 단순히 데이터를 나열하는 것이 아니라, 데이터를 종합적으로 분석하고 의미를 요약하며, 특정 문제점(높은 마케팅 비용에도 불구하고...)을 짚어내고, 개선점을 제안하는 등 심층적인 분석을 수행하도록 지시받습니다.

결론적으로, 이 LLM(최종 보고서 생성) 노드는 여러 데이터 소스의 정보를 한데 모아 LLM의 강력한 분석 능력을 활용함으로써, 단순히 데이터를 보여주는 것을 넘어 비즈니스 의사결정에 도움이 되는 종합적이고 통찰력 있는 보고서를 자동으로 만들어냅니다.

MS-Word 파일 및 감마 스크립트 생성

이 워크플로우는 LLM(최종 보고서 생성) 노드의 출력을 바탕으로 두 가지 최종 결과물을 생성합니다. 바로 MS Word 파일과 감마(Gamma) 스크립트입니다.

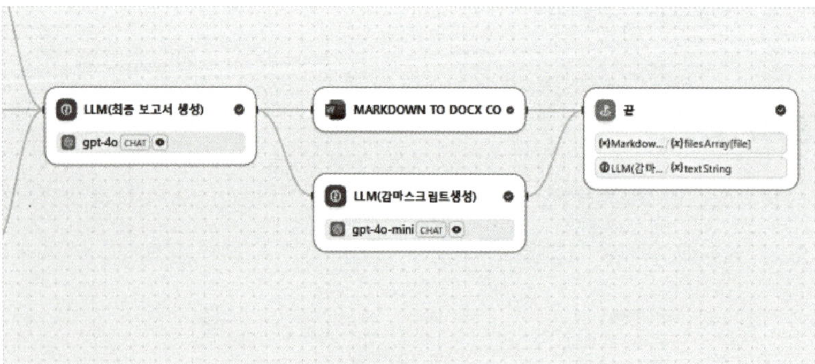

최종 보고서 생성

1. MS-Word 보고서 생성 – MARKDOWN TO DOCX 노드

- LLM(최종 보고서 생성): 이 노드는 앞선 단계에서 분석된 고객 문의, 매출 실적, 마케팅 데이터를 모두 통합하여 종합적인 보고서 텍스트를 생성합니다.
- MARKDOWN TO DOCX: LLM(최종 보고서 생성) 노드에서 생성된 텍스트를 입력으로 받습니다. 이 노드는 마크다운(Markdown) 형식으로 작성된 보고서 텍스트를 .docx 확장자의 MS Word 파일로 변환합니다. 이를 통해 사용자는 친숙한 문서 형태로 보고서를 다운로드할 수 있습니다.

2. Gamma.ai 프레젠테이션 스크립트 생성 – LLM(감마 스크립트 생성) 노드

- LLM(감마 스크립트 생성): LLM(최종 보고서 생성) 노드와 병렬적으로 또 다른 LLM 노드가 작동합니다. 이 노드는 최종 보고서 내용을 기반으로 프레젠테이션 자동화 도구인 Gamma.ai에서 사용할 수 있는 스크립트를 생성합니다. 이 스크립트는 보고서의 핵심 내용을 요약하고, 시각 자료를 포함하는 등 프레젠테이션에 최적화된 형태로 구성됩니다.

3. 끝(End) 노드: 최종적으로 MARKDOWN TO DOCX 노드에서 생성된 Word 파일과 LLM(감마 스크립트 생성) 노드에서 만들어진 스크립트 텍스트가 사용자에게 제공됩니다.

이러한 워크플로우를 통해 사용자는 한 번의 실행으로 분석 보고서와 프레젠테이션 스크립트를 동시에 얻을 수 있어, 데이터 분석 결과를 효과적으로 활용하고 공유하는 데 큰 도움을 받게 됩니다.

앱 실행 예시 및 결과 해석

사용자가 제품명을 입력하면, 워크플로우가 즉시 작동하여 최종 보고서와 프레젠테이션 스크립트를 자동 생성합니다. 아래는 실제 실행 과정과 생성된 결과물을 통해 시스템이 어떻게 동작하는지 확인하는 단계입니다.

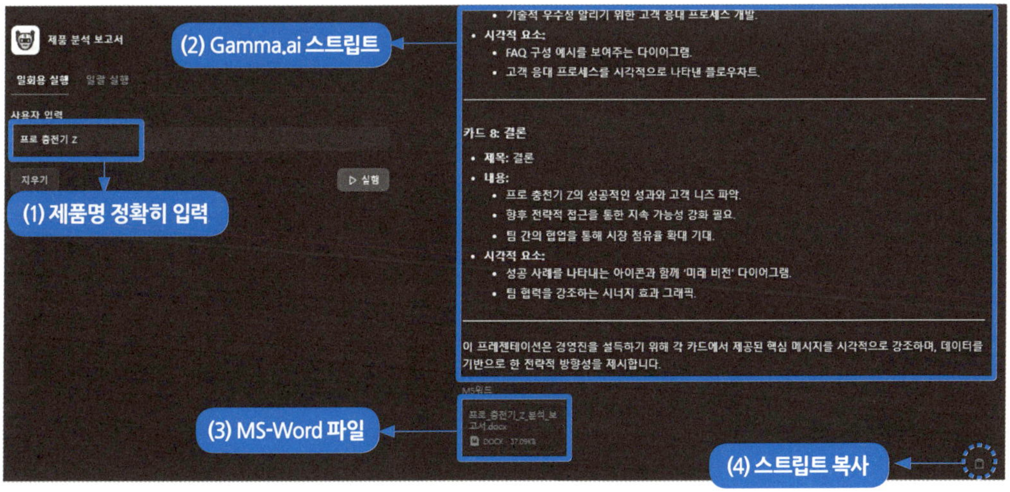

실행 결과 및 구성 요소

1. 제품명 입력 - 분석 대상 지정

사용자는 '프로 충전기 Z'를 정확히 입력했습니다.
이 입력값은 전체 분석의 기준이 되며, 이후 TEXT TO SQL → SQL EXECUTE → LLM 보고서 생성까지 모든 과정이 해당 제품을 중심으로 이어집니다.

2. Gamma.ai 스크립트 - 프레젠테이션 자동화

오른쪽 상단에 보이는 텍스트는 Gamma.ai 프레젠테이션 스크립트입니다. 이 스크립트는 분석 보고서의 핵심 내용을 요약하고, 이를 시각적으로 효과적인 슬라이드 형태로 변환할 수 있도록 구성되어 있습니다.

- 슬라이드 제목 제안: '기술적 우수성 입증을 위한 고객 응대 프로세스 개발'
- 시각 자료 구조 제안: "FAQ 구성 예시', '고객 응대 프로세스' 핵심 성과 요약 등
- 핵심 메시지 요약: '프로 충전기 Z의 성공적인 성과'나 '향후 전략적 방향, 시장 평가 등을 통한 지속 가능성 강화'

Gamma.ai에 그대로 붙여넣으면 즉시 프레젠테이션이 자동 생성되고, 사용자는 디자인 작업 없이도 '완성된 발표 자료'를 얻을 수 있습니다.

3. MS-Word 파일 - 완성된 보고서 문서

화면 하단에 `프로_충전기_Z_분석_보고서.docx`라는 파일이 생성된 것을 볼 수 있습니다. 이 파일은 LLM이 생성한 최종 보고서 텍스트를 MARKDOWN TO DOCX 노드가 Word 파일(.docx)로 변환한 결과입니다. 이 문서는 다운로드 후 편집·추가 분석·공유 등 비즈니스 문서 형태로 바로 활용 가능합니다.

4. 스크립트 복사 - 빠른 발표 준비

사용자는 생성된 Gamma.ai 스크립트를 클립보드에 복사하여 Gamma.ai 웹사이트에 붙여넣기만 하면, 전문적인 프레젠테이션을 자동으로 만들 수 있습니다.
이처럼 Dify의 복합 워크플로우는 단 한 번의 실행으로 데이터 기반의 심층 분석 보고서와 더불어, 이를 효과적으로 발표할 수 있는 프레젠테이션 스크립트까지 자동으로 생성하여 사용자의 업무 효율을 극대화합니다.

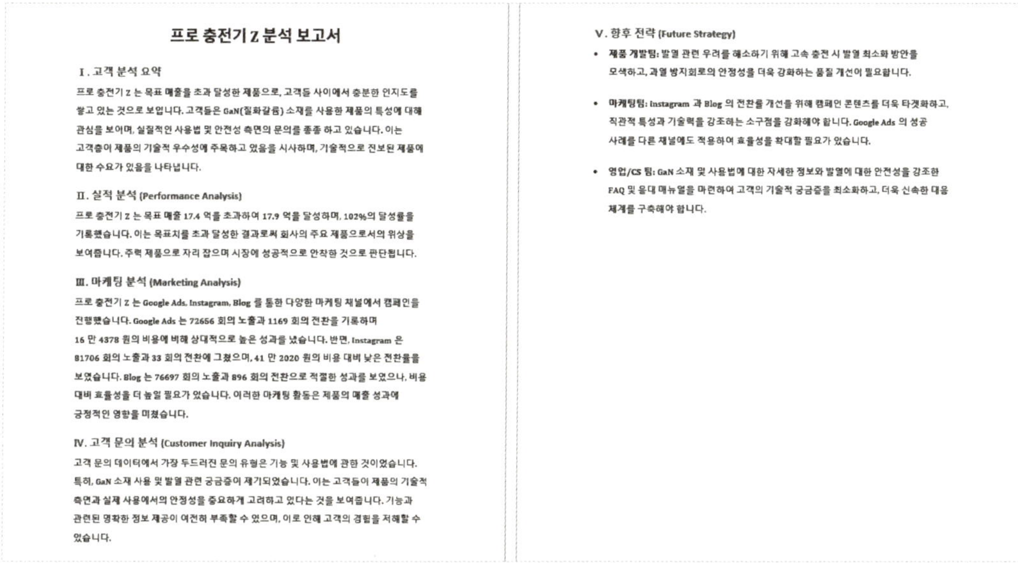

프로 충전기 Z 분석 보고서

Ⅰ. 고객 분석 요약

프로 충전기 Z 는 목표 매출을 초과 달성한 제품으로, 고객들 사이에서 충분한 인지도를 쌓고 있는 것으로 보입니다. 고객들은 GaN(질화갈륨) 소재를 사용한 제품의 특성에 대해 관심을 보이며, 실질적인 사용법 및 안전성 측면의 문의를 종종 하고 있습니다. 이는 고객층이 제품의 기술적 우수성에 주목하고 있음을 시사하며, 기술적으로 진보된 제품에 대한 수요가 있음을 나타냅니다.

Ⅱ. 실적 분석 (Performance Analysis)

프로 충전기 Z 는 목표 매출 17.4 억을 초과하여 17.9 억을 달성하며, 102%의 달성률을 기록했습니다. 이는 목표치를 초과 달성한 결과로써 회사의 주요 제품으로서의 위상을 보여줍니다. 주력 제품으로 자리 잡으며 시장에 성공적으로 안착한 것으로 판단됩니다.

Ⅲ. 마케팅 분석 (Marketing Analysis)

프로 충전기 Z 는 Google Ads, Instagram, Blog 를 통한 다양한 마케팅 채널에서 캠페인을 진행했습니다. Google Ads 는 72656 회의 노출과 1169 회의 전환을 기록하며 16 만 4378 원의 비용에 비해 상대적으로 높은 성과를 냈습니다. 반면, Instagram 은 81706 회의 노출과 33 회의 전환에 그쳤으며, 41 만 2020 원의 비용 대비 낮은 전환율을 보였습니다. Blog 는 76697 회의 노출과 896 회의 전환으로 적절한 성과를 보였으나, 비용 대비 효율성을 더 높일 필요가 있습니다. 이러한 마케팅 활동은 제품의 매출 성과에 긍정적인 영향을 미쳤습니다.

Ⅳ. 고객 문의 분석 (Customer Inquiry Analysis)

고객 문의 데이터에서 가장 두드러진 문의 유형은 기능 및 사용법에 관한 것이었습니다. 특히, GaN 소재 사용 및 발열 관련 궁금증이 제기되었습니다. 이는 고객들이 제품의 기술적 측면과 실제 사용에서의 안정성을 중요하게 고려하고 있다는 것을 보여줍니다. 기능과 관련된 명확한 정보 제공이 여전히 부족할 수 있으며, 이로 인해 고객의 경험을 저해할 수 있습니다.

Ⅴ. 향후 전략 (Future Strategy)

- **제품 개발팀:** 발열 관련 우려를 해소하기 위해 고속 충전 시 발열 최소화 방안을 모색하고, 과열 방지회로의 안정성을 더욱 강화하는 품질 개선이 필요합니다.
- **마케팅팀:** Instagram 과 Blog 의 전환률 개선을 위해 캠페인 콘텐츠를 더욱 타겟화하고, 직관적 특성과 기술력을 강조하는 소구점을 강화해야 합니다. Google Ads 의 성공 사례를 다른 채널에도 적용하여 효율성을 확대할 필요가 있습니다.
- **영업/CS 팀:** GaN 소재 및 사용법에 대한 자세한 정보와 발열에 대한 안전성을 강조한 FAQ 및 응대 매뉴얼을 마련하여 고객의 기술적 궁금증을 최소화하고, 더욱 신속한 대응 체계를 구축해야 합니다.

MS-Word 파일

생성된 MS-Word 파일을 열면 위와 같이 분석 보고서가 생성된 것을 확인할 수 있습니다.

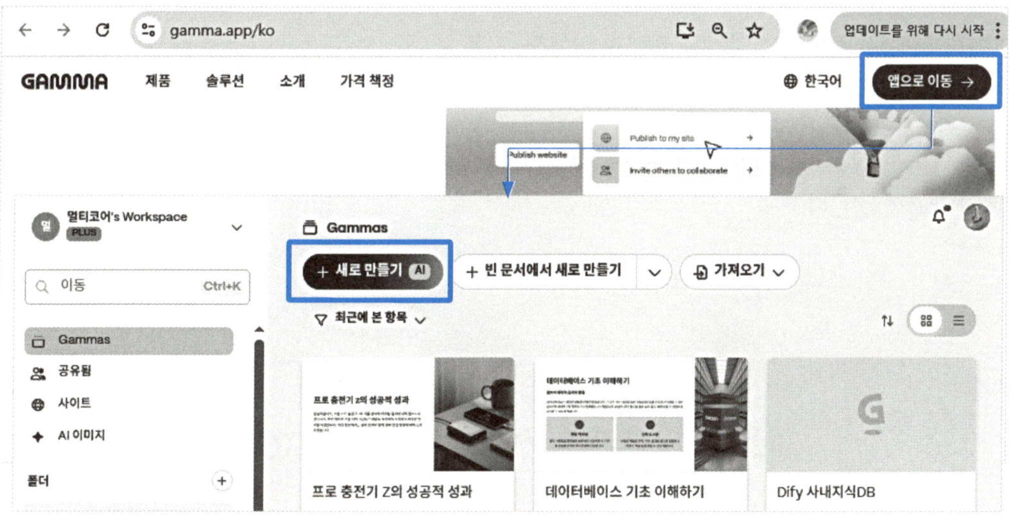

Gamma.app

Gamma.app 사이트로 이동해서 생성된 감마 스크립트를 통해서 다음과 같은 파워포인트를 생성할 수 있습니다.

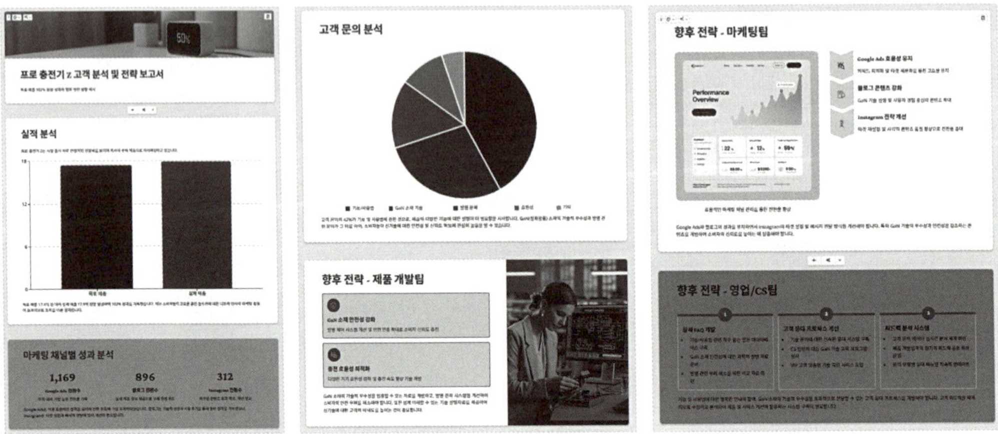

생성된 파워포인트

감마 프로젝트를 생성해서 스크립트를 붙여넣고 실행 버튼을 누르면 위와 같은 파워포인트가 자동으로 생성됩니다.

결과적으로 이 복합 워크플로우는 단 한 번의 실행만으로 데이터 기반의 심층 분석 보고서와 이를 시각화한 프레젠테이션 스크립트를 모두 제공하는 강력한 솔루션을 구축합니다. 사용자는 복잡한 데이터 분석과 문서 작성 과정을 거치지 않고도, 프로 충전기 Z와 같은 제품명을 입력하는 것만으로 전문가 수준의 분석 보고서를 얻을 수 있습니다. 이는 MS-Word 파일과 Gamma.ai 파워포인트로 즉시 활용 가능하여, 데이터 분석 결과를 효과적으로 공유하고 비즈니스 의사결정을 지원하는 데 큰 도움을 줍니다.

12.2 제품 판매 통계분석기 개발(TEXT TO SQL 정확도 높이기)

Dify의 TAG 기술은 자연어 기반 데이터 분석을 가능하게 하는 혁신적인 솔루션입니다. 사용자는 복잡한 데이터베이스 언어를 몰라도, 일상적인 표현만으로 다양한 분석을 요청할 수 있습니다. TAG는 이러한 자연어 요청을 SQL 쿼리로 변환하고, 데이터베이스에서 조회한 값을 바탕으로 LLM이 심층 분석 보고서를 생성합니다.

또한, 정확한 분석을 위해 모호한 요청을 어떻게 개선해야 하는지, LLM이 정확한 분석을 수행하려면 어떤 입력 조건이 필요한지도 함께 설명하여, 안정적인 통계 분석 자동화를 구축하는 데 필요한 실전적인 가이드라인을 제공합니다.

제품 판매 통계분석기 기능

이 기능은 TAG를 활용해 사용자의 자연어 질문을 데이터 분석과 해석으로 자동 연결합니다. 사용자는 SQL이나 데이터 모델링을 몰라도 질문만 입력하면 되고, 시스템은 그 질문의 의도를 파악해 필요한 데이터를 조회한 뒤, 전문가 수준의 분석 보고서를 제공합니다.

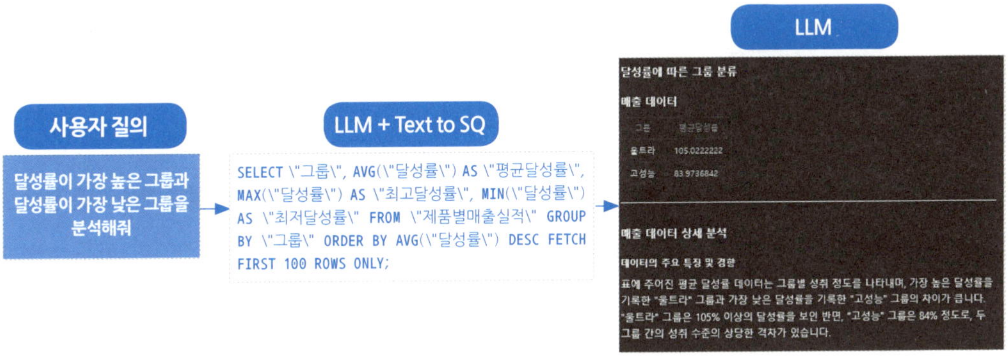

주요 기능 요약

이 워크플로우는 세 가지 주요 단계로 작동합니다.

1. 자연어 기반 분석 요청 처리

사용자가 "달성률이 가장 높은 그룹과 가장 낮은 그룹을 분석해줘"와 같은 질문을 입력하면, 시스템은 이를 바로 분석 요청으로 해석합니다.

Text to SQL + LLM의 SQL 변환

LLM과 Text to SQL 노드는 해당 질문을 데이터베이스가 이해할 수 있는 복잡한 SQL 쿼리로 변환합니다.

- 데이터베이스 스키마를 확인
- 분석에 필요한 컬럼과 계산식 추출

- SQL 쿼리 자동 생성
- 예: 평균 달성률, 최고/최저 달성률, 그룹별 비교 등

이 과정에서 생성된 SQL은 '가장 높은 그룹의 달성률은 무엇이며, 어떤 그룹인지' '가장 낮은 그룹은 무엇인지'와 같은 답변 요소까지 자동으로 포함합니다.

데이터 조회 + 심층 분석 보고서 생성

변환된 SQL 쿼리가 데이터베이스에서 실행되어 결과를 가져옵니다. 이후, LLM은 조회된 데이터를 단순 나열하는 것이 아니라, 심층적으로 해석하여 "울트라 그룹과 고성능 그룹 간의 달성률 격차가 크다"와 같은 의미 있는 통찰을 포함한 분석 보고서를 생성합니다.

이처럼 이 기능은 사용자가 데이터베이스 언어를 모르더라도, 자연어만으로 복잡한 분석을 요청하고 그 결과를 전문가 수준의 보고서 형태로 받아볼 수 있게 해줍니다.

오케스트레이트

이 워크플로우는 제품 판매 통계분석기가 **사용자의 자연어 질문을 받아 SQL 분석-결과 해석-최종 응답 생성**으로 이어지는 전체 자동화 과정을 설명합니다. 각 노드는 서로 유기적으로 연결되어, 사용자가 데이터베이스 언어를 전혀 몰라도 필요한 분석 결과를 쉽게 얻을 수 있도록 설계되어 있습니다.

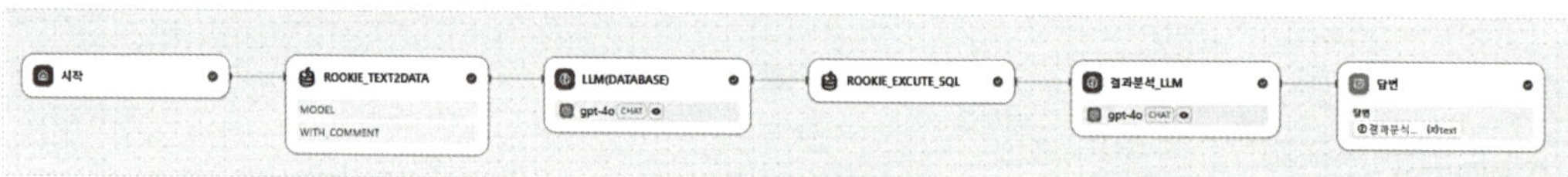

오케스트레이트

- 시작(Start): 워크플로우가 시작되며, 사용자의 질문이 입력됩니다.
- ROOKIE_TEXT2DATA: 사용자의 자연어 질문을 데이터 분석에 필요한 데이터 지향적 표현으로 변환합니다. 예: "달성률이 가장 높은 그룹 알려줘" → "그룹별 달성률 비교 필요" 이 단계는 이후 SQL 생성의 기초가 되는 질문 정제·분해 단계입니다.
- LLM(DATABASE): 정제된 질문을 기반으로 LLM이 실제로 실행 가능한 SQL 쿼리를 생성합니다. 이때 LLM은 테이블 스키마, 컬럼명, 조건 등을 활용해 데이터베이스가 이해할 수 있는 형태로 쿼리를 구성합니다.
- ROOKIE_EXCUTE_SQL: LLM이 만든 SQL을 Supabase 등 데이터베이스에서 실시간으로 실행합니다. 쿼리 결과는 JSON·테이블 구조 등 기계가 처리하기 적합한 형태로 반환됩니다.

- 결과분석_LLM: 조회된 데이터를 기반으로 LLM이 자연어 분석 보고서를 생성하는 단계입니다. 단순히 숫자만 전달하지 않고: 1 의미 해석, 2 원인 분석, 3 비교/인사이트, 4 개선 방향 등을 포함해 사용자에게 맥락 있는 분석 결과를 제공합니다.
- 답변(Answer): 결과분석_LLM의 출력을 최종 답변으로 사용자에게 전달합니다. 이는 대화 형태로 구조화되어, 비전문가도 쉽게 이해할 수 있도록 구성됩니다.

전체적으로 이 워크플로우는 사용자가 복잡한 데이터베이스 언어를 모르더라도, 자연어만으로 데이터베이스에 접근하여 필요한 정보를 얻고, 분석된 결과를 제공받을 수 있도록 자동화된 시스템을 구축합니다.

rookie_text2data 노드

rookie_text2data 노드는 **사용자의 자연어 질문을 SQL 문으로 변환하는 첫 단계**로, 정확한 변환을 위해 Supabase 데이터베이스 연결 정보를 설정해야 합니다. 이 설정은 TAG 기반 데이터 분석의 출발점이므로, 입력값을 정확히 구성하는 것이 중요합니다.

노드 설정 방법

- Database type: 데이터베이스 유형을 `PostgreSQL`로 설정합니다.
- table_names: TEXT to SQL 변환 시 참조할 테이블 이름을 지정합니다. 예시에서는 `제품별매출실적`을 입력

했습니다.

- Database ip/host: Supabase의 연결 정보에서 host에 해당하는 주소(`aws-1-ap-southeast-1.pooler.supabase.com`)를 입력합니다.
- Database port: 연결 포트 번호(`6543`)를 입력합니다.
- Database name: 데이터베이스 이름을 `postgres`로 설정합니다.
- Username: Supabase의 연결 정보에서 user에 해당하는 사용자 이름(`postgres.smtovtehrmlcnhlyppup`)을 입력합니다.
- Password: Supabase 프로젝트 생성 시 설정한 `Database Password`를 그대로 입력합니다.
- Query string: 사용자의 자연어 질문이 담긴 `@시작.sys.query` 변수를 연결합니다. 이 변수에는 사용자가 채팅창에 입력한 자연어 질문이 자동으로 저장됩니다.

rookie_text2data 노드는 자연어 입력을 SQL 변환을 위한 구조적 표현으로 바꾸는 핵심 노드입니다. 위 설정이 정확하게 입력되면, 이 노드는 사용자의 질문을 Supabase 테이블을 기반으로 분석 가능한 SQL 형태로 변환할 준비를 마치게 됩니다.

ROOKIE_EXECUTE_SQL 노드

ROOKIE_EXECUTE_SQL 노드는 rookie_text2data 노드에서 생성된 SQL 쿼리를 실제 데이터베이스에 실행하는 단계로, TAG 기반 분석에서 매우 중요한 역할을 담당합니다. 이 노드는 Supabase와 동일한 방식으로 연결되며, 변환된 SQL을 그대로 실행해 결과를 가져오는 '데이터 조회 엔진' 역할을 수행합니다.

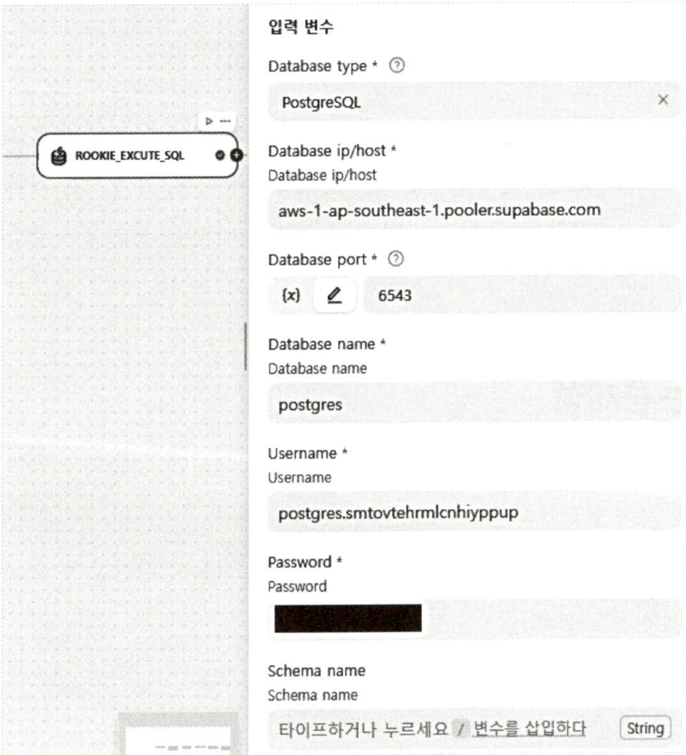

rookie_text2data에서 생성된 SQL 문을 Supabase 데이터베이스에서 직접 실행합니다. SQL 실행 결과를 받아 다음 LLM 분석 단계에서 사용할 수 있도록 전달합니다. 자연어 → SQL → 데이터 조회의 흐름에서 '데이터베이스와 직접 통신하는 노드'입니다.

ROOKIE_EXECUTE_SQL 노드는 rookie_text2data와 동일한 DB 접속 정보를 사용해야 합니다(데이터베이스가 다르면 SQL을 정상적으로 실행할 수 없기 때문입니다).

노드 설정 방법

- Database type: 데이터베이스 유형을 `PostgreSQL`로 설정합니다.
- Database ip/host: Supabase의 연결 정보에서 host에 해당하는 주소(`aws-1-ap-southeast-1.pooler.supabase.com`)를 입력합니다.
- Database port: 연결 포트 번호(`6543`)를 입력합니다.
- Database name: 데이터베이스 이름을 `postgres`로 설정합니다.
- Username: Supabase의 연결 정보에서 user에 해당하는 사용자 이름(`postgres.smtovtehrmlcnhlyp-pup`)을 입력합니다.

- Password: Supabase 프로젝트 생성 시 설정한 `Database Password`
- Schema name(선택): 일반적으로 public 스키마를 사용하므로 비워둬도 무방합니다.

ROOKIE_EXECUTE_SQL 노드는 TAG 시스템에서 "SQL 실행 → 결과 조회" 과정을 담당하는 실질적인 쿼리 수행 노드입니다. rookie_text2data와 동일한 DB 접속 설정을 사용하며, 이 노드를 통해 데이터베이스의 실제 정보를 확보한 뒤, 다음 단계의 LLM 분석 노드에서 의미 있는 통찰을 도출할 수 있습니다.

TAG에서 자주 발생하는 문제점

TAG를 활용한 데이터 분석에서는 LLM이 자연어를 SQL로 변환해야 하기 때문에, 질문이 조금만 모호해도 잘못된 쿼리 또는 엉뚱한 분석 결과가 나올 수 있습니다.
따라서, 단순히 질문을 입력하는 것을 넘어 LLM이 정확히 무엇을 조회해야 하는지 판단할 수 있도록 명확한 기준을 제시하는 것이 매우 중요합니다.
다음은 TAG 기반 분석에서 실제로 자주 발생하는 주요 문제와 해결 방법입니다.

문제점 1: 모호한 기준

모호한 질문은 LLM이 어떤 데이터를 기준으로 SQL을 생성해야 하는지 판단할 수 없어 오류를 유발합니다.
예시문제: "매출이 가장 큰 제품을 찾아줘"
⇨ '목표 매출'인지 '실제 매출'인지 기준이 불분명하여 LLM이 잘못된 데이터를 기반으로 쿼리를 만들게 됩니다.
해결방법: "실제 매출이 가장 큰 제품을 찾아줘. 제품명과 실제 매출 데이터를 함께 보여줘"
⇨ 구체적인 기준과 원하는 정보를 명확히 지정하면 LLM은 정확한 SQL 쿼리를 생성하여 사용자가 원하는 결과를 얻을 수 있습니다.

- 결론적으로, LLM에게 데이터베이스 작업을 지시할 때는 모호함을 없애고, 구체적인 정보를 포함하는 것이 필수적입니다. 또한, 원하는 출력 형태와 분석 방식까지 함께 명시하면 더 정확한 SQL과·분석 결과를 얻을 수 있습니다.

문제점 2: 포괄적인 요청

"비교해줘", "정리해줘"와 같은 광범위한 요청은 원하는 출력 형태를 LLM이 파악하기 어렵습니다.

예시 문제: "두 그룹을 비교해줘. "

⇨ 어떤 방식으로? 표인지 글인지? 어떤 컬럼을 비교해야 하는지 불명확합니다.

해결방법: **"두 그룹의 실적을 하나의 표로 정리해서 보여줘."**, **"달성률 평균을 기준으로 비교해줘."**

⇨ 명확한 지시를 내리면, AI는 사용자의 의도를 정확히 파악하고 원하는 형식과 데이터로 깔끔하게 정리된 결과를 제공합니다. 따라서 AI에게는 구체적인 지시가 매우 중요합니다.

- 결론적으로, 원하는 출력 형태와 분석 방식까지 명시하면 더 정확한 SQL·분석이 생성된다.

문제점 3: 다단계 분석

"달성률이 가장 높은 그룹의 제품을 모두 분석해줘."와 같은 복합 요청은 단계가 여러 개 섞여 있어 LLM이 한 번에 이해하기 어렵습니다.

해결 방법

1. "달성률이 가장 높은 그룹은 어디야?"
2. "그 그룹의 제품 목록을 찾아줘."
3. "각 제품의 달성률을 비교해줘."

이처럼 단계를 나눠 질문하면 오류 없이 안정적으로 분석 결과를 얻을 수 있습니다.

- 결론적으로, 복잡한 요청은 한 번에 하지 않고, 쪼개서 순서대로 지시하는 것이 중요합니다.

문제점 4: 복합적인 기준

여러 조건을 포함한 요청에서 기준이 명확하지 않으면 LLM이 어느 데이터를 우선해야 하는지 혼란을 겪습니다.

예시 문제: "달성률이 가장 높은 제품 10개를 분석해줘."

⇨ 복합적이지만 모호한 요청: 분석과 같은 포괄적인 요청은 AI가 어떤 기준으로 결과를 원하는지 파악하기 어려워, 사용자가 기대하는 유용한 정보를 제공하지 못할 수 있습니다.

해결방법: "달성률이 가장 높은 제품 10개의 제품명, 목표 매출, 실제 매출, 달성률 데이터를 표로 정리하고, 분석 요약을 만들어줘."

⇨ 구체적인 분석 방법을 명시하고, 제품명, 목표 매출과 같은 필요한 데이터 필드를 명확히 지정하면 AI는 사용자의 의도에 맞는 정확하고 유용한 정보를 제공할 수 있습니다.

- 결론적으로, 복합적인 요청일수록 모호함을 피하고 필요한 컬럼·출력 방식·분석 포맷 등을 구체적인 기준으로 명시해야 합니다.

문제점 5: 절대값 기준 부재

'차이가 가장 많이 나는' 제품을 찾아달라는 모호한 요청은 AI가 '초과'와 '미달' 중 어느 것을 의미하는지 파악하기 어렵게 만들어 잘못된 결과를 낼 수 있습니다.

해결 방법: **"목표 매출과 실제 매출의 절댓값 차이(ABS)가 가장 큰 제품을 찾아줘."**

⇨ '절댓값 차이가 가장 큰 제품'라고 명시하면 AI는 SQL의 ABS( ) 함수를 활용하여 목표 초과든 미달이든 관계없이 가장 큰 차이를 보이는 제품을 정확하게 찾습니다.

- 결론적으로, AI에게 수학적 연산을 지시할 때는 모호한 표현을 피하고, '절댓값'과 같은 명확한 기준을 제시하는 것이 필수적입니다.

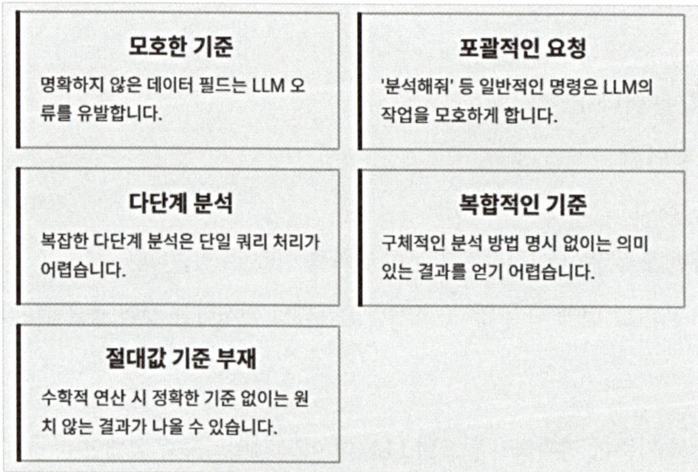

TAG에서 자주 발생하는 문제들

TAG 기반 분석 시스템은 강력하지만, LLM이 자연어를 해석해 SQL을 만드는 과정에서 다음이 필요합니다.

- 모호함 제거
- 기준·지표 명시
- 단계별 질문 구성
- 원하는 출력 형태 지정

이 네 가지를 지키면 TAG 시스템은 단순한 데이터 나열을 넘어 의미 있는 인사이트·비즈니스 전략·종합 분석 보고서를 자동으로 생성할 수 있습니다.

* * *

이처럼 Dify 워크플로우를 활용한 TAG 기반 데이터 분석 시스템은 단순한 데이터 나열하는 수준을 넘어, 여러 테이블에 흩어져 있는 복합적인 정보를 종합적으로 분석하고 해석하여 비즈니스 의사결정에 실질적인 도움을 주는 보고서를 자동으로 생성합니다.

사용자는 복잡한 SQL 문법을 직접 다루지 않아도 되며, 일상적인 자연어 질문만으로 전문가 수준의 분석 결과를 즉시 확인할 수 있습니다.

특히, 하나의 실행만으로 **MS-Word 분석 보고서**와 **Gamma.ai 프레젠테이션 스크립트**를 동시에 생성할 수 있는 기능은 분석 결과를 빠르고 효과적으로 공유하는 데 큰 장점을 제공합니다. 이러한 자동화된 프로세스는 데이터 분석에 필요한 시간과 반복 작업을 획기적으로 줄여주며, 기업 전반에서 데이터 기반 의사결정을 일상화하는 데 중요한 역할을 합니다.

에필로그

새로운 여정의 시작, AI 창조자로 성장하기

우리의 여정을 돌아보며

이 책의 첫 페이지를 펼치던 순간을 기억하시나요?

그때의 여러분은 AI와 LLM에 대한 막연한 호기심을 가지고 있었을 것입니다. '노코드'라는 생소한 개념 앞에서, 그리고 복잡해 보이는 워크플로우 빌더 앞에서 잠시 망설였을지도 모릅니다. 하지만 우리는 그 짧은 시간 동안 우리는 놀라울 만큼 긴 여정을 함께했습니다.

AI의 기본 원리부터 시작해, Dify라는 강력하고 직관적인 도구를 통해 AI 상담원 챗봇, 자동 보고서 생성 에이전트와 같은 다양한 애플리케이션을 직접 만들어보았습니다. 또한, 데이터 분석의 새로운 패러다임인 TAG를 익혀 방대한 엑셀 데이터를 자동으로 분석하고 실용적인 앱을 구축하며 AI가 우리 삶과 비즈니스에 얼마나 깊숙이 스며들 수 있는지 직접 경험했습니다. 이 모든 과정은 단순한 지식 습득을 넘어, 여러분이 기술의 소비자가 아닌 능동적인 창조자로서 변화하는 의미 있는 시간이었습니다.

이 책은 단순히 Dify의 사용법을 알려주는 것을 넘어, 여러분 안에 숨겨진 '창조자'의 잠재력을 일깨우는 길잡이가 되고자 했습니다. 과거에는 기술 전문가들만이 접근할 수 있었던 AI 개발의 영역이, 이제는 누구나 아이디어를 즉시 구현할 수 있는 노코드의 힘을 통해 활짝 열렸습니다.

우리는 복잡한 코딩 대신 논리적 사고를,
단순한 답변 생성 대신 문제 해결 중심의 사고를 배우며
스스로 AI를 만들어내는 역량을 갖추게 되었습니다.

AI 창조자, 그리고 앞으로의 가능성

우리가 함께한 이 여정은 '끝'이 아닌 새로운 시작입니다.

AI 기술은 매일 진화하고 있으며, 노코드 플랫폼 역시 더욱 강력해지고 유연해질 것입니다. 이 책에서 배운 핵심 원리와 실습 경험은 급변하는 기술 환경 속에서도 변치 않는 단단한 기반이 될 것입니다. 이제 여러분은 단순히 기술의 소비자가 아닌, 새로운 가치를 창출하는 AI 창조자로서 이 거대한 변화를 주도할 수 있습니다.

앞으로의 여정에서 여러분이 마주할 가능성은 무궁무진합니다. AI 에이전트들은 더욱 복잡하고 자율적인 업무를 수행하게 될 것이며, AI는 금융, 의료, 예술, 교육 등 더 많은 산업에 깊이 통합될 것입니다.

여러분은 이 책에서 배운 지식과 경험을 바탕으로, 자신만의 분야에서 AI를 활용한 혁신을 일으키는 핵심적인 역할을 수행할 수 있습니다.

- 교육 분야에서는 학생 개개인에게 맞춤형 학습 계획을 제공하는 AI 튜터
- 의료 분야에서는 환자의 데이터를 분석해 최적의 치료법을 제안하는 에이전트
- 금융 분야에서는 시장 동향을 예측하는 분석기를 만들 수 있습니다.

이는 단순히 편리하고 효율성을 높이는 것을 넘어, 문제를 정의하고 해결하는 방식을 근본적으로 바꿀 변화입니다.
여러분은 이 변화의 중심에 서 있을 수 있는 역량을 이미 갖추고 있습니다.

지속적인 성장과 커뮤니티의 힘

이 책의 내용을 완독했다면, 이제 여러분만의 프로젝트를 시작해 보세요.
이전에 시도해보고 싶었던 아이디어를 구체화하고, Dify의 AI 앱 마켓플레이스를 통해 다른 이들의 창작물을 탐색하며 영감을 얻으세요. 커뮤니티에 적극적으로 참여하여 여러분의 경험과 노하우를 공유하고, 다른 이들의 질문에 답하며 함께 배우는 과정은 여러분의 성장을 더욱 가속화할 것입니다. 커뮤니티는 단순한 정보 공유를 넘어, 협력과 네트워킹을 통해 더 큰 프로젝트를 만들어낼 수 있는 강력한 힘의 원천입니다.

- 아이디어는 공유될 때 확장되고,
- 시행착오는 나눌 때 줄어들며,
- 성장은 함께할 때 더 빠르게 이루어집니다.

성공적인 AI 앱 개발의 비결은 기술 지식뿐만 아니라, 끊임없이 배우고 시도하며 실패를 두려워하지 않는 용기에 있습니다. 또한, 문제를 분석하고 해결책을 설계하는 논리적인 사고 능력, 그리고 사용자 경험을 최적화하려는 꾸준한 노력이 중요합니다.
이 책은 그 모든 것을 북돋아 드리기 위해 존재했습니다. 여러분이 이 책을 통해 얻은 것은 단순한 사용법이 아니라, AI를 활용하여 세상을 더 나은 곳으로 만들 수 있는 자신감입니다.

마지막 한 걸음, 첫 번째 프로젝트

이제 더 이상 망설일 필요가 없습니다.

여러분의 아이디어는 이미 세상을 바꿀 힘을 가지고 있습니다. 이 책은 여러분에게 Dify라는 강력한 도구를 손에 쥐여주었습니다. 이제 그 도구를 활용하여, 여러분의 첫 번째 프로젝트를 시작하세요. 작고 단순한 아이디어라도 좋습니다.

- 일상 업무를 자동화하는 개인용 에이전트
- 팀을 돕는 작은 보고서 자동화 봇,
- 혹은 친구들과 함께 사용할 재미있는 챗봇도 좋습니다.

문제를 발견하고, Dify를 통해 해결책을 설계하며, 직접 구현하는 모든 과정이 여러분에게 값진 경험이 될 것입니다. 여러분이 직접 만든 AI 앱이 얼마나 놀라운 결과를 가져올 수 있는지 직접 경험해 보세요.

* * *

AI 시대의 새로운 창조자, 여러분의 빛나는 앞날을 진심으로 응원합니다.

찾아보기